Gli Avvenimenti Del 1837 In Sicilia

Alfonso Sansone

ALFONSO SANSONE

GLI

AVVENIMENTI DEL 1837

IN SICILIA

(CON DOCUMENTI E CARTEGGI INEDITI)

LIBRERIA INTERNAZIONALE

CARLO CLAUSEN

(già LUIGI PEDONE LAURIEL)

PALERMO

o

ALFONSO SANSONE

GLI

AVVENIMENTI DEL 1837

IN SICILIA

(CON DOCUMENTI E CARTEGGI INEDITI)

PALERMO

TIPOGRAFIA DELLO STATUTO

1890,

AL

CAV. GIUSEPPE LODI

CULTORE VALENTE INDEFESSO

DELLA STORIA SICILIANA

CON AFFETTO

L'AUTORE

PREFAZIONE

Nella *Rivoluzione del 1820 in Sicilia*, lavoro da me pubblicato a mezzo dell'anno ottantotto, prometteva d'illustrare un periodo d'insane efferatezze, che, iniziato tra le cupe discussioni del Congresso di Verona, si protrasse fino all'alba del risorgimento italiano. Oggi adempio la promessa, e do alle stampe, non già l'opera intera, ma *Gli Avvenimenti del 1837*, i quali, mentre formano da un canto un tutto a sè, devono dall'altro considerarsi come parte essenziale di un lavoro più largo, ch'io intitolerò: *La Reazione borbonica dal Congresso di Verona al 1848.*

Degli avvenimenti del 1837, giudicati sinora con leggerezza, non evvi un'opera speciale; se ne trovano, è vero, brevi notizie nei lavori del La Farina, del Gemelli, del Calvi, del Torre Arsa, del Raffaele, del Di Marzo-Ferro, e molte e notevoli in quelli dei siracusani Bufardeci, Chindemi, De Benedictis, Failla e Privitera; ma le prime sono così false ed inesatte da non parere credibile che siano state scritte da storici contemporanei, e le seconde, che trattano esclusivamente di Siracusa, si contraddicono sì spesso da lasciare non di rado incerto il lettore intorno alla verità delle medesime.

Potrei, se ne avessi il desiderio, se non disamassi la critica volgare e cerretana, enumerare una serie di errori, i quali proverebbero ancora una volta che la storia di qualsiasi tempo, scritta senza la guida dei documenti, riesce quasi sempre non iscevra di riprovevoli inesattezze. Trascrivo qui, perchè taluno non creda ch'io esageri, alcuni periodi delle opere mentovate, dai quali è facile argomentare ch'io dico pur troppo la verità. Il La Farina, a mo' d'esempio, parlando del colera che afflisse la città di Palermo, diceva: « Il governo napoletano dichiarò il morbo contagioso, e severamente proibì ogni comunicazione fra il regno di Napoli e la Sicilia. Di poi, quando la città di Napoli fu più afflitta da quella terribile moria, ordinò che le barche provenienti dai porti napoletani fossero ammesse in libera pratica nell'isola, ed una barca venne da Napoli, e vi fu ricevuta, non ostante i clamori grandissimi dei cittadini. L'indomani un marinaio morì di colera; il giorno appreso altri; poi altri; il morbo serpeggia rapidissimo per la popolosa città, l'invade, e fa orribile e inaudito scempio di vittime umane. Morivano sino a 2000 cittadini in un giorno: in 170,000 abitanti ne morirono in un mese 24,000, secondo affermò il governo; 40,000, secondo dicono i Palermitani (1) ».

Questo brano, simile a parecchi altri ch'io non trascrivo per desiderio di brevità, è zeppo d'inesattezze; giacchè le barche provenienti da Napoli furono ammesse a libera pratica in Palermo, non già quando Napoli era più afflitta dalla terribile moria; ma quando non vi si era più verificato nessun caso di colera; la famosa barca, cioè l'*Archimede* del siciliano Francesco Buccellato, fu, insieme ad otto *paranzelli* e dodici legni mercantili, ricevuta in Palermo senza clamori, e per ordine speciale del Magistrato Supremo di Salute; i marinai Tagliavia e Mancino morirono, non l'indomani dell'ar-

(1) GIUSEPPE LA FARINA, *Storia d'Italia dal 1815 al 1850*, vol. I, lib. II, p. 522, Torino, Società editrice italiana, 1870.

rivo dell'*Archimede*, ma quaranta giorni dopo; i morti di colera non superarono mai in un giorno la cifra di 1083, come si legge nella nota del beneficiale Michele Melchiorre, cappellano dei Cimiteri di S. Orsola e dei Rotoli (1), ed il morbo serpeggiò nella capitale dell'isola dal 7 giugno all'11 ottobre, cioè per lo spazio di 88 giorni.

In tal guisa scriveva il La Farina del colera di Palermo. Ma egli fantastica addirittura quando parla dei fatti di Siracusa, di cui dice così: « Siracusa si leva per certi denari, che il popolo voleva rimanessero in città per provvedere ospedali, farmachi e le altre cose bisognevoli in tempo di colera, e che l'Intendente Vaccaro avea fatto pigliare di nottetempo e mandare a Palermo. Il popolo assalì l'ufficio di polizia, e parecchie persone ammazzò. Accorse l'Intendente, di poi impauritosi fuggì, e si appiattò nelle famose latomie, testimonii dell'antica grandezza siracusana. Quivi fu ricercato, trovato, e trascinato fuori, crudelmente morto (2) ».

Siracusa, è noto, non si levò affatto per certi denari, ma per le ragioni esposte in altro luogo di questo libro; il popolo non ammazzò alcun uomo nell'ufficio di polizia, e l'Intendente Vaccaro non si nascose nelle famose latomie, nè venne ucciso fuori di esse; ma fuggì da prima alla tonnara di Bonacia, si nascose indi nella cava di S. Panacea, e fu ucciso poscia sul piano di Montedoro.

Gli errori gravi del La Farina furono accresciuti dal Gemelli, dal Calvi, dal Torre Arsa, dal Raffaele, dal Di Marzo-Ferro e da non pochi altri, i quali, discorrendo degli avvenimenti del trentasette, s'affidarono alla sola memoria, guida non sempre fedele. Il Gemelli racconta che un parroco, avuto ordine di far seppellire 9 cadaveri di condannati a morte, fucilati il 17 luglio in Misilmeri, invece ne trovasse 10, il che non è vero; il Raffaele ripete questa notizia; il Torre

(1) *Appendice*, documento N. XXX.
(2) LA FARINA, *Op. citata*, pag. 525.

Arsa aggiunge, senza fondamento, che proclamossi in Siracusa l'indipendenza della Sicilia come nel venti, ed il Calvi afferma che il colera sviluppossi in quella città il 2 luglio, che l'agitazione vi crebbe il 22 dello stesso mese, che i forzieretti rinvergati del Vaccaro trovaronsi, con universale stupore, zeppi di arsenico bianco, ecc. (1); laddove è risaputo che il morbo invase Siracusa a mezzo giugno, che l'agitazione vi cominciò il 14 luglio, crebbe il 15, si rinnovò il 17 e divenne generale il 18, e che nell'abitazione del Vaccaro fu trovata soltanto, secondo affermarono i periti Campisi, Pria, Monterosso, Condorelli, Genovese, Innorta e Lo Curzio, una sparuta quantità di *acido arsenioso*, ovvero *ossido bianco di arsenico*.

Agli errori degli storici siciliani s'aggiunsero quelli degli storici d'altre contrade d'Italia, a cui l'eco delle cose nostre arriva sempre alterata dall'iperbole. Il Coppi, che è reputato, e non a torto, un esatto e cauto annalista della storia contemporanea d'Italia, parlando delle sommosse della Valle di Palermo, scrive, fra le altre inesattezze, che la plebe uccise 25 persone a Villabate, 10 a Bagheria, 30 a Capaci, 27 a Carini, 12 a Corleone, 67 a Misilmeri, 11 a Prizzi e 10 a Termini (2); esagerazioni smentite dalle sentenze delle Commissioni militari, le quali affermano invece che gl'infelici spenti dal furore plebeo furono 9 a Villabate, 6 a Bagheria, 5 a Capaci, 2 a Carini, 7 a Corleone, 10 a Misilmeri, 2 a Prizzi e 5 a Termini. Il Gualterio poi, che dettò negli *Ultimi rivolgimenti italiani* un capitolo intorno al colera del 1837 in Sicilia, ripetè gli errori degli storici dell'Isola (3);

(1) CALVI, *Memorie storiche e critiche della rivoluzione siciliana del 1848*, p. 12, Londra, 1851.

(2) COPPI ANTONIO, *Annali d'Italia dal 1750 al 1861*, vol. III, p. 450, Napoli, Lombardi, 1872.

(3) F. A. GUALTERIO, *Gli ultimi rivolgimenti italiani, memorie storiche con documenti inediti*, vol. I, parte 2ª, pagina 421, Firenze, Felice Le Monnier, 1851.

ed il Cantù, giovandosi del La Farina, del Coppi e del Gualterio, ne aggiunse altri, scrivendo : « Un farmacista, accusato d'attossicare, nasconde l'arsenico sotto il letto: la serva che vede, lo denunzia, e trovata la polvere, e fattane l'esperienza su cani, si viene nella persuasione ch' egli volesse assassinare. A Siracusa si trucidano l'ispettore di polizia, l'intendente della provincia, il presidente della Gran Corte ed altri fino a quaranta , e molti nel contorno. Un avvocato, Mario Adorno, che a capo d'una banda promoveva il tumulto, pubblicò quel morbo aver trovato la tomba nella patria d'Archimede, essendosi scoperto che proveniva dal nitrato d'argento, sparso nell'aria da scellerati che n'ebbero degno castigo. (1) » Notizie queste assai lontane dal vero; perchè il presidente della Gran Corte Ricciardi venne spento a Floridia; i trucidati di Siracusa non superarono i 27, e Mario Adorno, uomo integerrimo, liberale per convinzione, padre miserando, moschettato sul cadavere caldo del figlio, non guidò mai alcuna banda, non promosse alcun tumulto , ma fu vittima dell'ira borbonica, d'un pregiudizio generale (2).

Questi errori, questi falsi giudizii, il desiderio intenso di trattare con larghezza e coscienza avvenimenti cosi notevoli, mi determinarono a praticare una serie di pazienti ricerche, le quali mi hanno procurato la ineffabile soddisfazione di trovar tutto quanto era necessario allo svolgimento del mio soggetto. In effetti, mediante quella cura che non è mai soverchia nelle investigazioni storiche, mediante quella costanza che non s'arresta di fronte ai primi insuccessi, mercè la gentile e benevola acquiescenza del Commendatore Giuseppe Silvestri, l'esperienza provetta del signor Ignazio Bona , le indicazioni cortesi del beneficiale Beccaria, e gli aiuti affettuosi, spontanei, incessanti dell'ottimo amico mio Cav. Giuseppe Lodi, patriota integerrimo , cultore valente e indefesso della storia

---

(1) CANTÙ, *Storia degl'Italiani*, tomo XIII, cap. 184, p. 416, Torino, 1877.

(2) V. *Appendice*, documento n. 82.

del nostro risorgimento (1), mi fu possibile rinvenire nell' Archivio di Stato di Palermo, cioè fra le Carte del Ministero e Real Segreteria di Stato per gli affari di Sicilia, carico di polizia, salute pubblica e corrispondenza centrale dei telegrafi, fra quelle della Luogotenenza, Ripartimento di Grazia e Giustizia, Interno, Segretariato, Direzione generale di polizia ecc. tutti i documenti di cui io andava in cerca. Con l'aiuto di questi documenti, con quello di non pochi opuscoli, avvisi, proclami, bandi, leggi, decreti, processi, sentenze, diarii manoscritti, giornali, ecc. io dettai, forse sotto un aspetto nuovo, certo con un coordinamento ed una larghezza non fatta sinora, la presente opera, colla quale vorrei dimostrare che i patrioti di quest'isola, iniziatori infaticati di rivolte audaci, avevano, mediante un lavoro assiduo, tenace, costante, ordita qui una larga cospirazione, che fu interrotta prima dal colera del 1837, e spenta poi ferocemente da una triplice reazione militare-politico-amministrativa, causa precipua della grande rivoluzione del quarantotto.

Ci sono riuscito? Non spetta a me il dirlo; lo diranno coloro che avranno la pazienza di leggere questo scritto, i critici che avranno la cortesia di giudicarlo, i maestri della storia che sanno per esperienza quanto costi un lavoro elaborato secondo le esigenze odierne di essa. Dirò solo, ad ammaestramento mio e di quanti non vedono nella storia la semplice narrazione dei fatti, quali insegnamenti civili si possono ricavare dalle vicende narrate in quest'opera. Da esse impareremo, o lettore, le verità che la storia d'ogni tempo e paese conferma; verità che non è infruttuoso ricordare in un tempo in cui rumoreggiano torbidi i segni forieri di lotte infeconde. L'ignoranza genera il pregiudizio, il pregiudizio produce il sospetto, il sospetto alimenta il livore, e questo il delitto,

---

(1) Il Cav. Lodi mi apprestò ancora un numero di libri e di opuscoli rari, che non mi era stato possibile trovare in alcuna biblioteca di Palermo.

il quale legittima talora le ferocie d'un potere sacrilego, che reprime ed uccide in nome della società ch' esso calpesta. Il dispotismo, espressione astratta di questo potere, fomenta, nel suo interesse, l'odio fra le varie classi sociali; prepara, suo malgrado, le rivolte dei popoli, che mutansi spesso in guerra civile, la più innaturale, la più funesta delle guerre. Le sommosse immature, non sorrette da braccio poderoso, non avvalorate dalla forza collettiva d'un popolo, non avvivate da uno scopo elevato e generale, preparano colle loro cadute le reazioni feroci; vendette che giustificano al cospetto dell' offeso le violenze, il proditorio, le calunnie; le quali, alla loro volta, porgono il destro all' offensore di coonestare le infamie ch' egli chiama lojolescamente supreme ragioni di Stato. Così, in nome di un diritto che scusa ad un tempo l' offesa e la vendetta, s' avviva e continua una lotta tra chi impera e chi serve; lotta feroce, che, dopo le repressioni, le sofferenze, i martirii, termina sempre col trionfo della libertà; la quale, ora derisa, ora oppressa, ora calpesta, sorge poi come l' augello dalle piume meravigliosamente belle, che, arso dai raggi del sole, rinasce splendido dalle sue ceneri, dicendo: *Post fata resurgo.*

Palermo, 2 giugno 1890.

ALFONSO SANSONE.

CAPITOLO I.

Dopo i moti ispano-italici del venti e ventuno, repressi dalle
armi liberticide di Luigi XVIII e dell'Austria, ricomincia in Europa una lotta vivissima fra il diritto naturale dei popoli e il
diritto divino delle corone, fra il giure pubblico delle nazioni moderne ed il giure regressivo dei congressi di Vienna, di Aquisgrana,
di Carlsbad, di Troppau, di Lubiana e di Verona, elevato a principio indefettibile dal Metternich, dal Nesselrode e dall'Harden-
berg, rettori della Santa Alleanza. Questa, sòrta a rialzare un e-
dificio scrollato da una grande rivoluzione, a ricomporre gli scet-
tri infranti dal genio di un uomo, a rimettere ai popoli le catene
spezzate da una lotta più che ventenne, poneva a base della politica europea l'immobilità delle istituzioni, l'autorità indiscussa del
principe e la obbedienza incondizionata dei sudditi, ai quali non
era concesso di chiedere alcuna mutazione negli ordini statuali,

di far reclami contro i loro signori, nè di privarli della loro po-
testà, per quanto ei fossero inetti, pusillanimi o malvagi. Siffatta
politica, che sostituiva l'interesse dinastico all'interesse della patria, il regime assoluto al regime costituzionale, la volontà di un
solo alla volontà dei più, die' agio agli arbitri della Santa Alleanza, cioè all'Austria, alla Prussia ed alla Russia, di rinnovare
il mercato dei popoli, di considerare uomini e regni come una
merce trafficabile, e di annientare città libere, principati e repubbliche per iscopo unicamente dinastico e personale. Così l'Austria,
padrona della Lombardia e della Venezia, tutrice delle Corti di
Modena, di Parma, di Lucca e di Firenze, libera d'attraversare
armata le Romagne e le Marche, divenne signora degli Stati di
Italia, procurò d'impadronirsi della giustizia punitrice dei loro governi, di tenere strette in suo pugno le loro armi, la loro corrispondenza politica e la loro diplomazia, di cacciare fuori d'Europa
i nostri profughi, (1) e di far crescere i nostri padri fiacchi, de-
generi, codardi (2).

---

(1) L'undici aprile 1823 s'unirono a Parigi gli ambasciatori d'Austria, di Prussia, di Russia, di Napoli e di Sardegna per deliberare, d'accordo con la Francia,
intorno alla cacciata dei fuorusciti italiani al di là dai mari d'Europa. Comin-
ciata la conferenza, l'ambasciatore austriaco chiese la cooperazione della Francia per effettuare quella espulsione. Il Visconte di Châteaubriand rispose di
non poter assumere verun impegno, perchè la forma del governo francese gli
impediva di concorrere ad una deliberazione che altri governi, padroni assoluti
di sè stessi, potevano risolvere senza compromettersi. Dopo lunga disputa, la
assemblea incaricò lo stesso Châteaubriand di estendere un protocollo, che sarebbe sottoscritto da tutti, ove fosse trovato di comune aggradimento (a). Il 21
aprile infatti gli ambasciatori indicati sottoscrissero un protocollo, il quale diceva che essendo riusciti inutili le pratiche parzialmente fatte rispetto ai fuorusciti dimoranti nella Svizzera, le sei potenze si rivolgerebbero simultaneamente
al governo elvetico per invitarlo ad espellere dalla Confederazione quegli eterni
nemici della tranquillità mondiale (b).

(2) V. NICOMEDE BIANCHI, *Storia documentata della diplomazia europea in
Italia* dall'anno 1814 al 1861, vol. II, pag. 255—vol. IV, p. 239, Torino, Unione
Tipografica-editrice, 1865.

(a) Dispaccio Alfieri al Ministro degli Affari esteri in Torino, Parigi, 11 Aprile 1823.
(b) Protocollo della Conferenza del 21 Aprile 1823.

I signori della penisola, timidi cogli Asburgo, feroci con i propri sudditi, si studiarono d'abbrutire le menti di questi colla ignoranza, di renderli abietti collo spionaggio, d'invilirli cogli ergastoli, colle catene, col boja e la forca. Tanta sceleraggine non ispense però il sentimento innato della libertà in Italia. Il popolo, offeso nell'avere, nell'onore, nella persona; spiato nei pensieri, nelle parole, nelle azioni; costretto a soffocare i sentimenti caldi dell'animo, i concepimenti alti della fantasia, le aspirazioni generose del cuore, contrappose alla violenza della tirannide, la violenza delle sue armi, alla repressione feroce della polizia, l'attentato truculento della setta, al lavorio incessante della diplomazia, l'agitazione diuturna delle società segrete, che tentarono dalle Alpi alla Sicilia una serie di sollevazioni audaci, nelle quali alla rabbia degli oppressi rispose con rabbia maggiore la ferocia degli oppressori.

La lotta s'iniziò d'ambo i lati con mezzi violenti. I Maestri Sublimi, guidati da Filippo Buonarroti, detto eccellentemente da Giuseppe Cannonieri „ Il Michelangelo della libertà „ giurarono: " Guerra eterna, guerra a morte all'empia oppressione dei padroni della terra (1) „ Il 15 maggio del 1822, in effetti, fu ucciso proditoriamente Giulio Bernini, direttore della polizia provinciale di Modena; per il che si riaccese e crebbe la sete punitrice del Duca Francesco IV, il quale istituì un tribunale statario, che condannò nove persone alla morte, sette alla galera e trentuno al carcere (2). Le condanne di Modena ebbero un'eco funesta negli Stati di Parma, Piacenza e Guastalla, in cui furono arrestati il Conte Jacopo Sanvitale, professore di letteratura italiana nell'Università di Parma, Ferdinando Maestri, professore di storia e statistica nell'Università medesima, e vennero condannati a morte il Conte Claudio Linati, Guglielmo Borelli e Antonio Bachi capitano di fanteria (3).

(1) V. ANDRJANE. *Memoires d'un prisonnier d'État.*
(2) V. Decisione del tribunale statario straordinario residente in Rubiera, 11 settembre 1822.
(3) V. Sentenze dei 29 e 25 settembre 1823.

In Palermo, dove l'odio tra il popolo e la dinastia imperante era immenso, furono nell'agosto 1821 costituite 30 vendite carboniche, che miravano ad abbattere il governo reazionario della Sicilia, di cui erano promotori e capi il principe di Cutò ed il marchese delle Favare, a cacciare gli Austriaci dal Regno e a ridare all'Isola la costituzione spagnuola, la più democratica e liberale che allora esistesse. A tal uopo estesero le loro relazioni in tutte le Valli dell'Isola, guadagnarono alla loro causa ufficiali, sotto-ufficiali e soldati dell'artiglieria e del treno della Capitale; procurarono, per mezzo del signor Gouchier, cancelliere del consolato di Francia in Palermo, di chiedere protezione a Luigi XVIII ed al suo Ministro Pasquier; elessero trenta deputati, uno per ogni vendita, e ne formarono due Dicasteri, presieduti rispettivamente da Ferdinando Amari, libriere della Tavola, e da Salvatore Meccio, procuratore legale. Non essendo i Dicasteri d'accordo, si pensò fonderli insieme, onde avvennero parecchie riunioni nell'agro palermitano, in una casa presso al ritiro di S. Pietro ed in una grotta sulla montagna di S. Ciro. Il nuovo Dicastero tenne, a vari intervalli, alcune riunioni nell'abitazione di Natale Scidita, nel villaggio della Grazia, nella chiesa dei Santi Quaranta Martiri, nella campagna di Brancaccio e in una osteria di S. Ciro. In queste riunioni impose una tassa mensile a ciascun deputato, elesse un Comitato per indagare se mai nelle vendite vi fossero persone contrarie alla Carboneria, stabilì che ogni deputato apprestasse una cassa di munizione e che ogni vendita mettesse due *Terribili* agli ordini del presidente, costituì il Comitato delle Magistrature, sollecitò il piano della rivolta, e convenne di lavorare a piccole sezioni per non insospettire la polizia. Poscia discusse il piano della sommossa, elaborato dal sacerdote Bonaventura Calabrò, il quale stabiliva di trovarsi le vendite il giorno della rivolta ai luoghi assegnati, di assalire, allo scoppio d'un razzo, l'abitazione del generale Walmoden, di circondare i quartieri militari, d'aggredire la polizia alle spalle e d'operare prestamente pel riscatto della libertà. Tutto questo lavorio insospettì il Marchese delle Favare, il qua-

le la sera del 9 gennaio 1822 ebbe da un rinnegato carbonaro
una nota di 15 congiurati, che furono in parte lungo la notte
sorpresi nelle proprie case. Il barone Gioacchino Landolina, uno
degli scampati, non sapendo vincere il terrore che l'agitava, pre-
sentossi la dimane vestito da monaco al cardinale Gravina ed
al principe di Cutò, e riferì loro ogni cosa. A quel punto gli arresti raddoppiarono. I congiurati allora si congregarono perplessi
in una casa di via Lungarini, e stabilirono di riunire il 12 gennaio,
natalizio del re, le vendite a due, a tre, e di circondare con esse
i quartieri militari, d'assaltare la sera nel Teatro Reale gli ufficiali che si fossero recati alla rappresentazione di gala, di suonare a stormo le campane, e di insorgere al grido di coraggio
e libertà. Ma un altro congiurato, Vito Ramistella, corse il domani dal Luogotenente, alla cui mensa sedevano quel dì il generale Walmoden, il generale Nunziante, gli ufficiali superiori dell'e-
sercito austriaco ed il Marchese delle Favare, ai quali svelò i particolari della prossima rivolta. Il pranzo fu subito interrotto; i generali corsero ai loro corpi; i colonnelli ai loro reggimenti; il Marchese delle Favare al suo ufficio, e così la città fu in un baleno
invasa dalle truppe, dai gendarmi e dalla polizia, che si postò qua
e là in attitudine guerresca. In tanto frangente furono arrestati
18 congiurati. Il Luogotenente, volendo sgomentare la popolazione
col terrore, istituì una Corte marziale subitanea, la quale condannò il 29 gennaio 14 arrestati alla morte. Nove di essi, cioè i
sacerdoti La Villa e Calabrò, il dottore Pietro Minnelli, il furiere
Giuseppe Candia, Natale Seidita, Antonino Pitaggio, Giuseppe
Lo Verde, Salvatore Martines e Michele Teresi, perirono il 31 gennaio 1822 per mano del carnefice, e le loro teste, chiuse in gabbie
di ferro, vennero appese ai ganci di Porta S. Giorgio, dove rimasero molti anni, e l'ellera e le viole a ciocche, dall'umana carne
concimate, crebbero, scrive uno storico siciliano, rigogliose sul muro,
e, quasi senso di pietà avessero, inghirlandarono i bianchi teschi
dei martiri. Dopo tanto massacro, il Governo, non essendo ancor
sazio di sangue, mise a prezzo la testa di Salvatore Meccio, che
si era, dopo mille avventure, nascosto nel villaggio della Grazia.

La notte del 16 settembre, mosso dal desiderio di rivedere la moglie ed i figli, lascia, non ostante le preghiere di chi l'ospitava, il suo ricovero; corre fra le tenebre a Palermo, e vi è, prima di rivedere i suoi, arrestato. L'indomani il principe di Campofranco, nuovo Luogotenente generale dell'Isola, elesse una Corte Marziale straordinaria, la quale, riunitasi la stessa notte nella Casa di Correzione, condannò il Meccio alla pena di morte. Il condannato salì la mattina del 18 in cappella, ed all'alba del 19 andò a pie' scalzi al supplizio, ripetendo alla folla istupidita: " Non ci sono riuscito! Non ci sono riuscito! " Dietro di lui, accanto al grosso cordone dei soldati che l'accompagnava, veniva la moglie, una delle più belle donne della Sicilia, coi capelli scarmigliati, supplicando, abbracciando le ginocchia degli Austriaci, che non volevano farle vedere il condannato. Respinta brutalmente, cadde rovescioni, e svenne. Il Meccio, intanto, lasciava la testa sul palco, e venti giorni dopo era raggiunto dalla sua giovine sposa, morta di dolore (1).

Malgrado sì spaventevoli vendette, i patrioti non tremavano. Vincenzo Errante barone di Avanella, giovine trentenne, sfidando le minacce di un governo insano, ricostituì con Girolamo Torregrossa, Francesco Mento, Giuseppe Sessa, Francesco Amato, Giuseppe Testa, Domenico Balsamo, Vincenzo Corso e Cosimo Sanfilippo le soppresse vendite carboniche col novello titolo di Carbonari di Nuova Riforma. Per consolidare ed estendere la risorta associazione tenne alquante riunioni nelle case del Sanfilippo e del Mento, nel Cimitero degl'Inglesi all'Acquasanta e nella palazzina del principe di Aci all'Arenella. Quivi, insieme ai suoi compagni, introdusse alcune riforme nella nomenclatura delle vendite carboniche, fissò alcune norme intorno all'ammissione dei neofiti, stabilì una tassa pel mantenimento dell'associazione, e convenne, per evitare ogni sorpresa, che agli antichi diplomi della carboneria fossero sostituite le fedi parrocchiali. Non ostante tal precauzione, la polizia, subodorata la trama, arrestò alcuni so-

---

(1) V. ALFONSO SANSONE, *La Rivoluzione del 1820 in Sicilia*, Cap. XXV.

spetti. Uno di essi, Cosimo Sanfilippo, promise al Direttore generale della polizia di rivelare ogni cosa, ove gli fosse concessa l'impunità. Il Marchese delle Favare la chiese al governo centrale, l'ottenne, ed il 23 giugno 1823 l'accordò al propalatore. Ammannito così un processo, fu nominata una commissione militare, la quale condannava il 10 settembre Girolamo Torregrossa e Giuseppe Sessa alla pena di morte col laccio sulle forche, e l'Errante, l'Amato, il Testa, il Balsamo ed il Corso a 19 anni di ferri, alla multa di 500 ducati ciascuno, alle spese del giudizio ed a 5 anni di sorveglianza (1). L'Errante, autore e capo della scoperta associazione, venne chiuso per 3 anni nel bagno penale di Siracusa, fu rilegato indi a Ponza, e mandato poscia nell'isola di Ventotene, dalla quale tornò l'anno 1834 in Palermo. Non appena scese a terra, fu di nuovo arrestato e condotto alla Quinta Casa. Messo in libertà, ritirossi, affranto dalle lunghe sofferenze, in Termine Imerese, dove morì l'anno 1839, in età di 47 anni, lasciando un figliuolo, il cavaliere Francesco Paolo Errante, direttore oggi della Segreteria Universitaria di Palermo (2).

Alle audacie di Palermo, risposero quelle delle provincie napoletane. Qui un tal Venite, carbonaro di grado elevato, strappò il 3 febbraio 1822 dalle mani dei gendarmi un suo compagno; il 7 entrò tumultuando in Calvello, e liberò poscia dal carcere un patriota. Repressa la ribellione, dieci insorti furono condannati all'ergastolo e 47 alla morte (3). Sì grande rigore non iscorò punto i liberali, i quali, anzi, organizzarono in Napoli, nella Terra di Lavoro, nella Calabria Citeriore ed in parecchi altri luoghi del Regno la nuova Riforma di Francia, gli Ordini di Napo-

---

(1) V. Appendice, documento n. I.

(2) Francesco Paolo Errante, seguendo le orme paterne, fu più tardi coinvolto nella cospirazione del Bentivegna, onde venne nella notte del 30 novembre 1856 arrestato e chiuso per ispazio non breve negli orridi criminali del castello di Termini-Imerese (a).

(3) V. Giornale delle Due Sicilie, anno 1822, n 76, 103, 105.

(a) Memorie particolari.

li, gli Escamisados, i Cavalieri Tebani ed i Cavalieri Europei, società che avevano lo scopo di annientare i tiranni e le loro monarchie (1). Allora Nicola De Matteis, Intendente di Cosenza, compilò un processo a carico di molti patrioti delle Calabrie, contro cui adoperò battiture, ceppi, collari di ferro, legature strette, congiunzioni dei pollici delle mani con gli àlluci dei piedi, e simili torture, che servirono d'incitamento e d'esempio ad altri sgherri delle terre d'Italia (2). Il cardinale Rivarola, inviato da Leone XII nelle provincie di Pesaro e d'Urbino per giudicare economicamente le cause di polizia (3), arrestò un gran numero di liberali, ed in una sola sentenza ne condannò sommariamente 514, di cui 7 a morte, 179 al carcere, 154 alla galera e 174 a pene di polizia (4). Siffatta sentenza mosse l'indignazione generale, talchè Domenico Zauli tentò uccidere il cardinale in Forlì; un fornaio di Ravenna procurò d'avvelenarlo col pane, e un tal Raulli la sera del 20 luglio gli vibrò un colpo di pistola, col quale ferì gravemente un canonico che gli stava accanto (5).

Gli attentati e le repressioni si alternarono con violenza fino alla rivoluzione di Luglio, che propagossi, come ognun sa, da prima nel Belgio, nella Svizzera, nella Germania, nella Polonia, nella Spagna, nella Savoia ed a Roma (6); poscia a Modena, a Reggio, a Parma, a Piacenza, a Bologna, ecc. (7), ed in fine a Palermo. Qui, dovendo nella mezzanotte del primo settembre 1831 le campane della città suonare a stormo per commemorare il terremoto

---

(1) V. Giornale delle Due Sicilie, anno 1828, n. 284, 290, 299.

(2) V. Decisione della Corte Suprema di Giustizia in Napoli, 16 luglio 1830.

(3) V. Breve del 4 maggio 1824.

(4) V. Sentenza del 31 agosto 1825.

(5) Il papa spedì subito nelle Legazioni una Commissione militare, la quale condannò 3 persone al supplizio (Sentenza del 26 aprile 1828).

(6) V. Ann. hist. del 1830, parte 2, chap. 8, App. da p. 149 a 203—SAR-RANS, *Lafayette et la Révolution*, parte 2., Chap. 14, ecc.

(7) V. *Storia delle Rivoluzioni d'Italia del 1831*—ARMANDI, *Ma part aux évé-nements importants de l'Italie centrale en 1831*—ORIOLI, *Hist. de la révol. de 31*—LAZZARINI, *I quarantadue giorni della difesa di Civita Castellana*, ecc.

del 1693, una schiera d'audaci popolani, guidata da Domenico e Giovanni Di Marco, aveva stabilito di sollevare il paese a quel suono. Ma un contrattempo mandò a vuoto l'ardito progetto. A tre ore della notte, levandosi il Sacramento dall'altare della chiesa di Montesanto, nella quale si celebravano le *Quarant'ore*, cominciò un solenne scampanio, che fu accresciuto da quello del monastero dirimpetto. Il Di Marco ed i suoi, ingannati dallo scampanio, partono tosto dalla fossa di S. Erasmo, e penetrano in città gridando: " Viva la Costituzione! „ Incontrata a Porta di Termini una pattuglia scendente dalle mura della Pace, la mettono in fuga, s'avanzano arditamente alla Fieravecchia, colpiscono a morte l'ispettore di polizia Romano, imboccano la via dei Cintorinai, uccidono il chirurgo Pietro Marino, percorrono, incitando il popolo alla sommossa, il Toledo, la piazza del Garraffello, la piazza Caracciolo e la via degli Schioppettieri; scassinano le botteghe degli armieri Puzzo, Ammirata e Mauro, e giungono fra le grida e lo spavento della fuggente polizia ai Calderai. Assaliti qui dal comandante Picone, l'affrontano, lo fugano, uccidono lo sgherro Virzì, e penetrano nel piano Airoldi, su cui trovano una compagnia d'arme. Ripiegano allora sotto l'arco di Cutò, attraversano Porta S. Agata, disarmano le guardie doganali della Sesta Casa, giungono alla Guadagna, e si sperdono perplessi tra i frassini di Chiarandà (1).

I funzionari della Valle, non appena riavutisi dall'improvviso sgomento, stimmatizzano con un manifesto l'audace attentato (2), fissano (4 settembre) una taglia di onze 30 per l'arresto di

(1) V. Di Marzo-Ferro, *Un periodo di Storia di Sicilia dal 1774 al 1860*, volume I, Cap. XXV, pag. 415 e segg, Palermo, tipografia di Agostino Russo, 1863 — Carmelo Monti, *Biografia politica di Giovanni Di Marco*, Palermo, Gaetano Priulla, 1864 — Vincenzo Cordova, *Vita di Filippo Cordova*.

(2) Ecco il manifesto: " S. A. R. Il principe luogotenente generale, mentre da una parte si è sommamente rattristata dell'avvenimento della sera del 1° settembre, per cui la quiete pubblica di questa capitale fu momentaneamente turbata da pochi forsennati, ha nel tempo stesso provato nell'animo suo tutto il

Domenico Di Marco (1), l'alzano il giorno 8 ad onze 100 (2), e

compiacimento in iscorgere che questa circostanza ha servito per maggiormente
rilucere la lealtà e la fermezza di questa buona popolazione; poichè, sebbene
indotta con tutti i mezzi della violenza e della seduzione a concorrere al disordine, si è tuttavia mantenuta in contegno ammirevole; per lo che quella banda di malviventi, delusa nelle sue folli speranze, ed incalzata dalla forza pubblica, si è dispersa con dispetto e con disonore, attendendo la pena del suo audace
attentato. Or la R. A. S. volendo che i suoi sentimenti abbiano la più estesa
pubblicità, mi ha espressamente incaricato di farli noti, aggiungendo che nel
rendere informato il Re, nostro signore, e suo augusto fratello, del fatto avvenuto, avrà esso tutta la cura di far rilevare alla M. S. la condotta lodevole che
in questa critica congiuntura hanno tenuto tutti questi abitanti, nemmeno un
solo eccettuato tra loro; onde così confermare Sua Maestà nell'opinione in cui
ha mostrato di avere questi suoi fedelissimi sudditi, e renderli vieppiù meritevoli dell'affetto sovrano, e della sovrana considerazione. — Palermo, 3 settembre 1831. ,

(1) " Interessando sommamente alla polizia lo arresto di un certo Domenico
Di Marco, impiegato da commesso nella Regia Doganale, per la parte che ebbe
nel disordine avvenuto la sera del 1° corrente, il direttore generale di polizia,
mentre da una parte la forza pubblica, seguendo le sue disposizioni, spiega tutta
l'attività ed energia per un tale arresto, volendo al tempo stesso ottenerlo con
quella rapidità che il pubblico esempio richiede, promette un premio di onze 30
a colui che saprà indicargli il luogo ove il Di Marco si trovi asilato, da pagarsi la sudetta somma quante volte dalla forza pubblica siasi difatti rinvenuto.
—Palermo, 4 settembre 1831—Il Direttore Generale di Polizia—Duca di Cumia.

(2) Avviso — Sempre più interessando alla polizia lo arresto di quel Domenico Di Marco per cui con precedente manifesto del 4 corrente fu promessa la somma di onze 30 a chi ne avesse soltanto indicato lo asilo ; nè meno interessando
ora per le prove raccolte anche quello degli individui Gioacchino Rammacca,
Girolamo Cardella e Salvatore Sarzana, i quali come il Di Marco furono principalmente implicati nel disordine qui avvenuto la sera del 1° settembre, il direttore generale, non volendo lasciare intentato alcun mezzo per la più celere
esecuzione di tali arresti, fa noto al pubblico che colui il quale gli darà notizia
del luogo ove si trovino rifugiati gli anzidetti 4 individui o parte di essi, otterrà un premio in denaro che sarà di onze 100 per la persona del Di Marco, e
di onze 50 per ciascuno degli altri tre, da pagarsi questi premi quante volte per
effetto di tale notizia saranno dalla forza pubblica arrestati o tutti o parte degli
anzidetti individui. Il nome di colui che renderà così rilevante servizio, non sarà
conosciuto che dal solo direttore generale — Palermo, 8 settembre 1831 — Il
Direttore Generale—Duca di Cumia.

dànno la caccia ai fuggiaschi, i quali, in men di un mese, cadono quasi tutti in potere della polizia (1). Riunitasi il 25 ottobre una Commissione militare (2), condannò ad un anno di prigionia Giuseppe Giglio, a sei anni di reclusione Matteo Livolsi, Pietro Rubino, Francesco La Marca, Santi Mangoja, Filippo Alaimo e Giuseppe Todaro, ad otto anni di reclusione Rosario Prestarà e Felice Fiorenza, a 10 anni della stessa pena Giuseppe Barrili, Martino Ciraulo, Rosario Mùtari, Salvatore Di Marco, Antonino Faja e Giuseppe Ingrassia, a 19 anni di ferri nel presidio Salvatore Cardella, a 25 anni della stessa pena Francesco Gentile, Giovanni Bruno e Vincenzo Raffaele, all'ergastolo Gioacchino Culotta e Giovanni Di Marco, ed alla fucilazione (eseguita il 24 ottobre col 3° grado di pubblico esempio sul piano della Consolazione) Domenico Di Marco, Salvatore Sarzana, Giuseppe Maniscalco, Paolo Baluccheri, Giambattista Vitale, Vincenzo Ballotta, Ignazio Rizzo, Francesco Scarpinato, Filippo Quattrocchi, Gaetano Ramondini e Girolamo Cardella, vittime ignorate d'un movimento audace.

Dopo le fallite sollevazioni del trenta e trentuno, la lotta fra il principato e la democrazia italiana assunse più larghe proporzioni, divenne europea, e trasferì il suo centro d'azione in Francia, dove convenivano i profughi d'ogni paese, cioè Belgi, Spagnuoli, Portoghesi, Tedeschi, Polacchi ed Italiani (3), i quali erano travagliati da un solenne pensiero, quello cioè di liberare le loro nazioni dagli oppressori, di tornare, a prezzo di qualunque sagrificio, liberi cittadini in liberi paesi rigenerati dal sole sacro della

---

(1) CARMELO MONTI, Op. cit., p. 19 e seg.

(2) Era così composta: Presidente: Maggiore Emanuele Bourcard — Relatore: Capitano Domenico Patierno — Giudici: Capitani Antonio Lepore, Tommaso Pepe, Raffaele Casella, Nicolò Melendez e Ferdinando Antonelli — Cancelliere: Caporale Del Castillo — Giudici supplenti: Capitano Odessa, primo tenente Luigi De Montaud, secondo tenente Messina del reggimento Real Borbone.

(3) Nel 1831 erano in Francia 2867 Spagnuoli, 962 Portoghesi e 1524 Italiani che ricevevano sussidi dal governo (Rapporto del Ministro degli Affari Esteri alla Camera dei deputati, 30 settembre 1831).

libertà (1). Questo pensiero, che mitiga le angosce trepide dell'esilio, che ravviva le speranze balde dell'esule, che rende doveroso e necessario l'operare, spinse un grande italiano, Giuseppe Mazzini, a fondare la *Federazione della Giovine Italia*, che aveva per sede Marsiglia, per simbolo un ramo di cipresso, per motto: *Ora e sempre*, per fine *Dio e popolo*, per mezzo gli affiliati che giuravano di annientare col braccio le tirannidi (2). La nuova associazione, sorretta dai patrioti d'ogni paese, voleva, non già l'unione federativa di stati autonomi, ma bensì l'unità italiana con un largo ordinamento dei comuni; voleva abbattere la teocrazia papale, organizzare una grande rivoluzione e spegnere i nemici d'ogni libertà (3). A tal uopo fondò l'*Apostolato*, il *Tribuno di Lugano* e la *Giovine Italia*, diarii che incitavano i popoli ad organizzare guerriglie, a combattere l'aristocrazia, a respingere i re e ad insorgere al grido auspicato di libertà (4). La

---

(1) Il conte di Ludolf, ambasciatore napoletano a Londra, scriveva in quel tempo al principe di Cassaro che Achille Murat, il colonnello Maceroni, Guglielmo Pepe, Giuseppe Carrascosa e molti altri emigrati napoletani, aiutati dall'oro del banchiere Agard di Parigi, già ministro delle finanze di Gioacchino Murat, facevano preparativi per tentare un colpo di mano sulla Sicilia (Nota Ludolf al principe di Cassaro, Londra, 29 marzo, 1º aprile, 8 aprile, 12 aprile e 3 maggio 1831) — Il principe di Cassaro, ricevuta questa notizia, comunicavala ai dipartimenti di guerra e polizia, al Ministro segretario di stato presso S. A. R. il luogotenente nei domini oltre il Faro, il quale propose di destinarsi, oltre al brigantino Principe Carlo, due altri legni da guerra, uno in crociera lungo la linea del Sud, l'altro sulla costa di Ponente; di destinarsi, come per il passato, un legno da guerra in Palermo, e di spedirsi in Sicilia due battaglioni di cacciatori per disporne al bisogno come colonna mobile (Relazione del Ministero e Real Segreteria di Stato degli affari esteri a S. M. Ferdinando II, Napoli, 9 giugno 1831).

(2) COPPI, *Annali d'Italia dal 1750 al 1861*, vol. III, anno 1831, pag. 363 e segg., Napoli, Lombardi, 1872.

(3) GIORGIO WEBER, *Storia Contemporanea dal 1815 al 1870*, p. 123, Milano, Fratelli Treves, 1878 — CANTÙ, *Storia degl'Italiani*, Tomo XIII, Cap. 84, p. 403, Torino, Unione Tipografica-Editrice, 1877.

(4) Mentre si pubblicava in Marsiglia *la Giovine Italia*, a Parigi si stampava *l'Esule*, giornale diretto da Giuseppe Cannonieri, Federico Pescantini ed Angelo

federazione ebbe tosto sedi in ogni luogo. La dirigevano da Londra Giuseppe Mazzini, da Malta Giovanni e Nicola Fabrizi, da Milano il marchese Rosales, da Brescia i conti Bargnani e Mazzucchelli, da Genova i fratelli Jacopo, Agostino e Giovanni Ruffini, dovunque i cuori più generosi e le menti più elette; onde impaurì fortemente i governi (1), assorbì le sette rivali ed oscurò persino i VERI ITALIANI del marchese Arconati, che propugnava l'unità d'Italia sotto il governo costituzionale di Casa Savoia (2).

La Giovine Italia fu il bersaglio della Santa Alleanza. I profughi italiani, cacciati per opera di essa dalla Francia, ripararono nella Svizzera, donde tentarono una generale sollevazione nella penisola. Fissarono pertanto centri di cospirazione in Milano, in Pavia, in Brescia ed in Cremona (3), attirarono alla loro causa molti patrioti del Modenese, come Spinelli, Ferrari, Tamburini, Verati e Giacomo Mattioli professore di Giurisprudenza (4); iniziarono pratiche con i presidi di Torino, di Chambery, d'Alessandria e di Genova, e corrisposero con Domenico Barberis, Pasquale Berghini, Giambattista Scovazzo, Nicola Ardoino, Efisio Tola, Giuseppe Guillet, Carlo Cattaneo, Andrea Vocchieri, Antonino Rovereto, Jacopo Ruffini, ecc. (5). Distese così le fila, stabilirono d'inviare alcune guerriglie sulle creste degli Appennini, di concentrare in Corsica i profughi d'ogni nazione, d'animare i

---

Frignani. Vi collaboravano eziandio Nicola Basti, Filippo Canuti, Giovanni Aceto, Pietro Giannone, Giuseppe Gherardi, Terenzio Mamiani, Pietro Maroncelli, Francesco Orioli, Carlo Pepoli, Gaetano Petrucci, ecc. (V. VANNUCCI, *I Martiri della libertà italiana*, p. 355 e segg.. Firenze, Le Monnier, 1880).

(1) Il Metternich scriveva al cavaliere Meuz, incaricato d'affari austriaco in Milano, che i complici della grande cospirazione sommavano a 100000, e che gl'Italiani rifugati in Francia corrispondevano con fanatica attività coi loro confratelli d'Italia.

(2) WEBER, Op. cit., p. 125.

(3) Sentenze della *Gazzetta di Milano*, 19 settembre 1835, N. 272.

(4) Sentenze della Commissione militare e del Tribunale statario dei 7 luglio 1834, 4 aprile, 26 maggio e 20 luglio 1835.

(5) COPPI, Op. cit., vol. III, p. 394.

federati, e di muovere l'esercito delle Due Sicilie, che avrebbe, marciando su Roma, proclamata da essa la libertà d'Italia (1). Subodorato i governi questo sogno dei profughi, crebbero le loro misure repressive. In Piemonte furono condannate 32 persone alla morte, 2 all'ergastolo e 28 alla galera (2); in Toscana vennero arrestati i giurisperiti Piero e Vincenzo Salvognoli di Firenze, Angiolini ed il conte Agostini di Pisa, Carlo Bini e Francesco Domenico Guerrazzi di Livorno, Vaselli di Siena, Giovanni Antonio Venturi e Contucci di Pistoja; e nelle due Sicilie provarono le carceri 52 individui, fra cui Luigi Dragonetti, già deputato del parlamento di Napoli (3).

Mentre le carceri di Genova, d'Ivrea, di Alessandria, di Fenestrelle, della Toscana e di Napoli erano gremite di patrioti, l'associazione della Giovine Italia armava 900 uomini fra Italiani, Savojardi, Svizzeri, Tedeschi e Polacchi; ne formava due schiere distinte, ed affidava la prima all'Ardoino, l'altra al Generale Ramorino. Penetrato quest'ultimo la sera del 1. febbraio 1834 con 750 uomini in Savoia, corse ad Annemasse, vi disarmò i doganieri, abbattè gli stemmi reali, innalzò l'albero della libertà e si recò a Carra, dove fermossi aspettando la schiera dell'Ardoino, ch'era stata invece fermata lungo la marcia dal governo svizzero. Allora il Ramorino rientrò nel territorio di Ginevra, e l'Ardoino si diresse ad Echelles, dove rimase inoperoso e perplesso. Assalito qui nella notte del 4 febbrajo da una squadra partita dal ponte di Beauvoisin, riparò in Francia, lasciando sul campo 4 morti e 2 prigionieri (4).

(1) Ibid.

(2) Delle persone condannate a morte, 12 soltanto furono fucilate. Ai contumaci Ardoino, Barberis, Berghini, Cattaneo, Mazzini, Rovereto, Giovanni Ruffini e Scovazzo fu commutata la pena. Il Guillet venne condannato alla prigionia per 10 anni; Iacopo Ruffini si uccise in carcere e Nicola Cambiasi, Nicola Durazzo, i fratelli Mari, Damaso, Pareto e Massimiliano Spinola furono imprigionati nella fortezza d'Alessandria.

(3) GIACINTO DE' SIVO, *Storia delle Due Sicilie*, v. 1°, pag. 24 e segg., Trieste, 1868.

(4) I due prigionieri, cioè Angelo Volentieri e Giuseppe Borrel, furono il 17

Dopo questo infelice tentativo, i governi di Napoli, d'Austria, della Russia e della Prussia invitarono la Repubblica elvetica ad espellere dal suo territorio i profughi d'ogni paese. Costoro, consci della loro sorte, convennero, prima di lasciar la Svizzera, a Berna, dove fusero in una sola associazione la Giovine Italia, la Giovine Polonia e la Giovine Germania, che presero collettivamente il nome di *Giovine Europa* (1). Il Comitato centrale della nuova associazione, nella quale il Mazzini rappresentava l'Italia, il Ledru-Rollin la Francia, il Ruge la Germania, il Durosz la Polonia ed il Kossutt l'Ungheria, spedì da Londra, luogo della sua dimora, istruzioni e proclami ai circoli segreti di tutta Europa, ravvivò la lotta fra il dispotismo e la libertà, rinverdì le speranze dei profughi, e contrappose alle forze coalizzate della Santa Alleanza, l'opera concorde dei patrioti d'ogni paese, i quali mostrarono una perseveranza ed un coraggio degni della causa che difendevano.

In mezzo alle occupazioni incessanti dell'agitazione europea, Giuseppe Mazzini, conoscitore profondo della storia dei popoli, rivolse ai Siciliani, iniziatori incessanti di rivolte audaci, un concitato proclama, che riassume con vigore le vicende fortunose della loro isola infelice. " Giunge, diceva egli, ma forse per non più ritornare, il momento invocato, onde spezzare la catena pesante che vi tormenta e vi disonora. La insurrezione dei popoli, non dovrà, o Siciliani, per avventura scagliarsi contro un governo che volendo dimenticare la causa ed il fine della sua creazione, cioè

---

febbraio spenti a Chambery (*a*); il Ramorino ed altri 18 contumaci vennero invece il 22 marzo condannati alla forca in effigie (*b*). In seguito il Consiglio di guerra del 3 giugno condannò tre persone alla morte ignominiosa. Fra queste eravi Giuseppe Maria Garibaldi di Nizza, Capitano marittimo mercantile e marinaro di 2ª classe al regio servizio (*c*)

(1) Sottoscrissero l'atto federale per l'Italia Giuseppe Mazzini, Andrea Melegari, Giovanni Ruffini, Bianco, Rosales e Guglione (COPPI, Op. cit., vol. III, pag. 416)

(*a*) *Gazzetta Piemontese*, anno 1834, n. 21 — (*b*) Ibid., anno 1834, n. 38 — (*c*) Ibid., anno 1834, n. 72.

la felicità dei governati, riguardando questi ultimi come la sua proprietà, diviene arbitrario e tiranno!? Non resta allora ad un popolo che l'uso della forza contro la violenza dispotica. Usare della sua forza addiventa allora per una nazione, non solo un diritto, ma un dovere supremo reclamato dalla sua dignità, dal suo fisico, dal suo morale interesse. Spettava al popolo francese di offrirne primo di tutti l'esempio sempre mai memorabile. Egli in siffatta guisa provò di meritare quel grado che la sua civiltà gli accordava fra le nazioni d'Europa. Il grido di libertà e d'insurrezione, che si alzò sulle sponde della Senna, echeggiò sulla Vistola, sul Reno e al di qua delle Alpi. Impallidiscono in Italia quest'oggi, sui troni vacillanti, quei principi devoti al potere arbitrario, che collegati fra loro, prostituendo la religione al più infame dei patti, credevano di avere fra noi eternato l'ignominia del servaggio delle nazioni. Ma qual gente oppressa, o Siciliani, sofferse più di voi gli oltraggi obbrobriosi della tirannide? Anzi qual gente può numerare un'eguale serie d'ingiustizie, di crudeltà, di rapine? Nel rinnovarvene la mordace memoria, onde provare a voi stessi e a tutti i popoli la giustizia e la necessità d'una vostra vigorosa ed invocata insurrezione, fa di mestieri, anzichè abbandonarsi alla esagerazione, porre freno alla penna ed al labbro, per non esacerbare oltre misura una indignazione tanto più profonda e cocente, quanto più lungamente compressa!—Siciliani! Voi che abitate una parte sì bella della terra d'Italia, superiore in bellezza ad ogni altra, voi cui la natura dotò di pronti e fervidi ingegni, di spiriti maschi e liberi, voi che non solo nella carriera della civiltà, del sapere, delle arti belle, ma pur nell'acquisto di popolari istituzioni politiche precedeste gli altri popoli della Penisola italica, voi che offerti nel 1813 dalla scaltra e fallace diplomazia qual modello ad altre genti di quella contrada, onde eccitarle a generose intraprese, scelti parevate a far risorgere l'antica libertà dei Romani; voi legati quest'oggi alla stessa catena coi vostri fratelli oltre marini, la trascinate del pari con rabbia, con inutile rabbia, perchè ancor non seguita dalla nazionale vendetta!—Senza penetrare nel buio dell'antichità, o senza intrattenerci a scoprire le vostre glorie negli annali greci e romani, basta dire che voi non ignorate che colle Isole britanniche comune aveste la invasione normanna, comune del pari le nazionali franchigie. Siffatte istituzioni, impregnate di barbarie feudale, accusavano il tempo in cui nacquero. Nulladimeno ottennero esse, sotto la dominazione sveva ed aragonese, quello sviluppo e quella estensione, che conseguir si poteano in quella età tenebrosa. Malgrado la loro imperfezione e rozzezza, sorgea nel vostro seno un parlamento nazionale concorrente a formare le leggi, ossia capitoli della Monarchia siciliana. Al solo parlamento volgevasi il capo della nazione, allora quando novelli bisogni addimandavano sacrifizii novelli. Il parlamento siculo sovranamente concedeva o negava le contribuzioni richieste. Una deputazione scelta fra i membri del corpo politico, negli intervalli di una ad un'altra sessione, riscuoteva gli accordati sussidi, destinati agli usi cui si accordavano, e vigilava onde fossero rispettate le leggi. Le autorità municipali, le magistrature locali sceglievansi tra i candidati offerti dai municipali consigli. Sotto lo scudo benefico di queste istituzioni che ancora non aveano acquistato miglioramento, voi vivevate tranquilli, e protetti dalle leggi tutrici delle libertà vostre, senza esser tocchi dal letargo servile delle altre nazioni d'Europa. — Voi godeste pel corso di varii secoli di questi diritti che forman quest'oggi il cardine delle popolari franchigie. Abbenchè non liberi appieno, nulladimeno gustavate la sicurezza di non essere colpiti da tutti i mali del potere arbitrario, ed attendevate con calma l'arrivo d'un avvenire più dolce. Voi senza le pene d'una schiavitù soffocante, affrettavate coi vostri voti le progressive riforme ed i migliori regolamenti sociali. Fra queste così belle speranze, vi rinvenne, o popoli della Sicilia, la rivoluzione francese del 1789. Sino dal suo primo apparire i monarchi videro in essa la loro più mortale inimica. Lungi dall'appagare i voti dei popoli, si studiarono essi di stringere e di aggravare vieppiù quei ceppi ch'erano già divenuti insoffribili: nè il

3

vostro atteggiamento tranquillo valse a garantirvi dalla comune sciagura. La corte di Napoli, fuggendo dalla sua capitale, recossi nel 1799 a ricercare un asilo nelle vostre contrade. Avventurati di vedere ristabilita fra voi la residenza del Re, quali prove non deste di devozione fedele? Ma qual frutto ne ritraeste, popoli continuamente ingannati? S'inventarono cospirazioni e segrete denuncie. Spionaggio esteso, giunte di Stato, diffondendo dovunque la costernazione o lo spavento, cominciarono gli agenti della tirannide sin da quel tempo a popolar le prigioni ed a spargere il sangue innocente. In mancanza di misfatti preveduti dalla legge, il dispotismo ne foggiò un ordine nuovo. S'inventarono delitti nell'uso istesso delle favorite e dei pantaloni. Furon condannati a parecchi anni di relegazione gli uomini accusati di leggere con diletto i giornali! (1) — Fu strappato al parlamento un donativo di 150 mila once annuali, coll'inganno della solenne promessa di stabilirsi una corte reale di residenza permanente in Sicilia. Ma la corte promettitrice riprese il regno di Napoli, e ricadeste d'allora sotto l'acerbo *proconsolare* governo. Nel 1806 fu costretta altra volta la famiglia regnante a ricoverarsi in Sicilia. Voi per la seconda volta le apriste il vostro cuore, per la seconda volta le offeriste le nazionali sostanze. Governati aspramente da una colonia d'emigrati, Siciliani, fu a voi vietata qualunque partecipazione al governo. Il vostro sangue ed i vostri tesori furono soli dalla corte impiegati a riacquistare il trono da cui fu balzata. Dilapidate le nazionali finanze, disseccate le sorgenti della pubblica ricchezza, i vostri beni furono esposti all'incanto, e voi rimaneste oppressi sotto la soma d'imposizioni illegali, destinate ad alimentare le obbrobriose prodigalità del governo. — Uomini indipendenti e generosi alzarono fra voi la voce per protestare con rispettosa fermezza contro di quegli attentati altamente tirannici. Ma la patriottica resistenza fu punita con novelli e più criminosi attentati. Cinque fra i vostri concittadini furono in una notte ar-

(1) *De lectura Gazzetarum cum delectatione.*

bitrariamente svelti con forza militare dal seno delle loro famiglie, o gettati nelle isole circonvicine. La Gran Brettagna
che manteneva un'armata onde coprire le vostre spiagge, vedendo, per la violenta arbitrarietà del governo, pericolare la
sicurezza dei suoi soldati e dei suoi nazionali interessi, avvalorò
col suo opportuno concorso le reclamazioni del popolo. Una costituzione, conforme alla inglese, fu nel 1812 proclamata fra voi:
fu giurata dal re Ferdinando e da Francesco suo figlio, creato
allora Vicario Generale del regno. Quale fu l'andamento dei vostri governanti in quell'epoca? Chi fia bastante a narrare tutta
la serie delle turpitudini che accompagnarono, che seguirono la
promulgazione di quello statuto, abbenchè aristocratico al par
che monarchico! Le vostre ferite, o popoli, sono ancor fresche,
ancora versano sangue! Siciliani! La commemorazione di tali offese potrebbe ridestare i sentimenti della cittadina discordia, oggi
ch'è a noi più che mai necessaria l'unione e la forza! Non potendo i nemici del popolo creare ostacolo nei primi tempi al nazionale entusiasmo, si appigliarono, per trionfare, all'astuzia.

In siffatta guisa, ottenuto lo scopo di rallentare l'efferve-
scenza universale, pubblicata, dopo tanti indugi, metà soltanto
della costituzione novella, per impedirne il compimento, essi misero in campo difficoltà sempre nuove. Si trasse profitto dalle
passioni, dagl'interessi, dalla inespertezza per suscitare le inimi-
cizie, per accendere lo spirito di parte. Quale trama non fu posta
in azione per impedire, per arrestare la marcia del Parlamento,
nel corso delle sue legislative funzioni? Voi foste serbati a vedere per anco, nel 1814, un ministero sollecitante segretamente
nella camera dei comuni, il rigetto d'una domanda di sussidii,
dallo stesso *officialmente* richiesti!!

Con arti siffatte si studiava di far detestare il novello siste-
ma, di farlo credere nocivo ai popoli, per gl'imbarazzi che lo
stesso governo perfidamente creava. Dopo gli strepitosi avvenimenti, dopo i cangiamenti che la general guerra contro i Bonaparte fe' sorgere nella politica d'Europa, il re Ferdinando, per
forza delle armi straniere, tornò a dominare in Napoli. Ma

lungi dall'estendere a quel popolo gl'invocati favori delle istituzioni politiche decretate in Sicilia, come avea già promesso Ferdinando, deponendo allora la maschera di cui si copria par lo dianzi, cominciò più apertamente a demolire parte a parte l'edifizio costituzionale non ancora compito. Finalmente, incoraggiato sempre più dalle immorali stipulazioni del congresso di Vienna, e dalle promesse del soccorso offertogli dalla mendace diplomazia d'un gabinetto illustre negli annali della perfidia, Ferdinando pervenne a lacerare impudentemente il patto solennemente giurato. Nè a ciò vollo arrestarsi la generosità del monarca! Memore dei sacrifizi da voi prodigati due volte onde riporlo sul trono due volte perduto, ei volle decretarvene un premio coll'involarvi non solo la costituzione recente, ma del pari quei privilegi e prerogative di cui godevano da tanti secoli le genti della Sicilia. Per addolcire il vostro cordoglio, dopo tante violazioni nefande, vi si diede un compenso col lasciarvi per premio la pressochè insopportabile contribuzione di un milione e mezzo di onze che la Sicilia s'impose per sostenere illesa la nazionale indipendenza. La Sicilia ebbe in parte l'onore di provincia del Regno di Napoli. A tanti insulti fu aggiunta la derisione, che è la più grande offesa per i popoli. Per l'organo del Ministero Britannico A.' Court e nella corrispondenza col medesimo foste dichiarati *incapaci* del governo di libere istituzioni; ma vi si diede la promessa che i confini di quella gravosa contribuzione oltrepassati non si sarebbero senza l'approvazione d'un parlamento che era stato abolito!!! — Dopo 5 anni d'umiliazioni, di spasimi, voi raccoglieste con la più viva impazienza nel 1820 l'occasione che la fortuna vi offerse, per manifestare il cordoglio con cui sopportavate il grave giogo che la perfidia v'impose, e per rivendicare l'indipendenza. — Popoli continuamente ingannati! Potranno mai per avventura fuggire dalla vostra memoria le conseguenze lacrimevoli della gelosia fomentata malignamente fra gli abitanti dell'una e dell'altra Sicilia, ed anche fra gl'individui delle vostre diverse città?! Tanta malvagità dei vostri oppressori concorse potentemente in quell'epoca ad avvelenare il frutto di libertà ed a restaurare la tirannia. Qual vantaggio mai ritraeste dall'avere più o meno contribuito alla politica rigenerazione del mezzogiorno d'Italia? Voi divideste coi vostri fratelli collocati oltre il Faro il più pesante infortunio. Si! voi diveniste doppiamente fratelli, perchè oppressi del pari da un governo nefando. Le vostre ridenti contrade divennero il campo dei più atroci delitti della tirannide. Ceppi, proscrizioni, patiboli! Ecco i favori che vi prodigarono i governanti! E per unire l'oppressione allo scherno, voi foste consegnati in tutela per parecchi anni al più vituperevole dei vostri concittadini, che divenne l'arbitro dei destini della Sicilia. Fu questo il premio del vostro sangue versato, sangue che grida in ogni tempo vendetta!!—Lo squallore delle vostre città, l'abbandono delle vostre campagne, l'universale penuria, l'atrocità dei tributi, il disseccamento delle sorgenti d'ogni prosperità nazionale, annunziano all'Italia, anzi all'Europa, l'opera più scellerata del potere arbitrario. Siciliani! V'è alcuno fra voi che non senta l'imperioso bisogno d'una pronta riforma? Afferrate, o popoli, la felice occasione! Spunta finalmente per voi l'aurora dei giorni invano per lungo tempo aspettati. Siciliani! voi popoli della gran famiglia italiana, stendete gagliardi le braccia alle schiere dei vostri generosi fratelli che sulle rive del Po fanno sventolare il vessillo della sempre invocata liberazione d'Italia!—Questo magico nome v'inviti al riscatto, e vi spinga ad impugnare le armi vendicatrici dei diritti! Rispondete col disprezzo, colla indignazione delle anime forti a quelle piccole concessioni artifiziose che il pericolo fa solo promettere, ma che una nuova perfidia farebbe sollecitamente violare. Siciliani! La voce di lunga e dura esperienza suonerà inutilmente nei vostri orecchi? La calunnia pesa gravemente sopra di voi! I tiranni v'insultano con dirvi inadatti a serbare la libertà reclamata dalle genti d'Europa. Permetterete voi che gli altri popoli credano giusta un'accusa sì atroce? Popoli della Sicilia! Rispondete colle armi a quella infame calunnia! Inalberate il vessillo liberatore, il *verde, bianco* e *vermiglio* che gl'Italiani hanno di già *innalzato* qual segno di politica redenzione e di gloria. Si-

ciliani ! combattete con essi ! Voi deporrete le armi sol quando la
libertà dell'Italia trionferà pienamente dei suoi nemici, e non
tornerà più tempeste. „ (1)

All'invito solenne del Mazzini ed alle sollecitazioni calde
dei Comitati rivoluzionari, i patrioti siciliani, cioè Mariano Stabile,
Gaetano Daita, Francesco Di Giovanni, Luigi Scalia, Angelo Ma-
rocco, Salvatore Scibona e Giovanni Denti di Palermo; Carlo Gemelli, Melchiorre Costa Serge, Giuseppe Morelli, Federico Ieni e
Matteo Russo di Messina; Pietro Marano, Gabriele Carnazza, Antonino Faro, Michele Caudullo, Diego Fernandez ed Ignazio Riccioli di Catania; Raffaele Lanza, Nunzio Stella, il barone Pancali,
Carmelo Campisi e Salvatore Chindemi di Siracusa, gettarono le
prime fila d'una vasta cospirazione, attivarono relazioni con i
Comitati rivoluzionari d'altri luoghi, e determinarono che nessuna città della Sicilia dovesse iniziare la rivolta prima di Palermo, salvo che un'occasione favorevole non si fosse anzi tempo
offerta in alcuna di esse (2). Fissato ciò, comunicarono, mediante il dottore Giovanni Raffaele, siciliano residente fin dal 1828
in Napoli, con Matteo De Agostinis, Casimiro Altieri, Francesco
Saverio Barbaris, Carlo Poerio, Giuseppe Del Re, Mariano Ajala,
Giacomo Longo e Francesco Borrelli, coi quali il Raffaele aveva
stabilito una insurrezione simultanea nelle provincie di qua e di
là dal Faro. A tal fine venne in Sicilia, s'abboccò in Palermo
col principe di Granatelli, col marchese Lungarini e coi fratelli
Emerico e Michele Amari; visitò in Messina Domenico Pirajno,
Federico Ieni e i fratelli Landi, e attivò, per mezzo di Pietro
Cusmano, Luigi Consiglio, Marco Davì, Francesco Miceli e Ste-

---

(1) Debbo questo proclama alla squisita cortesia dell'eccellente amico mio
Cavalier Dottor Giuseppe Lodi, conoscitore valente della Storia Siciliana, il
quale copiollo da uno dei primi fogli della *Giovine Italia*, quando un tal atto
costava spesso o l'esilio, o il carcere, o l'ergastolo.

(2) V. Salvatore Chindemi. *Siracusa e l'ex prefetto di Polizia di Palermo*,
Memoria, p. 38, Palermo, 1848 — Emanuele De Benedictis, *Siracusa sotto la
mala signoria degli ultimi Borboni*, Ricordi. p. 19, Stamperia dell'Unione Tipografica-Editrice, Torino.

fano Trifiletti, comandanti marittimi siciliani, un'attiva corrispondenza con i patrioti di Messina, di Siracusa e di Palermo (1).

Tanto lavorìo insospettì la vigile polizia borbonica, la quale ne informò parecchie volte, per mezzo del Ministro segretario di Stato per gli affari di Sicilia, il Luogotenente generale dell'Isola. Il 21 agosto 1833 gli scriveva essere giunto in Napoli sopra un pachetto francese Nicola Ruffo di Palermo, giovane vivace, reduce da Marsiglia, che nella corrispondenza tenuta coi suoi aveva dato qualche sospetto (2). Gli replicava poscia che Riccardo Comi di Giulia, sospetto politico, era partito per Messina, che lo svizzero Ultico di S. Gallo diretto a Palermo, era giunto in Napoli, che Luigi Fabrizi di Modena, uno dei capi, della Giovine Italia, e Felice Rossignano, già aiutante di campo del generale Berthier, erano in Italia per diffondervi le massime rivoluzionarie, che il Livornese Pudon, agente del governo francese, tentava, sotto il mentito nome di Lebeun, di recarsi da Torino a Roma, che il barone Brasky, pericoloso uomo politico, era partito da Malta per Messina, e che il conte Giambattista Lusini Passalacqua, persona sorvegliata dalla polizia di Milano, viaggiava alla volta della Sicilia (3). Incalzando le brighe dei profughi, il console napoletano in Marsiglia, che spiava da quel luogo ogni loro movimento, inviava al Ministro degli affari esteri in Napoli due brani di lettere intercettate a un tal Bartolucci di Modena ed al comandante Barraco, esuli italiani residenti a Parigi, i quali scri-

(1) Vedi Giovanni Raffaele, *Rivelazioni storiche dal 1848 al 1860*, p. 38 e seguenti, Palermo, Stab. Tip. Amenta, 1883.

(2) Ministero e Real Segreteria di Stato per gli affari di Sicilia, carico di Polizia, Napoli 21 agosto 1833, N. 409, Riservatissima (Appendice, documento N. II).

(3) Ministero e Real Segreteria di Stato per gli affari di Sicilia, carico di Polizia, Napoli, 18 settembre 1833, N. 539 — 27 agosto 1834, N. 647 — 20 dicembre 1834, N. 1551 — 24 dicembre 1834, N. 1068 — 17 gennaio 1835, N. 49 — 21 gennaio 1835, N. 69 — 11 febbrajo 1835, N. 125 — 21 febbraio 1835, N. 153 — Riservatissime (Appendice documenti N. III, IV, V, VI, VII, VIII, IX, X).

vevano che notizie giunte dalla Sicilia in Francia annunzia-
vano essere i Siciliani pronti a sollevarsi, ordirsi a Parigi
una macchinazione infernale, ed essersi ivi costituito un Comitato straordinario per gli affari di Sicilia, aiutato da fortissimo
braccio (1).

Dopo queste notizie, avendo la polizia raddoppiata la sua
vigilanza, scoprì in Napoli gli agenti del Comitato rivoluzionario di Francia, i quali ripararono tosto a Livorno, donde avver-
tirono i compagni di Marsiglia di sospendere ogni loro viaggio in
Italia (2). I profughi, giudicando ormai dannosa ogni altra pratica
nella penisola, fondarono a Bastia un Comitato rivoluzionario composto di Luigi Fabrizi, di Cesare Giudici e di Federico Morselli
di Modena, dell'avvocato Berghini di Pavia, del medico Sterbini
di Roma, di M. Cucchi di Genova e di Francesco Ceroni delle Romagne, ed inviarono a Parigi i repubblicani Barthelemy, Germain e
Richard, membri del Comitato rivoluzionario di Marsiglia (3). Il
Richard, sospetto figlio del generale Davoust, dopo aver conferito con i profughi residenti in Parigi, venne a Palermo, riunì
qui intorno a sè gli affiliati della GIOVINE ITALIA, da cui ricevette
cortesie, feste e favori; passò in Napoli, accordossi con quel Comitato, e tornò con Pierangelo Fiorentino in Marsiglia (4). Al
suo ritorno in Francia, partirono alla volta d'Italia il giovane
Carmelo Rotolo di Napoli, il medico Pietro Rubani di Roma,

---

(1) Ministero e Real Segreteria di Stato per gli affari di Sicilia, carico di
Polizia, Napoli, 25 febbraio 1835, N. 155 e 157, riservatissime (Appendice,
documenti N. XI e XII).

(2) Ministero e Real Segreteria di Stato per gli affari di Sicilia, carico di
Polizia, Napoli, 28 marzo 1835, N. 264—15 aprile 1835, N. 265—18 aprile 1835,
N. 277, Riservatissime (Appendice, documenti N. XIII, XIV, XV, XVI).

(3) Ministero e Real Segreteria di Stato per gli affari di Sicilia, carico di
Polizia, 27 giugno 1835 N. 144, Riservatissima, (Appendice, documento
N. XVII).

(4) Ministero e Real Segreteria di Stato per gli affari di Sicilia, carico di
Polizia, Napoli, 7 novembre 1835, N. 735—13 novembre 1835, N. 751. Riservatissime—(Appendice, documenti N. XVIII, XIX.)

Gaspare Di Franceschi di Bologna (1) e Gabriele Chevalier di Tolone, che riceveva con Aristide Clirier in Livorno i giornali e le corrispondenze della *Giovine Italia* (2).

Arrivati alcuni emissarî nelle Due Sicilie, scrissero al Comitato di Parigi che i patrioti del Regno erano pronti ad insorgere ove fossero provveduti di armi e di denaro. Allora quel Comitato inviò 500000 lire al principe di Torlonia in Roma, incaricandolo di farle giungere al principe di Pignatelli in Napoli, che aveva già ricevuto l' incarico di ritirarle (3). Indi vennero a varii intervalli nel Regno un tal Porta, commissario della propaganda romana con lettere di Antonio Petrea dirette a Poerio (4), un Viani, commissario della propaganda rivoluzionaria delle Calabrie (5), un Vandessen, commissario del Comitato repubblicano di Barcellona in Ispagna, Alfonso Desanges di Lione, agente del Comitato rivoluzionario di Parigi (6), Federico Auguste Aubin e la contessa di Nigrier, provenienti entrambi da Marsiglia (7).

Dopo questo lavorìo, i profughi della penisola erano pronti ad ac-

---

(1) Era provveduto di parecchi passaporti, uno dei quali gli era stato rilasciato dal console inglese come nativo di Palermo.

(2) Ministero e Real segreteria di Stato, carico di Polizia, 13 novembre 1835, N. 749, 25 novembre 1835, N. 773, Riservatissime.

(3) Ministero e Real Segreteria di Stato per gli affari di Sicilia, carico di Polizia, Napoli, 28 novembre 1835, N. 792, Riservatissima.

(4) Ministero e Real Segreteria di Stato per gli affari di Sicilia, carico di Polizia, Napoli, 2 dicembre 1835, N. 795, Riservatissima.

(5) Ministero e Real Segreteria di Stato per gli affari di Sicilia, Napoli, 20 febbraio 1836, Riservatissima.

(6) Ministero e Real Segreteria di Stato per gli affari di Sicilia, Napoli, 20 febbraio 1836, Riservatissima.

(7) Ministero e Real Segreteria di Stato per gli affari di Sicilia, carico di Polizia Napoli, 28 maggio 136, N. 386 — 4 giugno 1836, N. 417, Riservatissime.

4

correre dalla Francia in Italia (1), e tenevano a loro disposizione un battello a vapore di recente costruzione, detto il Napoleone, il cui personale, cioè comandante, armatore, ecc. erano persone note per le loro idee liberali (2). La insurrezione era imminente, per il che il Ministro segretario di Stato per gli affari di Sicilia scriveva al Luogotenente generale dell'Isola : " Una gabarra nominata l'Aubert, con bandiera annoverese, proveniente da Anversa, è arrivata nel porto di Genova carica di 9000 armi a fuoco. Si sono date le disposizioni opportune per farla sorvegliare da un bastimento della marina sarda, anche dopo l'uscita del detto porto, essendo più che probabile che il suo carico sia destinato per qualche porto del Mediterraneo. Non è poi dubbio che i maneggi dei rivoluzionari sembrano aumentarsi all'avvicinarsi della primavera, e che gli agenti della setta si moltiplichino sotto tutte le forme. Si indica pertanto come uno di essi l'inglese Smith, molto conosciuto qui ed a Roma, dove ha fatto frequenti viaggi. Si dinotano ancora tre corrieri al servizio di tre famiglie inglesi dimoranti in Nizza, come quelli che sono spesso incaricati della corrispondenza rivoluzionaria. Uno di costoro chiamasi Mondelli, siciliano, l'altro Gastaldi di Genova ed il terzo Saccomanni di Treviso. Di più si conosce che la corrispondenza del Comitato rivoluzionario di Marsiglia si fa per mezzo di un tal Carlo Motari di Livorno, e che la medesima è diretta all'uffizio del Pachetto Sardo. Questa medesima corrispondenza si tiene a Napoli per mezzo del signor Gabriele Acquaroni, domiciliato nella casa Rocca. Infine, il nome degl' individui componenti il Comitato rivoluzionario di Marsiglia sono: Giglioni, Ferreri, Schiellotto, De Ambrogi, Maubert, Richardin e Bruneln (3).„

---

(1) Ministero e Real Segreteria di Stato per gli affari di Sicilia, Napoli, 13 giugno 1836, Riservatissima.

(2) Ministero e Real Segreteria di Stato per gli affari di Sicilia, Napoli, 1° ottobre 1836, N. 828, Riservatissima.

(3) Ministero e Real Segreteria di Stato per gli affari di Sicilia, carico di Polizia, N. 358, Napoli, 13 maggio 1837 — Archivio di Stato di Palermo, filza 235.

Tal comunicazione scosse ed agitò forte le autorità tutte della Sicilia. Il Luegotenente generale ordinò agl' Intendenti di raddoppiare la vigilanza nei porti e sulle coste delle rispettive Valli; il comandante supremo delle armi avvertì i capi dei presidi dell'Isola di tenersi in treno di guerra, e il Direttore generale di polizia ordinò ai suoi dipendenti d'impedire l'approdo della gabarra in qualsiasi punto dei Reali Dominii, d'inviargli particolari notizie intorno al Mondelli e di sottoporlo ad una rigorosa inquisizione ove cadesse nelle mani della giustizia (1). Nonostante sì grandi precauzioni e tanto rigore, l' opera dei patrioti procede assidua, alacre, animosa. Uno stuolo d' emissari corre da un luogo all' altro dell' Isola; il Caudullo, il Carnazza, il Denti ed il Gemelli volano a Siracusa, dove conferiscono col Lanza, col Pancali, col Campisi e col Chindemi; Luigi Orlando va da Palermo a Malta per mettersi d'accordo con gli esuli ivi rifugiati; Luigi La Rosa, l' abate Leva Gravina, Federico Jeni, Salvatore Barbagallo Pittà ed il principe di Granatelli agitano Noto, Modica, Messina, Catania e Palermo, ed una schiera di generosi accende ovunque gli animi, ravviva le speranze e si apparecchia all'aspro cimento con il coraggio e l'entusiasmo di chi difende una causa santa. La lotta è vicina; ma un morbo truculento, penetrando con violenza nella capitale dell' Isola,

---

(1) L' Intendente di Messina gli rispose che Gaetano Mondelli era nato in quella città da un contadino a nome Antonio. Entrato nel 1812 ai servizi del generale Stuart, partì con lui alla volta d'Inghilterra. Cresciuto negli anni, divenne corriere di vari lord e dello stesso governo britannico. Nel 1827 tornò in patria, e dopo pochi giorni ne partì, lasciando una somma di denaro al genitore. Nel 1832 si recò in Napoli, vi si fermò qualche tempo, e rimise altro denaro al padre. Da quel tempo non si ebbero più notizie di lui; seppesi soltanto che passando nel febbrajo 1836 dallo stretto di Messina una nave inglese, il capitano di essa riferì ai piloti trovarsi il Mondelli in Liverpool, dove esercitava l' ufficio di corriere. (Archivio di Stato, Direzione generale di Polizia, Palermo, 12 gennaio 1837, N. 1058, filza 235).

spezza una settenne barriera, arresta il lavoro dei patrioti e interrompe le comunicazioni fra le varie provincie della Sicilia, fra le città d'una stessa valle e fra le terre d'un medesimo distretto. Questo improvviso disgregamento, distruggendo d'un colpo l'ordine gerarchico tra i piccoli centri ed i capivalle, fa d'ogni comunello un'amministrazione indipendente, d'ogni autorità civica un funzionario senza freno, d'ogni facinoroso un essere eslege, delle plebi una massa ribelle, che, abbrutita da un governo corrotto, signoreggiata da pregiudizi insani, scaldata dall'odio di classe, porta, dove può, l'incendio, l'assassinio e la rapina, onde accumula ai rigori della natura le malvagità sue e le vendette del governo, il quale punisce con soddisfazione feroce, non le colpe d'una geldra forsennata, ma la temuta rivolta politica, che fa reprimere militarmente da carnefici togati e da sgherri infami.

Capitolo II.

Sommario — Il colera — Suoi progressi in Asia od in Europa — Suo arrivo in Italia — Provvedimenti del Magistrato Supremo di Salute della Sicilia — Ronde dei civili e dei possidenti — Prima crociera marittima dell'Isola — Istruzioni per i comandanti della crociera — Primo cordone sanitario terrestre — Sua abolizione — Nuova crociera da Torre di Faro al Capo Zafferano — Commissioni sanitarie locali — Loro attribuzioni — Cure preservative delle Commissioni locali — Leggi contro i violatori dei cordoni — Cordone nelle isole di Lipari, di Favignana, di Marettimo, di Pantelleria e di Ustica — Il colera in Napoli — Misure del Magistrato Supremo di Salute della Sicilia — Cordone militare da Milazzo a Siracusa — Zelo dei pubblici funzionari — Fucilazione di Salvatore Palazzolo — Il paranzello di Raffaele Patella — Improvviso scioglimento del cordone terrestre — Abolizione delle contumacie — Indignazione del popolo — Accuse dei patrioti.

Dalla peste che decimò Roma sotto Tito Vespasiano, la quale uccise per uno spazio non breve diecimila persone al giorno (1),

_____

(1) Rollin, *Storia dell'Impero romano*, tomo VII, 1ª edizione, lib. XVII.

a quella che devastò Messina nel mille settecento quarantatre, distruggendo in poco tempo quasi quarantamila persone (1), l'Italia fu colpita da molte pestilenze, le quali vennero descritte dal Boccaccio, dal Muratori, dal Gibbon, dal Rollin, dal Bò, dal Frari, ecc. (2). Le epidemie non cessarono però colla strage di Messina; ma tornarono, a vari intervalli, in luoghi e tempi diversi. Nel 1767 la febbre biliosa afflisse la Toscana; nel 1775 il catarro russo infuriò in alcuni paesi della penisola; nel 1804 la febbre gialla colpì Livorno; nel 1815 la peste ricomparve a Noja, e nel 1835 un nuovo e terribile male, il colera, contro cui i governi d'Italia avevano da sei anni opposto crociere marittime, cordoni terrestri, commissarii regi e provvedimenti draconiani, valicò per la prima volta le Alpi (3).

Il colera, *el houwa*, cioè peste delle Indie, è un morbo speciale dell'Asia che da tempo remoto desola il mondo. Esso fu descritto da Ippocrate, da Galeno e da Sydenham, e venne, secondo la testimonianza d'autorevoli scrittori, osservato nel 1669 a Londra, nel 1696 nella Svizzera, nel 1717 nella Germania e 33 anni dopo a Parigi. Uscito l'anno 1817 dal suo centro d'infezione, arriva in maggio a Noddia, a Silhet ed a Monghir (4),

---

(1) Testa, *Relazione della peste di Messina* — Di Blasi, [*Storia di Sicilia*, tomo IX, lib. XIII — Ferrara, *Storia generale di Sicilia*, lib. X, p. 252.

(2) Boccaccio, *Peste, 1348* — Machiavelli, *Descrizione della peste di [Firenze* — Guicciardini, lib. XV, Cap. III — Fazzello, *Storia di Sicilia*, lib. X, Cap. I. — Gibbon, *Storia della decadenza dell'Impero romano*, vol. III, Cap. XLIV — Sismondi, *Storia delle Repubbliche Italiane*, Vol. XV, Cap. CXIX — Bò, *Sulle pesti, le epidemie ed i contagi* — Frari, *Della peste e della pubblica amministrazione* — Muratori, *Trattato del governo della peste* — *Annali d'Italia*, Vol. I, p. 328, 337, 543, 598 — II, pag. 224 — IV, pag. 234, 537 — IX, 376, 417, 495, 547 — X, 16, 92, 389, 395, 448, 498 — XI, 526 — XII, 192 — XIII, 40, 272 — Napoli, Lombardi, 1869.

(3) Coppi, *Annali citati*, Vol. III, Anno 1835.

(4) Il dottore Maupherson osserva che il colera, nelle Indie poste fra il 18° ed il 26° di latitudine, sviluppossi in marzo, aprile e maggio, mesi in cui avviene il più grande caldo.

e sullo scorcio di luglio a Jessore, città popolosa sul delta del Gange, dove uccide, secondo il medico Titlew, 6000 persone. Dopo un mese passa da Jessore a Calcutta, e da questa (7 novembre) sulla destra del Bethoa, su cui era l'armata delle Indie, composta di 10,000 inglesi e di 80,000 indigeni, e in venti giorni ne ammazza quasi un quinto. Ripreso vigore, sale nell'Indostan settentrionale, scende a mezzodì nel Dekan, attraversa la penisola indiana sino a Pounah, supera le coste del Mare arabico, ritorna ad occidente, e divampa nel 1818 a Bombay, a Madras, lungo la costa del Malabar, del Coromandel e del golfo di Bengala. Indi penetra a Port-Louis, nelle isole di Maurizio, di Ceylan e di Borbone; scende a mezzodì, piega a levante e invade l'Indocina ed il regno di Siam, la cui capitale Bankok perde 40,000 abitanti. Da Bankok passa a George-Town e a Batavia (1), entra nella China, e comincia le sue stragi a Canton. Volgendosi a greco, invade Pekino, percorre la Mangolia, guadagna la frontiera orientale della Siberia (3), e, procedendo verso altre direzioni, s'estende a Bahrem, a Busheer, a Bassora, nella Mesopotamia, nella Siria, a Bagdad, a Moussol, a Bir, ad Aleppo e nell'antica Laodicea (2). Corre allora minaccioso (1823) ad Astrakan, città russa alla foce del Volga, a Shirvan, sulla costa meridionale del Caspio, e ad Oremburgo, che segna i limiti tra l'Asia e l'Europa (1828). Sormontato intanto l'Araxe, penetra nella Nuova Georgia, arriva ai piedi del Caucaso (1830), a Tiflis, fra i Cosacchi del Don e nel territorio di Mosca, dove devasta parecchi villaggi. Da Mosca si biforca da un lato verso la frontiera dell'Austria e della Polonia, dall'altro verso il golfo di Finlandia, il mare Baltico e le frontiere della Prussia. Indi invade (1831) la Polidia, la Volhynia, la Curlandia, la Finlandia, la Bessarabia, la Moldavia, la Valachia e la Bulgaria. Dopo la famosa battaglia d'Igania, riportata dai Polacchi sui Russi, le marce continue delle truppe dello czar, venute dall'Asia in

---

(1) Rapport. de Lesson.
(2) Rapport. del dott. Woiselcofsky.

Europa, contribuirono grandemente alla propagazione del morbo, il quale, al passaggio del corpo d'esercito del generale Phalen e della brigata del comandante Homberg, s'estese a Minsk, a Vilna, a Selsawel ed in parecchi luoghi della Polonia, che soffrì il doppio flagello degli uomini e del morbo. In tal mentre la forte Pietroburgo, quantunque fosse cinta da rigoroso cordone militare, non potè arrestare la marcia imperturbata del male, il quale uccise il 26 giugno un tal di Wittegra, ammalato a bordo del *Solena*, il 28 colpì un agente di polizia, un mercante ragguardevole ed un allievo dell'ospedale d'artiglieria, e poco dopo il principe di Galitzin, il Luogotenente generale conte Langeron, la principessa Kurkin e molte altre nobiltà (1). Dopo aver trionfato delle barriere sanitarie, dei potenti e della scienza, il morbo propagossi in luglio nei governi di Wiborgo, di Twever, di Jaroslaw e di Witepesk, nell'agosto del 1831 a Berlino, nel settembre a Vienna, nell'ottobre ad Amburgo, nel febbraio del 1832 a Londra, nel marzo a Parigi, in aprile nel Belgio, in giugno nell'Olanda, in gennaio 1833 nel Portogallo, nell'agosto ad Huelva e nel luglio 1834 a Madrid, dove il popolo insorto trucidò 12 gesuiti e 35 francescani (2).

L'Italia non fu risparmiata da tanto flagello. La prima città della penisola invasa da esso fu Nizza (1835), in cui venne importato dall'*Angiolina*, bombarda proveniente da Cette, che aveva a bordo un ammalato di colera (3). Da Nizza il morbo propagossi a Villafranca, a Cuneo, a Genova ed a Torino, dove imper-

---

(1) Dal 26 giugno al 15 luglio contavansi in Pietroburgo 4,984 attaccati e 2270 morti.

(2) In Prussia perirono, secondo i calcoli del dottore Hoffman, direttore di statistica a Berlino, 32,647 persone; in Austria, secondo quelli del Fabre e di Chailan, 344,360; in Ungheria, secondo l'Andreucci, 237,000; in Inghilterra 36,000; a Parigi 18,402 e nella Spagna 67,134.

(3) Il dottore Calderini afferma che il male si propagò in Nizza mediante un forzato che, eludendo la vigilanza delle guardie, era andato a lavorare nel bagno della quarantena.

versò sino all'autunno dello stesso 1835 (1). Il 30 luglio invase
Livorno, indi Pisa, Empoli, Firenze e Lucca; in ottobre assalì Lo-
reo Treponti e in dicembre Venezia, Padova, Vicenza, Treviso
e Verona (2). Da questo luogo s'estese l'anno 1836 nel Lombardo Veneto, nello Stato di Parma e Piacenza, nella Riviera di
levante, nel Cantone Svizzero del Ticino, sulle coste della Puglia, e dopo d'aver serpeggiato per quella provincia, sviluppossi
il due ottobre in Napoli, la quale, fra 350,000 abitanti, ne perdette in tre mesi 5287 (3). Il male, che nel marzo trentasette
si considerò come estinto, ringagliardì a mezzo aprile, giunse
al suo colmo alla fine di giugno, uccise in cinque mesi e mezzo
13798 persone (4), e s'allargò nella maggior parte delle provincie napoletane, onde la popolazione di queste, che aumen-
tava di circa 50,000 individui all'anno, nel 1837 diminuì
di 61,700; e mentre nel principio dell'anno era di 6,082,900,
alla fine di esso scese a 6,021,200 (5).

---

(1) Gli attaccati di Nizza furono 389, i morti 221.

Di Villafranca, attaccati 122, morti 90.

Il colera in Genova durò tre mesi di seguito, nei quali la mortalità fu
come appresso:

Dal 1° agosto al 16 ottobre 1835, attaccati 4051, morti 2165;

Dal 18 luglio al 31 ottobre 1836, attaccati 646, morti 380;

Dal 13 luglio al 7 ottobre 1837, attaccati 1196, morti 685.

Torino fu attaccata quasi contemporaneamente a Genova, perdendo 4859
persone, cioè:

Città . . . . . n. 1889		Uomini	1456
Borghi 662		Donne	1530
Territorio . . . 466		Maschi e fem-	
Ospedali 1842		mine minori	
		di 7 anni.	1873
Totale 4859			
		Totale	4859.

(V. Emilio Bufardeci, *Le funeste conseguenze di un pregiudizio popolare*,
Firenze, tipografia eredi Botta, 1868).

(2) Coppi, *Annali d'Italia*, vol. III, p. 481.

(3) V. Giornale del Regno delle Due Sicilie, anno 1837, n. 121.

(4) Ibid., 1837, n. 209.

(5) Giornale del Regno delle Due Sicilie, 1838, n. 281.

Durante la marcia del colera, i Siciliani fecero ogni sforzo per tenerlo lontano dalla loro patria. Il 9 agosto 1831 il Magistrato Supremo di Salute, composto dal marchese Arezzo, del marchese Merlo e di Angelo Giliberto, capo di ripartimento, destinò quattro regie scorridoie lungo le coste meridionali della Sicilia, imbarcò cinquanta agenti sanitari sui legni che facevano il servizio dei dazii indiretti, ed istituì in tutti i comuni marittimi alcune ronde di civili e di possidenti per impedire l'approdo dei legni (1). Le scorridoie, destinate alla custodia del litorale da Catania ad Avola, da Avola a Pozzallo, da Pozzallo a Licata e da Licata a Sciacca, sorvegliavano le barche dei dazii indiretti, impedivano ogni approdo furtivo (2), inviavano regolarmente alla Soprintendenza di Salute un rapporto particolareggiato intorno alle loro traversate, ed eseguivano tutto quanto veniva loro ordinato dal Magistrato Supremo (3). Le barche della dogana e della regìa vigilavano il movimento dei legni soggetti a rifiuto, e quando riusciva loro di sorprenderne alcuno in attitudine sospetta, l'arrestavano, lo guardavano a vista, e avvisavano la deputazione sanitaria più vicina per averne gli ordini opportuni (4).

---

(1) Le ronde erano ispezionate da un deputato sanitario, il quale spediva ogni giorno un rapporto alla Deputazione locale, che, a sua volta, inviavalo all'Intendente, e questi alla Soprintendenza generale. Gl' Intendenti prelevavano dai fondi assegnati ai cordoni un'indennità di vettura per i deputati sanitarii, salvo per quello di Palermo, dove questo ufficio era esercitato da un funzionario del Magistrato Supremo. (V. *Misure di Custodia sanitaria stabilite dal Magistrato Supremo di Palermo nel consesso dei 9 agosto 1831 onde preservare la Sicilia dalla invasione del colera morbus.* Palermo, Barravecchia, 1831, pag. 3 e segg.)

(2) All'avvicinarsi d'una nave lo chiedevano, a regolare distanza, il luogo di partenza. Se questo era soggetto a rifiuto, la vigilavano finchè non avesse preso il largo; se era invece soggetto a contumacia, la scortavano sino al porto d'arrivo, impedendole qualunque rotta sospetta. Per il servizio delle contumacie, le scorridoie erano munite d'un quadro indicante le diverse misure adottate dal Magistrato Supremo per le provenienze estere.

(3) *Misure sanitarie* citate. p. 10 e seg.

(4) *Misure di custodia* citate, p. 14.

5

Il 23 agosto 1831 il Magistrato Supremo dettò le norme pratiche per le ronde dei civili e dei possidenti. Ogni ronda, composta di quattro o più individui chiamati a turno, giusta i quadri formati dal sindaco del comune, aveva un capo-posto, una guardia sanitaria salariata, una bandiera bianca, un'asta, una corda, una carrucola, sei razzi, due fane, un portavoce di latta ed una tromba marina, con cui dava il segno di vigilanza (1). Un ispettore generale inoltre faceva giungere ogni dì ai capi-posto del litorale di Palermo il motto d'ordine, che veniva diramato nel modo seguente. Un'ordinanza recava ai posti di destra e di sinistra di Porta Felice la parola d'ordine in due pieghi contenenti tanti biglietti suggellati, quanti erano i posti lungo il litorale di ponente e di levante. Le guardie della destra e della sinistra portavano i rispettivi biglietti alle ronde vicine, le quali ne traevano uno, e passavano gli altri ai posti immediati, e così di seguito (2).

Il cordone sanitario così costituito produsse molti inconvenienti, onde il Magistrato Supremo l'abolì, e rafforzò invece la crociera marittima, la quale fu composta di 29 legni sottili, di cui 14 appartenevano alla marina regia e 15 alla mercantile. Il litorale della Sicilia fu quindi diviso in 29 sezioni (3). Ciascuna

----

(1) Il primo segno, dato dal posto immediato all'ufficio della Deputazione sanitaria, era ripetuto dai posti vicini, cioè nel litorale di levante dal posto di destra ed in quello di ponente dal posto di sinistra.

(2) Le ronde, trovando durante il servizio sulla riva del mare vesti, legna, combustibili, botti, barili e simili, li bruciavano, dandone avviso alla Deputazione più vicina. Se scoprivano una nave sospetta, inalberavano la bandiera bianca, ove il tentativo fosse di giorno; mandavano invece in aria alcuni razzi, se il tentativo fosse di notte. Allora accorrevano le altre ronde, le barche doganali e le barche regie più vicine, e cominciavano di concerto l'inseguimento. (V. *Istruzioni sul modo pratico del servizio delle ronde disposte in forma di cordone sanitario lungo il litorale di quest'Isola*, Palermo, 23 agosto 1831).

(3) Cioè: Dal capo dei Molini al capo di S. Croce—Dal capo di S. Croce a Murra di Porco—Da Murra di Porco ad Avola—Da Avola a capo Passaro—Da Capo Passaro a Pozzallo—Da Pozzallo alle Mazzarelle—Dalle Mazzarelle alli Scoglitti—Dalli Scoglitti a Terranova—Da Terranova a Licata—Da Licata a Gir-

sezione era custodita da un legno, il quale impediva, entro il proprio raggio, l'approdo di qualsiasi nave, salvo che non vi fosse costretta dalla furia dei venti o da reale avaria. In tal caso l'accompagnava sino alla Deputazione sanitaria, a cui lasciava l'incarico d'ogni altra pratica (1).

Oltre alla crociera indicata, il Magistrato Supremo di Palermo istituì una Commissione centrale, composta del Pretore, di sei fra i più cospicui personaggi della città, del Direttore generale di polizia, del Vicario capitolare e del Comandante della gendarmeria. Tal Commissione aveva ai suoi ordini una facoltà medica sedente in permanenza nel Palazzo Pretorio e sei Commissioni sezionarie, costituite ciascuna di quattro notabili cittadini, di due

genti—Da Girgenti a Capo Bianco—Da Capo Bianco a Sciacca—Da Sciacca alla Marina di Selinunte—Dalla Marina di Selinunte a Mazzara—Da Mazzara a Marsa'a—Da Marsala a Trapani—Da Trapani a Capo S—Vito—Da Capo S. Vito a Balestrate—Da Balestrate a capo di Gallo—Da capo di Gallo a capo di Zafferana—Da capo di Zafferana a Cefalù—Da Cefalù a S. Stefano—Da S. Stefano a capo di Orlando—Da capo di Orlando ad Oliveri—Da Oliveri a Milazzo—Da Milazzo alla Torre di Faro—(V. *Regolamento del servizio sanitario interno ed esterno per impedirsi in questa parte dei Reali Dominii la invasione e lo sviluppo del Cholera morbus sanzionato da S. M. (D. G.) con sovrano decreto del 1° luglio 1832.* Palermo presso Giovanni Barravecchia, 1832, p. 8.)

(1) I legni della crociera erano provveduti di una bandiera bleu con pennello rosso, di un fanale e di alcuni razzi per lo scambio dei segnali. Di giorno, la bandiera bleu alzata, significava che il bastimento in vista minacciava contrabbando; la bandiera col pennello sopra chiedeva pronto soccorso; la bandiera col pennello sotto indicava forza di vele e di remi contro il legno sospetto; la bandiera col pennello del calcese ordinava d'osservare le carte del bastimento sospetto; la bandiera col pennello sopra avvertiva che il legno non era sospetto; la bandiera col pennello sotto che aveva le carte in regola; la bandiera del padrone colla bandiera bleu sotto notava che la provenienza del bastimento era sospetta. Di notte, un fanale alzato notava la posizione del legno della crociera; un fanale alzato ed un razzo indicava che il bastimento in vista minacciava contrabbando; un razzo ed un fanale chiedevano pronto soccorso; un fanale alzato più volte all'ammainato indicava forza di vele e di remi; un fanale alzato e tre razzi ordinavano d'osservare le carte del bastimento sospetto; due razzi ed un fanale alzato notavano che non eravi so-

senatori, dei parroci del quartiere, dei commissarii di polizia dello stesso, di due aggiunti delle rispettive sezioni e di un ufficiale di gendarmeria designato dall' autorità competente. La Commissione centrale dirigeva tutto il servizio sanitario della capitale, riceveva i rapporti ordinarii delle Commissioni sezionarie, provvedeva, nei limiti delle sue attribuzioni, ai bisogni più urgenti, comunicava col Magistrato Supremo, da cui riceveva gli ordini per le misure puramente sanitarie, e comandava la forza pubblica somministratale dalla polizia e dalla gendarmeria. Le Commissioni sezionarie invece prendevano particolar nota dei mendicanti, dei forestieri e delle persone che non avevano una dimora fissa; visitavano le locande, gli alberghi e le case a pensione; comunicavano il notamento degl'indigenti alla Commissione centrale; visitavano le botteghe dei commestibili, i generi alimentari, le cantine, i vini guasti, adulterati o troppo nuovi; ispezionavano le farmacie, vigilavano alla nettezza delle vie, delle abitazioni, e proponevano tutte le misure atte ad assicurare l'igiene pubblica (1).

Essendo penetrato il colera in Italia, il Magistrato Supremo (2) raddoppiò d'energia. Il 20 agosto 1835 stabilì, conforme alle ministeriali dei 17 e 19 dello stesso mese (3), un cordone nelle isole di Lipari, di Favignana, di Marettimo, di Pantelleria e di Ustica, composto delle Compagnie di Dotazione e delle guardie urbane, sotto la sorveglianza dei proprietarii e degl'Inten-

---

spetto; un fanale alzato e tre razzi, che il legno aveva le carte in regola, un razzo, un fanale ed un razzo che la provenienza era sospetta, ecc. *V. Istruzioni del retro-ammiraglio comandante Domenico De Almagro*. Palermo, 14 settembre 1831.

(1) *Regolamento del servizio sanitario interno ed esterno sanzionato con sovrano decreto del 1 luglio 1832.*

(2) Era composto in quell'anno del marchese Arezzo, del principe di Ganci, del duca di Caccamo, del marchese Merlo, del barone Coniglio, del marchese Ugo, del duca della Verdura, del conte Sommatino e del conte di Valguarnera.

(3) Ripartimento dell'Interno, n. 6663 e 6727.

denti (1), e ordinò ai comandanti dei distaccamenti di cavalleria
di mettersi d' accordo cogli agenti della dogana e della regìa (2).
Scoppiato poi il 2 ottobre 1836 il colera in Napoli, regolò il servizio della crociera con il cordone terrestre, e diè incarico al capitano di fregata principe di Ganci di proporre i segnali di convenzione tra quella e questo (3). Il 13 ottobre formò un secondo
cordone misto di guardie stipendiate, di civili e di possidenti (4);
il 22 dello stesso mese attivò il regolamento del primo luglio
1832 (5), ed il 4 dicembre prescrisse le norme pratiche pel servizio
dei capi-posto, del cordone terrestre, dei *guzzi*, delle lance, dei legni da guerra, ecc. (6).

Il governo, da canto suo, secondò gli sforzi dei sudditi. Il
5 agosto 1831 elesse, per l' osservanza delle leggi e dei regolamenti sanitarii, commissarii coll' *alter-ego* il maresciallo di campo
Statella per il litorale della provincia di Terra di Lavoro; il brigadiere De Sauget per il litorale del Principato Citeriore e della
Basilicata nel Tirreno; il brigadiere Brocchetti per il litorale
della provincia di Lecce e della Basilicata sul Jonio; il maresciallo Lucchesi per il litorale della provincia di Bari, di Capitanata e di Molise, ed il maresciallo di campo Escamard e l'in-

(1) *Istruzioni formate dal Magistrato Supremo di Salute pel cordone terrestre nelle isole adiacenti alla Sicilia* — Palermo, Gabinetto tipografico all' insegna di Meli, 1835.

(2) *Istruzioni pei distaccamenti di cavalleria e gendarmeria destinati a perlustrare le spiagge più esposte della Sicilia* — Palermo, 1835.

(3) *Istruzioni per mettere in armonia il servizio della crociera · marittima con il cordone terrestre* — Palermo, Gabinetto tipografico all' insegna di
Meli, 1836.

(4) *Istruzioni che riguardano il servizio pel cordone terrestre e della crociera marittima coi rapporti rispettivi di segnalazione* —Palermo, Gabinetto tipografico all' insegna di Meli, 1836.

(5) Questo regolamento conteneva le istruzioni per difendere Palermo dal
colèra.

(6) *Istruzioni pratiche intorno al servizio da prestarsi da' capi-posto del cordone terrestre* — Palermo, Gabinetto tipografico all' insegna di Meli, 1836.

tendente De Liguoro per gli Abruzzi e per le Calabrie. Lo stesso
giorno ordinò che fossero puniti colla pena di morte coloro che
violassero il cordone sanitario delle spiagge, delle coste o d'altro luogo del Regno, che infrangessero le contumacie stabilite
dai regolamenti, che immettessero generi o persone di cui, per
disposizione di legge, la comunicazione era vietata e sottoposta
ad una straordinaria contumacia, che falsificassero patenti sanitarie, che ricettassero, contro le leggi, oggetti immessi dall'e-
stero, che facessero resistenza armata ai deputati ed alle guardie
sanitarie durante il servizio, che disertassero dalla guardia destinata alla custodia del cordone o della contumacia e che ab-
bandonassero il proprio posto lungo il servizio (1); ed il 13 marzo
1832 ordinò la costruzione di un forte e di un lazzaretto in Nisida mediante un prestito di ducati 50,000 (2). Il Consiglio sanitario militare presso la Direzione Generale degli Ospedali militari, composto dei cavalieri Pietro Magliari, Nicola De Simone, Luigi Ascione, Francesco Manieri, Gabriele Acuti, Pietro
De Casatis e Nicola Melorio, compilò inoltre, per ordine del cavaliere Antonio Alvarez-y-Lobo, ispettore generale degli ospedali, le i-
struzioni rispetto ai mezzi da praticarsi dalle regie truppe, ove
il colera scoppiasse nelle Due Sicilie (3). Nel luglio 1832 il re,
su proposta del Conte di Siracusa, Luogotenente generale in Sicilia, inviò a Parigi il cavaliere abate Panvini, medico dell'ospedale della Pace in Napoli, e Leonardo Barraco, dottore in filo-
sofia e medicina, per istudiare il colera-morbus ed i metodi cu-

---

(1) Decreto del 5 agosto 1831.

(2) V. Leggi e Decreti del Regno delle Due Sicilie.

(3) Trattava della fenomenologia del morbo, della natura dello stesso, delle
cagioni, della cura profilattica, del vestiario, del cibo, delle bevande, delle caserme, dei corpi di guardia, delle prigioni, delle scuderie, delle latrine, del
servizio, degli esercizii militari, ecc. (V. *Istruzione pratica profilattica e tera-
peutica sul colera-morbus, compilata dal Consiglio sanitario presso la Direzione
generale degli ospedali militari di terra d'ordine del signor cavaliere D. Antonio Alvarez-y-Lobo, generale ispettore degli stessi ospedali per uso delle truppe
del R. Esercito.* — Napoli, dai torchi dell'*Osservatore Medico*, 1832).

rativi più opportuni (1). In agosto ordinò che fossero pubblicati
il rapporto presentato dalla facoltà medica di Napoli, uno squarcio
di lettera relativa alla scoperta del dottor Leo di Koenigsberg (2),
uno scritto del signor Robert, medico del lazzaretto di Marsiglia,
le considerazioni e le conclusioni del Comitato sanitario di Mosca
e le istruzioni per gli ufficiali sanitari degli Stati austriaci (3). Il

(1) Tornati costoro nel settembre da Parigi, presentarono al re il frutto dei
loro studii, pubblicando due opuscoli. (a).

(2) Il dottor Leo scriveva il 24 giugno 1831 da Francofort sul Meno: « Il
mio metodo consiste nel dare all'ammalato ogni due o tre ore, secondo le circostanze, tre granelli del magistero di bismuto con un po' di zucchero ; gli fo
bere inoltre dell'acqua di melissa, ed allorchè si lagna di dolori violenti alle
mani ed ai piedi, gli fo stropicciare con una composizione di un'oncia di liquore ammoniaco caustico e sei once di spirito d'*angelica composto*. Questa
cura deve, qualche volta, essere continuata per 48 ore consecutive, finchè non
si vegga ripristinata la secrezione dell'orina (V. Giornale dell'Intendenza di
Palermo, 5 agosto 1831, n. 185).

(3) Dal 1832 al 1837 furono pubblicate, tra altro, le seguenti memorie intorno
al colera :

Metodo efficace di medicare il colera-morbus del dottor Haberlè , professore di botanica nella regia università di Pest in Ungheria, Napoli, tipografia
dei fratelli Rusconi, 1832.

Istruzioni al popolo sulla condotta da tenere in caso di colera-morbus, del-
l'ab. Cav. P. Panvini, Napoli, Stamperia e cartiera del Fibreno, largo S. Domenico, 1835.

Istruzione pratica sul colera-morbus e diversi metodi di curarlo, pubblicata
dall'Accademia reale di medicina in Parigi, — Palermo, tipografia Abate, 1835.

*Riflessioni intorno all'indole del colera-morbus e intorno all'azione dei me-
dicamenti che potrebbero preservarlo e curarlo*, del dottore Rosario De Lisi padre, — Palermo, presso Lorenzo Dato, 1835.

Consigli ad un amico sopra i mezzi di preservarsi dal colera-morbus del
cavaliere Stefano Chevalley De Rivaz, seconda edizione, Napoli, 1836.

Istruzione popolare del colera-morbus asiatico di Leonardo Barraco, — Palermo, tipografia del giornale letterario, 1836.

Osservazioni del dottor A. Strangi, inglese, sul colera-morbus, Palermo , tipografia di Filippo Solli, 1837.

(a) V. *Riflessioni mediche sul colera-morbus* del cavaliere Panvini, Parigi, libreria medico-scien-
tifica Deville Cavellin, antico stabilimento Gabon , 20 settembre 1832. — *Cenni sul colera-morbus
epidemico osservato in Parigi l'anno 1832* da Leonardo Barraco , Napoli, tipografia del Real Albergo dei Poveri, 1832.

16 agosto 1835 prescrisse che le immissioni furtive o fraudolente
dall'estero fossero punite colle pene ed ammende stabilite dalle
leggi doganali, aggiungendo alla confisca dei generi la pena da
uno a tre mesi di carcere, la multa da 50 a 200 ducati e la confisca dei mezzi di trasporto, e il 12 settembre 1836, essendo già il
colera in Italia, stabilì che nei giudizii dei misfatti sanitarii, punibili colla morte, secondo il decreto del 5 agosto 1831, i Consigli di
guerra dovessero procedere colle forme del giudizio subitaneo stabilite nel capitolo IX, titolo II, libro II dello Statuto penale militare (1).

Questi provvedimenti furono attuati con rigore. Il primo ottobre 1835, in effetti, essendo Salvatore Palazzolo, contadino di
Cinisi, fuggito dal brigantino *Giorgio*, in contumacia nella rada
di Palermo, comandato da Antonino D'Anna, proveniente da
Malta, fu il 12 dello stesso mese condannato da una Commissione
militare alla pena di morte da eseguirsi colla fucilazione nel termine di dodici ore (2). Il 16 marzo 1837 il paranzello *S. Maria
di Porto Salvo*, comandato da Raffaele Patella, napolitano, carico
di legname, diretto a Messina, ricoverossi nel porto di Lipari,
dichiarando a quella deputazione di non entrare in libera pratica

●

Sul colera-morbus, metodo pratico del dottor Serafino Brotat. — Palermo,
Dato, 1837.

Monografia sul colera-morbus di Girolamo Auxilia, — Palermo, stamperia
Spampinato. 1837, ecc.

(1) Ciascun consiglio, composto di otto membri, decideva in numero di
sette, astenendosi dal votare il giudice di minor grado. La composizione dei
Consigli di guerra era regolata dalle norme del decreto del 10 gennaro 1827.
Gl'Intendenti delle Valli traducevano gl'imputati ai Consigli di guerra, i quali
erano, secondo il bisogno, convocati dagl'Intendenti stessi nei luoghi diversi
delle Valli, dove sembrava loro più opportuno per l'esempio e la prontezza del
giudizio. Nel Consiglio di guerra esercitava le funzioni d'uomo di legge il procuratore generale presso la Gran Corte Criminale della Valle. I giudicabili dei
misfatti, che si presentavano spontaneamente alla giustizia, godevano il beneficio conceduto dall'articolo 437 delle leggi di procedura penale. (Appendice, documento n XX).

(2) V. Appendice, documento n. XXI.

per non sottoporsi, giungendo a Messina, alla contumacia imposta alle provenienze di quell' Isola. Intanto l' equipaggio del paranzello, composto dei marinai Giovanni Ristuccia, Giuseppe Cutugno, Giuseppe, Vincenzo e Salvatore Patella, nella notte dal 19 al 20 sbarcò colà furtivamente, comunicò con quella popolazione, e, scoperto dalle guardie sanitarie, scappò via. Avendo il 2 aprile il Commissario del Re nel Vallo di Messina, Maresciallo di campo Luigi Carafa di Noja, ricevuto il verbale redatto il 20 marzo dal consesso sanitario di Lipari, scrisse al duca della Verdura, deputato del Magistrato Supremo in missione, di disporre che il paranzello del Patella, qualora fosse giunto in Messina, venisse trattenuto sino a nuova disposizione. Il duca della Verdura rispose al Carafa che il legno era stato ammesso in libera pratica sin dal 31 marzo, perchè munito di patente netta da Spadafora in data degli 11 marzo, alla quale era solamente apposto un *nota-bene* in data del 28 per lo sbarco di un marinaio.—Essendo quei documenti in opposizione ai fatti narrati nel verbale della Deputazione di Lipari, il Carafa spedì a Spadafora il maggiore Falsano coll' incarico di prendere conto delle operazioni del paranzello. Rilevandosi dal constituto del maggiore che il Patella aveva taciuto ogni circostanza rispetto allo sbarco di Lipari, e costituendo ciò un reato previsto dall'art. 2° del decreto 12 settembre 1836, il Carafa ordinò l'arresto del capitano Patella e del suo equipaggio, e li tradusse tutti davanti alla Commissione militare di Messina (1). Non potendo, per le leggi in vigore, il Patella sfuggire alla pena di morte, il Commissario pregò il Luogotenente generale di fargli ottenere da S. M., se non la grazia completa, almeno una riduzione di pena (2). Il Luogotenente fece conoscere subito al Re di aver ordi-

(1) Vedi nell' Archivio di Stato di Palermo, Luogotenenza, Ripartimento Grazia e Giustizia, Ramo penale, anno 1837, filza 3465 la lettera del Commissario del Re nel Vallo di Messina, 3 aprile 1837, n. 424.

(2) Eccellenza — Dalla copia del rapporto rassegnato all' Eccellenza Vostra in data del 3 aprile avrà rilevato la criminosa violenza alle leggi sanitarie commessa dall' equipaggio del paranzello denominato S. M. di Porto Salvo, pa-

6

nata la sospensione della condanna di morte, se avesse avuto luogo a carico del Patella, ed il Re, nel Consiglio ordinario di Stato del 13 aprile, approvò la proposta del Luogotenente (1). Tante cure, tanto rigore non valsero a nulla; poichè il Governo, dopo avere annunziato che dal 7 al 21 marzo non si era più verificato nessun caso di colera nelle provincie napoletane, scriveva ai funzionarii della Sicilia che da quel giorno in poi si sarebbero spedite patenti nette a tutte le navi che recavansi nell'Isola; e con ministeriale del 30 marzo, ripartimento interno, 2° carico, ingiunse al Magistrato Supremo di Palermo di deliberare sollecitamente sul trattamento sanitario da darsi ai legni provenienti

---

dronizzato da un certo Raffaele Patella del Regno di Napoli, violazione che, specificata nell'articolo 2° del Real Decreto del 12 settembre 1836, mi mette nella dura necessità di tradurli alla Commissione militare. Or siccome il Capitano per lo meno non potrà schivare la inappellabile sentenza di morte, e perciò con prevenzione al bell'animo dell'Eccellenza Vostra mi rivolgo, onde ottenergli, se non grazia completa, una permuta almeno di pena, permettendomi farle osservare che dovendo intervenire nel giudizio testimonii di Lipari, i quali prima di poter a quello assistere, debbono espiare la contumacia di Navigazione stabilita per quelle provenienze, così il tempo a Vostra Eccellenza non manca per rivolgersi alla clemenza del nostro Augusto Monarca, in cui solo è il potere di sospendere l'esecuzione della sentenza, tosto che venisse pronunziata. Il Maresciallo di Campo Commissario del Re—*Luigi Carafa.*

(Commissario del Re nel Vallo di Messina, 4 aprile 1837, n. 426, filza citata).

(1) Il Ministro Segretario di Stato per gli affari di Sicilia scriveva il 29 maggio al Luogotenente: Eccellenza — Ho rassegnato a S. M. il rapporto di V. E. dei 10 aprile scorso, con cui ha dato conto di aver disposto la sospensione della condanna di morte che potrebbe aver luogo a carico di Padron Raffaele Patella e dei marinai Ristuccia, Giuseppe Cutugno, Giuseppe Patella, Vincenzo Patella e Giuseppe Donato, i quali trovansi sottoposti a giudizio innanzi la Commissione militare di Messina come imputati di violazione alle leggi sanitarie. E la M. S., nel Consiglio ordinario di Stato dei 13 andante, si è degnata di approvare le disposizioni date da V. E. — Nel Real nome partecipo ciò a V. E. perchè si serva farne l'uso conveniente (Real Segreteria di Stato per gli affari di Sicilia presso S. M., 2. Carico, n. 473).

dall'altra parte dei Reali Dominii con patente netta. Riunitosi pertanto il 1° aprile il Magistrato Supremo con l'intervento del marchese Arezzo presidente, dell'uffiziale superiore incaricato del servizio della Real Marina principe di Ganci, e dei deputati duca di Caccamo, marchese Merlo, barone Coniglio, marchese Ugo, duca Arenella, marchese Guccia e principe di Valguarnera, decise, dopo vivacissima discussione, " che fosse tolto il rifiuto per le procedenze "dai Reali Dominj continentali provenienti con patente netta, abili-"tandole a scontare un periodo contumaciale di giorni trenta per gli "uomini o quaranta pei generi suscettibili nei soli porti di Palermo e "Messina; che qualora dette imbarcazioni recassero cenci, roba vec-"chia dismessa, per oggetto di negozio, o capelli da tessere, fos-"sero soggetti a rifiuto, facendosene dalla Deputazione di Salute "rapporto immediato a S. E. il Soprintendente Generale (1), — Dopo siffatta decisione furono ammessi in contumacia nel porto di Palermo otto paranzelli (2), lo Schooner Woterwich, il pachetto Wenefrede ed i brigantini Sollecito, Attivo, Attila, Russel, Fortunato, S. Aniello, Conte Ruggiero, Madonna delle tre Corone, Stefano di Campo, SS. Crocifisso e l'Archimede di Francesco Buccellato, legno siciliano proveniente da Napoli, il quale, come vedremo, comunicò il germe del colera in quest'Isola (3). Mentre i legni anzidetti ancoravano nel porto di Palermo, giunse (9 aprile) l'ordine di sciogliere il cordone terrestre (4). Si erano date appena le disposizioni per lo scioglimento di esso, allorchè pervenne la nuova (18 aprile) che il colera era ricomparso in Napoli. Tale notizia produsse un grave sgomento. Il popolo, vedendo in contumacia nella nostra rada le barche salpate da luoghi già infetti, biasimava con asprezza il Governo, diceva apertamente che Ferdinando II

(1) V. La Cerere, 5 aprile 1837, n. 73.
(2) Cioè: Maria SS. Annunziata, Anime del Purgatorio, S. Antonio, Domenico Borriello, Nicola da Campo, Santa Maria di Porto Salvo, S. Maria del Carmine e S. Filippo.
(3) V. La Cerere, 1837, n. 73, 83, 85, ecc.
(4) Archivio di Stato, Luogotenenza, Interno, 2° carico, anno 1837, filza 2112.

" vedeva di mal occhio che, mentre Napoli era infetta dal colera, la Sicilia ne fosse esente. „ Per la qual cosa si disse allora, e si ripetè, poi, che il re avesse spedito appositamente in Palermo l' *Archimede* con un individuo attaccato di colera, e che il Magistrato Supremo di Salute, costretto dal Governo, gli avesse dato libera pratica (1). Siffatta credenza attecchì talmente nella coscienza di tutti, che uomini gravi, persone d'ingegno, patrioti integerrimi, economisti, letterati, storici e poeti la manifestarono pubblicamente. Francesco Ferrara scrisse nel giornale L'*Indipendenza e la Lega*: " Si era dato il colera alla Sicilia, perchè Napoli l'avea (2) „; il Bonaccorsi ed il La Lumia dissero nelle *Memorie storiche dei diritti politici di Sicilia*: " On s'écriait, sans quelque raison, que le Gouvernement de Naples avait à deissen introduit la maladie „; Giuseppe Borghi cantò nel famoso *Museo di Versailles*:

> Reggea serbata dal fatal contatto
> La Sicana famiglia ; era il monarca
> Dall'amor combattuto e dal misfatto,
> Allor che venne del mal seme carca
> Sulle spiagge d'Oreto, e ruppe il bando
> *E a forza entrò* la maledetta barca (3).

(1) Ciò non è esatto, giacchè s'è veduto che l' *Archimede* fu ammesso in pratica insieme agli altri legni.

(2) Invitato il Ferrara da Emilio Bufardeci a spiegare il significato di questa frase, gli rispose : " Il passo che mi accennate io non mi ricordo se e quando è stato scritto da me ; ma se io l'ho scritto, non ha potuto essere che nel senso in cui voi dite, cioè che nel 1837 il Governo napoletano mandò di proposito un legno infetto a Palermo, e tolse al magistrato di salute la sua antica libertà e indipendenza, appunto perchè vedeva di mal occhio che, mentre Napoli era infetta dal colera, la Sicilia rimanesse esente. Tale, ripeto, può essere stato il mio senso ; quanto all'idea del veleno, è troppo sciocca, perchè alcuno abbia il coraggio di attribuirmelo. (V. Bufardeci, *Le funeste conseguenze di un pregiudizio popolare*, Firenze. Tipografia eredi Botta, 1868, p. 277).

(3) Poesie complete di Giuseppe Borghi con cenni biografici di Giuseppe Biundi, — Palermo, Giuseppe Pedone Lauriel, 1867.

E Pompeo Inzenga, poeta tanto insigne quanto dimenticato, replicò:

> . . . . Anche la nuova
> Peste, fra tante che ne vome il Norte,
> Era serbata a te bella infelice!
> Dissennata ne gongola di gioia
> La vigliacca tirannide, che spera
> *Valerle il morbo più che il birro e il boja* (1).

L'accusa che Ferdinando II avesse, per un sentimento malvagio, per odio grande contro gl'insofferenti Siciliani che tramavano per abbatterlo, desiderato che il morbo asiatico si sviluppasse nell'Isola, ha essa un fondamento? Non possiamo interpretare le restrizioni mentali del monarca, perchè ciò sarebbe nè serio, nè onesto. Considerando però la sua condotta, che fu stoltamente irremovibile nello spezzare le barriere sanitarie che avevano per un sessennio preservata la Sicilia dal colèra, cinica durante l'imperversare di questo, efferata e crudele alla fine di esso, pare che l'accusa abbia qualche fondamento. E se non l'avesse, se fosse un'esagerazione d'un popolo esasperato, proverebbe, se non altro, quanto Ferdinando II fosse allora odiato nell'Isola, e di quali atti fosse egli giudicato capace; proverebbe che i suoi rescritti e le sue leggi diedero corpo ad un sospetto, che nè smentite regie, nè penne venali, nè funzionarii sagaci poterono mai cancellare dalla coscienza di un popolo offeso.

---

(1) *Reminiscenze di un Siciliano nato nel 1790 e rimasto tra i vivi dopo il 1837* — Palermo, 1848.

Capitolo III.

Tra le cure e le sollecitudini delle contumacie era giunto apportatore d'una dolce primavera il mese di maggio. Palermo, sicura della solerzia del Supremo Magistrato di Salute, ridesta da un'aura mite, profumata dai fiori e dagli aranci dell'immensa Conca d'Oro, passava lieta i bei giorni della nuova stagione. Il popolo, attratto dalle funzioni religiose della quaresima, andava numeroso ad ascoltare la fervida parola del barnabita Ugo Bassi che predicava nella chiesa dell'Olivella (1); la nobiltà, ricca di censo, scevra di cure, correva su splendidi cocchi alle superbe ville della Bagheria, dove applaudiva le produzioni drammatiche del duca di Misilindino (2), e la borghesia denarosa, paga dei suoi guadagni, o assisteva soddisfatta al Mosè, al Pirata ed alla Sonnambula, che rappresentavansi al Carolino ed al Santa Ceci-

_____

(1) V. La Cerere, Giornale ufficiale di Palermo. anno 1837, n. 34 e 74.
(2) Giornale citato, anno 1837, n. 125 e 131.

lia (1), o si recava gaudiosa alle vicine convalli per ritemprarsi nelle aure sane della campagna. In mezzo a tanto sorriso, a tanto profumo, a tanta festa del cielo e della terra, niuno avrebbe mai sognato la grande sciagura che pesava su la gioconda città. La notte tra il sei ed il sette giugno, cioè quaranta giorni dopo l'arrivo dell'*Archimede* nella rada di Palermo, s'attaccarono con tutti i sintomi del colera Salvatore Mancino ed Angelo Tagliavia, l'uno domiciliato nel vicolo Gervasi, l'altro nel vicolo Savona, marinai entrambi che avevano avuto segreto commercio col brigantino del *padron* Buccellato (2). Il Tagliavia morì all'alba. Il Sacerdote Francesco Nicolosi e il dottore Gaetano Algeri, che avevanlo assistito (3), n'avvisarono subito il Luogotenente principe di Campofranco, il Pretore Pietro Lanza principe di Scordia, il Magistrato Supremo di Salute e la Commissione centrale (4), la quale corse tosto colle autorità municipali alla Kalsa, diede ivi tutte le disposizioni per impedire lo sviluppo del morbo, inibì qualunque comunicazione coi legni arrivati ed incaricò il Senatore della sezione di vigilare rigorosamente le case degli attaccati e le persone venute in contatto coi medesimi. Alle tre pomeridiane intanto spirava il Mancino. Allora il Magistrato Supremo ordinò lo sfratto delle navi e l'autopsia dei cadaveri, i quali vennero la dimane, sotto la sorveglianza del deputato straordinario principe di Valguarnera, condotti colla barca di Francesco Pennino, scortata dalla lancia sanitaria, al Lazzaretto (5). Quivi, sotto la direzione dei componenti la fa-

(1) *La Cerere*, anno 1837, n. 134.
(2) Ibid, anno 1837, n. 94.
(3) Il cardinale Trigona conferì al Nicolosi un beneficio vacante nella cattedrale, e volle egli stesso presentarne il titolo allo eletto, che trovavasi in contumacia nell'edificio della Sesta Casa (V.Giornale citato,14 giugno 1837, n. 130)
(4) V. Appendice, documento n. XXII.
(5) Archivio di Stato, Ministero per gli affari di Sicilia, Salute pubblica, Interno, anno 1827-47, filza 555.

coltà medica e dei medici della Commissione centrale , dottori
Domenico Greco, Rosario De Lisi , Gioacchino Cacioppo, Placido
Portal , Leonardo Barraco, Salvatore Romano, Pasquale Panvini,
Salvatore Patronaggio , Giovanni Gorgone , Giovanni Salemi e
Giovanni Pruiti, fu eseguita dal dottore Filippo Sidoti la sezione cadaverica, la quale, a giudizio unanime dei presenti, constatò " che
il rapido corso della malattia che estinse i due cennati individui
presentava validi sospetti di colera morbus asiatico (1) . Tal
giudizio fece una grande impressione. La Commissione centrale
ordinò immantinente che il sacerdote Nicolosi, il dottore Algeri,
la famiglia del Mancino, quella del Tagliavia e le persone dei
vicoli Savona e Gervasi fossero condotte alla Sesta Casa presso
Porta S. Agata, che le loro abitazioni venissero chiuse, gli sbocc-
chi dei vicoli sbarrati e le masserizie arse nel piano di S. Erasmo (2). Il Magistrato Supremo, da canto suo, decise ad unanimità
che le provenienze da Palermo fossero negli altri paesi della Sicilia sottoposte ad una contumacia, che le persone partite dalla
stessa avessero una bolletta di sanità, che si facesse, con apposita circolare, conoscere lo stato della capitale alle magistrature
sanitarie estere, e che si scrivesse alla Commissione centrale ed
agl'Intendenti di attuare colla più rigorosa osservanza le istruzioni redatte dal Magistrato medesimo dal 1832 al 1836 (3).

Queste misure confermarono il sospetto che il colera fosse
omai in Palermo. La triste parola, ripetuta da mille bocche, scosse gli animi, sicchè la città presentò subito l'aspetto d'un paese minacciato d'assalto, in cui i difensori, incalzati da avversarii in-
visibili , fuggono sospinti da un nemico occulto, dalla paura, sensazione scompigliata, irragionevole, contagiosa, che esagera,
travolge e pervade talora tutto un popolo. Vinti da questa sen-

(1) V. Appendice, documento n. XXIII.
(2) Archivio citato, anno 1827-47, filza 555.
3) V. Appendice, documenti n. XXIV.

sazione , scappano da prima i forestieri ed i provinciali, poscia
un gran numero di nobili , di sacerdoti, di magistrati e di proprietarii, onde mancano in poche ore da Palermo quasi 25,000
persone (1). I rimasti, quasi tutti popolani, cominciano a borbot-
tare contro il Governo, contro il Magistrato Supremo di Salute
e contro i deputati che avevano tolte le contumacie (2); deridono
i medici con lazzi e con iscede (3), e spargono alquanti cartellini

---

(1) *Lettera di Francesco Beaumont al padre Don Michelangelo Celesia, cassinese in San Martino, sul colera-morbus stato in Palermo nel 1837,* p. 4.

(2) Contro di costoro scriveva più tardi Pompeo Inzenga:

> . . . . , ... Infami,
> Infami, voi, più che i Sebezii, infami
> Siculi magistrati che piegaste
> Al tirannico cenno, e non cacciaste,
> Del dritto armati, l'infernal naviglio!

(*V. Reminiscenze di un Siciliano nato nel 1790 e rimasto tra i vivi dopo il
1837, Palermo, 1848.*)

(3) Contro i medici che avevano assistito alla sezione del Tagliavia e del
Mancino circolava questo sonetto:

> Cu l'occhi in fora e cu li naschi chiusi
>   Stavanu tutti attenti li dutturi,
>   Guardannu a ddu valenti professuri,
>   Chi d'un mortu facia lu scusi scusi.
> 'Nsunnachiatizzi, pallidi e confusi
>   Vittiru 'ntra la panza un gran tumuri,
>   Ch'era lu membru di lu piscaturi
>   'Spostu in vista a ddi medici g. . .
> Ma Panvinu, spacciannu asinitati,
>   Fici ammuccari a li colleghi tutti
>   Ch'era cholera chidda 'nfirmitati.
> Ma un Siculu, sintennu sti so' mutti,
>   Gridau: Signuri mei, nun vi scantati,
>   Nun è cholera! è c.... chi vi f....

(V. Salomone-Marino, *Spigolature storiche siciliane dal secolo XIV al se-*

incitanti la plebe alla rivolta (1). A tali segni, forieri di vicina tempesta, il Magistrato Supremo, volendo sminuire le esagerazioni, si riunì d'urgenza la sera dell'undici, e pubblicò la mattina del dodici questa notificazione: " Il Magistrato di Salute, coll'intervento di S. E. il marchese Arezzo presidente, dell' Ufficiale Superiore incaricato del servizio della Real Marina principe di Ganci e dei signori deputati duca di Caccamo, marchese Merlo, barone Coniglio , marchese Ugo, duca Arenella, principe Valguarnera e marchese Guccia. Visti i rapporti di S. E. il Pretore di questa capitale, Presidente della Commissione Centrale, dai quali risulta che finora le famiglie dei due individui cessati di vivere il giorno 7 andante con sospetti di colera, le persone che vi avevano avuto immediato contatto, che si trovano segregate e custodite, e quelle che furono adibite per bruciare le robe dei defunti godono buona salute, come pure in tutta questa Capitale si gode, la Dio mercè, del più florido stato di salute; Visti i rapporti del Deputato straordinario di questo Magistrato di Salute principe di Valguarnera, incaricato di assistere giornalmente alle visite mediche che si fanno al chirurgo che fece l'autopsia cadaverica degli anzidetti due individui, e ai due facchini che n'eseguirono il trasporto, assicurandosi dal detto Deputato che tali individui si trovano in perfetto stato di salute; Considerando che sono già scorsi cinque giorni da che avvenne la morte in poche ore dei nominati Tagliavia e Mancino, e che se mai fossero stati colpiti dal colera-asiatico, desso si sarebbe sviluppato in qualcuno degl'individui che vi ebbero immediato contatto , o nel chirurgo che fece la sezione cadaverica; Considerando nulla di meno che per dileguare i sospetti che nacquero sull'indole del morbo che pri-

colo XLX, p. 301, Palermo, Luigi Pedone Lauriel, editore, 1887 — Vedi anche il Diario del Lo Bianco, Ms. nella Comunale di Palermo.

(1) V. Ottavio Lo Bianco, Del colera di Palermo nel 1837 , cenno storico, Tipografia del giornale letterario, 1837.

vò di vita li detti individui, bisognano scorrere alquanti altri
giorni di osservazione; ha deciso ad unanimità che si faccia conoscere circolarmente lo stato delle cose attuali ai signori Intendenti delle Valli, assicurando loro che sinora le famiglie dei
due individui cessati di vivere con sospetti di colera, le persone
che vi avevano avuto immediato contatto, che si trovano se·
gregate e custodite; quelle che bruciarono le robe dei defunti,
il chirurgo che fece l'autopsia cadaverica ed i facchini che n'eseguirono il trasporto, i quali esistono in istretta contumacia in
lazzaretto, si trovano di perfetta salute, come ancora in questa
capitale si gode il più florido stato di salute. Si aggiunga che
scorsi già cinque giorni da che avvenne la morte dei due individui Tagliavia e Mancino, vi è ragione di nutrire speranza che
andassero a svanire, dopo alquanti altri giorni di osservazione,
i concepiti sospetti sulla natura del male che li privò di vita.,

Non ostante queste notizie, rispondenti piuttosto a un desiderio del Magistrato Supremo che alla realtà delle cose, il morbo
progrediva sensibilmente. Il dodici giugno morì sull'*Archimede*
Ignazio De Prisco (1), viaggiatore arrivato da Napoli (2), e s'ammalò con gravi sospetti di colera sul Powhotan, brigantino americano del capitano Chase, proveniente da Marsiglia, un mari-

---

(1) Ottavio Lo Bianco lo chiama erroneamente Ignazio Fresco (V. Op. cit.
p. 6.)

(2) A tal proposito Stefano Tamajo, Segretario generale di polizia, scriveva
al Luogotenente :

Palermo, 12 giugno 1837.

Eccellenza,

Dal comandante della Real Cannoniera di N. 2. Antonio Basso, con rapporto d'oggi stesso, mi si è fatto conoscere che stamane alle sette a. m. cessò
di vivere il passeggiero Ignazio De Prisco, imbarcato sul brigantino di Real
Bandiera l'*Archimede* di capitan Francesco Buccellato , che trovasi ancorato
nella barriera di contumacia, proveniente da Napoli, e che il suddetto brigantino si è fatto situare alla punta del Molo , attendendo le disposizioni della
Suprema Deputazione di Salute—Mi affretto a rassegnare ciò all'E. V. per la

naio entrato in contumacia il tre giugno (1). La notte del quattordici poi s'attaccò dello stesso malo il dottore Lorenzo Angileri, che aveva fatta la sezione cadaverica di un tal Maffa, stato

---

sua superiore intelligenza, soggiungendole che per altre notizie a me pervenute si sa che la causa della morte è stata la crepatura, di cui il Prisco
era affetto. (a)

Il Segretario generale
STEFANO TAMAJO

(Archivio di Stato, Luogotenenza generale, Direziono generale di polizia, carico 5°; n. 616
filza 229.)

(1) Il Marchese Arezzo spedì il 15 agl' Intendenti delle Valli questa circolare :

Palermo, 15 giugno.

Eccellenza,

Per quella stessa sollecitudine che mi spinse ad informare V. E. con la
precedente circolare del dì 8 corrente della morte dei due individui in questa
Capitale con gravi sintomi di cholera, io mi affretto a continuarle gli ulteriori
dettagli di questo fatto, reso allora per le circostanze molto importante. Essi
però con soddisfazione somma sono tranquillissimi, dappoichè, non solo le persone propinque agli estinti, o per parentela, o per abitazione, o per contatto
sino alla data presente godono nella loro segregazione la più perfetta salute,
ma anche in tutta questa città, grazie alla protezione divina, non può desi-
derarsi migliore lo stato di pubblica salute. I sospetti quindi sulla natura della
malattia che colpì i due individui vanno di giorno in giorno a svanire; nè è
mal fondata la fiducia che si possa fra poco con certezza assicurare di non
esistere affatto in Palermo il Cholera. Con questa occasione, a scanso di pre-
coci e sinistre interpretazioni, mi affretto a soggiungere all'E. V. che sul bordo
del bastimento l'*Archimede* di cap. Buccellato, venuto da Napoli, accadde ier
l'altro nel nostro porto la morte di un passeggiero, riconosciutasi indi come
effetto di una apoplessia fulminante, e che su di un altro legno americano, di
cap. Chase, proveniente da Marsiglia, un marinaio fu attaccato da morbo con
tali sintomi da far sospettare il cholera. Entrambe però queste imbarcazioni,

---

(a) Il Luogotenente inviò tosto a Napoli questo dispaccio: " A bordo di un legno in contumacia morì un passeggiero di apoplessia, che potrebbe nascere da colera fulminante Si è disposto
lo stratto per un lazzaretto. (*Corrispondenza centrale dei telegrafi, n. 165*).

già in contatto coll'Archimede (1), e fu colpita contemporaneamente la serva del dottore, la figlia della stessa ed il padre del medesimo Angileri, che perì poco dopo tormentato da forti dolori (2).

All'annunzio di queste morti, la paura del sette giugno mutossi in panico generale. Persone d'ogni ceto e d'ogni età corrono, su carrette, carrozze e lettighe cariche di masserizie e di vettovaglie, nei borghi, nei villagi e nelle campagne; invadono le case, le fattorie, le cantine, i granai, i casolari e le capanne; innalzano tende, padiglioni e trabacchi sulle alture, sulle colline e nelle convalli, e s'inerpicano ansanti sulle creste dei monti, donde mirano attonite la desolata Palermo.—Essendo omai inutile dissimulare la gravità del morbo, il Pretore della città riorganizza la Commissione centrale o le Commissioni sezionarie, apre l'ospedale dei colerosi di S. Francesco di Paola, ordina suffumigi e disinfezioni negli uffici pubblici e privati, invigila, conforta e provvede con uno zelo rimasto ammirando nella storia dolorosa di Palermo. Con tutto ciò il male incrudisce. Il popolo, ignorandone l'occulta potenza, lo crede opera della malvagità umana, e pronunzia, come altrove, la strana parola: *veleno*. Questa è accolta subito dai creduli, dai facinorosi e da coloro che agognano vendicare private offese; si ripete sommessa nelle vie, si propaga veloce nei vicoli, echeggia sinistra nelle bische e nelle osterie, signoreggia in brev'ora quasi tutta la

per prudente cautela, furono subito allontanate, e colla scorta di barche di crociera diretto a Malta.—Il Marchese Arezzo (a).

(1) Ottavio Lo Bianco. Op, cit., p. 6.

(2) In questo frangente il Magistrato Supremo prese una strana decisione. (Appendice, documento n. XXVII.)

(a) Contemporaneamente il Luogotenente telegrafava al Ministro Segretario di Stato per gli affari di Sicilia: Eccellenza—Dietro il caso dell'ammalato sul legno americano proveniente da Marsiglia, di che ho ragguagliato V. E. col rapporto sanitario d'oggi, il Magistrato Supremo di Salute, per deliberazione del 13, ha deliberato di sospendere la pratica alle provenienze di quella città. Ho l'onore di renderne consapevole l'E V. per l'uso che giudicherà conveniente. (Ripartimento dell'Interno, carico 2., n. 4172).—V. Appendice, documenti n. XXV e XXVI.

plebe, la quale, vinta dal pregiudizio, nascondo gli ammalati, ri-
fiuta medici e medicine, guarda sospettosa gli agenti del governo,
spia i moti e gli atti dei passanti, dubita, palpita e scorge o-
vunque avvelenati ed avvelenatori. Una folla enorme consegnò
il 26 giugno alla polizia il ragazzo Giuseppe Messineo, trovato
sul piano del Duomo con uno scatolino di latta ripieno, come
diceasi, di veleno. Apertosi dal Commissario di polizia lo scatolino, vi rinvenne semenza di zucca, di cui si cibò in presenza di molti. Lo stesso giorno Caterina Di Benedetto, vecchia
settuagenaria, attraversando il quartiere della Kalsa con un fuso
ed una conocchia, fu accusata d'avere una carta ripiena di tabacco avvelenato. Venne tosto accerchiata, cerca e condotta
al Commissariato; ma non avendo nè carta, nè tabacco, fu rila-
sciata. Alla medesima ora uno stuolo di popolani, guidato dall'eremita Samuele La Spisa, arrestò al mulino della Guadagna il
ragazzo Salvatore Civiletti che aveva buttato un involto di
carta nel fiume. Tratto dall'eremita con una canna l'involto, fu
portato alla Direzione generale di polizia, dove il Civiletti giu-
rava d'averlo trovato per terra. Aperto l'involto al cospetto di
parecchie persone, vi si trovarono quattro fette di polmone sa-
lato (1).

Questi fatti, risibili in se stessi, avevano però forte eccitata
la fantasia del popolo, il quale, sobillato d'alcuni malvagi, minacciava di sollevarsi. Un dì, sull'imbrunire, s'ode un rumore
cupo in molti luoghi, e si vede correre molta gente gridando:
" Chiudi! Chiudi! In un attimo si serrano i forni, le panetterie,
i caffè, le botteghe e le case; per il che il silenzio e lo squallore regnano sovrani in Palermo. In mezzo a tanto sbigottimento, il
principe di Scordia attraversa imperturbato le vie e le piazze
dicendo: Non è niente! Non è niente! Sono pochi malintenzionati che vogliono turbare la pace del paese (2). Alla voce del

(1) La *Cerere*, 27 giugno 1837, n. 140.
(2) V. *Diario* citato.

Pretore, la gente s'affaccia alle finestre, scende sulle vie, riapre le porte e le botteghe, e popola a poco a poco la deserta città. Il resto della notte passò tranquillo. L'indomani, alla stessa ora, si ripete però il soltio rumore, si alzano le solite voci, si grida, si corre, e si va in caccia dei supposti avvelenatori. A tanta audacia la forza pubblica si posta minacciosa sulle vie, sulle piazze, nei crocicchi, e il Direttore generale di polizia pubblica questa ordinanza : " Essendosi conosciuto che nell' esitazione in cui sono gli animi di questa capitale per la malattia sviluppatasi, vi ha della gente malvagia che, senza alcuno interesse di patria, studiasi di rattristare vieppiù l'immaginazione del pubblico, spargendo false e ridicole dicerie, cioè che questo male non sia una naturale calamità; ma l'effetto di un veleno appositamente introdotto in alcuni generi di vitto, ed oltre a tal caso, non mancando pure dei malintenzionati, i quali, profittando della circostanza, vorrebbero con parole e con altri modi promuovere il pubblico disordine. Considerando che queste voci e questi fatti tendono a perturbare la pubblica quiete, e convenendo che ognuno sappia che tali attentati non saranno per isfuggire ad una pena condegna; con superiore autorizzazione, il Direttore generale di polizia fa noto : 1º Che questi casi, in qualunque modo accaduti, rientrano nella competenza della Commissione di polizia, di cui parla l'ordinanza pubblicata sotto il primo gennaro 1837; e quindi i colpevoli saranno puniti colla pena delle legnate, stabilita dall'articolo primo di essa ordinanza. 2º Che viene altresì vietato in somiglianti fatti ogni affollamento e conclamazione, dichiarandosi obbligo di chiunque abbia scienza di sì stolti attentati, di darne immediatamente avviso alla polizia od a qualunque forza pubblica in cui potesse imbattersi, la quale condurrà gl'imputati nei cancelli della polizia. I trasgressori alle prescrizioni di quest' articolo saranno anche puniti secondo le circostanze. I Commissarii di polizia e gli altri agenti di forza pubblica sono incaricati della esecuzione della presente ordinanza. (1) .

(1) Avviso a stampa nell'Archivio di Stato di Palermo.

Non ostante queste minacce, il sospetto del veleno cresceva col crescere del morbo. Il venti giugno, dì in cui il male uccise novanta persone, i panettieri, i fornai, i pastai, i bettolieri, i fruttajuoli e i verdumai si segregarono dal pubblico, collocando davanti alle loro botteghe tramezzi di legno, onde gli avventori erano costretti a chiedere i commestibili da un apposito sportello. La plebe, immaginando allora che tutto fosse avvelenato, usciva di rado sulle strade per timore degli attossicatori; i buoni facevano altrettanto per paura dei malvagi; i malvagi facevano lo stesso per tema della polizia, e così la città diveniva squallida, deserta, spaventevole. Di giorno si vedevano soltanto casse mortua- rie, bussole e lettighe; di notte s'udivano solamente le grida altizzo- se dei monatti, il passo cadenzato delle ronde, il correre affrettato dei cercatori di farmachi, il gemito affannoso delle vedove, e il rumore cupo dei carrettoni, che a cento a cento conducevano i morti al cimitero di S. Orsola.

Il morbo trionfa. Le persone assalite da esso provano anzi- tutto una generale lassezza, un tremito agli arti, un violento dolore al capo, una compressione alle tempia, una sensazione d'aura elettrica lungo la colonna vertebrale, inappetenza, irre- quietezza, ansietà, battito di cuore e sonno irrequieto. Mandano poi profondi sospiri, provano strette dolorosissime al petto, tre- miti inesplicabili al cuore, attacchi singolari alla fossetta del torace e battiti strani alle arterie ventrali. Seguono poscia bri- vidi spessi, calori vaghi, sudori freddi, borborigmi nel cavo ad- dominale, vomito irrefrenabile e scariche alvine incessanti. I cram- pi intanto invadono le estremità superiori ed inferiori, il cor- po diventa freddo, i polsi vacillanti e le unghie nere; la lingua si fende, la pelle si corruga, la circolazione si fa intermittente, il respiro affannoso, il volto ippocratico, il corpo maculato di chiazze, e l'ammalato, tra le convulsioni e gli spasimi, esala l'ultimo respiro.

Un morbo sì nuovo, sì atroce, che uccide in poche ore il fio- re della gioventù, i capi delle famiglie, gli uomini più utili, le

intelligenze più elette, spaventa persino molti funzionarii del Governo, che lasciano codardamente i loro posti. Il Luogotenente
scrisse pertanto: " La calamità in cui è Palermo, non deve essere accresciuta dallo abbandono di tutte le parti onde l' ordine
pubblico si compone, e dalla confusione e dal disagio che seguirebbe ove negli uffici pubblici mancasse il servizio. A riparare
ciò S. E. il Luogotenente Generale, nel Consiglio straordinario
del 28 giugno, è venuto ai provvedimenti che seguono: Tutti i
funzionarii ed impiegati che si trovino in congedo, si restitui-
ranno ai loro posti, spirato appena il termine del permesso. Quegli altri che si trovino assenti da Palermo, siano anche nelle
campagne vicine, e non vengono ogni dì all' ufficio rispettivo,
siano dichiarati dimissionarii, abbiano essi soldo o non, ed ai
loro posti sarà altri sostituito. Tutti gl'impiegati e funzionari con
soldo o senza, i quali siano in altri comuni senza congedo, tor-
nino ai loro posti entro il termine di tre giorni, diversamente
riserbasi il Governo a prendere le convenienti misure a loro carico. I capi dei rispettivi uffici ed amministrazioni, sotto la propria responsabilità, son tenuti a far rapporto al Governo pei
funzionarii ed impiegati che, spirato il congedo, non siano ritornati al posto, od abbiano trasgredito gli altri ordini divisati di
sopra (1).,

Alla condotta dei funzionarii codardi, rispose quella di alcuni
medici pusillanimi, che, dimenticando i doveri del proprio ufficio,
il debito sacro di alleviare le sofferenze dell'egra umanità, rifiu-
tavansi di correre al letto dei colerosi, di lenirne i dolori e di
renderne meno crudi gli ultimi istanti. Contro questi sciagurati le-
vossi sdegnosa la voce del Pretore, il quale scrisse con civica
franchezza: " Informato il Governo della biasimevolissima ripulsa
di alcuni medici, che, chiamati nelle case dei particolari per
la cura dei poveri infermi dell'attuale malattia, si sono apertamen-

---

(1) V LO BIANCO, *Diario citato*

8

te negati o schermiti con diversi pretesti, ha stabilito, per riparare a siffatto scandaloso inconveniente, che alle misure di sommo rigore si passi a carico di quei medici che mancheranno al
dovere di prestarsi con sollecitudine a visitare e soccorrere gl'infermi, ove saranno. Pria però di venire con effetto al rigore, S.
E. il Luogotenente generale ha nella sua saggezza disposto che
il Pretore, nella sua qualità di Protomedico della capitale, avver-
ta tutti i medici che chiamati per la cura di questa malattia
che ci flagella, si prestino volentieri e senza difficoltà, siccome
la religione, l'umanità e i doveri della cittadinanza e dell'arte
professata impongono loro. Ha soggiunto la prelodata S. E. che
se entro due giorni continueranno a pervenire lagnanze al Governo per ammalati cui negansi i medici a visitare, ne verrà il
Governo ai minacciati atti di rigore. In esecuzione perciò dell'anzidetta disposizione governativa, S. E. il Pretore Protomedico ne
avverte i medici tutti di questa capitale per la loro intelligenza
e regolamento (1). „

Alla voce generosa del Pretore, s'unì quella del cardinale
Gaetano Maria Trigona, che diceva commosso ai suoi diocesani : " A placare la Maestà di Dio, giustamente sdegnata
contro i nostri peccati, abbisogna non solo la preghiera, ma
ancora una vera e fruttuosa penitenza. Quindi, o miei di-
lettissimi figli, nelle luttuose circostanze in cui osserviamo
sopra di noi il flagello dell'ira di Dio, onde si degnasse di allontanare i terrori della sua giustizia e dar luogo alla sua misericordia, inculchiamo a tutti i peccatori che si convertano alla
divina grazia, tenendoci lontani dal peccato non solo, ma dalle
occasioni che ci condurranno a peccare. Nel tempo stesso esortiamo tutti alla preghiera verso Iddio, previa l'intercessione dei
Santi, e particolarmente alla recita del santissimo Rosario alla
Beata Vergine Madre di Dio Avvocata e protettrice di questa
città, quale recita si faccia nelle proprie case dentro e non

_____

(1) *Diario* citato.

fuori, stante la critica circostanza del morbo. Concediamo cento giorni d'indulgenza. Di più vi esortiamo, o miei figli amatissimi, a voler digiunare ogni sabato, sino a nostro nuovo avviso, in onore della Beata Vergine; ma per motivi di salute a potervi cibare di grasso; vi asterrete di non far colezione e mangiare una volta al giorno; per lo stesso concediamo cento giorni d'indulgenza. Vi esortiamo finalmente, o miei figli, ad animarci tutti di fiducia verso il clementissimo Iddio e la protezione della Beatissima Vergine, della nostra amorosa concittadina Santa Rosalia e di tutti gli angeli e santi nostri protettori, sicuri che, tolto il peccato e convertiti che saremo al Benedetto Signore, collo spirito umile, contrito e penitente, Iddio darà luogo benignamente alle sue usate misericordie, e cesserà il funestissimo flagello (1).

L'invito del cardinale non rimase inascoltato. Il primo luglio all'alba tutti i parroci di Palermo, seguiti da una folla divota, uscirono col Divinissimo dalle parrocchie, attraversarono, pregando, le vie principali, e tornarono sull'imbrunire, implorando il perdono del cielo, alle loro chiese (2). Ma il morbo, non ostante le preghiere, preparava scene crudeli. Esso, dopo aver ucciso in via Macqueda un tal Quaranta, sarto, sua moglie e due figli, lasciò illesa una bambina di cinque anni, la quale, creduta anch'essa morta, rimase tutta una notte confusa tra i cadaveri stesi sulla strada. La dimane, attraversando alcuni pietosi la via, udirono un lamento, corsero alla volta di quello, e videro tra i morti la bambina che, movendo a stento le labbra, balbettava: " Ho fame ! . Adagiatala su d'una barella, la condussero all'ospedale di S. Domenico, donde raggiunse poco dopo i premorti genitori (3).

(1) Avviso a stampa.
(2) *Diario* citato.
(3) *Diario* citato.

Questo e simili fatti, che omettiamo per amor di brevità, a-
vevano sconvolto la turbata fantasia del volgo, che dava già
credito alle invenzioni più folli ed alle dicerie più strane. Il quattro luglio, dì in cui il morbo aveva ucciso quasi mille persone,
essendo arrivato nella rada di Palermo un piroscafo regio, corse
voce che Ferdinando II, sbarcato furtivamente da quello, attra-
versasse vestito da monaco benedettino la città per incoraggia-
re gli avvelenatori; che si fosse poi ritirato nel convento di San
Martino; e dopo d'essere andato alla Favorita, risalito a tarda
notte sul piroscafo, fosse tornato a Napoli (1). Tali esagerazioni, non combattute da alcuno, riscaldavano l'animo del
volgo, eccitavano il suo sdegno ed apparecchiavano scene funeste. La sera del 10 luglio, giorno in cui il morbo aveva ucciso 1803
persone, cifra non superata nell'epidemia colerica del 1837 in
Palermo, Gioacchina Renda, vecchia settuagenaria, spinta dalla
fame, entrò nella bettola di Gaetano Pirrello per chiedere l'elemosina. Essendo il Pirrello infermo e la moglie sua morente, e-
rano al servizio della bettola Dima Zirillo, Pietro Milante e un
tal Salvatore, di cui s'ignora tuttavia il casato. Mentre la Renda
aspetta tremante l'elemosina, un furfante l'accusa d'attossicare il vino. A quell'accusa gli avventori s'alzano spaventati,
il Dima Zirillo agguanta la Renda, ed il Milante la butta, per-
cotendola, sulla via. Indi torna bestemmiando ai suoi tremoli avventori, mentre l'altro compagno, tenendo per il collo l'accattona, la
consegna a tal Antonio Di Fatta bettoliere, che la trascina alla
piazzetta di S. Cosmo, accendè un lume, guarda la Renda, la
riconosce, la percuote brutalmente, e l'abbandona esangue sulla
pubblica strada. Giunto l'ispettore Gerbino, fa condurre l'infelice all'ospedale, dove spira poco appresso imprecando alla ferocia umana (2).

_____

(1) *Diario* citato.
(2) V. *Appendice*, documento n. XXVIII.

La sete della vendetta non era ancor sazia. La dimane, stando il fontaniere Francesco Paolo Prato sul castelletto del cortile del Monastero alla Concezione, fu accusato da alcuni popolani , che lo vedevano muovere attorno all'urna, d'avvelenare l'acqua. Allora Vincenzo Gattina ed i fratelli Pietro e Luca Mirra si scagliano contro il Prato , lo raggiungono , l'uccidono , e , legato per un piede il cadavere , lo trascinano , preceduti da Salvatore Zito , che andava sventolando un fazzoletto in segno di esultanza , per tutta Palermo (1). Sì orrendo delitto , perpetrato da un'accolta di scellerati che andava ripetendo essere omai tempo di finirla cogli avvelenatori , inorridì i buoni e preoccupò molto l'autorità suprema di Palermo , che , volendo punire severamente gli autori dell'uno e dell'altro assassinio, emanò la seguente ordinanza : " Il Luogotenente generale nei Reali Dominii di Sicilia Principe di Campofranço, volendo immediatamente provvedere ai reati che già sonosi cominciati a verificare contro l'interna sicurezza dello Stato e dei pacifici cittadini ; per quelle facoltà straordinarie concessegli da S. M. (D. G.) è venuto a nominare la seguente Commissione militare , la quale sarà permanente nel Real forte di Castellammare di questa Capitale. Presidente Colonnello Ludovico Matina; supplente : Tenente Colonnello Nicola Tizzà ; relatore : Capitano Giuseppe Beccadelli Bologna; supplente : Capitano Domenico Patierno; giudici : Capitani Giuseppe Ferrari del reggimento della guardia dei granatieri, Giobbe Romanzi del 1º di linea Re, Francesco Vallesi del 2º di linea Regina, primi tenenti Antonio Alberti del 1º della Guardia Granatieri, e Gaetano Prinzivalle del 10º Abruzzo; Cancelliere : primo sergente Francesco D'Avella del 1º di linea Re ; uomo di legge : il Procuratore Generale o chi ne fa le veci.—Sarà di competenza della detta Commissione il procedere contro i reati preveduti dagli articoli 120 e 146 delle LL. PP., e similmente

---

(1) V. *Appendice,* documento n. XXIX.

contro qualunque attentato in danno delle proprietà e della vita
di tutti gli abitanti. Il modo di procedere della Commissione sarà il più abbreviativo e riguarda la sola verità del fatto. L' e-
secuzione delle sue decisioni sarà militare (1). „

Mentre il Luogotenente scriveva l'indicata ordinanza, agoniz-
zava sul letto di morte l'allievo di Rosario Gregorio, il maestro
di Michele Amari, l'interprete geniale del Maurolico, d'Empedocle e d'Archimede, Domenico Scinà, fisico, filosofo, storico e letterato che tutto interrogò lo scibile colla potenza fatidica d'un
genio e colla fede inconcussa d'un apostolo. Questo grande, che
aveva ammirato col Newton le leggi eterne della meccanica celeste, che aveva col Keplero, col Cartesio, col Galilei e coll' Hu-
genio scrutato i segreti innumeri della natura, ch'era stato nei
giorni belli della sua gloria circondato dai suoi discepoli ; oggi
che il morbo ha spezzato nei più i legami dolci dell' amicizia,
gli affetti cari del cuore, i vincoli sacri del sangue, oggi che l'i-
stinto egoistico della conservazione fa sì che il figlio abbandoni il
padre morente e la consorte lo sposo , egli lotta quasi solo con un
morbo che trionfa dell'uomo e della scienza. In mezzo a sì crudele abbandono, non manca a lui il suo fido Acate. Pasquale Pacini,
uomo dotto e generoso, gli sta sempre al capezzale , l' assiste, lo
conforta, lo solleva e lo copre di lacrime e di baci. A questo pietoso s'uniscono Marcello Fardella duca di Cumia, Direttore generale di polizia, a cui i doveri gravi dell'uffizio non fanno obliare i
doveri sacri dell'amicizia; Girolamo Minà, professore egregio, e Domenico Ragona, giovane di felicissime speranze (2). Intanto il moribondo aggrava. Prima ch'ei chiuda gli occhi alla luce, chiama il Ragona, gli addita un volume del Foscolo, e lo prega di leggergli l'orazione a Bonaparte. In questo mentre giunge il Pacini, indi il sacerdote Insinna della Compagnia di Gesù, e così, tra gli amplessi dell'u-
no, le preghiere dell'altro e le lagrime degli astanti, Domenico Sci-

(1) Palermo, 11 luglio 1837.
(2) Oggi Direttore dell'Osservatorio di Modena.

nà, decoro delle lettere e delle scienze, è tolto alla vita, non già
alla fama, che passerà gloriosa alle più lontane età (1).

Il mo rbo, dopo avere ucciso il più grande uomo di Palermo, comincia, quasi pago di tanta preda, il suo periodo discendente. Infatti, mentre la mortalità il giorno tredici era salita a 1535, il quattordici scese a 684, il quindici, giorno di S. Rosalia, risalì a 976, ed il
sedici ridiscese a 631. Questo dì tornarono alle loro case i contumaci della Sesta Casa e del Lazzaretto, e giunse da Napoli il barnabita Ugo Bassi, che, non appena messo il piede in Palermo,
aprì uno speciale ricovero nel convento di S. Domenico, dove con
affetto ammirando leniva le afflizioni di coloro che ricorrevano alle
sue cure pietose; alle cure di lui, apostolo del vangelo, martire della
libertà, per la quale fu ucciso più tardi a Bologna dalle armi au-
striache (2).

Il colèra, dopo l'arrivo del Bassi, diminuì sensibilmente. Il diciassette uccise 402 persone, il diciannove 330 ed il ventuno 159 (3). Pertanto il popolo si rianima, le botteghe si riaprono e le strade si ripo-
polano; cessano i suffumigi, le disinfezioni ed i bruciamenti nelle
vie e nelle case, e gli amici, rivedendosi, si abbracciano e si ralle-
grano a vicenda per la comune salvezza. Il male decresce di gior-

---

(1) V. *Biografie e ritratti d'illustri siciliani morti nel colèra del 1837*, Palermo, presso G. Alleva, librajo-editore, 1838.

(2) V. Annunzii nella *Gazzetta di Bologna* e nel *Giornale di Roma*, n. 141.
— *La Cerere*, giornale officiale di Palermo, scrisse all'arrivo del Bassi: " Il
padre Ugo Bassi, barnabita, già stato predicatore nella chiesa dell'Olivella, essendosi recato in Palermo da Napoli, ov'egli trovavasi dopo la quaresima passata, per desiderio di soccorrere, per quanto è in lui, i miseri attaccati dal
morbo colerico in questa città, si è stabilito nel locale dei colerosi in S. Domenico per essere di giorno e di notte, pronto ed utile ai poveri infermi che
popolano questo ospedale (V. *La Cerere*, sabato, 22 luglio 1887, n. 149).

(3) Dal 21 luglio al 30 settembre i cadaveri dei colerosi, non trovando ancor posto nel Cimitero di S. Orsola, che dall'otto giugno a quel dì aveva ricevuto 22,286 morti, furono trasportati ai Rotoli presso la Vergine Maria, dove
erano bruciati.

no in giorno; sicchè il commercio si riattiva, gli abitanti ripigliano i loro affari, ed il Pretore scioglie le Commissioni sezionarie, chiude gli ospedali del Carmine, della Gancia, di S. Nicolò Tolentino e di S. Domenico, lasciando aperti soltanto quelli della Sesta Casa, di S. Francesco di Paola e di S. Agostino.

I superstiti del colèra, che avevano veduto scorrere nel lutto la festa di S. Rosalia, vollero solennizzare quella del 4 settembre, che si celebra allegramente sul Monte Pellegrino. La strada, sin dalla notte del 3, dalle falde alla vetta del monte, era gremita d'un popolo immenso, che, mentre innalzava la memore prece al cielo, s'abbandonava alla più viva, alla più larga, alla più schietta allegria, riempiendo di lieti canti le rupi, le vette e le valli circostanti. Alla festa popolare del 4 settembre, ne seguì un'altra, quella officiale dell'11 ottobre. Quel dì intervennero in gran pompa nel Duomo il Luogotenente, i rappresentanti dell'esercito e della magistratura, gli ottimati del paese ed una gran folla di popolo, davanti alla quale il barnabita Bassi, ispirando ai precetti santi del Vangelo i sentimenti caldi del suo cuore, e le arditezze della sua eccelsa fantasia, descrisse fantasticamente le vicende dolorose del morbo, che per lo spazio di 88 giorni aveva afflitto Palermo (1).

Questo morbo non risparmiò nessun quartiere della città (2). Nelle prime due settimane e nel principio della terza sviluppossi soltanto nella parte inferiore di essa, cioè nelle sezioni interne di Sant'Agata, di Sant'Oliva e nelle parti più vicine al mare. Nella terza settimana le sezioni di S. Cristina e di S. Ninfa, formanti la metà superiore della capitale, erano state attaccate con molta forza, talchè nell'ultima decade di giugno tutta Palermo

(1) *La Cerere*, semestre secondo, n. 173.
(2) Quasi due terzi delle persone abitanti sul Pellegrino furono uccise dal colèra, e le contrade più aperte e più sane dell'agro palermitano vennero devastate come le altre parti del territorio (V. *Rapporto dell' Accademia medica di Palermo*).

era immersa nella tristezza. La quarta settimana fu più terribile delle altre; nella quinta il male cominciò a declinare e nella sesta
era in grande diminuzione , onde alla fine di luglio e nei primi d' agosto non si contavano, come s'è detto, più che pochissimi casi, alimentati dai paesi vicini o da Napoli. Il massimo numero degli attaccati e dei morti fu del sesso femminile (1). Tutti i ceti poi furono colti senza distinzione, e le case della nobiltà e della borghesia
vennero desolate al paro dei più miseri tugurii. Morirono il principe
di Mirto, Francesca Maria Pignatelli principessa di Campofranco,
moglie del Luogotenente del Re, Eleonora Statella duchessa di San
Martino , dama di Corte , figlia del principe di Cassaro , Marina Di
Napoli duchessa di Cumia , consorte al Direttore generale di polizia, Felice Di Napoli principessa di Fitalia , figlia del principe di
Resuttano ed il cardinale Gaetano Maria Trigona arcivescovo di·Palermo. Tennero dietro a costoro una schiera d'uomini colti, di cui notiamo Ignazio Dixit-Dominus, fondatore dello stabilimento de' sordomuti, Nicola Scovazzo, istitutore del metodo di mutuo insegnamento
in Sicilia, Pietro Pisani, benefattore dell'ospizio dei mentecatti, Luigi Garofalo, autore d'uno studio su Gorgia Leontino, Gaspare Vac·
caro, presidente della Camera dei Comuni del 1812, Agata Barcellona, poetessa non volgare , Antonio Di Giovanni , allievo del Nascè, Vincenzo Raimondi, discepolo del Murena, Michele Azzarello e
Antonino Bivona, dotti naturalisti, e Michele Busacca marchese di
Gallidoro, valente matematico. Vanno inoltre ricordati : Costantino Maria Costantini, Antonino Malvica e Antonino Della Rovere ,
magistrati espertissimi ; Giambattista Castiglia, Diego Muzio, Giovanni Ragona e Domenico Greco, professori nell'Università di Palermo; Luca Costanzo, Domenico Cavallaro, Francesco La Farina ,
Vincenzo Di Martino, Francesco Zerilli e Giuseppe Tresca , artisti
valenti; Vincenzo Riolo, Filippo Foderà , Giacomo Lo Presti e pa·

---

(1) Dei morti del colèra, due terzi furono donne, e un terzo uomini. (V.
Rapporto citato).

9

recchi altri, di cui corre eziandio cara ed onorata la fama in Sicilia (1).

La mortalità fu immensa. " Rispetto ad essa, scriveva la Regia Accademia delle Scienze mediche di quel tempo, regna ancora molta confusione, perchè nel forte dell'epidemia sì grande fu il numero degli estinti che i registri non accolsero i nomi di tutti. I carri prendevano i cadaveri dove li trovavano, e le casse, già permesse per le persone agiate, erano condotte al camposanto senza darne avviso agl'incaricati delle rispettive sezioni. Per documento non abbiamo che una nota di cadaveri colerici ricevuti nel camposanto dal 15 giugno 1837 sino al 20 luglio, e dal 21 luglio in poi nel locale detto dei Rotoli. Questa nota, presentata dalla persona incaricata a ricevere i cadaveri (2), non è legale ; ad ogni modo risulta da essa che il numero dei cadaveri fino al 22 giugno fu di 44 ; che dal 23 al 28 ascese a 290; che dal 29 giugno al 4 luglio ascese a 2430; che dal 5 al 13 luglio giunse a 14923; che dal 14 in poi cominciò a diminuire, non contandosi sino al giorno 24 che 4356 cadaveri; e un' altra diminuzione avvenne dal 25 in poi, perchè quel dì non si riceverono che 60 corpi di colerici. Da quel giorno diveniva ognor più piccolo e quasi insignificante il numero degli estinti. Il totale dei cadaveri, secondo la sopradetta nota (3), è di 23,611; al quale si devono aggiungere tutti coloro che non furono sepolti nel camposanto od ai Rotoli, ed un grandissimo numero di religiosi e moltissimi individui che in quel tempo, per la pietà dei loro congiunti, furono inumati in sepolture particolari. I giornali portano il numero delle vittime sopra 27,000, cioè un sesto della popolazione, strage senza esempio in Europa, solo paragonabile a quella della Russia, dove

---

(1) V. *Biografie e ritratti d'illustri siciliani morti nel colèra del 1837*, Palermo, presso G. Alleva, 1838. — Vedi altresì : Filippo Minolfi, *Biografie d'illustri siciliani morti nel colèra del 1837*, Palermo , tipografia di Filippo Solli, 1838.

(2) Era il beneficiale Michele Melchiorre.

(3) V. *Appendice*, documento n. XXX.

il morbo mietè un sesto degli abitanti, od a quella d'Erican, dove i morti salirono al quinto, e cede soltanto all'orrendo esterminio di alcune parti della Siria, le quali videro morire metà del popolo, e del regno di Astrakan, che restò privo di due terzi, o di Tiflis che perdè tre quarti della sua popolazione. Il numero degli attaccati superò ogni calcolo, giacchè fra tutti gli abitanti di Palermo si mostrano a dito e con aria di maraviglia quei fortunati che non furono attaccati dal colera (1). ¸

I casi da noi esposti colla scorta fedele dei documenti (2) furono trombettati ai quattro venti dalla stampa francese, che, vaga d'esagerare sempre le cose nostre, dipinse la capitale della Sicilia come un covo d'uomini feroci (3). Calunnia! Ciò che avvenne in Palermo, era accaduto e in proporzioni maggiori a Parigi, a Madrid, a Londra ed in altri luoghi. Se in Palermo furonvi quattro malvagi, cioè il Di Fatta, il Gattina ed i fratelli Mirra, uccisori della Renda e del Prato, non mancarono però i buoni, i forti ed i generosi che sacrificarono se stessi per la salvezza degli altri. Fra questi valorosi campioni del sacrificio, la storia imparziale non deve obliare i religiosi di S. Giovanni di Dio, i quali chiesero di essere destinati all'ospedale dei colerosi; i Gesuiti, i Crociferi, i Filippini e i Domenicani, che spiegarono uno zelo ammirevole; non deve obliare i sarti Caponetti e Poulet, caduti eroicamente sotto i colpi del male che essi volevano combattere, e quei medici intrepidi che, disdegnando la riprovevole condotta d'alcuni loro colleghi, affrontarono impavidi il pericolo, e perirono in esso. Fra i 30 medici uccisi dal colera è mestieri ricordare il cavaliere Pietro Polara di Modica, presidente ordinario dell'Accademia delle Scienze mediche,

(1) *Rapporto sul colera morbus che regnò in Palermo in giugno, luglio ed agosto del 1837, presentato al Governo dalla R. Accademia delle scienze mediche*, Palermo, tipografia Pedone, 1837.

(2) Chi desidera maggiori notizie intorno a quelli, veda l'*Appendice* dal 31mo al 65mo documento.

(3) V. *Moniteur* del 10 settembre 1837.

il nominato cav. Domenico Greco, già professore di patologia nell'Università di Palermo, il barone Antonino Bivona Bernardi, decoro della botanica, il dottore Paolo Puccio, illustre cultore delle opere del sommo Haller, Antonino Greco di Domenico, giovane di felicissimo ingegno, Mogavero, Candeloro, Lombardo, Agalbato, Gaeta e quel Giuseppe Tranchina, autore del metodo d'imbalsamazione che porta il suo nome, medico illustre, uomo integerrimo, cittadino pietoso, che tutta spese la sua esistenza in prò dei miseri e degl'infelici (1). Il 28 giugno, dopo avere egli percorso su e giù la città, visitando tugurii più luridi ed oscuri, s'inoltra nel cortile dei Gallinai, penetra nella stamberga di Salvatore Lucchesi, e, tocco dalla spaventevole miseria di essa, trae di tasca l'orologio d'oro, lo lascia all'ammalato, e vola all'ospedale militare, dove esercitava l'ufficio di medico secondo. Il nove luglio, affranto dalle lunghe fatiche, è assalito anch'esso dal morbo. Pria che questo spegnesse la sua preziosa esistenza, volle compiere un atto di grande sacrificio. Un lamento lungo, acuto colpiva da un'ora il suo orecchio. Domandato che cosa fosse, gli fu risposto che un infermo chiedeva un salasso, e non v'era un medico che glielo facesse. Allora scuote le coltri, puntella le scarne braccia sul letto, scende da questo, si trascina a quello dell'ammalato, gli si avvicina, gli apre la vena, torna al suo posto, e muore tra l'ammirazione e lo spavento dei circostanti (2). Sublime sacrificio! Non fu il solo. Una giovine donna, sorella dello storico Amari, moglie di Antonino Greco, volendo rianimare l'agonizzante marito lo riscalda col suo alito, ne terge il sudore, nè sugge il sangue, e pericola per lui. Il conte di Sommatino, tutore a figliuole

(1) *Cenno necrologico sulle perdite fatte dalla R. Accademia delle scienze mediche di Palermo in giugno e luglio 1837*, letto nella straordinaria tornata del 10 agosto da Andrea Barbacci, segretario perpetuo, Palermo, 1837 presso Salvatore Barcellona.

(2) Biografie e ritratti citati,

innnocenti, le ritira da un monastero già infetto, e le raccoglie nella sua casa; poco appresso muoiono esse, muore il figlio del conte, e muore lui stesso. Il duca di Cumia non risparmia cure e fatiche in prò dei colerosi; il senatore Eugenio Villanueva ne segue l'esempio, ed il principe di Scordia, giovane trentenne, pretore di Palermo, magistrato energico, intrepido, sagace, dà prove splendidissime di quella solerte e schietta filantropia, che è tradizionale nella sua casa (1); onde il Borghi scrisse di lui: " E veramente fu grande altezza d'animo, e oblio di se stesso nel Lanza, nè più di lui si sarebbe intenerito uomo alla vista di tante disgrazie, nè avrebbe sì pietosamente accostati gl'infermi, nè loro preparati delle sue mani or bagni, or bevande, nè rincorati d'affettuose parole, nè sovvenutili con tanta larghezza. Nessun magistrato avrebbe più di lui dato esempio di coraggio in mezzo al pericolo, d'attività, di fermezza; nessun più di lui avrebbe saputo calmar gli spiriti, soccorrere alla necessità con ogni possibile rimedio, minuire le conseguenze del disastro, correggere insomma, espiare il non fatto (2). „

L'esempio del primo magistrato di Palermo fu imitato da molti

---

(1) La nobile condotta dello Scordia fu nel colera del 1885 continuata dall'illustre figlio suo principe di Scalea, e dal nipote Pietro Lanza, giovane di vivace ingegno, il quale mostrasi non indegno dell'avo, di cui porta onorevolmente il nome.

(2) Il principe di Scordia, amico del Manin e del Thiers, pretore di Palermo nel 1848, ministro dell'istruzione e degli esteri nello stesso anno, morì a Parigi nel 1855. Egli è autore di parecchie opere edite ed inedite, di cui notiamo le seguenti: *Sulla dominazione degli Svevi in Sicilia—Degli Arabi e del loro soggiorno in Sicilia—Lezione sulla Istruzione del popolo—Considerazioni sulla storia di Sicilia dal 1553 al 1789 da servire d'aggiunta e di chiosa al Botta. Lezione accademica sugli asili infantili.—Saggio politico ed economico sullo spirito di associazione in Inghilterra—Vicende antiche e moderne della politica—Bernardo Cabrera, Storia Siciliana dei Martini e dello Interregno* V. Commemorazione di Giuseppe Lanza principe di Trabia e di Pietro Lanza Principe di Scordia e di Butera scritta dal sacerdote Salvatore Lanza di Trabia, Palermo, Stabilimento tipografico Lao, 1875.

cittadini. Il duca di Serradifalco, nascondendo la sua mano benefica, provvedeva di medici, di rimedj e di somme generose gli ammalati d'intorno all'Olivuzza; il barone Palmeri offrì l'opera sua, dichiarandosi pronto a qualunque pubblico servizio; il duca di Monteleone fece, non chiesto, larghe offerte di denaro; l'illustre principe di Palagonia, angelo consolatore dei miseri, soprintendente dell'Ospizio di Beneficenza, soccorse generosamente i poveri affidatigli; monsignor Berengario Gravina spedì da Napoli mille ducati; Gaetano Fiammingo fece altrettanto; Catania, Caltagirone e Marsala inviarono vivissime condoglianze; Messina, Aci, Riesi e Caltanissetta cospicue somme (1); molti fecero, secondo le loro forze, il proprio dovere; molti risposero con islancio all'appello dell'afflitta consorella (2); dalla reggia di Napoli soltanto non venne nè un rimpianto, nè un conforto, nè un obolo; vennero, è vero, battaglioni di cacciatori che moschettarono parecchi sciagurati della Valle di Palermo; giunse, è vero, il maresciallo Saverio Delcarretto, che si lordò di sangue; Gennaro Cioffi, che si coprì d'infamia; il maggiore Cutrofiani, che s'arricchì di prede; giunse infine lo stesso re, il quale fu ricevuto dai gemiti sommessi d'un popolo infelice, dalle compre felicitazioni di pochi venderecci, dagl'inni melensi di cigni orecchiuti, che falsando il giusto, il retto, il vero, misero la più sublime delle ispirazioni, la poesia, a servizio della più laida delle forme politiche: la tirannide.

---

(1) Vedi *La Cerere*, anno 1837, n. 129, 153, 162, 169, 185 e 194.

(2) Dall'estero, il barone di Rothschild inviò alcune somme, ed il signor di Vandenhecke scrisse da Versailles al signor Guys, console generale, agente del Ministro degli affari esteri a Marsiglia, che metteva una cospicua somma a disposizione di quei medici che volessero correre in soccorso di Palermo (V. Giornale citato).

CAPITOLO IV.

I rumori, i pregiudizii e le paure descritte s'estesero altresì in molti comuni della Valle di Palermo, nei quali, essendo più grande l'ignoranza, più debole il freno delle autorità regie, più aspro il dissidio fra i possedenti e le plebi, avvennero scene crudeli. Ivi, tutti coloro che bramavano vendicare vecchi arbitrii, recenti soprusi e private offese, assalirono, sotto il pretesto del veleno, le persone e le case dei funzionari del Governo, dei capi delle amministrazioni comunali, dei presunti propinatori del morbo e dei più cospicui possedenti, che, per la lotta non mai intermessa tra chi ha e chi non ha, erano e sono forse tuttavia in grande odio alle classi rurali. I primi tumulti, scoppiati a Villagrazia ed a Villabate, si ripeterono tosto a Bagheria, all'Isola delle Femine, a Capaci, a Misilmeri, a Marineo, a Corleone, a Prizzi ed a Termini-Imerese. La prima vittima fu Giuseppe Minneci. Avendo egli il cinque luglio perduta l'unica figlia in Palermo, fuggì con Francesco e Giovanni suoi figliuoli alla volta del Parco. Arrivato al Villaggio della Grazia, fu colpito anch'esso dal colera, onde venne condotto nel vicino convento dei Minori Osservanti di S. Francesco, che gli assegnarono una stanza accanto alla porteria. Là fu assistito dai figli sino all'otto luglio, dì in cui s'attaccò altresì il maggiore di essi, Giovanni, che fecesi condurre a Palermo, lasciando alla cura del padre il fratello Francesco, giovane sedicenne, e tal Giovanni Riggio, detto *Scippavigne*. Avendo la moglie di questo rinvenuto nei calzoni del Minneci alcune pillole e due cartoline di rabarbaro, riunì le vicine e le comari, e disse loro d'aver trovato il veleno, gli avvelenatori e la causa del male che desolava il villaggio. Allora il volgo s'attruppa, tumultua, corre al convento di S. Francesco, penetra nella stanza del coleroso, gli presenta le pillole, l'obbliga ad inghiottirle, e torna minaccioso alle proprie case. La dimane, sobillato da parecchi facinorosi, va armato al convento, ne sforza le porte, irrompe nella stanza del morente, e lo ferisce in una al figlio coi pugnali. Indi Giovanni Lo Biundo trascina il sedicenne Francesco sullo stradale; Giuseppe Bruschetti corre alla legnaia del convento, n'esce con tavole e con paglia, e le ammonta sul giovanetto; Benedetto Lo Biundo vola alla cucina, afferra un tizzone, torna sulla via, trae dalla catasta l'innocente Francesco, gli vibra un ultimo colpo, lo butta sul rogo, e l'uccide tra le grida infami d'una folla malvagia. I due Lo Biundo, briachi di sangue, tornano alla stanza del vecchio Minneci, lo strappano dal letto, lo trascinano sulla via e lo gettano nelle fiamme, dove muore accanto al figliuolo (1). Il domani Giovanni Minneci, ignaro dell'immane sciagura, invia suo fratello Salvatore a Villagrazia. Giunto ivi a mezzodì, va difilato al convento, interroga quei frati, chiede loro notizie dei suoi congiunti, ma nessuno osa dargliene. Dolente, perplesso rifà i suoi passi, e s'imbatte in un ragazzo che gli addita gl'informi avanzi degli uccisi. Il Minneci sta muto davanti ad essi, quando una banda scellerata, giunta di fresco, lo minaccia, lo batte e l'avrebbe ucciso, se alcune donne pietose non gli avessero agevolata la fuga (2).

(1) V. *Appendice*, documento n. 66.
(2) Ibid.

L'eccidio di Villagrazia fu stimolo a delitti maggiori. L'undici luglio, corsa voce a Villabate d'essere le frutta, le droghe e le vivande avvelenate, la plebe s'unì sulla pubblica piazza, recossi alla casa di Salvatore Russo, e chiese ad alcuni popolani lì adunati le teste degli attossicatori. Disperando, fra tanta agitazione, l'ispettore Diez d'aver pronti soccorsi dalla vicina Palermo, affidò l'ordine pubblico del comune a Giovanni Pitarrese, detto il *Napoleone,* e ad altri suoi compagni. Costoro, vedendosi padroni del villaggio, si sollevano, sollevano gli altri, dànno la caccia agl'impiegati, ai rondieri, ai gendarmi, ai temuti nemici del popolo, ed uccidono l'avvocato Giuseppe Rodanò, giudice dell'Orto Botanico, che tornava da Palermo a Villabate. Indi, guidati da Michele Alaimo, Antonino Lazzaro, Stefano Miano e Gaetano Spina, assaltano la farmacia di Pietro Arcabasso, gridando: *Viva la misericordia di Dio!* A quel grido Giuseppe Pisciotta afferra una scala, vi monta, entra per una finestra nella casa dell'Arcabasso, l'afferra e lo colpisce con uno stile. L'infelice si affaccia insanguinato alla finestra chiedendo soccorso; ma la folla, incitata dalle grida dei malvagi, gli risponde con una scarica. Tra il fumo, lo sparo e l'urlio orrendo, Stefano Miano e Antonino Lazzaro montano la scala, ghermiscono l'Arcabasso e lo precipitano dalla finestra sulla strada, dove è finito dal Miano. Infellonito il popolo alla vista dell'ucciso, va in cerca di Antonio Montaperto, lo scova nella casa del principe di Baucina, lo tortura, gli estorce confessioni inverosimili, e l'uccide. Poscia, diviso in tre schiere, scorazza il paese. La prima schiera, guidata da Giovanni Pitarrese, trucida Antonino Mazzerbo al cospetto del suo vecchio genitore; la seconda, condotta da Filippo Alaimo, detto l'*Addannato,* scanna Salvatore Filippone tra i suoi, e la terza, guidata da Stefano Miano, soprannominato *Chiuviddu,* spegne barbaramente l'ispettore Diez, Anna Giardina sua consorte, il capo-ronda Francesco D'Angelo ed il possidente Filippo Caravello. Il domani del massacro, volendo il Pitarrese e l'Alaimo giustificarlo, mettono insieme pasta di mandorle, nitro, magnesia, rabarbaro ed altri farmaci; li chiudono in una cas-

10

setta, collocano questa nella cappella posta nel centro della piazza, e inviano alcuni corrieri ai loro amici di Bagheria, di Misilmeri, di Marineo e del Mezzagno, avvertendoli d'aver ucciso gli avvelenatori e di fare essi altrettanto nei loro paesi (1).

Il comune di Bagheria rispose immantinente all'invito. Divulgatosi colà che i possidenti ed il Governo attossicavano l'aria, le acque e le vivande, la plebe concepì il truce disegno d'assassinare i proprietari del paese. Il dodici luglio, pertanto, uno stuolo di facinorosi, a capo di cui erano Antonino La Corte, Ciro Spanò, Antonino Paladino, Pietro Tripoli e Leonardo Maggiore, si nascose in un vigneto, mentre Antonino Giammarese e Pietro Campagna, penetrati nelle chiese del Santo Sepolcro e del Purgatorio, improvvisavano una processione colle immagini di S. Rosalia, dell'Addolorata e di S. Giuseppe. Giunta la processione nel centro del paese, Giovanni Biancorosso, che s'agitava tra la folla accorsa da tutte le vie, gridò a tutta possa: All'armi! All'armi! A quel segnale, la banda nascosta nel vigneto piomba in mezzo al popolo, e trucida nel primo furore i fratelli Carlo, Francesco e Vincenzo Scavotto, Onofrio Ventimiglia, Cosimo Gattuso e Salvatore Madonia, che, aggrappatosi alla bara di S. Giuseppe, cade sotto i colpi della ronca di Francesco Mineo. A tal vista il popolo lascia sgomento le bare, e l'accolta scellerata, rimasta padrona del paese, vitupera, devasta e minaccia tra il generale sbalordimento. Sopraggiunta la notte, corre alla caserma della gendarmeria, ferisce il soldato Giuseppe Pasceri ed il figlio del caporale Giovanni Pizzoli, assalta le prigioni, libera i detenuti, saccheggia le farmacie, scassina le botteghe, dà alle fiamme i registri dei notaj Andrea Castronuovo e Giuseppe Mancuso, e a mezza notte, non vedendosi seguita da alcuno, lascia il paese (2).

---

(1) V. *Appendice*, documento n. 67.
(2) V. *Appendice*, documento n. 68.

La rivolta proditoria di Bagheria, bruttata dal sangue di otto innocenti, ebbe un'eco funesta all'Isola delle Femine ed a Capaci. Il dodici luglio una folla numerosa si diresse, sotto la guida di Francesco Rizzo, G. Battista Di Marco, Salvatore Milano, Giacomo Guglia, Antonino Ricco, Giuseppe Macaluso, Erasmo Riccobuono ed Erasmo Giammona, alla tonnara, dove era un leuto in crociera. La folla, salita a viva forza sul leuto, vi tolse un cannone, parecchi fucili, buona copia di munizioni, e tornò tumultuando a Capaci. Quivi, trovato scorato e indifeso il paese, uccise tre persone della famiglia Enea, distrusse le case dei Cracolici, vilipese il beneficiale Vincenzo, ferì un innocente fanciullo e oltraggiò Francesco Puccio, Giovanni Macaluso e Giuseppe Rizzo. Il dì vegnente, diretta da Pietro De Majo e da Antonino Crivello, riportò il cannone sul leuto, tornò in paese, e si diresse al forno di Rocco Di Lorenzo. Scassinate le porte e le finestre della casa, irruppe dalle une e dalle altre nel forno, buttò sulla strada il pane, la farina, le madie, il frullone ed ogni altro arnese lì esistente, e corse in cerca del proprietario, ch'erasi dato anzi tempo alla fuga (1).

I subugli sopra descritti, non repressi a tempo dalla forza pubblica, si ripeterono con la stessa gravità in molti comuni della Valle. Misilmeri, terra non molto lungi da Palermo, si levò anch'essa contro i possidenti, divenuti ovunque bersaglio alle ire dei popolani. La sera del tredici luglio voci sinistre correvano tra la plebe del paese. La piccola forza urbana, tre gendarmi, alcuni gentiluomini e pochi buoni tentarono di soffocare sul nascere quelle voci; ma furono essi sopraffatti subito da una folla irata, che si diresse vociando al palazzo del barone Furitano, dove si erano nascosti il giudice, la sua famiglia, pochi urbani e tre gendarmi. Trovata una valida resistenza, percorse le vie prin-

---

(1) V. *Appendice*, documento n. 69.

cipali, appiccò l'incendio alle abitazioni di Ignazio Bellittieri, di
Giovanni Mosca e di Mariano Leone, uccise proditoriamente la
moglie di Antonio Torchiani, e si disperse fra le tenebre. Il
giorno vegnente, cresciuta d'audacia e di numero, tornò minacciosa al palazzo del Furitano, e tra il sacco, le fiamme e
lo spavento spense il giudice regio, Vincenzo Liura, Domenico
Moralda, Francesco Dell'Orto ed un gendarme che aveva fatta una disperata resistenza. Nel forte dell'assalto, disdegnando
il baronello Furitano di cadere nelle mani dei sollevati, s'uccise con un colpo di pistola, ed il barone suo padre salvossi colla fuga. I sollevati incendiarono più tardi le case di Rositani, di Cagliura, Vaselli e Santoro, e colpirono con ferri, con legni e con accette l'usciere Lo Carufo, il percettore Caracciolo,
il medico Carlotti, l'usciere Bellittieri e Stefano Caraffa, che perì
sotto i colpi di Raffaele Cirrincione. Nella sommossa di Misilmeri si segnalarono per ferocia Paolo Badalamenti e Pietro
Sciarrabba, che diressero l'assalto contro la casa del barone Furitano; Giuseppe Ingoglia, che armato di scure e di ronca, ta-
gliava e distruggeva ciò che gli si parava dinnanzi; Giuseppe
Lo Gerfo, che spense crudelmente il medico Ignazio Carlotti;
Antonino Finocchiaro, Giuseppe Ferrara, Santo Palermo e Gaetano, Francesco e Filippo D'Affronti, istigatori primi dei tumulti (1).

La strage di Misilmeri si ripetè il 14 luglio a Marineo. Sobillato quel popolo da Mario Maccarrone, Giuseppe Daidone, I-
gnazio Calderone, Giacomo Spinella, Antonino Di Peri, Salvatore
Ranieri e Giulio Di Lorenzo, distrusse l'archivio comunale, devastò molte abitazioni ed uccise 33 persone, tra cui Giuseppe
Valente, Vincenzo Granatelli, il sindaco Domenico Caramanna,
il giudice Onofrio Di Marco e l'arciprete Ignazio Valente, al quale

(1) V. *Appendice*, documento n. 70.

Salvatore Ranieri, prima di ucciderlo, disse : " Confessati giusto, scioccone, perchè fra un quarto d'ora sarà finita per te ! (1).

La serie dolorosa delle uccisioni non è finita! Il volgo di Corleone , incitato da Liborio Greco , Catinotto Moscoglione , Giuseppe Rizzotti e Leoluca Milone, arrestò il 21 luglio Leone Lo Bue , Ciro Boscarelli e Giuseppe Governali. Condottili tutti al Ponte del Gatto, lapidò i due primi e ferì gravemente l'ultimo. L'infelice , mentre alzava la testa per chiedere un confessore, fu trucidato da Pasquale D'Anna , detto *Pasqualiddu*. Indi Antonino Celauro, seguito da alcuni ribaldi, uccise Antonino Di Puma Lasagna, suo padrone; Listì Frattaglione, accompagnato da un tal Majone, ferì gravemente Pietro Mangano, tormentò Carmela Pillera, Angela Colleitta e Pomilla Lo Bue , che finì sotto i colpi di Leoluca Troja; Antonino Palazzo , detto il *Calabrese*, spense Antonino Giaccone; Vincenzo Palumbo assaltò le case del Capitan d'armi e di Antonino Di Puma, e Vincenzo Grimaldi ferì nel feudo Giammarotta Ignazio Gennaro, e gettollo poi fra i gorghi d'un torrente (2).

Tanto sangue non aveva ancora dissetata una plebe intristita dall'ignoranza , dalla miseria e dalle violenze delle autorità locali (3). Il volgo di Prizzi , spinto da queste cause, emise anch'esso il grido della rivolta. Raimondo La Cira ferì gravemente Vincenzo Falsone e torturò tre sospetti avvelenatori; Vincenzo Marretta, roteando una lunga asta di ferro, incitava la

----

(1) V. *Appendice*, documento n. 71.

(2) Ibidem, documento n. 72.

(3) Il colonnello Orazio Atramblè, comandante la colonna mobile in Carini, in un suo rapporto al generale della Valle Giuseppe Tschudy , dicevagli : " Il vero mezzo d'isolare i malcontenti si è quello d'amministrare la giustizia con sagacità, e di *moderare gli abusi di potere che pur troppo esistono, e che sono la vera sorgente del malcontento di questa popolazione. In tal modo definisco la reazione avvenuta contro le autorità.* (. Archivio di Stato , Segretariato della Luogotenenza, anno 1837, filza 513).

folla alla strage, e Giuseppe Sparacio-Pignatelli uccise a colpi di carabina Salvatore Perniciaro, a cui il La Cira recise la testa con una ronca (1). Dalla impervia Prizzi, l'eco sinistra delle vendette si ripercosse tra le spiagge e le convalli di Termini-Imerese. Il 23 luglio, Carmelo Basile, Gaetano Marcellino, Carmelo Teresi, Pietro Provenzale e Pietro Arrigo, seguiti da una folla immensa, diedero la caccia all'innocuo Antonino Gargotta, che salvossi nella farmacia di Giuseppe Ruffino. Giunta ivi la folla, minacciò il Ruffino, ne assalì l'abitazione, tentò bruciarla, e non avendo trovato il fuggitivo, s'allontanò proferendo voci di vendetta. Lungo le strade assaltò alcune botteghe, disarmò molti cittadini e uccise Giuseppe De Luca ed Ignazio Lo Coco. Cresciuta di numero e di ardore, saccheggiò la casa e la farmacia del Ruffino, uccise Filippo De Luca, Giuseppe D'Angelo e Gioacchino Catalano; invase, col mentito pretesto di cercare il Gargotta, la villa del barone Francesco De Luca, e derubò le farmacie e le case d'Ignazio De Luca e di Giuseppe Caracciolo. Imbaldanzita dalle commesse ribalderie, ferì il giorno vegnente Vincenza Speciale, che fu salva a stento dai gendarmi; assalì alcune case e aggredì i coniugi Carmelo Benante e Lucia Campanella, due meschinelli che furono salvi dalla loro miseria e dalla propria innocenza (2).

Le ferocie descritte, che hanno afflitto assai l'animo nostro, che avranno scosso quello del lettore, sdegnarono, non a torto, le autorità primarie della Valle, le quali vollero però qualificarle come tumulti politici, e punirle quindi senz'alcuna forma di processo, senza testimonii, senza avvocati, senza difensori, senza leggi e senza coscienza. Il Luogotenente, ch'era uno strumento cieco in mano dei funzionarii che lo circondavano, elesse il 16 luglio alcuni Consigli di guerra per giudicare in modo subitaneo

(1) V. *Appendice*, documento n. 73.
(2) V. *Appendice*, documento n. 74.

gl'istigatori primi e capi delle rivolte. Il 18 il Comandante della Valle comunicò tale ordinanza al presidio di Palermo, e la notte del 20 partirono da questa il 7° di Linea Napoli, comandato dal colonnello Raffaele Del Giudice, il 6° Cacciatori, guidato da Roberto De Sauget, il 3° Cacciatori diretto dal cavaliere Gioacchino Ninì e l'8° reggimento Calabria, condotto da Orazio Atramblè. Giunte le truppe ai luoghi assegnati, convocarono le Commissioni militari, composte ciascuna di un presidente, di sette giudici, di un commissario del Re e di un cancelliere.

La Commissione di Misilmeri, formata del maggiore Domenico De Zelada, dei capitani Agostino Del Karte e Casimiro Drago, del primo tenente Francesco Nunziante, del secondo tenente Francesco Plunget, del secondo sergente Vincenzo Somellin, dei soldati Raffaele Rotondo e Vittorio Amedeo, del tenente commissario Cesare Schettini e del sergente cancelliere Antonino Sciarrone, riunitasi la prima volta il 22 luglio nella casa Cortegiani, posta nel largo della piazza, condannò, fra venti accusati, Giuseppe Vicari, Domenico Romano, Pietro Sciarrabba, Ciro Lipari, Giuseppe Megna, Antonio Megna, Giuseppe Gelfo, Giuseppe Palermo, Stefano Palermo e Antonino Carrino alla fucilazione da eseguirsi nel periodo di tre ore (1). Durante questo massacro, nel quale venne moschettato Antonio Megna, giovane quattordicenne, il Direttore generale di polizia faceva conoscere al Luogotenente che dalle notizie giunte sullo spirito pubblico dei comuni temevasi un nuovo colpo di mano contro i funzionari e contro i possidenti. A prevenire tanto danno proponeva la pubblicazione di un manifesto, il quale, mentre da un lato doveva illuminare coloro che di buona fede prestavano orecchio alla diceria del veleno, dall'altro doveva provvedere alla nomina d'una Commissione ed al modo di attuare nei comuni una forza civica per tenere in freno i malevoli (2).

---

(1) ..... V. *Appendice*, documenti citati.

(2) Archivio citato, Luogotenenza, Direzione generale di polizia, Gabinetto particolare, anno 1837, filza 235.

Nel Consiglio del 23 il Luogotenente approvava la pubblicazione del manifesto (1), e il 24 il Direttore generale di polizia
lo dava alle stampe nel modo seguente: " L'invasione del colera
disgraziatamente verificatasi in questa capitale, e successivamente
in alcuni altri comuni dell'Isola, come ancora il timore di potere
il male assalire altri paesi che tuttavia ne sono esenti, ha fatto
sorgere una calunniosa e maligna voce, che il morbo, lungi di
essere l'effetto di una naturale calamità, che ha da più anni afflitto non poche nazioni, sia piuttosto l'opera di un veleno che
scioccamente dicesi sparso nei diversi generi di vitto. La polizia,
persuasa che ciò derivava piuttosto dall'opera dei malintenzionati, che profittavano dall'ignoranza del volgo, onde giungere ai
loro pravi disegni, fu sollecita a pubblicare delle ordinanze e dei
manifesti diretti da una mano a smentire apertamente i fatti di-
vulgati della propinazione del veleno, e dall'altra a ricondurre
tal classe di persone al retto pensare, non essendosi lasciato nel
tempo stesso di minacciare le più severe pene contro coloro che
osato avessero di persistere in questa malignante condotta. La
capitale, come le altre nazioni estere, cominciando a sentire queste
false dicerie, fu spettatrice di momentanei falsi allarmi; ma la
polizia, vegliante più che mai al sacro oggetto della conservazione dell'ordine pubblico, tutti adoperò i mezzi per distruggere
siffatte voci, ed ha saputo energicamente riuscirvi, per cui il
popolo, testimone che il morbo ha indistintamente percosso e la
plebe, e civili, e i nobili di qualunque classe, senza risparmiare
neppure le famiglie distinte dei capi del Governo e le reali
truppe, ha dovuto convincersi che quanto disgraziatamente fra
noi è accaduto, è solamente l'opera del divino flagello, e che la
falsa credenza di un avvelenamento, lungi di servire ad una
precauzione contro la malattia, ne ha anzi esteso la maligna
influenza; essendone stati un gran numero colpiti pel terrore

_____

(1) Archivio citato. Lettera del Luogotenente al Direttore di Polizia, 24 luglio
1837, filza 235.

degli allarmi suscitati in conseguenza di quelle voci. Ora
che in questa capitale la divina clemenza ha disposto che
il male con rapido progresso diminuisca, talmentechè è sperabile fra poco vederlo affatto estinto; ora che il commercio si
è rianimato; ora che una certa ilarità comincia a spirare
nei volti di tutti, la Polizia con sommo cordoglio ha dovuto sentire che pochi e miserabili malintenzionati volessero
trar profitto dalla pubblica sventura, e, giovandosi dell'altrui
dabbenaggine e buona fede, hanno osato in varii Comuni di
questa Valle di spargere la solita voce di avvelenamento, e siansi
quindi in taluni di essi dati in preda ai più esecrandi misfatti
ed a sconvolgere la pubblica quiete. A rifare danni ulteriori ed
a prevenire inconvenienti siffatti nei Comuni ove saggiamente si
è con disprezzo intesa sì maligna fola, e si è saputo conservare l'ordine pubblico, il Direttore generale di polizia, previa la
superiore autorizzazione del Governo, ha provvisoriamente provveduto che nei Comuni di questa Valle una Commissione si sta-
bilisca, composta nei capi distretti del giudice, del capitan-
d'arme, del sindaco, del capo dei sorvegliatori e dell'arciprete,
e negli altri Comuni del giudice, del sindaco, del capo dei sorvegliatori e dell'arciprete, ed in quanto alle altre Valli che si
possa praticare lo stesso in quei Comuni nei quali l'Intendente
ne conoscerà necessario il bisogno. Queste Commissioni dovranno immantinente curare: 1° Che la forza dei sorvegliatori
tori d'interna sicurezza si metta col massimo impegno per la
conservazione dell'ordine pubblico unitamente alla forza dei ron-
deri. 2° Che nei casi di preciso bisogno si aumenti la forza pubblica, assoldando persone sulle quali possa contarsi, onde venga
rimosso qualunque inconveniente, di cui possa essere minacciata
la pubblica tranquillità. 3° Che la stessa Commissione non lasci
d'insinuare ai buoni cittadini, perchè coi loro modi e colla loro
influenza cooperassero al mantenimento della pubblica quiete. Che
si abbia tutta la sollecitudine di arrestare per misura di polizia
i promotori delle voci allarmanti, e tutti quelli che siansi resi

11

colpevoli di altri reati in questa congiuntura, per sottoporli ad un condegno rigore della giustizia. Le Commissioni in tal guisa stabilite, animate di vero zelo pel pubblico bene, cureranno con tutti gli sforzi di portare esatto adempimento alle succennate disposizioni, avendo nel tempo stesso il Governo già provveduto che colonne mobili di forza militare vadano a piombare in quei Comuni dove l'ordine pubblico è stato turbato, ed in quelli ancora ove dai malvagi si pensasse di volerlo alterare. Le colonne mobili sono già in marcia, e nella Comune di Misilmeri, dietro un Consiglio subitaneo di guerra, sono stati fucilati dieci malvagi che diedero luogo al disordine. Paventino i malintenzionati di attentare alla pubblica tranquillità, perchè lo stesso esempio avverrebbe celeremente sulle loro teste (1).„

E le teste, secondo i desiderii del Governo, cadevano a cento; avvegnachè le Commissioni militari, dando ascolto ai lamenti degli offesi, ai reclami passionati di proprietarii, alle denunzie prave dei perversi (i quali coglievano la presente occasione per isfogare vecchi rancori ed invendicati oltraggi), ed alla collera propria, arrestavano in massa gli abitanti che cadevano nelle loro mani, comunavano ad una sorte rei ed innocenti, e li sottoponevano tutti ad un severo giudizio, il quale non era equo, perchè non era sereno; non era coscienzioso, perchè era imponderato; non era legale, perchè cercasi invano la legalità là dove le corti ordinarie sono surrogate dai consigli di guerra, i carnefici dai soldati, le mannaje dai fucili, la giustizia dalla vendetta.

Questa passione, che non contempera la pena alla colpa, che opera per uno stimolo egoistico, non per un sentimento sereno di giustizia, che condanna per punire, non per correggere, fu la guida delle truppe spedite nella Valle. La Commissione di Misilmeri, protraendo le sue decisioni dal luglio all'ottobre, giudicava in dieci sentenze 156 accusati, dei quali condannava alla fucilazione, oltre ai caduti del 22 luglio, Paolo Badalamenti,

_____

(1) Archivio citato, stanza XIV, scaffale 2°, filza 235.

Pietro Sciarrabba di Gaspare, Giuseppo Ingoglia, Raffaele Cirrincione, Francesco Ferrara, Giuseppe Lo Gerfo e Calcedonio
Scafidi, che furono passati per le armi, i due primi il 26 luglio, il terzo il 7 agosto, il quarto il 6 settembre, il quinto ed
il sesto il 30 settembre ed il settimo il 24 ottobre.

Ai rigori della Commissione di Misilmeri, rispose quella di
Termini Imerese, composta del maggiore Antonino Danesi, dei
capitani Raffaele Flugy e Gennaro Idastia, del primo tenente
Giuseppe Petrelli, dei secondi tenenti Domenico Ciampa ed Ercole Ronchi, dell'alfiere Francesco Coscarella, del Commissario del
re Dionisio Ronchi e del primo sergente cancelliere Ferdinando De
Filippis. Costoro giudicarono il 29 luglio, il 5 ed il 14 agosto
48 persone, di cui Carmelo Basile, Gaetano Marcellino di
Agostino, Mariano Marcellino di Gaetano, Carmelo Teresi, Pietro Provenzale, Pietro Arrigo, Giuseppe Pirrone e Matteo Ser-
raino subirono la pena della fucilazione, che fu eseguita nei
giorni suindicati fra il terrore di quel capo distretto.

Mentre il 6° battaglione Cacciatori, comandato da Roberto De
Sauget, insanguinava il suolo di Termini, il colonnello Gioacchino
Ninì giungeva col 3° Cacciatori di Linea a Corleone, dove, as-
sistito dai militari Giosuè Guida, Gaetano Criscuolo, Luigi Piccinic-
ci, Giacinto Ritucci, Luigi Minervini, Gaetano Guccione e Raffaele
Salinas, condannava (il primo, il sei e il diciotto agosto ed il
sette e nove settembre), fra 67 accusati, dodici persone ai ferri e
Giuseppe Catinotto Moscoglione, Liborio Perricone, Simone Majone, Antonino Celauro, Biagio Listì Frattaglione di Antonino, Leoluca
Milone, Benedetto Glorietti Dimitri, Liborio Greco, Leoluca Trya,
Antonino Palazzo, Vincenzo Palumbo, Pasquale d'Auria, Vincenzo Grimaldi e Cosimo Notarbartolo, alla fucilazione, che fu
eseguita sulla pubblica piazza di Corleone fra lo stupore e lo
spavento d'una folla sgomentata.

Le esecuzioni capitali di Corleone, di Termini e di Misilmeri
avevano eccitata la ferocia dei soldati borbonici, pei quali era
somma prodezza incrudire contro popolazioni decimate dalle fame,

dal colera e dalla guerra fraterna. Il colonnello Orazio Atramblè, arrivato coll'8° Reggimento Calabria a Carini, arrestò quasi in massa la popolazione dell'Isola delle Femmine e di Capaci, ed istituì un Consiglio di guerra subitaneo, composto di Gennaro Salemi, Salvatore Pucci, Sigismondo Spedicati, Raffaele Santorelli, Leonardo Curione, Egidio Pucci, Nicola Carius, Filippo Palomba e Luigi Ponza De Leon. Questo Consiglio, sorpassando i limiti delle proprie attribuzioni, giudicò il 2 agosto 138 accusati fra assenti e presenti, condannandone 62 alla morte. L'Atramblè, lieto di sì mostruoso giudizio, ne die' subito avviso al Comandante generale della Valle, che, a sua volta, scrisse (3 agosto) al Luogotenente: " Il colonnello, Comandante l' 8° di Linea in Carini, con foglio di ieri ha fatto presente al Comandante di questa Valle quanto segue: " Ora che sono le 10 di sera, il Consiglio di Guerra subitaneo vien di sanzionare la sua finale sentenza, condannando alla pena capitale 62 individui, dei quali nove presenti e 53 assenti ed in contumacia. Questo laborioso ed importante giudizio presenta i risultamenti sommari che Ella leggerà al margine di questa mia. Il Commissario del Re si occupa subito della copia della sentenza, che io le rimetterò onde darle la pubblicità necessaria col mezzo della stampa. Dimani di buon' ora sarà eseguita la sentenza dei rei presenti in queste prigioni (1), ed io mi fo il dovere rassegnar tutto ciò all'E. V. per la sua superiore intelligenza, riserbandomi trasmetterle l'analoga sentenza, tostochè mi perverrà (2). ,

Questa comunicazione sorprese i funzionari della Luogotenenza, onde il 5 agosto il principe di Campofranco scriveva al

---

(1) Essi erano: Erasmo Cardinale dell' Isola delle Femmine, Francesco Rizzo, Antonino Riccobuono. Giuseppe Macaluso, Erasmo Riccobuono ed Erasmo Giannone di Capaci, e Giovan Battista Di Marco, Salvatore Milano e Giacomo Guglia di Palermo.

(2) Comando generale delle armi in Sicilia, sezione 3ª, N. 1462, Palermo, 3 agosto 1837 — Archivio citato. Grazia e Giustizia, penale, anno 1837, filza 3465.

generale Tschudy : " Rispondo al suo rapporto dei 3 di questo mese, N. 1462, col quale è venuto a darmi la notizia della
sentenza pronunziata dal Consiglio di Guerra subitaneo convocato in Carini a carico di quei sediziosi; mi è d' uopo manife-
starle che il numero dei sessantadue condannati a morte fa dubitare che quel Consiglio di Guerra non abbia debitamente appresi i confini della sua giurisdizione, che riguarda unicamente
gl' istigatori primi e i capi della rivolta. Sarà utile dunque che
Ella gli comunichi la soluzione che già si è data al dubbio proposto dal Consiglio di Guerra di Misilmeri (1). „

Intanto gli arbitrii di giurisdizione e la irregolarità dei
giudizi si ripetevano in tutti i Consigli di Guerra, per la qual
cosa il Commendatore Vecchione, Direttore del Ripartimento di
Grazia e Giustizia, spedì il 10 agosto al Luogotenente il seguente
rapporto : " Io debbo richiamare l'attenzione di V. E. su di un
oggetto che interessa i principî della giustizia. — Allorchè il
Comandante Generale delle armi, con suo rapporto del 3 corrente, diede conto della sentenza pronunziata dal Consiglio di
Guerra subitaneo convocato in Carini, con la condanna di 62
individui alla pena di morte, recò sorpresa una tale decisione;
e V. E. aderì che si facesse avvertire al Consiglio suddetto
come un tal numero di condannati alla pena capitale facea supporre di non aver esso appresi i confini della sua giurisdizione,
limitata pei soli capi e primi istigatori delle rivolte, e gli si fece
anche conoscere la soluzione di un dubbio proposto dal Consiglio di Guerra in Misilmeri. Frattanto altra domanda fatta da
taluno dei consigli medesimi, e di cui darò ora conto a V. E.
conferma la idea che non abbiano essi ancora conoscenza piena
di loro facoltà; e gli inconvenienti che potrebbero ricadere, scon-
finando quelli dai limiti delle loro incumbenze, rende necessarie
delle misure e dei provvedimenti, per mettere in regola o e-

---

(1) Ministero e Real Segreteria di Stato presso il Luogotenente generale,
Ripartimento di Grazia e Giustizia. ramo penale , Palermo, 5 agosto 1837, filza 3465.

mendare, secondo le circostanze, un tal servizio.—La condanna
di morte data ed eseguita in Carini contro i nove colpevoli che
eran presenti, potea essere ben regolare ed analoga a quanto
se ne dice nel capitolo IX dello Statuto militare, ove si tratta
della procedura subitanea, pei reati che esigono un pronto e-
sempio, e possono da vicino interessare la sicurezza delle truppe;
ma per quel che riguarda gli assenti, nè lo scopo di un pronto
esempio si aveva, nè si apriva il campo a giudici in contumacia, i quali sono ignoti alla procedura subitanea. Del resto, se
il Consiglio di Guerra avesse avuto sotto gli occhi il capitolo VIII
dello Statuto stesso, che pei Consigli di guerra ordinari fissa il
procedimento contro gli assenti, avrebbe riconosciuto le regole
da tenersi per costoro; nè avrebbe lanciato una condanna di
morte non ammessa dalla legge, senza le formalità prescritte
ed alla quale il Consiglio non era facoltato. —Che i Consigli di
Guerra non siansi data la pena di consultare le sanzioni sovrane, che fissano le attribuzioni loro, si è rilevato ancora da una
richiesta fatta di darsi dal Governo i difensori agl' incolpati:
mentre su di ciò si è dovuto, in riscontro, far avvertire che lo
stesso Statuto dà ai presidenti dei Consigli stessi la facoltà di scegliere tali difensori o tra i militari o tra i legali. — Una condanna, dunque. irregolare ed incapace di effetto è stata profferita dal Consiglio subitaneo di Carini a carico di 53 individui
assenti; e se questo passo non vien corretto, chi sa quanti disordini simili verranno a commettersi? È d'uopo quindi che la
sentenza del Consiglio di Guerra subitaneo convocato in Carini
come profferita con eccesso di potere, venga annullata per la
parte che riguarda i contumaci, dovendosi per costoro osservare
la procedura dalla legge prescritta, e pei casi da venire conviene indicare ai Consigli medesimi gli stessi limiti della giurisdizione loro; rimanendo a giudicarsi dalla Commissione militare tutti quelli che non sono stati istigatori primi e capi di rivolta (1).

(1) Ministero e Real Segreteria di Stato presso il Luogotenente generale,
Ripartimento di Grazia e Giustizia, carico penale, Palermo, 10 agosto 1837 —
Archivio citato, filza 3465.

Il Luogotenente, approvando le proposte del **Commendatore Vecchione**, nel Consiglio degli undici agosto dispose che la decisione per gli assenti di Carini non avesse effetto, e che si facesse di ciò rapporto al Re, perchè si degnasse ordinare che gli imputati assenti, nel presentarsi o nell'essere arrestati, fossero giudicati dalla Commissione militare della Valle (1). Il 17 agosto fu spedito a Napoli il deliberato, ed il **13 settembre Antonio Franco, Ministro Segretario di Stato per gli affari di Sicilia**, rispondeva al Luogotenente che avendo rassegnato il rapporto del 17 Agosto a S. M., questa aveva ordinato che i contumaci di Carini, nel presentarsi o nell'essere arrestati, fossero giudicati dalla Commissione militare della Valle col procedimento regolare, e continuando assenti, col giudizio contumaciale, salvo il caso del fuorbando, laddove avesse luogo *(2)*. Ma il Consiglio di Guerra di Carini, non tenne conto della decisione del Luogotenente, e avuti nelle sue mani **Antonino Crivelli e Pietro De Majo**, segnati rispettivamente ai numeri due e nove dei cinquantatre contumaci condannati il due agosto, invece di rimetterli, come era suo debito, alla Commissione militare di Palermo, li condannò entrambi (1° settembre) alla pena di morte da espiarsi nel Comune di Capaci (3).

La severità dei Consigli di Guerra, le continue esecuzioni capitali e gli arresti numerosi in questo o quel paese spaventarono anche molti di coloro che non avevano preso parte essenziale ai tumulti dello scorso luglio; onde popolarono le campagne di un numero straordinario di latitanti, che, non avendo sempre i mezzi di sussistenza, cercavano di procurarseli colla forza. Siffatta condizione di cose, che rendeva non sicure le proprietà, mosse il Direttore generale di polizia a scrivere quanto segue al Luogotenente del Re: " Essendo ora profughi la maggior parte degl'in-

---

(1) Archivio di Stato, filza citata.

(2) Ministero e Real Segreteria di Stato per gli affari di Sicilia, 2º carico, Grazia e Giustizia, n. 853, — Archivio citato, filza 3465.

(3) Archivio di Stato, Luogotenenza, Direzione generale di polizia, filza 235.

dividui imputati delle sommosse popolari avvenute nello scorso
luglio, e cominciando a sentirsi che alcuni di essi, inseguiti fortemente dalla forza pubblica, si riuniscono già in comitive armate, e compromettono la sicurezza delle campagne; interessa
alla giustizia ed alla pubblica quiete che si adotti un provvedimento atto ad impedire così gravi inconvenienti, a diminuirne
quanto più si possa i progressi. Io crederei quindi a proposito
che si pubblicasse un avviso in cui si facesse noto che qualunque
degli anzidetti imputati, il quale si presentasse spontaneamente
alle forze della giustizia, non sarà sottoposto al giudizio dei Consigli di Guerra subitanei; ma sarà rimesso bensì a disposizione
delle autorità competenti e fatto per conseguenza capace di usu-
fruire del beneficio conceduto agl'imputati di misfatto speciale
dall'articolo 437 delle leggi di procedura nei giudizi speciali. Questa pubblicazione parmi dovesse riuscire molto opportuna nell'attuale stato di cose, tanto perchè fra i sudetti profughi non pochi
ve ne ha che, quantunque persuasi di poter trovare una scusa
alla loro condotta per la falsa credenza dei propinati veleni, temono tuttavia di arrendersi alla giustizia per gli esempii già avu-
tisi della severità dei Consigli subitanei di guerra, quanto perchè
tutti gli altri che si conoscono colpevoli di gravi misfatti, potrebbero facilmente essere indotti ad una spontanea presentazione del
beneficio sopradetto della legge. Sarà pertanto della superiore saviezza dell'E. V. il voler quello che crede più conveniente in questo particolare(1)„.—Il Luogotenente accordò al Direttore generale
di polizia la chiesta autorizzazione, e questi pubblicò subito la seguente ordinanza: " Previo ordine superiore, il Direttore generale
di polizia fa noto che qualunque degl'individui attualmente profughi per aver preso parte alle sommosse popolari avvenute nello
scorso luglio in varii Comuni della Valle di Palermo, si presentasse
spontaneamente in carcere, non sarà sottoposto ai Consigli di
guerra subitanei; ma rimesso bensì a disposizione dei magistrati
competenti, e ciò oltre il beneficio conceduto in questo caso dal-

(1) Archivio citato.

l' articolo 437 delle leggi di procedura nei giudizi penali, che è concepito nei seguenti termini : Per ogni imputato di misfatto speciale, che siasi presentato spontaneamente in prigione, verrà, in caso di condanna a morte, sospesa la esecuzione, e se ne farà rapporto al Ministero di Grazia e Giustizia (1) „.—Non ostante siffatti temperamenti, che avevano lo scopo di mitigare il soverchio rigore dei Consigli di guerra, questi continuavano imperturbati il loro massacro giudiziario. Il Consiglio di Bagheria, formato di Gaetano Franchini, Giovan-Battista Cardini, Nicola Ayer, Pietro Virgilio, Giovan–Battista Mori, Domenico Lecca, Luigi Tipaldi, Giovanni Costada, Demetrio Andruzzi e Ladislao Liusi, tutti del 9° di linea Puglia, sottoponeva al suo giudizio 66 accusati (2), ne condannava cinque alla morte (3), e rimetteva gli altri alla Commissione militare di Palermo (4). Il Consiglio di Marineo, che aveva la sua ordinaria residenza nella vicina Misllmeri, arrestò 118 individui, moschettò Ignazio Calderone, Mario Maccarrone, Giuseppe Daidone, Giacomo Spinelli, Antonino Di Peri, Ciro e Salvatore Trentacoste e Salvatore Ranieri, e rimandò gli altri alla Commissione permanente della Valle. Il tenente colonnello Gioacchino Ninì, arrivato col 3° battaglione a Prizzi, fucilò Nicola e Gaetano Pecoraro, Pasquale Patronaggio, Vincenzo Sparacio, Castrenzio Scoma, Giorgio Raimondo La Cira, Giuseppe Marretta e Giuseppe Sparacio Pignatelli. L' indomani cadevano sotto il piombo regio a Villagrazia Giuseppe Bruschetti e Benedetto e Giovanni Lo Biundo, e poco appresso subivano la stessa sorte a Villabate Gaetano Scaduto, Michele Alaimo, Antonino Lazzaro, Stefano Miano, Salvatore Russo, Benedetto D' Amico, Gaetano Spina e Giuseppe Pisciotta (5). E quasi non bastasse

---

(1) Ibid.

(2) Otto, cioè : Giorgio e Luigi Caltagirone, Antonino Lo Galbo, Cosimo Incalsela, Bartolomeo La Corte, Carmelo Ficano, Antonino Lo Medico e Leonardo Montano, morirono durante il giudizio di colera.

(3) Cioè : Giuseppe La Corte, Ciro Spanò, Antonino Paladino, Giacomo Gargano e Francesco Mineo.

(4) V. Appendice, documenti citati.

(5) V. Appendice, documenti citati.

12

tanta carneficina a incutere un esagerato terrore nelle attonite popolazioni, fu, per ordine giunto da Napoli, stabilita una taglia su
149 latitanti (1), e si ordinò un'ampia istruzione su tutti gli
avvenimenti della Valle. A tal uopo il Direttore del ripartimento di Grazia e Giustizia scriveva al Luogotenente : " Sarebbe superfluo ch'io descrivessi all'E. V. le sommosse e le a-
trocità che in parecchi luoghi hanno posto il colmo alla calamità
del morbo micidiale. I primi provvedimenti che il morbo ha sug-
gerito, sono stati diretti a reprimere gli eccessi di gente sangui-
naria ed a ripristinare la pubblica disciplina : ed utilissima è
stata per questo intento la forza militare spedita in varii punti,
ed i pronti giudizi dei Consigli di guerra subitanei. Ma le operazioni militari e la prestezza di tali giudizi non sono stati efficaci, fuorchè a sedare le turbolenze, e a dar pronto esempio di rigore nei delinquenti che sono stati arrestati. Intanto rimangono
tuttora liberi e si tengono armati in contegno minaccioso tanti
altri, i quali, come si dice, sono i più tristi ribaldi; e finora non si
sono accertati i loro nomi e il loro operato. La causa palese di
sì gravi eccessi è stata l'opinione di un procurato avvelenamento ; ma son però da verificarsi *le occulte intenzioni dei capi-
delle sommosse, le occulte macchinazioni, le segrete corrispondenze e
le intraprese rimaste vuote di effetto.* E poichè le aperte ostilità contro i pubblici funzionarii e la gendarmeria reale fanno dubitare
di *qualche reo disegno contro l'autorità del governo,* anche in questo aspetto si rende necessario di chiarire la verità. Or per diluci-
dare questo complesso di fatti, non si offre altro mezzo fuorchè
un'ampia istruzione, la quale con unità di mire raccolga insieme
le prove di ciò che si è macchinato, e che è occorso in diversi
paesi di questa Valle. Sopra le esposte cose mi è sembrato di dover richiamare la considerazione di V. E. „ (2).

Il Luogotenente, secondando la proposta del Direttore di Gra-

(1) Appendice, documento n. 75.
(2) Ministero e Real Segretario di Stato presso il Luogotenente Generale
nei Reali Dominii al di là del Faro, Ripartimento di Grazia e Giustizia, filza 3465.

zia e Giustizia, ordinò che uno dei giudici istruttori di Palermo
si recasse nella Valle a raccogliere le prove a carico di tutti gli
autori e complici delle rivolte, e che avesse la facoltà di commettere ai giudici di circondario parte della istruzione (1). Fu comunicato quest'ordine al Comandante delle armi ed al Procuratore generale, il quale, udito il parere della Gran Corte, incaricò l'istruttore Giuseppe Filippone di recarsi sul luogo delle
sommosse (2). Il Filippone, prima di lasciar Palermo, diresse una
circolare alle autorità dei comuni, e scrisse al Procuratore generale che, essendogli nati gravissimi dubbii intorno alla sua competenza a procedere contro i rivoltosi, si permetteva rassegnare
le seguenti osservazioni: " Sino all'undici luglio 1837, diceva, la
competenza pei crimini contro l'interna sicurezza dello Stato si
era attribuita alle Supreme Commissioni pei reati di Stato colle
forme prescritte nel regolamento del 1826, e rispetto alla flagranza alle Commissioni militari, colle forme del giudizio subitaneo. Così è chiarissimo che pei reati compresi nella ministeriale che provoca la mia destinazione, non versandosi in termini
di flagranza, la istruttoria rientrerebbe nella facoltà di ogni officiale di polizia giudiziaria, e perciò sarebbe mio debito di ese-
guirla ai termini dell'articolo 1º e 7º del regolamento dei 24
maggio 1826. Però le ultime circostanze e lo impero dei tempi
determinarono il nostro Augusto Monarca ad innovare lo Stato
della legislazione per questa parte dei reati. L'undici luglio furono nominati i componenti di una Commissione militare permanente nel Real Forte di Castellammare, e si attribuì ai medesimi la competenza di procedere contro i reati preveduti dagli
articoli 120 a 146 delle leggi penali. Il 6 agosto ultimo poi fu
emanato un decreto in cui è detto che lo spargimento di sostanze
velenose, ovvero la vociferazione che si sparga veleno, diretto
l'uno e l'altro dal disegno di turbare l'interna sicurezza dello

(1) Ibid.

(2) V. Procura Generale del Re presso la Gran Corte civile, Ripartimento penale, n. 4625 — Archivio citato, anno 1837, filza 3465.

Stato, saranno reati di competenza delle Commissioni militari, le quali verranno convocate e procederanno ai termini del decreto dei 6 marzo 1834. Infatti per alcuni avvenimenti la Commissione militare sta procedendo, riceve delle prove e decide. Ora come mai sarà possibile che io per questi stessi reati mi accinga ad una completa istruzione? Dovrei richiamare le carte pendenti innanzi la Commissione. Ma essa vorrà mandarmele? Non intendo per questo scemare il lavoro che mi si è voluto addossare, nè in menoma parte ritardare la esecuzione degli ordini superiori; amo solo avere una certa norma per sapere guidare i miei passi, e perchè ciecamente ubbidisca a quanto mi verrà prescritto. Nel caso che si ritengano inopportuni questi miei dubbii, prego lei, signor Procuratore Generale, di dirmi se la istruttoria di cui dovrò occuparmi, dovrà redigersi nel senso dell'articolo 7 del regolamento del 24 maggio 1826, cioè se i testimonii dovranno riceversi sotto la santità del giuramento. Parimenti la prego fare ordinare alle Commissioni militari che mi si rimettano le carte presso loro esistenti, sulle quali basi potrò io cominciare il lavoro. Avendo infine osservato che varii imputati si mettono di giorno in giorno dalla Polizia in prigione a nome mio, mentre io ignoro le imputazioni che loro si addebitano, prego interessare il Direttore Generale di polizia a favorirmi tutte le notizie necessarie alla indicazione delle prove a raccogliersi e delle carte che li riguardano (1). „

Il 15 settembre il Procuratore Generale comunicò la lettera del Filippone al Luogotenente, e questi il 2 ottobre risposegli che il giudizio dei Consigli subitanei aveva riguardato ciascun fatto isolatamente, e non già i fini, le macchinazioni e le cooperazioni dei rivoltosi; che il Filippone doveva raccogliere, non ciò che era stato accertato e giudicato dai Tribunali militari, ma le prove che agli stessi fossero sfuggite; laonde, conchiudeva, non occorre

---

(1) Procura generale del Re presso la Gran Corte Civile, Ripartimento penale, n. 4625, filza 3465.

scostarsi dalle ordinarie forme istruttorie, nè v'è bisogno di richiamare gli atti dei Tribunali militari (1). Il Filippone, non avendo in
suo potere elementi per conoscere le prove che i Tribunali militari avevano acquistate, nè le tracce che avrebbe dovuto seguire
per dare un corso regolare all'istruttoria, replicò chiedendo i
processi discussi dalle Commissioui militari, dai quali poteva facilmente conoscere quali prove in ogni comune si erano raccolte,
quali vi si potevano raccogliere, su quali persone era caduta sentenza, e su quali altre restava ad inquisire (2). Gli fu risposto: "A-
dempia prima l'istruttore le sue proprie indagini; appresso, ove
se ne offra il bisogno, potranno richiamarsi gli atti dai Tribunali
militari ». Il giudice, ossequente agli ordini superiori, partì, visitò
la Valle, ordinò arresti, interrogò testimonii, ascoltò querele, re-
criminazioni e calunnie, ed apprestò così nuova materia alla
Commissione militare di Palermo, la quale, secondando gli ordini
arrivati da Napoli, le velleità della Luogotenenza, gl'incitamenti
della Polizia, i comandi del generale Tschudy e le aspirazioni proprie, popolò le isole, le carceri e gli ergastoli d'innocenti e di
perversi, che finirono i loro giorni a Nisida e a Favignana,
covi infami della tirannide.

La Valle minore di Palermo, sparsa di ville, di borghi e di
popolosi comuni, ebbe in breve tempo 40,642 morti di colera (3),
650 accusati di ribellione, 80 vittime del furore plebeo, 140 condanne di morte, 90 esecuzioni capitali, incendii, devastazioni e saccheggi innumerevoli. — Quanti delitti, quante violenze, quante ingiustizie non si commisero in questa contrada in nome del sospetto,
del diritto offeso e della vendetta sociale? Quante teste innocenti
non caddero nella ribellione insana d'una plebe senza freno,
nella repressione immane d'una soldatesca feroce, nelle vendette

(1) Grazia e Giustizia, carico Penale n. 1477, filza 3465.
(2) Procura generale del Re presso la Gran Corte Civile, Ripartimento penale, n. 4366, filza 3465.
(3) V. Appendice, documento n. 76.

postume d'un monarca irato? Di chi la colpa? Della plebe e
del Governo. La plebe, lasciata nell'ignoranza, cresciuta nel-
l'abiezione, eccitata dall'invidia e dalla diffidenza, colpita da
un morbo di cui non sapeva darsi ragione, avvezza a vedere
nelle classi dirigenti i suoi oppressori, si levò furibonda contro di esse, e, profittando del generale sbalordimento, perpetrò
efferatezze infami. Il Governo, quest'ente collettivo che il
dispotismo identifica nella persona indiscussa del principe,
conoscendo le macchinazioni dei patrioti, volle vedere una rivolta politica, là dove non era che tumulto scomposto di plebe; volle, cogliendo la presente occasione, vendicarsi orribilmente delle insanie plebee, dei liberali e dell'Isola tutta, dan-
dola dal luglio all'ottobre in balìa del vandalo della terra di
Bosco, il quale, come vedremo, ripetè a Siracusa ed a Catania le scelleraggini di Cetola, di Abatemarco e di Rocca Gloriosa.

CAPITOLO V.

SOMMARIO — Stato di Messina — Agitazione dei popolani — Rapporto del commissario di polizia
Ferdinando Salpietra all'Intendente della Valle — Rapporto dell'Intendente al Luogotenente generale in Palermo — Improvvida misura del Magistrato di Salute — Cartelli sediziosi del popolo — Provvedimento del Governo centrale — Sgomento, querele e minacce dei Messinesi —
Arrivo del pachetto S. Antonio — Tumulto del 12 luglio — Inerzia della forza pubblica — Organizzazione delle ronde dei civili e dei possidenti — Manifesto dell'Intendente — Sue paure —
Suo nuovo rapporto al Luogotenente — Sua risposta al Procuratore Generale della Valle — Speranze dei patrioti — Indirizzo del Senato di Messina al Re — Risposta del Ministro Segretario
di Stato per gli affari di Sicilia — Replica del Senato.

I pregiudizi ed i sospetti che avevano agitato la Valle di Palermo, agitarono altresì quelle di Messina, di Catania e di Siracusa, dove i subugli ebbero un'indole, uno scopo ed un'importanza
speciale. Messina, città commerciante e marinara, trovavasi, a causa
delle contumacie, senza vita, senza lavoro, senza quello scambio
di prodotti che assicura la ricchezza economica dei paesi che vivono di traffico. I sensali, i calafati, i bardotti, tutto quell'insieme di persone insomma che vive quotidianamente col mare,

stava inoperoso lungo la marina, s'accalcava sulle vie e s'attruppava qua e là sulle piazze proferendo lamenti, querele e voci cupe di vendetta. Intanto la polizia vegliava. Il Commissario Ferdinando Salpietra il 23 giugno scriveva al marchese della Cerda, intendente della Valle, essere lo spirito pubblico di Messina molto agitato, circolare colà la nuova d'essersi distribuite in Palermo grosse somme agl'indigenti, d'essersi fatto altrettanto in Catania, e di non essersi invece fatto nulla in Messina, dove le fabbriche eran chiuse, il commercio spento, gli operai senza lavoro, la plebe senza mezzi di sussistenza e l'annona rincarata di molto. A prevenire pertanto sinistri avvenimenti proponeva d'indagare in tutti gli angoli della città, mediante persone di sua fiducia, ciò che vi si pensasse o facesse; d'accrescere provvisoriamente il numero dei rondieri, assegnando ai medesimi una mercede a spese del Comune, di rinforzare la scorta del Commissariato, di tenere sotto le armi una forza imponente, d'arrestare, per misure di polizia, le persone sospette, e d'invigilare segretamente i patrioti (1).

L'Intendente, non appena ebbe questa comunicazione, scrisse al Direttore generale di polizia in Palermo: " Questo Commissario, in punto che parte la posta, mi ha fatto il rapporto che ho la premura di acchiuderle in copia. In esso tratta dell'attuale stato dello spirito pubblico di questa città, e propone alcuni provvedimenti e l'impiego di certi esploratori di cui manda la nota. Parte delle cause che accenna non sono lontane dal vero, e qualche cosa io ho fatto conoscere a V. S. con precedenti miei ufficii sulla presente situazione del commercio, principale sostegno di Messina. Lo stato attuale delle cose potrebbe, non vi è dubbio, degenerare; ma in questo istante non vedo dei fatti che potessero far temere di perturbamento. Non lascio intanto di dare tutti quei provvedimenti che sono in mio potere, ed ho scritto al

---

(1) *Archivio* citato, Direzione generale di Polizia, Gabinetto particolare, n. 111. anno 1837, filza 235.

Commissario por adibire altri rondieri straordinari e degli esploratori, in cui si possa avere fiducia, giacchè la maggior parte
delle persone che si leggono nella nota compresa nel suo rapporto, sono le più diffamate e facinorose del paese, e meriterob-
bero di essere sorvegliate, anzichè sorvegliare. Ho richiesto ancora al Commissario il notamento delle persone sospette, onde
vedersi ciò che convenga di fare (1). „

Un'improvvida misura del Magistrato di Salute, che aveva
ammesso in contumacia la *speronara* di Carmelo La Camera, proveniente da Palermo, crebbe i sospetti e lo sdegno del popolo.
La mattina del quattro luglio si trovarono infatti sulle cantonate
di Messina alcuni violenti cartelli, i quali dicevano : " Messinesi!
Ecco il frutto di tanti sudori sparsi sulle spiagge sicane! Quante
notti avete vegliato, quanto freddo avete sofferto per inibire al
colera asiatico d'introdursi in questa nostra patria ? Ma tante
fatiche non sono valse a nulla, giacchè i nostri magistrati, per
timore di perdere gl'impieghi, vendono la loro carica, vendono
cioè l'onore, la patria, la città e i figli! Ma ciò non costerà loro
poco. In Palermo siede il Teatro della Morte, e presto sarà condotto pomposamente in Messina. Miseri noi! Dopo d'averci tolto
tutti i diritti, dopo d'averci fatto schiavi e venduti come Negri,
ci tolgono anche l'unico avanzo, il dolce lume della vita. Ma
pria, pria di rimanere freddi cadaveri, ci vendicheremo, e guste-
remo il sangue di chi è la cagione di tanto danno — Messinesi!
Messinesi! gridate vendetta contro gli oppressori della vostra
patria e della vostra vita — Intendente di Messina, quali funeste conseguenze produrrà la tua condotta? Scellerato! Una pistola laverà col tuo sangue il delitto! Messinesi, che aspettiamo
più per uccidere chi uccide l'onore, la patria, la vita, i figli, gli
amici ? Sì, cadan, e con essi cada l'ignominia e la viltà che di
ferree cifre si leggono sulla nostra fronte. Moran, e con la loro

---

(1) *Archivio* citato, Polizia, Gabinetto particolare, anno 1837, filza 285.

morte, se libertà non conserviamo, vita e pace ci resti (1). ,

Tale era l'esasperazione dei Messinesi, quando un inconsulto provvedimento del Governo affrettò lo scoppio dei minacciati disordini. Il Consiglio ordinario di Stato del tre luglio, presieduto da Ferdinando II, ordinò, dopo avere esaminato i rapporti del Luogotenente generale dell'Isola, che fossero libere le comunicazioni tra Napoli e la capitale della Sicilia, che le provenienze di qua del Faro ricevessero al di là dello stesso il trattamento imposto alle provenienze di Palermo, e che il vestiario dei militari, che non s'era ancora potuto inviare a Palermo ed a Messina, fosse spedito nella prima colla Partenope e nella seconda col S. Antonio (2). Il Ministro Segretario di Stato per gli affari di Sicilia inviò tosto il sovrano rescritto al Luogotenente, e questi lo comunicò subito ai sindaci, agli intendenti, ai comandanti militari ed alle deputazioni sanitarie delle Valli. La notizia fu ricevuta in Messina con sorpresa e sgomento. I cittadini più temperati dicevano che il Governo pareva volesse esporre il loro paese, rimasto sino allora non tocco dal morbo, al pericolo d'un immediato contagio; i popolani aggiungevano addirittura che il Re voleva ad ogni modo avvelenarli; i patrioti confermavano con mezze parole la strana credenza, e gl'ignoranti ed i malvagi la divulgavano ai quattro angoli della città, la quale aspettava con ansia la venuta del S. Antonio. All'alba del dodici luglio giunse esso nel porto di Messina. Al suo arrivo le abitazioni erano chiuse, le vie deserte, i posti di guardia indifesi e la polizia nelle caserme. Un'ora dopo, saputosi l'arrivo del pacchetto, il popolo, sbucato da tutte le vie, corse numeroso alla Marina levando forti rumori. I primi della folla, incalzati da un'onda crescente, irruppero nell'ufficio di polizia marittima,

---

(1) Direzione generale di polizia, Gabinetto particolare, n. 1164, filza 235.

(2) V. *Giornale dell'Intendenza di Palermo*, anno 1837, n. 229, pag. 133 e segg.

in quello della Commissione sanitaria, e chiesero ai deputati Bottaro e Roccalumera lo sfratto del legno. I due mal capitati, osservata l'attitudine della folla, scesero in fretta nella lancia sanitaria, presero il largo, vogarono da prima alla volta del S. Antonio, e diressero poscia la prora all'arsenale. Una parte della gente rimasta sul Molo, corse allora vociando all'abitazione dell'Intendente, il quale le promise che avrebbe dato tutte le disposizioni per lo sfratto del legno. Malgrado ciò, la folla rimasta lungo la Marina distrusse l'Ufficio sanitario, ne buttò in mare la mobilia, le carte, i registri ed ogni altro oggetto; spezzò lo stemma della polizia marittima e ferì gravemente alla testa l'ispettore Laviosa, che trovò scampo nella cittadella. Indi assalì i corpi di guardia della dogana, disarmò i doganieri, staccò la bandiera reale dall'ufficio sanitario, vi attaccò un'immagine, e corse a legarla ad una delle colonne esteriori della cattedrale, gridando: *Viva la Madonna della Lettera! Morte al deputato Bottaro e al duca della Verdura!* (1).

Durante il trambusto, il presidio restò inerte, la Polizia non intervenne, il commissario Salpietra scomparve e l'Intendente non si mosse dal suo palazzo; fu visto soltanto il generale Carafa di Noja andar per le vie raffrenando le ire, pregando e promettendo di soddisfare i desideri del popolo (2). Quando fu stabilita un po' di calma, si riunirono nell'abitazione del Carafa il procuratore generale Giovanni Cassisi e l'intendete Marchese della Cerda. Avendo però il generale dichiarato che la truppa era appena sufficiente a custodire la cittadella, i bagni e le pri-

---

(1) Archivio citato, Direzione generale di polizia, Gabinetto particolare, letterra del Marchese della Cerda al Duca di Cumia, Messina, 13 luglio 1837, filza 235, — Ripartimento di Grazia e Giustizia, penale, lettera del Procuratore generale Giovanni Cassisi al Luogotenente generale, Messina, 13 luglio 1837, filza 8458. (V. Appendice, documento n. 77.)

(2) V. GEMELLI, *Storia della Siciliana rivoluzione del 1848-49*, vol. I, pagina 128, Bologna, Fava e Garagnani, 1867.

gioni, decisero di organizzare alcune ronde di civili e di possidenti; divisero la città in quartieri, nominarono i capi e le
guardie di ciascun quartiere, invitarono il principe della Mola
ad assumere la direzione del servizio, aumentarono la forza alle
prigioni, e pubblicarono, a nome dell'Intendente, un manifesto,
col quale questi faceva conoscere l'attivazione della nuova forza e
ordinava lo scioglimento delle riunioni e la restituzione delle
armi tolte alla dogana (1). Messe in attività le pattuglie, la plebe
si dileguò, l'ordine pubblico fu ristabilito, e la notte scorse senza
alcun incidente. La dimane però la gente si attruppava di nuovo
qua e là; ma la fermezza delle pattuglie impedì ogni disordine. Sull'imbrunire dello stesso giorno corse voce che i detenuti avrebbero, durante la prossima notte, tentata un'evasione.
Fu ordinato allora il trasporto e la ricezione dei condannati
più importanti nella cittadella; il che venne subito eseguito
dalla gendarmeria (2). Intanto il marchese della Cerda me-
ditava d'assicurare alla giustizia i capi e correi della sommossa;
ma avendo la Polizia perduto la sua forza morale, ed il generale Carafa dichiarato che il presidio non era sufficiente ad assicurare l'ordine, sospese ogni procedimento, e scrisse al Luogotenente generale in Palermo che la misura di affidare la tranquillità pubblica ai civili ed ai possidenti era stata emessa per non e-
sporre a gravi danni la vita e le sostanze di molti, che l'avvenire, a suo credere, presentavasi assai fosco, perchè se il colèra si
manifestasse per avventura in quella Valle, l'ordine sociale sarebbe di certo interamente sconvolto, e i possidenti sarebbero sopraffatti dalla plebe, essendo la forza militare di Messina come
se non esistesse (3). Interrogato più tardi dal Cassisi se poteasi

(1) V. *Rapporto* citato.
(2) Ibidem.
(3) Archivio citato—Lettera dell'Intendente di Messina al Procuratore generale presso la Gran Corte civile della medesima, riservata, 17 luglio 1837,
filza 235.

dar principio all'istruzione del processo a carico dei rivoltosi, gli rispondeva : " Riscontro al pregevolissimo foglio di V. S., e le dico che non credo di essere ancora il momento di provvedersi all'istruzione del processo per gli avvenimenti del giorno 12, a motivo che ogni menoma novità potrebbe attualmente compromettere la tranquillità pubblica, e non si hanno mezzi per provvedervi; perchè forza il generale Comandante la Valle , come Ella sa, non vuole darne, ed anzi dichiarò innanzi a noi che in caso di ogni sinistro si chiuderebbe coi militari nella cittadella (1). „

Queste notizie, quantunque riservatissime, circolavano per tutta Messina, onde scoraggiavano la parte borbonica e ringagliardivano invece le speranze dei liberali, che avrebbero voluto trarre profitto dalla presente debolezza; ma non avendo essi nè un capo, nè un disegno determinato, si lasciarono sopraffare dalla parte avversa , rappresentata dal Senato della Città, che s'affrettò a spedire in Napoli un indirizzo terminante così : " Il Senato di questa vostra Città, dolente di tanto occorso, vivamente scongiura la Maestà Vostra a voler essere generosa verso quei pochi idioti, i quali non sapevano ciò che facessero nel volere palesare il loro voto ch'era quello di tutti, cioè di tutelare e difendere la vita e le sostanze di questa parte dei vostri amatissimi sudditi da un desolante flagello, che sventuratamente ha invaso e fa orribile strage delle due primarie città dei Vostri Reali Dominii. Conservi Iddio la preziosa salute della M. V. e

(1) Il Cassisi aveva poco innanzi scritto al Luogotenente : " Il mio primo dovere sarebbe stato di ordinare la istruzione di processi, e l'arresto degl'imputati; ma avendo conferito coll'Intendente, questi mi mostrò il pericolo, a cui avrebbe nuovamente esposta la tranquillità pubblica , se tutti coloro ch' ebbero parte ai disordini, concepissero il timore di essere arrestati. Nella presente condizione della città , la sicurezza pubblica dipende interamente dalla forza pubblica or ora attivata, poichè i rondieri e la gendarmeria sono in pochissimo numero , e sappiamo non potere attendere dalla truppa alcuna assistenza efficace a prevenire o a comprimere alcun altro moto popolare. (Segreteria di Stato, Grazia e Giustizia, penale, anno 1837, filza 3458).

di tutta l'augusta Real Famiglia, mentre il Senato si dà il vanto per la vita segnarsi, di V. S. R. M., umilissimi, devotissimi e fedelissimi sudditi Silvestro Loffredo Marchese di Cassibile, Sindaco; Filippo Siracusano, Marchese Giovanni Moleti, Litterio Carsera Costa, Placido Lusitano, Francesco Guardavaglia Bruno, Giuseppe Colonna, Senatori; Carmelo La Farina Cancelliere archivario (1). „

Il servo e previdente encomio del Marchese di Cassibile preservò Messina dalle ire funeste del maresciallo Delcarretto, il quale, tornato sulle rive del Faro, smise la sua indole feroce, riprese forme più umane, non fece moschettare alcun cittadino, non insultò, come altrove, il dolore d'infelici famiglie, nè rinnovò le scene nefande di Siracusa e di Catania, scene che meritano, per

(1) A questo indirizzo fu riposto dal Ministro Segretario di Stato per gli affari di Sicilia: " Eccellenza—È pervenuto nelle Sacre Mani di S. M. il R. N. S. il devoto indirizzo di V. E. in cui manifestando quanto era accaduto in cotesta città dal 12 al 15. corrente, relativamente allo approdo del pacchetto S. Antonio, proveniente da Napoli, e della speronara di Padrone Pasquale La Camera, proveniente da Palermo, e da lì partita dopo che vi si era sviluppato il Cholera, interessa la Sovrana clemenza verso quei pochi idioti che qualche eccesso commisero nella sola idea di preservare e difendere la pubblica salute. La M. S è stata oltremodo sensibile alla lettura dello esposto di V. E, degnandosi manifestare di essere sicura dei loro sentimenti, come persuasa del sincero attaccamento che le porta il popolo intero della Città di Messina che le è molto caro. Ha ugualmente mostrato la sua Real compiacenza nel vedere che la città di cui l'E. V. è il rappresentante e l'interprete dei voti si dirige in questa circostanza al suo Sovrano che l'ama qual padre, e che spera nel Signore di venire preservata la di lei pubblica salute. Non dubita però la M. S. che già cessati i timori destati dall'arrivo dei due legni, e rimessa colla sicurezza la calma, ciascuno ritorni all'edempimento di suo naturali incumbenze, e che si rimetta l'intero pubblico servizio qual era anteriormente agli esposti fatti. Nel Real nome lo comunico all'E. V. per sua intelligenza e per l'adempimento di ciò che ne risulta—Napoli 22, luglio 1837—Antonino Francesco (a) „

(a) A siffatta lettura il marchese di Cassibile replicò. " Eccellenza—Le graziose reali degnazioni

la loro importanza, d'essere esposte con serenità, con circospezione e civile franchezza.

Capitolo VI.

Sommario — I liberali di Siracusa — Loro brighe — I funzionarii della Valle — Carattere dei medesimi—Prime nuove del colera di Palermo—Provvedimenti delle autorità—Sospetti del popolo — Morte di Carmela Midolo — Infingimento delle autorità — Il male aggrava—Lamenti del popolo — Inerzia del presidio — Fuga dei cittadini — Sospetti e paure del prete Serra, del parroco Morendino, del generale Tanzi e di Mario Adorno. — Sue pratiche per iscoprire i propinatori del colera — Giuseppe Schwentzer — Maria Anna Lepik — Razzi notturni—Paure del popolo — Ordine di cattura contro l'Adorno — Convegno dei liberali in casa del Pancali—Audacia del commissario Vico—Querela del Pancali—Primi segni dei tumulti—Riunione delle autorità di Siracusa nel palazzo del Vescovado — Condotta del Tanzi — Fuga dell'Intendente, dell'Ispettore di polizia e dei magistrati — Sgomento e minacce della plebe — Arresto di Raimondo Ganci di Buccheri — Tumulti del 18 luglio — Assalto alla casa del Cosmorana — Suo arresto — Entusiasmo dei Siracusani — Uccisione del commissario Vico, di Tommaso Ronchi, di Sebastiano ed Angelo Fidone e di Raimondo Ganci — Eccessi del popolo — Codardia del generale Tanzi — Grave rischio del Pancali — La Commissione dei sessanta — Suo incarico all'istruttore Francesco Mistretta — La Sotto-commissione — Il Collegio dei periti — Prime indagini del Mistretta — Uccisione dell'intendente Vaccaro — Spavento della Commissione dei sessanta — Arrivo dell'Adorno in Siracusa — Uccisione dell'ispettore di polizia Li Greci — Timori della Commissione — Sua nuova residenza — Suoi provvedimenti.

Nella tranquilla e modesta Siracusa, sede un tempo di un popolo operoso, agitavasi nel trentasette una schiera di liberali

---

stato dall'E. V. con tanto fior di cortesia comunicate con venerato ministeriale foglio del 22 precorso, e che da vicino riflettono il bene di questo Municipio da noi per Sovrana Munificenza rappresentato, hanno riempito d'ineffabile giubilo la quieta e leale città di Messina. Al lieto ed inatteso annunzio a folla traevano i cittadini alla Casa Comunale, onde bearsi nel leggere e aver copia di quelle paternali assicurazioni, che in ogni convegno, che in ogni pubblico e privato luogo rapidamente diffuse, erano come benigna e santa cosa riguardate. È quindi nostro indispensabile dovere portare ciò alla conoscenza dall'E. V., ond'essere Ella l'interprete presso la benefica Maestà del Re N. S. degli altissimi e solenni ringraziamenti di questa Messina Sua, sempre per nuovi titoli all'Augusta Regnante Dinastia devota e fedelissima. Cogl'invariabili sentimenti del più profondo rispetto ai pregiati comandi dell'E. V., il Senato si vanta regnarsi di V. E.

Messina, 2 agosto 1827.

Umilissimi, devotissimi, obbligatissimi servi, ecc. (a)

(a) V. *La Cerere*, Giornale officiale di Palermo, sabato, 2 settembre 1837, n. 161.

capitanata da Emanuele Francica barone di Pancali, vecchio carbonaro tornato in patria, dove occupava con senno e solerzia la
carica di sindaco patrizio (1). Il Pancali ed i suoi amici, tra
cui giova ricordare il sacerdote Vincenzo Cassia, il cavaliere
Raffaele Lanza, il professore Salvatore Chindemi, Giuseppe Ortis
e Nunzio Stella (2), vagheggiavano con ardore una riforma politica, affrettavano colle loro brighe la caduta dei Borboni, ido-
leggiavano nella loro fantasia l'indipendenza politica dell'Isola
da Napoli, desiderio cocente d'ogni colto Siciliano d'allora; onde
tenevano un assiduo carteggio coi liberali di Messina, di Catania e di Palermo; spiavano con circospezione l'animo dei funzionarii della Valle; procuravano, per mezzo del tenente Giovanni
Calcagno, di guadagnare a sè gli ufficiali del presidio, e nulla
lasciavano intentato per la vittoria della loro causa (3). Parecchi
patrioti, intanto, traendo profitto dell'errore che ingombrava allora
le menti del volgo d'Europa, lo avvaloravano dicendo che il morbo asiatico non era il prodotto di fortuite vicende della natura,
ma l'effetto di un veleno che il Governo spargeva nell'aria,
nell'acqua, nelle vivande, dovunque per decimare le popolazioni
ribelli (4). Altri pattrioti, avanzo d'indotti carbonari, cresciu-
ti sotto l'ignavia intellettuale dei primi Borboni, credevano
sinceramente al veneficio; onde confermavano la diceria colla convinzione di compiere un'opera buona, e la diffondevano colla coscienza di premunire il popolo da nemici nefandi. Alcuni liberali,
educati a diversa scuola, spinti da un odio che legittimava al
loro cospetto la meditata calunnia, soffiavano, pur dileggiandolo
segretamente, nel fuoco del pregiudizio; talchè larvavano con mozze

(1) CHINDEMI, *Memoria sopra Emanuele Francica barone di Pancali*, Palermo, Tipografia di Gaetano Priulla, 1868.

(2) PRIVITERA, *Storia di Siracusa antica e moderna*, vol. II, cap. XV, p. 329,
Napoli, 1879.

(3) Ibid.

(4) V. BUFARDECI, *Le funeste conseguenze di un pregiudizio popolare*, Firenze, Tipografia Eredi Botta, 1868, e segg.

parole il loro pensiero , eccitavano il popolo per averlo pronto
nel giorno della riscossa, ed obbedendo agli incitamenti proprii
ed a quelli dei patrioti d'altre provincie, propagavano in mille modi la diffidenza ed il sospetto contro il Governo (1).

Di fronte a costoro stavano i funzionarii della Valle, il generale Gabriele Tanzi, il presidente della Gran Corte Criminale
Ricciardi, il procuratore del re Felice Genovesi, l'istruttore Francesco Mistretta, l'intendente Andrea Vaccaro, il commissario Giovanni Vico e l'ispettore Antonino Li Gréci, persone tutte poco
acconce alla gravità delle presenti vicende. Il Tanzi, noto per la
sua dappocaggine, era un imbelle militare, mandato alla piazza
di Siracusa per iscorrervi tranquillamente gli ultimi anni della
sua tarda età (2); il Ricciardi, il Genovesi ed il Mistretta erano tre
scaltri magistrati, che sapevano, per un interesse egoistico, pie-
garsi con disinvoltura alla forza degli eventi; il segretario generale
Vaccaro, funzionante da intendente, era un messinese guardingo,
ombroso, di scarse relazioni, pago soltanto della sua nuova residenza,
perché scevra di cure; il Vico ed il Li Greci in fine, cognato il primo
del secondo, padre questi al *percettore* delle imposte indirette,
erano due siracusani alteri, violenti e odiati per vecchi e nuovi
soprusi dal popolo (3), che sospirava fremendo il giorno della
vendetta.

(1) Nel 1836 era andato in Siracusa, sotto il pretesto di un'associazione
libraria, tal Nicola Commerci, il quale visitava la Sicilia per estendere le fila
della rivoluzione e consigliare ai liberali di giovarsi, per abbattere la signoria
dei Borboni, dell'errore che il governo avvelenava le popolazioni. (Op. cit., p.108,
e seg.).

(2) Il Tanzi, comandando nel 1799 la piazza di Capua, all'avvicinarsi delle
schiere francesi consegnò, senza tirar colpo, la fortezza al generale Championnet.
Nel 1820, stando a capo della cittadella di Messina, udita la rivolta del generale Rossaroll, si chiuse in cittadella alzando i ponti levatoi (V. Colletta, La
Farina, Chindemi, ecc).

(3) Nella pentecoste del 1836, che celebravasi splendidamente in Siracusa
per tre giorni di seguito, il commissario Vico ardì, fra un popolo immenso, di
percuotere collo scudiscio taluni popolani che scorrevano colle fiaccole per la
città (V. Bufardeci, Op. cit., p. 118).

Questa, come vedremo, non tardò a scoppiare. Alla prima nuova del colera di Palermo, recata in Siracusa dall'ispettore Li Greci, l'Intendente, il Sindaco, i capi della magistratura ed i primarii medici della città, congregati insieme, riattivarono il cordone sanitario, improvvisarono uno spedale in casa Montalto, affrettarono lo scavo di alcune sepolture nei conventi fuori dell'abitato e nella piscina di S. Nicolò, e con la solerzia necessaria in siffatte congiunture, ordinarono letti, medicinali, disinfettanti e quant'altro mai stimarono utile. Queste provvide cautele, che si prendono d'ordinario dai funzionarii d'ogni tempo e paese, alterarono la turbata fantasia della plebe, la quale arzigogolò intorno ad esse dicendo che le autorità, già incaricate d'attossicare la gente, conoscevano il giorno in cui il terribile morbo deveva decimarla. Ed il morbo, che faceva imperturbato la marcia attorno alle città dell'Isola, penetrò proprio in Siracusa. A mezzo giugno, dopo una moria di bambini, s'attaccò certa Carmela Midolo nella strada Gesù Maria, indi un contadino in via S. Benedetto, e poscia una lavandaia in contrada Aretusa. Le autorità, non volendo, come è solito, spaventare la gente, dissero la prima spenta d'apoplessia, e gli altri due per abuso di frutta acerbe. Ma non ostante queste pietose menzogne, il male aggrava; talchè i medici ne dichiarano l'esistenza ed il protomedico dottor Naro ordina di trasportare i colerosi all'ospedale in casa Montalto. Allora il volgo susurra, borbotta, inveisce contro il protomedico, spezza i vetri di casa Li Greci e prende un'attitudine minacciosa. A queste prime avvisaglie, foriere di turbamenti maggiori, il presidio non interviene, la polizia rimane inoperosa, i medici impallidiscono, i nobili e gli agiati scappano alla campagna, e l'emunta Siracusa resta in balìa del morbo e del popolo, il quale crede davvero alla esistenza del veleno. Il sacerdote Salvatore Serra, per difendersi da esso, si recava a messa portando seco l'ostia ed il vino, perchè temeva che quelli del sacrista fossero avvelenati; un parroco, Salvatore Merendino, invocava dal pulpito requie alle anime delle persone cadute vittima dell'umana nequi-

14

zia (1); il generale Tanzi tenova al guinzaglio parecchi cani, ai
quali dava ad assaggiare le vivande apparecchiate per la sua tavola (2), e Mario Adorno, causidico non volgare, ricco di clien-
tela, venerando d'aspetto, facondo nel dire, liberale per convinzione, riverito dal popolo, credeva sinceramente che una setta infernale propinasse il veleno alle genti; per la qual cosa ne par-
lava liberamente nei caffè, nei tribunali, nelle piazze, nei circoli
di conversazione, davanti ai magistrati, al cospetto della polizia, dovunque; ed è fama incaricasse Concetto Lanza, Giuseppe
Mendozza, il notaro Leopoldo Kibilia e i secerdoti Vincenzo
Salibra e Gaetano Rispoli di scoprire gli *autori del colera* (3).
Una sequela di casi strani diè corpo alla credenza dell'Adorno.
Era da un mese in Siracusa tal Giuseppe Schwentzer, francese
di Tolone, che esponeva al pubblico un grandioso cosmorama, onde il popolo lo chiamava il *cosmorama*. Egli abitava con la
moglie, Maria Anna Lepik, giovane vaga, snella, di membra delicate, di faccia piccola, di carnagione bianchissima (4), in casa
del cavaliere Vincenzo Oddo, liberale amico del Pancali. Da un
terrazzo di quella casa e da un'altro contiguo all'abitazione del-
l'Intendente, partivano, a notte cupa, alcuni razzi, che, guizzan-
do sinistri per la volta del cielo, cadevano lontano fra il terrore dei passanti. Chi lanciava quei razzi? La polizia ne dava la
colpa ai liberali, i liberali alla polizia, il popolo all'infelice Schwentzer, e l'Adorno ad una setta misteriosa nemica dell'umanità. Accusato egli quindi di turbare l'ordine pubblico, dovette uscire di
soppiatto dalla città e nascondersi in una villa non molto distante da essa. Intanto corse voce in paese che misure repres-

---

(1) PRIVITERA, *Op. citata, vol. II, p. 338.*

(2) CHINDEMI, *Memoria sopra Emanuele Francica barone di Pancali.*

(3) V. *La scorerta del cholera in Siracusa, ossia il racconto fidele degli ori-
ginali fatti ivi arrenuti nel luglio 1837, scritto da un Siracusano. Palermo 1848.*

(4) V. EMANUELE DE BENEDICTIS, *Su d'un'ingiuria di Emilio Bufardeci, lettera.
Siracusa, Tipografia di Antonino Pulejo, 1869, p. 11 e seg.*

sive fossero state ordinate dall'Intendente, e che Messina si fosse sollevata. I liberali allora inviano Raffaele Lanza e Nunzio Stella a Catania (1), o si riuniscono (14 luglio) in casa del Pancali per discutere intorno al da fare. Il commissario Vico, avuta notizia della riunione, appare improvviso con alcuni sgherri nel bel mezzo di essa, insegue tra le stanze i congregati, e attacca un aspro diverbio col Pancali, il quale ne fa subito viva doglianza al Vaccaro, che, o per timore, o per riguardo, o per altra ragione, accoglie la rimostranza e biasima l'audacia del commisario (2).

Questi fatti scrollavano fortemente ii principio d'autorità e acceleravano i giorni tristi della irrefrenata anarchia. Il 15 luglio a vespro s'udì un alto grido, e un chiudere frettoloso di porte e di finestre. Che cosa era? Erano i segni forieri d'imminente *tempesta*; erano i primi frutti della scempiata condotta delle autorità, rimaste in una deplorevole inerzia. Il disordine cresce. Di fronte al comune pericolo il Vicario generale canonico Salvatore Amorelli ed il fratello suo conte Gaudenzio, germani entrambi del vescovo, che trovavasi in missione a Modica, invitarono al Vescovado l'Intendente, il Comandante della piazza, il Sindaco, i primarii magistrati e i notabili della città per discutere sulle presenti emergenze. Convocato il consesso, si discusse a lungo intorno alla necessità d'organizzare presto le squadriglie dei civili e dei possidenti e di sperdere i tumultuanti colla forza militare. Tutti assentirono, il Tanzi solo disse vietargli i regolamenti di far uso della forza; il facessero, aggiungeva, i buoni cittadini, perchè egli aveva dato ordine ai soldati d'ogni arma di ritirarsi in castello (3). La risposta agghiadò i circostanti, onde tornarono sgomenti alle loro abitazioni. Il 17 luglio, essendosi rinnovate le scene del giorno precedente,

(1) CHINDEMI, *Siracusa e l'ex-prefetto di polizia in Palermo, Memoria. 1848.*
(2) BUFARDECI, Op. cit., p. 121.
(3) L'RIVITERA, Op. cit, p. 342 — BUFARDECI, p. 126.

molti cittadini si rinserrano nelle loro case, altri scappano alla campagna, l'Intendente fugge in una casina alle Taracate, l'Ispettore Li Greci nella palazzina d'un suo podere, il presidente Ricciardi ed il segretario Gaetano Pandolfo a Floridia, dove trovano la morte, ed il procuratore del re Felice Genovesi a Noto, sua patria, in cui arrestò in sul nascere la sommossa. La plebe, abbandonata a sè stessa, rimasta senza guida, senza freno, senza capi, esposta ai colpi del morbo ed agli stimoli della fame, mormora, borbotta, schiamazza, corre irata alle porte della città, impedisce ai Siracusani l'uscita, contrasta ai forestieri l'entrata, pone sossopra carri, masserizie, vettovaglie, e mette spavento a chi parte ed arriva. In questo frangente giunge un montanaro di Buccheri, tal Raimondo Gangi, il quale, richiesto del foglio di passaggio, porta la mano in saccoccia, e la ritrae tosto intrisa di sangue. A tal vista la folla gli si stringe attorno, lo fruga e gli trova una boccetta coll'orlo spezzato, contenente acqua di orzo e miele, rimedìo a un mal di gola. Una voce grida: veleno! Detto fatto è afferrato, percosso e condotto al commissario Vico, che, gustato il liquido, e conosciuto l'errore, mette il buccherese in libertà.

Il popolo tornò scontento alle proprie case. Il 18 luglio, dì fatale nella storia dolorosa di Siracusa, si vedevano drappelli di contadini e d'operai, uomini d'aspetto sinistro, donne con facce maschie, giovini d'indole battagliera, armati di schioppi, di spiedi, d'accette, di pugnali, di bastoni e di pali, aggirarsi cupi sulla piazza della Pescaria, e confabulare agitati del morbo, del veleno, della fuga dell'Intendente, della scomparsa del Li Greci, dell'arresto del Buccherese e dei razzi lanciati dalla casa Oddo. A un tratto s'udì una voce: *Al cosmorama!* La folla, come se ubbidisse ad un meccanico impulso, si avviò, guidata dal sacerdote Gaetano Rispoli e da Emmanuele Miceli, alla casa del Tolonese, prossima al palazzo di giustizia, dove recavansi alla stess'ora Sebastiano ed Angelo Fidone da Lentini. Costoro, impauriti alla vista della folla, riparano in casa Oddo, mentre la moltitudine

corre dietro ad essi salendo la medesima scala. Il *Cosmorama*,
al rumore dei passi, scappa pei tetti; ma è raggiunto e condotto in mezzo alla folla, che reclama ad alta voce la sua testa. L'infelice, confuso, sbalordito, spinto dall' istinto della propria conservazione , esclama piangendo : " Conducetemi al carcere, e svelerò tutto! „ La risposta vola tra la moltitudine, ed un
grido immenso ripete : " Si è scoperto il veleno ! Si è trovato
l'avvelenatore! Viva Santa Lucia!„ La nuova si diffonde tosto
per tutto il paese , si ripete di bocca in bocca , si comenta, si
gonfia, si esagera, si festeggia; onde suonano a stormo le campane, si serrano le botteghe, ed uomini, donne, vecchi, fanciulli
vanno a casa Oddo, dove s'agita una calca immensa. Al rumore
corre altresì il barone Pancali, il quale, vista la moltitudine esasperata, i facinorosi pronti a consumare un'opera di sangue e lo
Schwentzer tra la vita e la morte, lo salva gridando : " Al
carcere! „ E afferratolo per un braccio, lo conduce, seguito dal popolo, alle prigioni.

La plebe intanto mette a soqquadro l' abitazione del Cosmorama, arresta la moglie di lui, un suo garzone, Tommaso Ronchi, e i due mal capitati Lentinesi; e fatto un fascio di fiale,
di fiaschi , di barattoli, di carte ecc., li colloca in una cassa,
in un paniero ed in una cassetta ; conduce poi gli arrestati e
gli oggetti al piano del Duomo (1); ripone questi nella Cattedrale , e lega (salvo la giovine Lepik ed una sua bambina che
sono da mano pietosa condotte in una stanza terrena del palazzo comunale) gli arrestati ad un *piliere* (2), a cui è legato altresì il Buccherese, l'uomo della boccettina catturato poco innanzi lungo la strada. A tanto strepito corse il commissario di
Polizia cavaliere Giovanni Vico , il solo fra le autorità di pub-

(1) La casa Oddo fu, a richiesta dell' agente consolare di Francia , signor
Vincenzo Bongiovanni, suggellata dal potere giudiziario.

(2) Son detti *pilieri* in Siracusa i torsi delle colonne di granito egizio che
adornavano gli edificii di Tica, Acradina, Neapoli ed Ortigia.

blica sicurezza che avesse mostrato certa energia e fosse rimasto in Siracusa. Egli, volendo porre un po' di calma tra la folla
e mostrarsi alla medesima, s'inoltra col Vicario ed il Conte
Amorelli in mezzo alla calca, e si ferma sulla soglia del palazzo del Comune, guardando muto e perplesso i circostanti. Al-
l'apparire del Commissario si leva un susurro, che cresce, s'in-
grossa e diventa rumore. A un tratto un uomo, avanzatosi dalla
casa Bosco, assesta, con un nodoso bastone, un primo colpo sulla
testa del Vico; uno scellerato gli vibra tosto una stilettata
nella parte sinistra dei reni, e l'infelice si contorce e cade
nelle braccia degli Amorelli, i quali si ritirano poco dopo al Vescovado. Allora la folla si stringe attorno al ferito, lo conduce al
piano del Duomo, lo lega ad un torso di granito posto sotto la
statua di S. Pietro, e quivi, dopo un colpo d'archibuso tiratogli dal
calzolaio Concetto Lanza, lo finisce insieme al garzone dello
Schwentzer, ai due Lentinesi ed a Raimondo Ganci di Buccheri (1).

---

(1) Un testimonio oculare, il De Benedictis, così narra l'uccisione del Vico: "Nel
mattino del 18 sfuggii alla vigilanza dei miei e andai al piano del Duomo, dove ac-
correva tutto un popolo. Giunto ai Quattro Cantoni, e più avanti, nel portone
della casa Gargallo, luogo allora dei tribunali, era una calca ed un vocio sordo:
due pregiati cittadini, il conte Amorelli e suo fratello il Vicario, a mala pena
riuscivano a contenere quella turba sdegnata. Entro il portone stava un uomo,
piuttosto alto della persona, pallido, col cappello a larghe falde: chiesi chi
fosse, ma la domanda parea strana, e non ebbi risposta: poco dopo seppi che
era il Commissario Vico, il quale, ad acquetare gli animi, manifestò di voler
venire al piano del Duomo, ed ivi scolparsi col popolo. I signori Amorelli non
volevano, ma la proposta era stata accolta, onde la comitiva s'incamminò. I
due fratelli Amorelli tenevano in mezzo quell'infelice che ad ogni passo in-
chinavasi: la gente cresceva ad ora: le grida atterrivano. Il conte Amorelli era
mirabile nell'arrestare quella fiumana, e colla voce e colle mani giungeva a
serbare qualche ordine: nè meno di lui il fratello Vicario con l'autorità della
propria veste. Così a spinte e ad urtoni si potò giungere al palagio del Comune, e Vico fermossi sulla soglia. Quel giorno era un pandemonio: gente nel-
l'atrio di quel palagio, gente immensa di fuori. Vico non aveva parola, e con
gli occhi pietosi raccomandavasi ai signori Amorelli, i quali lottavano con uo-

Dopo questo eccidio, la folla corse alle case del Vaccaro, del Li Greci e del figlio suo il *percettore*; spezzò le insegne regie della *baracca* sanitaria, assalì le case dei rondieri, li arrestò colle mogli, coi figli, e li condusse tra le grida e gli schiamazzi alle Carceri vecchie. Il generale Tanzi, udita la nuova della strage, scese frettoloso dal Collegio, luogo della sua dimora, attraversò spaventato le vie, recossi alla gran guardia, fece trarre dal bagno penale i forzati in catene, e, circondato da essi, dagli ufficiali e dai soldati, andò a chiudersi nel castello. Alla stessa ora, tornando il Sindaco dal carcere al Palazzo comunale, fu sulla piazza del Duomo circondato dalla folla, che l'avrebbe ucciso, se non fosse stato difeso dall'intrepidezza di alcuni popolani, che, levatolo sulle braccia, e mostratolo alla geldra esaltata, gridarono: " Viva il nostro Sindaco!, (1). Questo fatto mostrò al Pancali tutta la gravità della situazione, per la qual cosa riunì d'urgenza nel palazzo del Comune i capi del popolo, a cui mostrò la condizione del paese, la necessità di instaurarvi l'ordine e il bisogno di eleggere una Commissione di sessanta individui per riparare sollecitamente alla tranquillità pubblica, all'annona, alla riscossione delle imposte comunali e a tutte le difficoltà della presente situazione. Gli astanti approvarono per acclamazione le proposte del Sindaco, talchè scelsero i componenti della Commis-

---

mini già risoluti all'eccidio. Io stava a guardare quello spettacolo, quando, dal portone di casa Bosco, rimpetto a quella del Comune, venne risoluto un uomo con un lungo ramo e nodoso, e, avvicinatosi al Vico, gli scarica un colpo sulla testa sì forte, che il cappello intero gli si affonda sulla faccia. Vico si scuote e sforzasi di rialzare il cappello: in questa un uomo gli vibra un grave colpo di stile nella parte sinistra delle reni: io era a pochi passi, ve lo giuro: Vico si contorce pel dolore e cade sulle braccia dei signori Amorelli, anch'essi sfiniti e spaventati. Ma tosto la furia lo stringe; molte voci gridano che i signori Amorelli lascino il campo, e Vico è trascinato alla colonna, dove Concetto Lanza lo finisce con colpi di schioppo, che aveva tolto dalla casa Schwentzer (V. EMANUELE DE BENEDICTIS, *Su d'un'ingiuria di Emilio Bufardeci, lettera. Siracusa, p. 15 e 16*).

(1) PRIVITERA, *op. cit. p. 348.*

sione, di cui nominarono presidente lo stesso Pancali, segretarii i causidici Orazio Musumeci e Andrea Corpaci, e uno dei componenti Mario Adorno, che, essendo ancora in campagna, fu sollecitato a tornare in città.

Il Francica, assunte le funzioni della nuova carica, sollecitò le autorità a tornare ai loro posti; incaricò il giudice di circondario Francesco Mistretta di Alcamo d'istruire un processo contro gli accusati di pubblico veneficio, e prescrisse, a proposta del popolo, che si dèsse libera pratica ai legni, qualunque fosse la loro provenienza, che si trovavano nel porto. Indi si riuniva la Commissione dei sessanta nel Palazzo comunale. Aveva questa cominciate appena le sue discussioni, quando le si presentò il giudice Mistretta, chiedendole alcune persone che potessero coadiuvarlo nella istruzione del processo ed un collegio di periti per esaminare gli oggetti sequestrati nelle case delle persone sospette. Il Consesso nominò subito una Sotto-commissione composta di Mario Adorno, assente, del dottore Felice Moscuzza, di Salvatore Giaracà, di Gaetano Perez e di Santo Mollica, ed un collegio di periti costituito dei farmacisti Gaetano e Salvatore Innorta, Francesco Lo Curzio, Carmelo Murè e Giuseppe Costa, dei medici Carmelo Campisi, Giulio Pria, Giacomo Monterosso e Giuseppe Moscuzza, e dei chirurgi Luciano Miceli, Mario Condorelli e Giuseppe Genovesi (1). Poscia il Mistretta, seguito da alcuni membri della Sotto-commissione e da un popolo immenso, si recò alla Cattedrale per verificare gli oggetti contenuti nella cassa, nella cassetta e nel paniere dello Schwentzer. Redatto un regolare verbale, depositò ogni cosa nella cappella del tesoro di S. Lucia, ne suggellò la porta, la chiuse a tre chiavi, e consegnò la prima al signor Moscuzza, membro della Sotto-commissione, la seconda al sacerdote Vincenzo Germano, cappellano della chiesa, e la terza al signor Perez.

Mentre la Commissione ed il Mistretta s'occupavano delle pubbliche faccende del paese, nuove vittime cadevano sotto l'ira

---

(1) BUFARDECI p. 142 e seg.

del pregiudizio. Il Li Greci, dopo la uccisione del Vico, si nascose col figliuolo in un canneto doll' Anapo, ed il Vaccaro, lasciata la sua casina, si diresse alla tonnara di Bonacia, dove trovò circa 200 marinai. Costoro, visto l' Intendente, s' armano, scendono sulla riva, e, in una alla gente della tonnara, gli danno la caccia. Il Vaccaro scappa esplodendo un colpo di pistola, s' invola per un momento alla vista dei persecutori, e si nasconde nella cava di S. Panacea; ma è tosto raggiunto da alcune persone, che l' avrebbero di sicuro ucciso, se non fosso stato per la intercessione dei sacerdoti Vincenzo Stella e Bernardo Siringo, che l' accompagnarono a Siracusa. Giunto il misero sul vasto piano di Montedoro, è assalito da una folla che grida: " Morte all'infame ! , Indi s' ode un colpo, un lamento, ed un altro delitto è consumato (1).

L' uccisione del Vaccaro scosse la Commissione dei sessanta, la quale stette in permanenza aspettando l' arrivo dell' Adorno, da cui sperava consigli ed aiuto. Giunto egli con uno stuolo d'amici, di conoscenti e di popolani, entra commosso nella sala dell' assemblea, abbraccia il presidente Pancali, suo avversario per ragioni private, e, con voce e modi concitati, esclama: " Uno e comune dev' essere il pensiero : la salute della patria e dell' umanità ! Or che da questa terra madre di sapienti e di eroi è spuntata la luce che ha rotto il velo ad un mistero che da lunghi anni ha funestato tutta Europa, io deploro gli eccessi della giusta ira popolare; ma in me stesso mi esalto a vedere che nei pensamenti miei io non falliva (2)!, — Le parole dell' Adorno furono salutate da

(1) Appendice, documento n. 78.

(2) Il Bufardeci pone in bocca dell' Adorno le seguenti parole : " Signori ! — Io sentiva l' obbligo mio di cittadino di aiutare i miei fratelli nella grande sventura in cui versavano; sentiva il dovere di scoprire una setta infernale, nemica a noi, nemica al Governo; piena la mente di fede e di amore per la patria mia, presagiva che ai figli di Ortigia era serbato il trionfo di seppellire per sempre, in questa classica terra, la infame trama di veneficio, che per 20 anni ha desolato l' Europa intera Però, malgrado il servizio che io credeva rendere al popolo e al Governo, fui costretto a fuggire, per evitare un

un lungo applauso, dopo il quale, la Commissione aprì una sotto-
scrizione in derrate e in denaro a beneficio degli operai senza lavoro, spedì alle prigioni i rondieri Antonino Lucifero da Stromboli, Carmelo Troja da Siracusa, Girolamo Tringali da Augusta
e Bartolomeo Giarratana da Scicli, e si sciolse gridando: " Viva
S. Lucia !,

Malgrado tali provvedimenti, le uccisioni continuavano. L'indomani uno stuolo di scellerati correva per la campagna in
cerca dei Li Greci. A un punto un contadino dice d'avere scorto
un cane del *percettore* in un pantano accanto all'Anapo; corrono
a quel luogo, vi scovano i due sventurati, li tirano dalla palude
e li trascinano, sventolando fazzoletti in segno di vittoria, in Siracusa. Arrivato Antonio Li Greci davanti al palazzo del Comune,
vede i miseri avanzi dell'infelice Vaccaro, e prevedendo da quelli
la sua fine, grida piangendo: " Salvatemi il figliuolo, e svelerò
tutto !, Non l'avesse mai detto ! Fu subito assalito ed ucciso insieme al figlio. A quest'altro scempio, la Commissione, compresa
d'orrore, trasferì la sua sede nella cappella del Seminario, organizzò sette pattuglie, quante erano le parrocchie del paese, e ordinò pel domani l'interrogatorio del Cosmorama, che giaceva
scortato da alcuni malvagi nelle Carceri vecchie.

Quali pressioni non avevano fatto costoro sull'animo del po-
vero prigioniero ? Con quali terrori non avevano essi sconvolta la
sua fantasia ? Con quali lusinghe non avevano commosso il suo
cuore di padre e di sposo ? Lo Schwentzer aveva una moglie che
amava; aveva una pargoletta ch'era sangue del suo sangue; a-

---

arresto arbitrario ed ingiusto. Ora che la patria mi chiama , in questi supremi
momenti io corro volentieri a servirla e a consacrare a lei l'opera mia , il mio
sangue, le mie passioni.,—Stringendo poi la destra al Pancali, soggiunge: " Rispettabile barone, cancelliamo entrambi dalla memoria i passati risentimenti;
un solo patto ci unisca per sempre, il bene dell'umanità, e la speranza di far
ricordare ai venturi il nome della patria nostra; e perchè la nostra terra me-
riti in faccia all'universo il suo trionfo, io amerei che nessuno si permettesse
di venire alle vie di fatto , di turbare l'ordine pubblico. — BUFARDECI, *Opera
citata, pag. 146.*

veva i suoi 36 anni, e non doveva egli preoccuparsi dei suoi e di sè? Non doveva trovare un espediente per evitare un' orribile catastrofe? Egli, obbedendo all' istinto della conservazione, che ci fa spesso mendaci o codardi, sedotto dalle perfide promesse dei suoi aguzzini, lusingato che, secondando le loro brame, avrebbe forse salvato sè, la figlia e la consorte, inventò una storia strana, diè credito ai sospetti, corpo alle evanescenze dell'Adorno, parvenza ad un inganno che aveva sconvolto tutto un paese, onde gli preparò nuovi eccidii, nuove sciagure ed una reazione rimasta celebre negli annali delle vendette infami.

Capitolo VII.

Sommario: — Primo interrogatorio di Giuseppe Schwentzer — Sue risposte — Loro fallacia — Speranze di Mario Adorno — Esame degli oggetti sorpresi al rondiere Lucifero — Analisi chimica — Giudizio del Collegio dei periti — Delusioni del pubblico — Cattura di Filippo Patronaggio, di Nunzio Munna, di Carlo Azzoppardi e di Girolamo De Ortis — Interrogatorio di Maria Anna Lepik — Nuova analisi del Collegio dei periti — Scoperta dell'acido arsenioso — Suoi effetti — Allegrezze del popolo — Proclama di Mario Adorno ai Siciliani — Sue conseguenze.

Il 20 luglio il giudice istruttore Francesco Mistretta, il commesso giurato Carmelo Flaccavento e i membri della Sotto–commissione Felice Moscuzza, Salvatore Giaracà, Santo Mollica, Gaetano Perez e Mario Adorno si recarono alle ore 13 d'Italia alle Carceri nuove per interrogare il *Cosmorama*. Fattolo condurre alla loro presenza, il Mistretta gli rivolse le seguenti domande: " Qual è il vostro nome, cognome, padre, patria, età, condizione, domicilio?

R. Mi chiamo Giuseppe Schwentzer, figlio del defunto Giorgio, di anni 36, nato in Tolone, di professione cosmorama.

D. Siete stato arrestato dal popolo come trovato imputato di avere sparso delle sostanze venefiche a danno della pubblica salute. Manifestateci liberamente tutto ciò che è alla vostra conoscenza.

R. Io dirò francamente quanto mi consta. Dal mio Governo francese sono stato spedito per varii regni per esplorare qual fosse lo stato delle nazioni e farne rapporto; e similmente per verificare quanto concerne il commercio. Giunto in Marsiglia, dove ricevei lo uguale incarico da una compagnia ivi permanente, mi accoppiai ad una compagnia di cavalli di Lepik, e con essa passai in Sicilia. Qui io teneva incarico segretissimo dal mio Governo per indagare quali fossero le opinioni politiche, quali le inclinazioni, quale lo spirito pubblico, onde in caso di movimento qualunque, che si avrebbe potuto tentare a Palermo od a Catania, ovvero in Messina, la mia nazione avrebbe spedito dei navigli per impossessarsene. Tali cose io riferiva al signor Binè, prefetto di marina in Tolone; ma, giusta gli ordini ricevuti, qualunque carta di corrispondenza laceravasi appena giunta. Mi si erano promessi, in qualunque caso che io non fossi sopravvissuto, 30,000 franchi per la mia famiglia. — Trovai malcontento in Catania ed in Messina; non così in questa, ove mi era recato da un mese addietro, anzi da un mese e quindici giorni circa. Verso il 15 giugno vidi qui un tedesco con cui aveva fatto conoscenza in Milano. Io lo sapeva spargitore di veleni, e tosto mi inorridii. — E come tu qui ? gli dissi : vanne presto; la tua presenza mi spaventa ! — Ho messo fuoco, rispposemi, a Palermo; ora passo a Catania, e poi sarò a Messina. Chi mi ha spedito non ha freddo. Napoli si è rallegrata nel sentire che il colèra domina a Palermo. — Dopo due giorni il tedesco scomparve, od almeno io non lo vidi più, poichè, preso da paura, più non sortii; chè aveami detto : se tu denuncii me, io denuncierò te pure.

D. Diteci il nome e cognome di quel tedesco.

R. Dicevasi Beinard.

D. Indicatemi i di lui connotati.

R. Non toccava gli anni quaranta; era di statura alta, corporatura giusta, viso tondo, ed usava dei baffi finti per la sera solamente. Egli era biondo.

D. Dove alloggiava ?

R. Nol saprei; ma dicevami che stavasi fuori, poichè la mattina affacciavasi in città.

D. Con chi lo vedevate frequentare ?

R. Nol so; nè anche si avvicinò mai a mia moglie.

D. Dissevi a quale oggetto era qui venuto, donde erasi partito ed in compagnia di chi?

R. Nol disse. Tenevasi poi alle vaghe, annunciandomi che gli era piaciuto il bel porto ed altri avanzi del paese. Stavasi però pen- soso e quasi in timore nel giorno che qui si trattenne.

D. Vi parlò del male che aveva assalito Palermo? Nell'afferma- tiva, quale manifestazione vi fece?

R. Dicevami che faceva uso di veleni liquidi ed in polvere, quali spargeva gettandoli per le strade.

D. Dissevi la natura e specie dei veleni?

R. Nol disse; mostrommi però due boccette, dove li teneva ermeticamente chiusi; l'una conteneva del liquido di color gial- lastro; l'altra della polvere rossa.

D. Vi manifestò in qual modo operavano, distruggendo la vita degli uomini?

R. Diceva: il veleno agiva sul corpo umano somministrandolo nei cibi, spargendolo nei ruscelli, gettandolo nelle stanze, per le strade ed anche frammischiandolo nei tabacchi. Aggiungeva di essere sì violento, che una piccola goccia bastava ad avvelenare una stan- za; e faceva d'uopo di molto aceto e di molta acqua per disin- fettarla.

D. Voi diceste che il sapevate spargitore di veleni sin da quando faceste la sua conoscenza a Milano; or per qual modo il sapeste?

R. Egli giunse a Milano da Vienna; e, mentre in Milano te- nevasi, fu attaccato dal morbo un palagio, ed egli scomparve; la quale scomparsa die' molto a dire in Milano sul di lui conto, ed intesi da molti che quegli era spargitore di veleni.

D. Perchè non farne manifestazione alle autorità, quando ve- deste qui tal uomo che sì sceleratamente attentava alla vita di tutti?

R. Questa è stata la mia mancanza, e di ciò ne ho avuto ri- morso.

D. Qual credete che sia stata l' idea contenuta nelle parole dettevi dal tedesco : chi mi ha spedito non sente freddo?

R. Egli intendeva dire : chi mi ha spedito non teme ; è ben coverto, ed è una potenza grande.

D. Spiegateci la natura e qualità degli oggetti che vi furono sorpresi come sospetti di essere sostanze venefiche; diteci se ne contengono in effetti ed a qual uso li serbate.

R. Consistono in due boccette di acqua odorifera, che il colonnello Martinelli avea ragalato a mia moglie, le quali sono di color rosso; un'altra con poca essenza di arancio; un'altra piena di aceto aromatico regalatami da un aromataio robusto, che spesso veniva al cosmorama con un certo don Giambattista, figlio del ricevitore della dogana; altra piccola piena d' olio pei capelli; un piccolo scatolino con pasta da affilare rasoi; una scatola quasi piena di tabacco in polvere regalatami dal padre guardiano dei Cappuccini di Agosta; una bottiglia che contiene del linimento volatile, adoprato da mia moglie per contusione al ginocchio riportata per una cavalcata fatta in Siracusa. So di poi che dovrebbe esistervi del mercurio, non so dove messo, di cui faceva uso il mio giovane don Tommaso, di cui ignoro il nome, ma nativo di Napoli, perchè soffriva piattole veneree.

D. Vi si indicarono dal tedesco i mezzi per non restar vittima dei veleni che spargeva?

R. Da lui nulla ne seppi ; ma per le notizie che ne ebbi a Tolone ed a Marsiglia, ove infierì, so che grandemente giovarono a disinfettare l'aere : far fuochi nelle strade di pece, catrame, ed altro, bruciar rosmarino in casa e tener sommamente nette le strade, (1).

Questa deposizione fu considerata dall' Adorno e da coloro che credevano con lui all'esistenza del veleno come una grande rivelazione, che doveva di certo condurre alla scoperta degli at-

(1) V. Archivio provinciale di Siracusa — BUFARDECI, op. cit.

tossicatori; mentre era una solenne mistificazione dello Schwentzer, il quale volle inventare un racconto conforme alle brame dei suoi accusatori. Eppure, su questa cervellotica deposizione, strappata ad un infelice che all' amore del vero preferiva gli espedienti che dovevano, a suo credere, assicurare la sua esistenza, si volle fondare l'istruzione di un processo, condotto per 18 giorni fra i tumulti e le uccisioni di un popolo traviato.—Seguiamo colla scorta dei documenti le fasi strane di questo processo. Il 20 luglio, alle ore 15 d'Italia, si riunirono alla presenza del popolo nell'atrio del palazzo arcivescovile il giudice Mistretta, il cancelliere Flaccavento, i commissarî Adorno, Moscuzza, Giaracà, Perez e Mollica, e i periti Campisi, Pria, Monterosso, Miceli, Genovesi e Gaetano Innorta per esaminare gli oggetti sorpresi al rondiere Lucifero. Non essendo presenti i periti Moscuzza, Condorelli, Innorta Salvatore e Costa, furono, previo il parere della Commissione, sostituiti dai farmacisti Francesco Lo Curzio e Carmelo Murè. Volendo poscia procedere alla dissuggellazione della porta del Tesoro, e non trovandosi presenti il lettore Zacco ed il farmacista Innnorta, testimonii di reperto, furono surrogati da Matteo Roggio di Sebastiano e da Raffaele Gozzo di Giuseppe, maestri entrambi di musica. Mostrati quindi a costoro, alla Sotto-commissione ed ai presenti i suggelli, e riconosciutane da tutti la integrità, venne disserrata la porta, e trattone fuori un pacco, fu ordinato ai periti che lo esaminassero e riferissero quali materie contenesse. Cominciate le osservazioni da un piccolo involto avente dodici cartoline, svoltane una, dubitando che vi fosse sublimato corrosivo, fu sottoposta all'acqua di calce; ma non diede alcun precipitato giallo. Sottoposta altra porzione della cartolina medesima al solfato di soda, per riconoscere l'esistenza dell'arsenico, non fu rinvenuto alcun precipitato bianco. Sottoposta parte della stessa sostanza al solfato di rame ammoniacale, non diede precipitato verde. Trattata in fine coll'azione del fuoco, non sviluppò alcun odore di aglio. Osservata la seconda cartolina ad occhio nudo, sembrò zucchero, e buttatane nel fuoco una porzione, manifestò l'odore dello stesso;

avendolo gustato, ne diede anche il sapore. Esaminata la terza cartolina ; sottoposta all' azione del clorato di potassa, non diede alcun precipitato granuloso e bianco. Assoggettata la suddetta materia all' azione dell'acido nitrico, dubitando vi fosse stricnina, non diede alcun precipitato giallo-rosso. Altra porzione della stessa, posta all' azione del muriato di ferro, per rivelare la presenza della morfina, se mai vi fosse, non diede alcun precipitato celeste. Assoggettata la quarta cartolina all'azione dell'acqua di calce, dubitando vi fosse sublimato corrosivo, non diede alcun precipitato giallo carico. Trattata la stessa con l'acido nitrico, dubitando vi fosse stricnina, non diede precipitato giallo-carico. Assoggettata pure altra porzione all'azione del muriato di ferro, dubitando vi fosse morfina, non diede precipitato celeste—Da questi esperimenti il Collegio dei periti constatò la non presenza di alcuna sostanza venefica. Essendo l' ora tarda, nè potendosi proseguire l' analisi chimica sulle altre cartoline, fu rimandata al domani, suggellando in un foglio di carta le cartoline esaminate e quelle non esaminate. L'involto fu conservato nella stanza del Tesoro, che fu assicurata a tre chiavi, e con suggelli di carta messi all'imboccatura delle serrature (1).

Il pubblico, che immaginava d'aver trovato il corpo del delitto, ascoltò con sorpresa il risultato dell'analisi chimica, e si disperse biasimando l'istruttore, la Commissione ed il Collegio medico, che aveva negata l' esistenza dei veleni. Indi, guidato da Pasquale Rizza, Pasquale Favara, Francesco Cesareo, Sebastiano Favara e Vincenzo Giliberti, si diresse tumultuando alla casa di Filippo Patronaggio, direttore dei dazii diretti, marito della marchesa Navanteri, uomo prodigo, dabbene, tornato di recente dalla sua villa per organizzare una pattuglia di doganieri e di guardie della regìa. Alle grida accorrono l'Adorno, il Pancali ed alcuni membri della Commissione, i quali, volendo

_____

(1) Archivio provinciale citato—BUFARDECI, Op. cit.

impedire che si versasse nuovo sangue, promettono al popolo di arrestare il Patronaggio e di condurlo al carcere. Accettata dalla folla la proposta, il Direttore dei dazii, col capo nudo, tremante, allibito, fu condotto da prima al piano del Duomo, dove si volle ch'ei baciasse l'infame piliere, e poscia alle Carceri vecchie, dove rimase tra il rondiere Lucifero e gli altri sgherri catturati giorni avanti (1). La moltitudine, eccitata dai clamori, arrestò nello stesso dì Nunzio Munna, tenente di dogana, cognato del Commissario Vico, Carlo Azzoppardi da Malta, amico del Patronaggio, con cui viveva in grande dimestichezza, e Francesco Girolamo De Ortis, uomo dabbene, capitano del lazzaretto, scrupoloso osservatore delle leggi sanitarie.

In mezzo a sì fieri tumulti, l'istruzione del processo continuava. Il 21 luglio, alle ore 14 d'Italia, convennero nel palazzo comunale l'istruttore, il suo cancelliere, i membri della Commissione Giaracà, Mollica e Perez e molto popolo per interrogare Maria Anna Lepik, imputata di spargimento di sostanze venefiche a danno della pubblica salute. Condotta l'infelice al cospetto della Commissione, il Mistretta le domandò: " Qual' è il vostro nome, cognome, età, padre, patria, domicilio e condizione ?

R. Mi chiamo Anna Maria Lepik, di anni 18, di Antonio, nata nel Tirolo, moglie di don Giuseppe Schwentzer.

D. Voi siete stata arrestata dalla popolazione come complice di avere sparso delle sostanze venefiche, che hanno recato la morte a più cittadini, e che minacciano ancora la pubblica salute.

R. Io posso assicurare che non so niente di queste cose; sono innocente, nè so che dire, anzi aggiungo che perdetti di tal male mia madre, ed una mia cognata in Tolone.

D. Ma gli oggetti che furono sorpresi in casa di vostro marito addimostrano il contrario di ciò che voi dite.

R. Ma quali oggetti? Tutto ciò che si è rinvenuto, è dipendente dal mestiere di mio marito, ed io veggendoli potrei ad uno

(1) V. *Appendice*: Sentenze della Commissione militare del Val di Noto.

16

ad uno additarveli; fra questi evvi una cassettina a vapore, che, piaciuta a don Ottavio Omodei di Agosta ed al figlio del giudice di Lentini di nome don Angelo, ed a mio compare don Luciano Modica, diedero a mio marito l'incarico di lavorarne loro delle simili; mio marito, non avendo tempo da perdere in queste cose, ne aveva incaricato qui alcun maestro; ma pretendendone onza una per ciascheduna, non 'aderì, ed aveva egli stesso messo mano all'opera. Voi troverete difatti due tubi incominciati, e delle latte acquistate.

D. Da che partiste da Agosta vostro marito ha ricevuto delle lettere dalla famiglia Omodei ?

R. Sì; ne ha ricevuto dall'Omodei e dalla famiglia Daniele che sta in Agosta.

D. Sa in che versavano le lettere dall'Omodei dirette ?

R. Io feci parte della compagnia del Pasquino; per agevolarlo gli recitai alcuna volta, feci pure qualche divertita a cavallo con l'Omodei, quindi contraemmo amicizia, ed egli scrivevaci di non dimenticarsi tale amicizia, e le divertite che avevamo fatte !

D. In una lettera che fu sorpresa avvi la espressione che annunziava una tomba, per laquale faceste sfigurare gli astanti, ed altre espressioni che hanno del mistero e del sospetto; datecene spiegazione.

R. Eccone la spiegazione: tenendomi in Agosta, si rappresentò una commedia intitolata: *La Sepolta Viva*. Io feci la parte della moglie, la quale si faceva supporre estinta, e sepolta in una tomba situata nel mezzo del palcoscenico, e sulla quale l'amante veniva a piangere. Piacque al pubblico, molto più che io non sono del mestiere; quindi alludendo a ciò, rammentavaci come io aveva fatto bene a segno di aver fatto sfigurare tutti gli astanti; anzi in mezzo ad alcune carte di musica, che io teneva, troverete il pezzo che io rappresentava.

D. Quando metteste piede a Siracusa ?

R. Non me ne ricordo espressamente; ma un mese e giorni fa.

D. Con chi vostro marito ebbe stretta relazione ?

R. Quando eravamo in Agosta vennero alcuni signori di qui a visitarci; quindi, sapendo che noi saremmo passati per questa città, si offersero e scrissero il loro nome e cognome in un portafogli di mio marito, perchè giungendo qui avesse potuto ritrovarli; rammento che un di loro fu don Salvatore Daniele, cui vedemmo in Lentini, ed altro uomo di corta statura che dicevasi presidente.

D. Vostro marito prende tabacco ?

R. No.

D. Mentre qui vi siete trattenuti, ne ha presentato ed offerto ad alcuno ?

R. Non saprei ; ma so dirvi che il mio *giovane* Tommaso Ronchi soleva far uso di tabacchi che facevasi dare da qualche religioso, cui ammetteva *gratis* al cosmorama; anzi da un cappuccino di Agosta gliene fu regalata una scatola di qualche volume.

D. Vostro marito vi fece qualche manifestazione sul morbo colera che ha afflitto varie città d'Europa, e quindi Napoli e Palermo ?

R. Dicevami che era un male terribile, poichè essendo stato in Francia l'anno scorso, trovò a Tolone periti di quel male varii suoi amici, e gli pareva proprio un lutto. E parlandone ne sentiva tale spavento che facevasi bianco; come potrete assicurarvi dalla famiglia Cortada, con cui spesso m'intratteneva; e per questo chiudeva presto la sera le finestre e le aperture; uso suggeritogli in Francia per regolarmente vivere; come pure quello di cibarsi di brodo, poco pesce, e leggiero alla sera, e non aprire finestre.

D. Vi fece mai parola di uno straniero che qui era venuto, mentre voi siete stati qui pure ?

R. Non me ne fece mai parola, nè io ebbi mai a vederlo (1) „.

(1) Emanuele De Benedictis, che assistetto con Ferdinando Blanco all' interrogatorio di Anna Lepik, così dice : “ Nel giorno 21 luglio fummo presenti

Terminato l'interrogatorio, l'istruttore, la Sotto-commissione ed il Collegio dei periti si recarono alla cattedrale, nella quale, dopo d'aver continuato gli esperimenti del giorno precedente, redassero il seguente verbale:

" L'anno 1837, il giorno 21 luglio, in Siracusa — Noi Francesco Mistretta, giudice istruttore del distretto di Siracusa, assistito dal commesso da cancelliere don Carmelo Flaccavento; intervenendo i signori Moscuzza, Perez, Giaracà e Mollica, destinati dalla Commissione di cui fan parte, ed in presenza del popolo che ha voluto essere spettatore; assistiti all'uopo dai signori Campisi, Pria, Monterosso, Condorelli, Genovese, Innorta, don Gaetano e don Salvatore Murè, Lo Curzio, professori destinati dalla Commissione; volendo verificare la bottiglia e ciò che nell'involto si contiene, poco prima trasmessici dal patrizio presidente, come rinvenuti presso l'arrestato don Nunzio Munna, abbiamo cominciato dal far dare pubblica lettura e per intero di tutte le carte ritrovatesi in un fazzoletto, e si è rilevato contenere varie lettere dell'anno 1836 a lui diretto da varie persone, non aventi alcuna relazione alla imputazione di spargimento di

all'interrogatorio della infelice Maria Lepik nella casa comunale : era uno sbalordimento in noi giovanissimi (a), e qualche amico di famiglia c' invitava ad uscire : restammo ; e vedemmo la poverina allibita e confusa: sebbene le risposte che dava al giudice Mistretta fossero franche e spontanee ; ma il suo animo era prostrato : parevale di sognare alle dimande di cose impossibili, e levava sempre gli occhi al cielo. Io guardavo come un bambino ; e Blanco poco mancava che non piangesse ; e niuno di noi sapeva capacitarsi di quella scena, pur pensavamo ai veleni scoverti, come dicevasi, e alla promessa fine del morbo ; ma quella scena c'inteneriva. La Lepik era un corpicino sparuto, di membra delicate ; corti e inanellati i capelli ; faccia piccola, piccola fronte, naso piccolissimo e schiacciato, bocca larghetta, labbra un po' sporgenti, carnagione bianchissima : questa l'immagine della misera tanto scolpita nella mia mente.„

(E. DE BENEDICTIS, *Su d'un'ingiuria di Emilio Bufardeci*, lettera. — Siracusa, tipografia di Antonino Pulejo, 1869, pag. 11 e seg.).

(a) Il De Benedictis aveva allora quindici anni

veleni; nessuna relazione o espressione che annunzii il benchè menomo sospetto. Più, varie carte relative ad amministrazione doganale ed a conti della vendemmia da lui fatta a Muraglie di Mele. Del che la Commissione convintasi, e col consenso del popolo presente, ha disposto che non facciano parte del processo, e che si restituiscano all'interessato.—In seguito, dai periti professori, si è osservato il liquore contenuto nella bottiglia, e, fatti gli assaggi dai medesimi, indi da noi, si è visto essere rosolio, che il popolo ha di poi interamente bevuto. — Finita tale operazione, abbiamo passato alla dissuggellazione della porta del Tesoro, assicurata a tre chiavi, e con suggelli, dei quali si è conosciuta la integrità. E tratto fuori l'involto contenente le cartoline dipendenti da quelle sorprese al rondiere Lucifero, si è cominciato dal frammischiarne una sufficiente e proporzionata dose ad una quantità di pane che si è dato ad ingoiare ad un cane per indi ottenersene i convenuti risultati. Quale dose si è levata dalle cartoline sottoposte finora ad analisi. Indi si sono osservate le altre otto cartoline non ancora esaminate, e, trovatele simili all'odore, al sapore ed al colore, si sono mischiate insieme ed assoggettate agli stessi esperimenti del giorno precedente, sonosi ottenuti i medesimi risultati. Perlochè hanno unanimemente giudicato esser cremor di tartaro. — Ciò eseguito, riserbandoci a proseguire l'analisi sugli altri oggetti rinvenuti presso Lucifero, perchè la gente presente chiedeva che a preferenza si facessero gli esperimenti sugli oggetti sorpresi al funzionante da Intendente ed al Cosmorama, si è aperta la porta del Tesoro, e si è fatta estrarre una cassettina, dentro cui sonosi rinvenuti due bottiglie con indicazione di contenere rapè mischiato al 1º gennaro 1836, una delle quali vuota, l'altra piena; una bottiglia con del liquore; due candelieri di fabbrica inglese; due piccole pignatte con della polvere bianca, una carta di polvere, ma più fosca; altra carta piena di zolfo in pietra. Alcuni del popolo presente hanno gridato essere quella cassa appartenente al funzionante da Intendente, nella cui casa venne sorpresa. — Cominciate le operazioni della polvere contenuta nella carta, il cui peso si è trovato di once quattro circa, se ne è gettata sul carbone acceso una piccola quantità, e si è ottenuto l'odore di aglio per effetto del vapore sviluppato. Messa di poi al fumo, che mandava la sostanza messa al fuoco, una lamina, è rimasta imbiancata. Assoggettatane un'altra dose all'azione dell'idroclorato di stagno sciolto nell'acqua pura, si è avuto un precipitato latteo. Altra porzione assoggettata all'azione del solfato di rame ammoniacale, ha dato un precipitato verde. Infine se ne è somministrata, mischiata a poco pane, una proporzionata dose ad un cane, ed ai primi minuti è stato preso da brividi e convulsioni; dai quali esperimenti han portato unanime giudizio che tal materia sia acido arsenioso, che equivale all'ossido bianco di arsenico. Fattisi uguali esperimenti sulla materia bianca trovata in uno dei due vasetti di creta, che ascende al peso di once tre circa, si è trovato del cloruro di calce misto a poca quantità di arsenico. — Tratta nell'ugual modo altra polvere trovata nell'altra pignatta e sottoposta da prima all'azione del fuoco, non ha dato alcun odore di aglio, nè fumo. Trattata con l'idrocloro medicinale si è sviluppato odor di cloro e di calce; quindi hanno portato unanime parere che quella materia sia cloruro di calce. Intanto, dati ventidue minuti dacchè il cane ingoiò la sostanza arsenicale propinata nel pane, le convulsioni sonosi accresciute oltremodo. All'incontro l'altro cane, cui fu dato ingoiare l'altra sostanza dipendente dalle cartoline, non ha presentato alcun segno di avvelenamento, essendo rimasto coricato in perfetta quiete. — Essendo l'ora tarda, le materie tutte sulle quali sonosi fatti gli esperimenti suindicati, sono rimaste sotto suggello, e ripostesi nella stessa cassettina per proseguirsi a domani l'analisi sul dippiù. La cassettina suddetta con tutti gl'indicati oggetti, meno che i due candelieri, di cui il popolo ha voluto farne offerta alla patrona Santa Lucia, è stata rimessa dentro il Tesoro, la cui porta è rimasta chiusa, ed assicurata con suggelli come lo era precedentemente. — Del che si è redatto il presente verbale, di cui si è data lettura, ed è stato firmato da tutti gl'intervenuti, da noi e dal commesso (1). „

(1) Processo citato.

Non appena finì l' esperimento , il cane diede un tratto, un rantolo, e spirò. Ciò produsse una grande impressione. Il popolo, credendo d'avere scoperto il veleno, corse per le strade gridando : " Viva Santa Lucia ! „ ed arrestò un accattone, Pasquale l' Orbo, a cui aveva trovato tre cartoline di carbonato calcare. La Commissione, profittando dell'entusiasmo, invitò i cittadini a deporre le armi; coloro che avevano i congiunti all'ospedale, corsero a prenderli; i marinai , che scontavano la contumacia al molo ed al lazzaretto , corsero al Duomo a ringraziare Dio e Santa Lucia, e Mario Adorno, anelante di far nota al mondo la grande scoperta, riunì sulla piazza del Duomo la Commissione, scrisse un manifesto, lo fe' leggere ad alta voce al segretario Andrea Corpaci, e lo die', col suo nome, al tipografo Camparozzi, il quale non volle stamparlo , perchè non aveva la firma di alcuna autorità. Fu portato subito al Sindaco, che vi recò qualche modifica, lo sottoscrisse, e lo fece, suo malgrado, pubblicare nel modo seguente :

" *I Siracusani ai fratelli Siciliani !*

" Ci affrettiamo a darvi conoscenza che il terribile choleramorbus asiatico, onde tanta strage ha risentita Napoli e Palermo, ha di già ritrovata sua tomba nella patria dell' immortale Archimede. Appena scoppiato fra noi il supposto morbo micidiale , venne discoperto non altro essere lo stesso che il risultato unico e solo di polveri e liquidi venefici, i quali agiscono nelle sostanze cibarie, nei potabili e sinanche per la via degli organi respiratorii, infettando l'aria con micidiale fetore. — Il Cosmorama Giuseppe Schwentzer, figlio di Giorgio , di Tolone, e marito di Maria Lepik , in un suo interrogatorio , ricevuto nelle forme da una Commissione all'uopo destinata, e guidata in questo particolare dal signor giudice istruttore don Francesco Mistretta, ha dichiarato di essere il propinatore delle venefiche sostanze Beinard , di nazione tedesca, ed aggiunge d'essersi costui testè partito da Siracusa onde recare l'infernale flagello in Messina ed in Catania — Le pruove di

generica permanente che ci han fatto conoscere di essere il nitrato
di arsenico tra le materie venefiche rinvenute in casa del funzionante da Intendente; non meno che la specifica pruova scritturaria
e vocale, ci augurano la formazione del più brillante processo; tutti
tali documenti ci guidano a conchiudere di essere stati colpevoli di
questo reato di diritto pubblico, l'Intendente funzionante, l' ispettore commissario e l'ispettore di polizia, i quali, nel calore della
scoperta, rimasero vittima dello sdegno del popolo. — Abbiamo a-
vuto il dispiacere di dovere essere spettatori di diversi tragici avvenimenti, effetti di giusto furore popolare; abbiamo avuto però la
tenera compiacenza di osservare che, per causa di essersi opportunamente discoperto il tradimento, le vittime dei nostri concittadini
sono state in numero sparutissimo. Oggi ci troviamo in istato di
poterci credere, a siffatto riguardo, tranquilli. Ci giova sperare che
tale nostra manifestazione sia per essere proficua ai nostri cari confratelli Siciliani, ed all' umanità in generale; ma siamo desiderosi,
per il pubblico universale bene, di vedere sollecitamente riattivata
fra noi Siciliani la libera comunicazione, onde così potervi far pervenire i pezzi più interessanti del processo, che anderemo mano
mano ad acquistare, perchè fossero di vostra norma a determinarvi
alla difesa della universale salute.

Siracusa, 21 luglio 1837.

Il Presidente patrizio : *Barone Pancali* (1). „

(1) Non appena fu pubblicato questo manifesto, il Sindaco di Capizzi lo paro-
diò nel modo seguente : " I Ceramesi ai confrati Siciliani ! — Ci affrettiamo a
darvi conoscenza che il terribile cholera siracusano, onde tanti castighi Siracusa, Catania e parecchi altri comuni della Sicilia sentiranno, ha di già ritrovato
sua tomba nella patria dell'immortale sarto Catalano. Appena scoppiata fra noi
la favola del supposto veleno micidiale, venne discoperto non altro essere il
medesimo che il risultamento di spiriti sediziosi e rivoluzionarii, veramente venefici, i quali agiscono nelle menti predisposte, noi potabili spiritosi e per via
dell'impostura e dell'inganno negli animi volgari ed ignoranti, infettando la società con micidiali ribellioni. — Il cuciniere Francesco Paolo Fresco, figlio di

Tal manifesto, tirato alla presenza di Carmelo Adorno, figlio di Mario, e di numerosa folla, che ne traeva le prime copie, e le distribuiva al pubblico, venne dalla posta, dai marinai e dalle navi estere ancorate nel porto, recato nelle più lontane contrade. — Quali e quanti furono gli effetti di esso?—Gravi, funesti, immensi!

Giorgio di Tolone e marito di Maria Lepik, nel suo primo interrogatorio, ricevuto nelle forme da una Commissione di speziali, costituiti in grado, e guidata in questo particolare dal Senato Veterinario, ha dichiarato di essere il propinatore di venefiche sostanze Luigi Gentile, macellaio, di nazione gallica, ed aggiunse essersi costui testè partito da Cerami, onde recare l' infernal flagello in Capizzi ed in Cesarò. — Le pruove di logica permanente, che ci han fatto conoscere di essere il nitrato di fellonia tra le diavolerie venefiche avvenute in casa dei Siracusani, non che la specifica pruova scritturaria contenuta nell'empio manifesto stampato in Catania il 24 luglio 1837, ci augurano la formazione dei più brillanti processi. — Tutti tali elementi ci guidano a conchiudere di essere stati colpevoli di questo reato di diritto pubblico tutti coloro che nella fine della faccenda rimarranno vittima del rigor della giustizia. Abbiamo avuto il dispiacere di dover essere spettatori di diversi irregolari avvenimenti, effetti d'ingiusto liquor popolare : avremo però la tenera compiacenza di osservare che per causa di essersi opportunamente discoperto il tradimento, le vittime dei nostri concittadini saranno in numero sparutissimo. Oggi, grazie al Real Governo, ci troviamo in grado di poteroi credere a siffatto riguardo tranquilli. Ci giova sperare che tale nostra manifestazione sia per essere proficua ai nostri cari fratelli Siciliani ed all' umanità in genere : ma siamo desiderosi, per lo pubblico universale bene, di vedere sollecitamente riattivate fra noi Siciliani il rigore dei tribunali e della ghigliottina (a), onde potervi far pervenire i pezzi più interessanti dei processi che si andranno mano mano formando, perchè fossero di vostra norma e determinarvi ad odiare tutti i nemici dell'immortale salute.

Cerami, 14 luglio 1978.

L'ex sindaco sordo, zoppo e senza pollice.

(Archivio di Stato, Direzione generale di polizia, Gabinetto particolare, numero 177, filza 235).

(a) Il truce desiderio del sindaco di Capizzi fu pur troppo soddisfatto!

17

CAPITOLO VIII.

All' arrivo del manifesto di Mario Adorno, Floridia, Solarino, Canicattini, Agosta, Avola, Lentini, Palazzolo, Modica, Ragusa, Comiso, Chiaramonte, Monterosso, Pozzallo, Rosolini, Sortino e Scordia tumultuarono; Catania, già sollevata, crebbe d'audacia, e Siracusa, agitata ancora dal sospetto del veleno, continuava il processo contro i presunti attossicatori. Il 22 luglio, alle ore 15 d'Italia, si riunirono nell'atrio della Cattedrale il Mistretta, i membri della Sotto-commissione ed il Collegio dei periti, il quale, volendo proseguire gli esperimenti chimici sugli oggetti del Vaccaro, aprì la porta del Tesoro, e trattane la cassetta ripostavi il giorno precedente, cominciò l'opera sua. Per verificare poi se nel liquido d'una bottiglia vi fosse in combinazione del piombo, ne sottopose una piccola quantità all'azione del solfato di soda, e non diede alcun precipitato bianco. Assoggettatane altra quantità all'azione dell'alcale volatile, non ebbe parimenti alcun precipitato bianco. Temendo poi che in un pacco di rapè vi fosse sublimato corrosivo, ne prese una piccola quantità, la sciolse nell'acqua filtrata, e messa questa all'azione dell'acqua di calce, non diede alcun precipitato giallo. Gettata la materia rimasta nel filtro sui carboni accesi, non mandò alcun odore di aglio; onde dedusse la non presenza dell'arsenico. Altra porzione dello stesso liquido, sottoposta all'azione del solfato di soda, non diede alcun precipitato bianco. Altra ancora del medesimo liquido, trattata coll'ammoniaco di rame, formò un precipitato verdastro, che fu giudicato un protossido di rame, il quale, disciolto nell'ammoniaca, formò l'ammoniuro di rame. Proseguendo gli esperimenti sulle tre cartoline trovate a Pasquale l'Orbo, osservò contenere carbonato calcare. Essendo l'ora tarda, interruppe ogni esperimento, e rinchiuse il tutto nel Tesoro (1).

Lo stesso 22 luglio, Giuseppe Belfiore, Carmelo Serra, Giuseppe Signorelli e Luciano Moncada trovarono nella casa del *Cosmorama* altri oggetti, i quali furono dal barone Pancali inviati al Mistretta. Questi, volendo interrogare lo Schwentzer intorno ad essi, recossi sull'imbrunire alle Carceri centrali, e fatto condurre alla sua presenza l'accusato, gli diresse le seguenti domande:

" D. Nella lettera direttavi dal signor Ottavio Omodei di Agosta, leggonsi delle espressioni che accennano ad una tomba ed altre cose che appare avere del mistero, come date a ciò spiegazione?

R. Fuvvi una commedia, ove mia moglie rappresentò e nella quale doveva fare una cascata nella tomba. Se ne fecero le prove, quando poi ebbe luogo la rappresentazione, mia moglie fece così bene la cascata che piacque molto agli astanti. Il che rammentava il signor Omodei nella sua lettera, come altresì la passeggiata a cavallo e la caffettiera a vapore di cui m'aveva incaricato.

D. Tenevate voi degli emblemi in casa vostra?

R. No; solamente teneva una medaglia che mi fu data a Tolone, e che io portava appesa al collo talvolta; rilevava da una parte una tomba e santa Filomena, portante alla mano un fiore, e dall'altra parte opposta cinque spade incrociate.

D. In quale occasione vi fu data?

R. Nella circostanza del colèra, quando mi trovai a Tolone l'anno scorso.

(1) Processo citato.

D. Quale relazione avvi tra quella medaglia ed il colera?

R. Furono coniate appositamente quando cedette il colera, nè v'era uomo che non la portasse; altre in oro, altre in argento, altre in rame come la mia.

D. Avevate delle corone?

R. Mia moglie ne teneva, ma non so quante, ed erano quali sogliono portare i frati.

D. Dove le acquistò?

R. Le furono regalate a Girgenti, ove fu ammalata, unitamente ad un cordone.

D. Sapreste nominarci il nome di coloro?

R. Questo non lo so, ma credo che siano stati frati cappuccini, cui sempre abbiamo ammesso in casa.

D. Diteci la qualità di tali corone.

R. Non saprei dirvelo.

D. Voi sostenete non avere tenuto altra medaglia o emblema, menochè quella di cui ce ne avete fatta definizione; intanto altro emblema vi si è rinvenuto indicante morte.

R. Non ne ho conoscenza.

D. Avevate delle bandiere che sponevate al pubblico, quante e di che colore?

R. Ne teneva quattro; due grandi e due piccole, una delle quali mi si era fatta qui dal signor Politi; le grandi erano di color rosso, la mia piccola di color nero, quella fattami dal signor Politi era di vario colore.

D. Il vostro giovane dove procurò di fare una medaglia in istagno?

R. Qui in Siracusa, all'occasione d'essersi sviluppato il colera, rammentandosi della medaglia di rame che io teneva.

D. Quando vi fu regalata quella medaglia, avevate visto a Milano il tedesco spargitore di veleni?

R. Non ancora.

D. Se dietro le notizie avute in Milano sul di lui conto, e poscia dopo aver visto qui quell'uomo, sapevate che il male aveva origine da sostanze venefiche che si spargevano da mano nemica, perchè far coniare qui simile medaglia , quando tutt' altro n' era il rimedio ?

R. Io credo alla religione ed ai santi , e tuttochè sapeva le scelleratezze di quell' uomo che propinava dei veleni , pur tuttavia non lasciai di fare coniare quella medaglia. , (1)

Il 23 luglio scorse tranquillo, e pareva che un po' d'ordine si fosse stabilito in città per le cure della Commissione e di Mario Adorno, che dirigeva le squadre, comunicava col presidio , e faceva ogni sforzo per condurre a termine il processo. All'alba del 24 s'udì intanto un colpo di cannone, uno squillo di trombe ed un rullo continuato di tamburi. Che era ?—Un battaglione di linea usciva dalla fortezza, attraversava il paese , ritirava i corpi di guardia, e ritornava subito in castello. Durante la marcia accadde una scena commovente. Giunto il battaglione alle Carceri vecchie , gli arrestati per avvelenamento protendevano, aggrappati alle inferriate, le mani e le braccia, chiedendo ad alta voce soccorso. Ma gli ufficiali ed i soldati, chinati gli occhi, seguitavano impassibili la loro via.

Dopo questo incidente, la condizione di Siracusa divenne assai triste. La Commissione, temendo l'ira della plebe e le vendette del Governo, si era assottigliata di molto ; alcuni liberali erano corsi alla chetichella in campagna, e lo stesso Pancali , affidata la carica d'Intendente al barone Paolo Impellizzeri, lasciò anch'esso la città. In mezzo a tanta defezione, tornava la barca che portava la neve in Siracusa; onde fe' conoscere gli avvenimenti di Catania, e recò alla Commissione quattro proclami della Giunta provvisoria di quella città. A tal nuova il popolo si agita, i patrioti si rianimano, Vincenzo Mancarella distribuisce alcune coccarde gialle, segno dell' indipendenza siciliana, la Commissione si raduna, e Mario Adorno, che la presiede in assenza del Pancali, fa leggere dal segretario Orazio Musumeci i quattro proclami, che destano grande entusiasmo (2).

(1) Processo citato.
(2) V. De Benedictis Op. cit., pag. 11 e seg.

Intanto il giudice Mistretta, che seguiva con attenzione l'al-
talena degli avvenimenti, e accomodava la sua condotta alla
stregua di essi, udite le nuove di Catania ed osservata l'ec-
citazione di Siracusa, riprende con zelo l'istruzione dal processo,
e recasi (1º agosto) alle carceri con Mario Adorno, che gli
aveva poco innanzi presentate tre scritte a firma del *Cosmorama*.
Chiamato costui alla sua presenza, gli mostrò le carte, e gli diresse le seguenti domande:

" D. Queste tre carte che vi presentiamo sono state scritte e
sottoscritte da voi?

R. Sì, sono di mio carattere; io le ho scritte e le ho firmate.

D. Spiegatemi più chiaro cosa intendevate dire in quel foglio
diretto alla popolazione, che incomincia: Di giorno in giorno il
male va di peggio in peggio; e termina: Vi farò conoscere che
siamo tutti ingannati?

R. Ieri sono stato circondato da molti; e chi mi chiamava
scellerato; chi mi diceva averla pagata l'Intendente, averla pagata mia moglie, il pubblico voler la mia morte. Inutilmente
io diceva essere innocente; nulla aver trovato le autorità contro di me; ciò importare che niente avevano fatto sapere al pubblico. Fuvvi chi volle che io scrivessi, e preso da disperazione,
presi la penna, e scrissi quel foglio.

D. Cosa intendevate dire con quelle espressioni: *adesso mi
levo la maschera?*

R. Non sapeva quello che scrivessi.

D. Ma tali espressioni importano che per lo innanzi avevate
simulato e mentito, e che indi eravate determinato a dire il vero.
Questo pensiero non potè esservi indettato da altri, ma dovette
essere tutto vostro.

R. Non so che dirvi. Io non capiva quello che scriveva.

D. Chiudevate quel foglio, chiedendo che foste salvato al più
presto e che avreste fatto conoscere che siamo tutti ingannati.
Da chi ed in qual modo?

R. Mi dicevano che le autorità non volevano che il popolo
imperasse; che mia moglie e mia figlia sarebbero state sacrifi-

cate ; ed io sentiva dire che tutti siamo ingannati e che io sono calunniato.

D. Voi in altro scritto diceste che promettevate di levare tra poco il flagello che corre in Siracusa, se avevate promessa la vita per la moglie e figlia. Diteci in qual modo avreste levato in fatto il flagello?

R. Vollero che io scrivessi in tal modo, e lo feci. Nulla io so, e nulla so dirvi. Fate di me quel che volete (1) „.

Questo interrogatorio attutì in certa guisa le speranze dell'Adorno; ma non dissipò del tutto la fissazione che da parecchi giorni il travagliava. Egli, che immaginava sinceramente di rendere coll'opera sua un beneficio all'umanità, giudicava cosa indegna di sè e del suo nome l'arrestarsi nel bel mezzo dell'impresa; talchè inviò il due agosto tre suoi amici allo Schwentzer, promettendogli, a nome della Commissione, che se egli scrivesse per disteso quello che aveva accennato nelle carte precedenti, sarebbe subito messo in libertà ed imbarcato pel continente. Il prigioniero volle tempo a riflettere. Dopo una notte passata tra le ambasce sue, le lagrime della moglie e la vista dell'innocente creaturina, fece sapere all'Adorno che, ove la Commissione lo facesse partire subito da Siracusa, avrebbe detto ogni cosa. L'Adorno gongolò di gioia, e scrisse tosto questa dichiarazione: "Io qui sottoscritto, in nome della Commissione, e sulla santità del mio onore, prometto che, se il signor Schwentzer, ritenuto in queste prigioni come imputato di pubblico veneficio, paleserà in iscritto i veri fatti che riguardano l'infernale cospirazione, sarà tosto messo in libertà, e imbarcato quindi per il continente. „ — Lo Schwentzer, ricevuta la dichiarazione, scrisse la sua confessione (2), la quale, ripetuta da mille bocche, esagerata dalle scaldate fantasie, svisata dai nemici dell'ordine, crebbe grandemente l'agitazione del paese. Il 3 agosto si trovò affisso sulla porta del palazzo comunale un

(1) Processo citato. — BUFARDECI, Op. cit.
(2) Non si trova nel processo.

avviso che additava come rei di veneficio il funzionante da Intendente, il Li Greci, il capitan d'arme di Siracusa, di Modica
e di Noto, i cancellieri di polizia, l'ispettore Rizza, i commessi,
i rondieri, il generale Tanzi ed altri (1). L'avviso, strappato dal segretario Orazio Musumeci, fu dall'Adorno inviato all'istruttore,
a cui narrava d'aver le guardie comunali visto affiggere quella
scritta da Emanuele Lo Curzio. Il giudice, che nei maggiori torbidi mostrava uno zelo straordinario, da un canto si accinse ad
aprire un processo contro il Lo Curzio, e dall'altro recossi alle
carceri con Mario Adorno e Pasquale Cassola per raccogliere le
prove a carico degl'imputati. Fatto quindi introdurre uno di
essi, iniziò questo interrogatorio:

" D. Qual'è il vostro nome, cognome, genitori, età, domicilio e
condizione?

R. Mi chiamo Antonio Lucifero, figlio del fu Scipione, d'anni
38, nato a Stromboli, provincia di Calabria Ultra II, capo ronda
di polizia.

D. Voi siete stato arrestato dal popolo come sospetto di a-
vere sparso e propagato dei veleni che hanno mietuto la vita
a tanti cittadini qui in Siracusa: cosa rispondete?

R. Io non so nulla di veleni; quello che posso dire si è che,
ritornato da Palermo l'ispettore Li Greci, recavasi ogni mattina,
essendo qui in Siracusa, al Commissariato, ove venivano pure
l'ispettore Rizza, il cancelliere Bonfanti e Barucco padre, ma
questi non sempre; ed essi, ordinandoci di star fuori, si chiu-
devano fra loro; anzi erano sì rigorosi in ciò che una volta ne
ributtò il commesso don Gaetano Pancali; ed il giorno seguente,
avendomi io permesso di entrare per presentare al Commissario
un ufficio, il signor Li Greci mi respinse con cattivi modi, e,

(1) Cioè i fratelli Frangipane, il Regio procuratore Genovesi, Vasquez,
La Rosa, Raffaele Lanza, Agatino Privitera, Raddusa, Failla Luigi, Reale, Fucile, Mollo, Campisi Gaspare, dottor Naro, dottor Campisi, dottor Ma-
scari, Orazio Lo Giudice, Tommaso Puleio, Patronaggio, Lorello, barone Astuto
di Vittoria, Giarruso, sacerdote Serafino, Giuseppe Serafino e Pandolfo. (BUFAR-
DECI, Op. cit., p. 210.

redarguendomi l' imprudenza, mi chiuse l' uscio in faccia. Dei quali modi io e Pancali ci dolevamo, e facevamo meraviglia di questo colloquio segreto, non solito per l' innanzi. Debbo dirvi inoltre che venti o quindici giorni prima della uccisione del Commissario, standomi io alla *baracca*, venne l'usciere d'Intendenza Canzoneri, portando un ufficio pressante dell' Intendente, non essendovi alcuno al Commissariato per consegnarglielo. Non trovatolo in casa, mi sedei dietro la porta della sala. Più tardi intesi che persone salivano le scale, e dalla voce distinsi ch'era il Commissario, l' ispettore Li Greci ed il cavaliere Bonfante. Li Greci diceva a Vico: " Giovanni, non sai che quell'affare che noi sappiamo fu pure commesso all'Intendente, al cavaliere Raddusa, a Camardelli ed al capo del secondo ufficio? E credo ne abbia avuto pure l'incarico il direttore Patronaggi, il quale può fidarsi del tenente Munna. Anche ne ha scritto al generale per sua intelligenza „. Io, sentendo ciò, supposi che parlassero di cordone o d'altri affari di servizio. Intanto, introdottisi nella sala, Li Greci, avvedendosi di me, disse: " Lucifero qui? „—" Ei dorme, rispose il Commissario „—Indi passarono in altre stanze; ma il Bonfanti, congedatosi da loro, disse che avrebbe chiamato a sè il rondiere Rogo.

D. Aveste mai incarico dal Commissario di buttar delle polveri e dei liquidi?

R. No; io non aveva la fiducia del Commissario, anzi io mi era determinato a congedarmi dal servizio, poichè mi rimproverava che io facessi lega coi vagabondi e che bevessi con loro.

D. Ma vuolsi che voi godevate la fiducia del Commissario, da che da Catania veniste qui a prestar servizio, venuto lui.

R. Ciò fu, perchè messo in arresto per ingiustizia, per l'evasione del detenuto Francesco di Marco, essendo io sotto-custode, dopo otto mesi e giorni di carcerazione, non volli più ritornare a quell'impiego, e, chiesto altro servizio in questa per mezzo dell'ispettore Silvestri, mi fu accordato.

D. Dai vostri compagni rondieri vi fu fatta alcuna confidenza?

18

R. Giammai.

D. Dai loro movimenti sospettaste mai di alcuna cosa?

R. E chi poteva mai creder tanto?

D. Eravate voi amico ad Orazio Lo Giudice?

R. Lo conosceva, perchè noi eravamo piantoni uno al giorno per aiutarlo nella riscossione dei dazii, di cui era appaltatore, e perchè il vedeva talvolta venire in casa del Commissario.

D. A quale oggetto ivi ne veniva?

R. Non so; non sempre io mi trovava là piantone, ma casualmente me ne avvedeva e quasi tre volte il vidi andare a cavallo dietro il Commissario, quando questi nella sua somara recavasi a Santa Panacea.

D. Voi, trovandovi una sera con altri rondieri ed un gendarme calabrese alla *baracca*, rimproveraste il gendarme, perchè narrava aver visto quel giorno trasportarsi fuori la città venti cadaveri?

R. Non è già che il rimproverai, ma, siccome un altro gendarme, che era stato di piantone alla porta, diceva essere stati dodici, e quegli ne portava il numero a venti, anzi a più, dissi: non c'è a chi credere meglio di voi, se all'uno o all'altro.

D. Ma vuolsi che voi, rimproverandolo, gli diceste che quelle cose non erano a dirsi, perchè offendevano la polizia.

R. Ciò non mi è uscito mai di bocca; e quale offesa con ciò facevasi alla polizia?

D. Il Commissario vi diè ordine di fargli rapporto di tutti coloro che morivano?

R. Io non ebbi mai tale ordine, perchè non andava per le strade. Un giorno però vidi entrare dal Commissario Girolamo Tringali e riferirgli che alla Bagnara ne erano morti venticinque, e queste notizie gli si portavano ogni giorno da Giarratana, Troia e Tringali.

D. In un vostro foglio diretto alla Commissione diceste aver sospetto di visitare la casa di Sebastiano Canzoneri. Su di che voi fondavate tale sospetto?

R. Perchè il vedeva troppo vicino all'Intendente, cui si portava anche in carrozza quando si portava fuori.

D. Di che mestiere si è questo Sebastiano Canzoneri?

R. Egli è usciere d'Intendente.

D. Tenevate in vostra casa delle cartoline; in che consistevano ed a quale oggetto le serbavate?

R. Mentre fui detenuto a Catania, siccome io vi ho narrato, essendo ammalato, mi furono ordinate quelle cartoline e mi si disse esser cremor di tartaro.

D. Dopo che si è scoverto essere stato a causa di veleni che la mortalità è avvenuta, quai sospetti avete voi formato?

R. Quai sospetti poteva io formare?

D. A che dunque avete voi rapportato i discorsi intesi dal signor Li Greci, salendo le scale del Commissario? In tal caso sarebbe senza oggetto quanto voi dichiarate?

R. Dappria io credeva che trattassero affari di servizio, posteriormente diceva fra me che potevano parlare di materia di veleni; ma io non ne son certo. E come poterlo sapere? (1).

Dopo tale interrogatorio, il Giudice Mistretta, seguito dall'Adorno, dal Cassola e dai periti Innorta, Murè, Genovesi, Campisi e Pria, si recò nell'atrio arcivescovile per continuare gli esperimenti sugli oggetti conservati nella stanza del Tesoro. Rotti i suggelli, e schiusa la porta, furono tratti un paniero, una cassetta e una cassa del *Cosmorama*. Il paniero conteneva un rotolo di nitrato di potassa, un involto con solfato di calce e quattro once d'una materia gialla, che assoggettata all'azione del solfato di soda, non diede alcun precipitato giallo; una bottiglia con poco vino, una boccettina con once tre di aceto aromatico ed una palla di rame, della grandezza di una grossa arancia, formata di due lamine eguali, sferiche, combacciantesi strettamente nel mezzo, vuota. La cassetta conteneva un certificato spedito dal sindaco di Lentini a Sebastiano Fidone, attestante

---

(1) Processo citato.

la partenza di lui da quel comune; altro certificato di garanzia
per lo stesso Fidone, rilasciato dal giudice di Lentini; un pacco
di Angelo Fidone da Carlentini, un notamento del signor Alda-
rese, un fazzoletto di color celeste con moneta di rame, ed una
palla simile alla descritta. La cassa conteneva un vaso
vuoto, un sacchetto con varie cartelle da tombola, due canzoni
manoscritte, una cassetta a vapore, otto specchi, tre bandiere
ed un portafogli con varie carte e lettere. Essendo l'ora tarda,
gli oggetti furono conservati nella stanza del Tesoro, che venne
assicurata a tre chiavi, le quali rimasero una all'Adorno, l'altra
al Cassola e la terza al Mollica (1).

Volendo l'Adorno porre in libertà alcuni arrestati, chiese al-
l'istruttore un rapporto intorno ai presunti rei ed innocenti. E
l'istruttore la mattina del cinque inviava alla Commissione una
lunga lettera a discolpa del Patronaggi, del Munna e dell'Azzoppardi, i quali furono pertanto posti subito in libertà insieme a Carmelo Senia, detto lo *Storpio*, un accattone mezzo paralitico, arrestato come attossicatore. Costui, attraversando il Piano dei
Lettighieri, fu seguito da un nugolo di fanciulli che vociavagli
dietro : *L'avvelenatore! L'avvelenatore!* Lo Storpio allora si ferma,
si grava sul bastone, protende il collo. appunta il viso, s'accende
lo sguardo, e grida: " Sciocconi ! morrete tutti di veleno! ,, Non
l' avesse mai detto. Fu tosto assalito da una turba di donne,
la quale lo ciuffa , lo graffia, lo batte e l'uccide con una gran-
dine di sassi. Indi butta il cadavere sul carro di Santo Cappuccio,
e lo trascina alla casa comunale, dove era detenuto per lo stesso
motivo un altro mendico, *Pasquale l'Orbo.* Questo sciagurato, richiesto dalla folla chi fossero i veri attossicatori, rispose: " Il
sacerdote Felice Campisi, suo fratello Baldassaro e Saverio Nizza. ,,
Quindi una turba di facinorosi corse ad arrestare i tre calunniati!
Concetto Sgarlata, Santo Cappuccio, Pasquale Greco, Francesco
Cesareo, Sebastiano Favara, Vincenzo Giliberti e parecchi altri,

(1) Processo cit.

giunti alla villa del Nizza, sorprendono quest'infelice nel sonno, lo legano , lo trascinano a Siracusa, e l'ammazzano tra le grida e le bestemmie d'una plebe infellonita (1). Alla stessa ora Gaetano Rodante, Sebastiano Pusateri, Sebastiano Troia e Giuseppe Alì, seguiti da un'orda di vetturini, di marinai e di manovali, arrivano alla villa dei fratelli Campisi, li arrestano, li conducono al piano del Duomo, e li moschettano barbaramente (2). Tra il fumo, lo sparo e le scintille s'ode una voce: " Al carcere ! , Allora una turba furente corre a quel luogo, scardina porte e cancelli ed irrompe nella prigione. Gli arrestati, Giuseppe Schwentzer, Maria Anna Lepik, il capitano De Ortis, i rondinieri Troia, Lucifero, Tringali, Giarratana , le mogli e le figlie di questi ultimi, si stringono spaventati in un gruppo e si rincantucciano in un angolo del carcere chiedendo mercè; ma Concetto e Giuseppe Sgarlata, Francesco Li Voti, Gaetano Rodante, Giuseppe Fortuna, ed altri malvagi li snidano, li incalzano, li spingono colle armi al piano fatale, e li trucidano, salvo la moglie di Lucifero, tra gli urli del popolo e le tenebre della notte del cinque agosto (3).

Dopo tanta strage , un tardo pentimento fe' nascere il sospetto che il Nizza ed i Campisi, persone tutte di specchiata fama e d'illibata onestà , fossero state vittime della calunnia. Il sospetto divenne certezza quando un popolano affermò che il cieco aveva, per denegata elemosina, detto un giorno al sacerdote Campisi: " La pagherà troppo cara! , Si corse tosto in cerca dell'accattone: trovatolo, confessò pubblicamente al prete Salvatore Corsello la sua malvagità; chiese la morte, e l'ebbe tra le grida e le maledizioni d'una gente esasperata.

Con questa uccisione termina il dramma cominciato il 18

(1) V. *Appendice*, documenti citati.

(2) Ibid.

(3) Pasquale Greco è accusato in una sentenza della Commissione militare di Siracusa d'aver tratto dal petto di Maria Lepik un orologio ed una chiave. (V. *Appendice*, documenti citati).

luglio e chiusosi il 6 agosto; dramma sanguinoso, i cui attori
meriterebbero il titolo di selvaggi, se i loro delitti non avessero
tutte le parvenze della vendetta, se fossero i soli responsabili
delle scene descritte.—Un popolo che vede un giudice regio i-
struire con tutte le forme legali un processo contro i suoi pre-
supposti avvelenatori; che vede unoldi questi, lo Schwentzer, prof-
ferire il nome d'un attossicatore; che vede da un collegio di medici
e di speziali analizzarsi dei farmachi, i quali producono la
morte istantanea; che vede un avvocato rispettabile esaltarsi alla
nuova d'una scoperta ipotetica, e un sindaco d'un capo valle
annunziarla solennemente alla Sicilia, ed un presidio di mille
e più uomini avvalorarla colla sua muta acquiescenza, doveva
fatalmente macchiarsi di delitti nefandi. Ma di chi la colpa principale?—Diciamolo senza ipocrisia: d'alcuni liberali, della Commissione dei sessanta, del Collegio medico, di coloro che non seppero
reprimere a tempo il disordine, di quelli che l'alimentarono colle male arti, che lo tollerarono per ignavia, per insipienza, per
debolezza; del Tanzi, dol Pancali, del Mistretta e dell'Adorno,
il quale sarebbe degno di severo biasimo, se una morte immeri-
tata, orrenda, non l'avesse collocato tra le vittime innumerevoli
dell'ira borbonica.

L'eco sinistra delle nefandezze di Siracusa si ripercosse tosto a Floridia, a Modica, ad Avola, a Sortino, a Canicattini
ed in altri comuni della Valle, dove fu innalzata altresì la bandiera della rivolta contro i possidenti, contro i funzionarii del
Governo e contro tutti coloro cho o l'invidia, o la vendetta, o
la calunnia interessata additava come avvelenatori. In Flo-idia,
piccola terra a nove miglia da Siracusa, la sera del 16 luglio
un drappello d'audaci popolani, armato di fucili, di bastoni e di
accette, scorreva per le vie del paese vociando, lanciando sassi
e portando lo spavento e il terrore in ogni dove. Il 18 luglio
poi, corsa ivi la voce d'essere evasi i condannati del bagno penale del capovalle, una grossa folla, guidata da Raffaele De
Grandi, Giuseppe Greco e Gaetano Ferla, assalì la casa di Gae-

tano Pandolfo, segretario della Gran Corte Criminale di Siracusa, il quale, avvertito a tempo dai suoi amici, era fuggito alla
campagna; ma fu ivi tosto scoperto ed ucciso dal massaio di
Raffaele De Grandi (1). La turba malvagia, tornata in paese,
avviossi all'abitazione del presidente Giuseppe Riccardi; e trovatolo nascosto in una casa contigua alla propria, l'arrestò insieme a Luigi Brida, maestro di musica dei suoi figliuoli, li trasse
entrambi a viva forza sulla piazza, e li trucidò miseramente fra
le grida e le maledizioni della folla. Il domani, questa, non
sazia delle perpetrate scelleratezze, saccheggia la casa del-
l'ucciso segretario, ferisce alla testa Emanuele Drago, servo
dei Pandolfo, e l'obbliga, col pugnale alla gola, a manifestare i
nomi degli avvelenatori. Il Drago, confuso, depresso, dichiara
tra gli spasimi e le minacce avere il Pandolfo sparso il veleno
per mezzo di Vincenzo Mazzarella Angiolino, detto il *Gallinaro*,
e di Raffaele Accaputo, giudice supplente. La folla corre immantinente in cerca del Mazzarella, lo trova, e l'ammazza; indi
saccheggia l'abitazione dell'Accaputo, incendia quella di Clemen-
te Pugliatti, arresta come sospetti avvelenatori nove infelici, tra
cui Michelangelo Pistretto e Francesco Calabrò, uscieri di circondario, e si scioglie a tarda sera col proposito di rinnovare le
vendette. La dimane, in effetti, uscita armata dalle proprie case, si dirige alle carceri, trascina fuori di esse gli arrestati del
giorno avanti, li lega tutti e nove ad alcuni staggi, e li moschet-
ta l'un dopo l'altro. Non paga di tanto strazio, il 23 luglio uccide Giuseppa Formica Pitta, confidente dell'Accaputo, ar-

(1) Il dottor De Grandi odiava mortalmente il Pandolfo per la seguente ragione. . Chiedeva egli nel 1837 in isposa la figlia di un signore di Floridia.
Questi, prima di dare una risposta, domandava al Pandolfo informazioni
intorno all'indole ed ai costumi del De Grandi. Ed il Pandolfo, da uomo onesto, scriveva all'amico che non avrebbe mai dato una figliuola ad un uomo il
quale aveva per ben due volte attentato alla vita del proprio genitore. (V. E.
BUFARDECI, Op. cit., p. 243).

resta il sacerdote Gaetano Scifo, e protrae i disordini e il terrore sino all'alba dell'undici agosto, dì in cui le truppe regie arrivarono improvvise in Floridia (1).

Dopo la rivolta di questo paese s'udivano in Canicattini perfide accuse contro gl'impiegati, i civili ed i possidenti. Il sei agosto, Salvatore Bonajuto, seguito da una turba di popolani, arrestò fuori dell'abitato il cancelliere comunale, e lo condusse alle carceri tra le grida e le minacce di morte. La sera del sette, lo stesso Bonajuto, Antonino e Santo Giuffrido, Giuseppe Covato, Luciano e Santo Pantano e parecchi altri, assaltarono le case di ventiquattro cittadini, creduti propinatori di sostanze venefiche, li trascinarono alle prigioni, ed inviarono a Siracusa Santo Carbone per vedere se mai i nomi di coloro fossero nelle immaginate liste degli avvelenatori. In tal frangente i buoni cittadini, còlto il destro che i più caldi agitatori del disordine stavano inerti in attesa del ritorno del Carbone, corsero colla forza pubblica alle carceri, ne aprirono le porte, e posero in libertà gli arrestati (2).

I tumulti di Canicattini erano stati preceduti da quelli di Modica. Ivi, a mezzo luglio, corse voce che due frati, reduci da Palermo, spargessero il veleno. Tal voce, ingrossata da coloro che reputavano legittimo il mendacio contro un governo nefando, si diffuse rapidamente, turbò gli animi e mise in repentaglio la sicurezza del paese. Il 21 luglio il giudice di circondario, cedendo alle istanze del Sindaco e del capitan d'arme, deputò alla sicurezza del paese gli abitanti più saggi, i quali, uniti a tre, a cinque, a drappelli, a squadre, percorrevano le vie di esso per mantenervi saldo l'ordine sociale. Non ostante questo provvedimento, il rumore cresceva. La mattina del 22 scomparve improvvisamente il capitan d'arme, il dì vegnente fece altrettanto il giudice regio e lo stesso giorno Sa-

(2) V. *Appendice*, documento n. 79.
(2) Ibid.

verio Scapellato, tornato da Siracusa, recò all'agitata moltitudine il proclama dell'Adorno. Fattane lettura tra lo stupore, le imprecazioni e lo sdegno degli adunati, fu deciso ; per acclamazione che una deputazione si recasse tosto nel capovalle per conoscere la verità dei fatti narrati. Tornata la sera del 24 la deputazione, che non oltrepassò i confini di Avola, riferì alla folla bramosa di notizie che in quest'ultimo luogo si era, per discoperto veleno, dato alle fiamme il palazzo del barone Di Maria, cognato a monsignor Amorelli, vescovo di Siracusa, il quale trovavasi da pochi giorni in Modica. La folla, a quella nuova, corre, senza metter tempo in mezzo, al convento di S. Domenico, dimora del vescovo; assale il convento, lo mette sossopra, ridiscende le scale, e si disperde per le strade, rinnovando i tumulti, che non ebbero, come in Avola, funeste conseguenze (1) — In questo luogo, sito a poche miglia da Siracusa, arrivava ogni giorno l'eco sinistra delle scene di essa; scene le quali turbavano fortemente le pavide coscienze, scaldavano gli animi creduli ed eccitavano nei torbidi petti propositi fieri, che non tardarono ad effettuarsi. Il 23 luglio, manifestatosi in Avola il primo caso di colera, se ne diè subito la colpa a due frati domenicani, congiunti del barone Di Maria. Il popolo assalta immantinente il convento di S. Domenico, arresta i due frati, ne fruga le celle, e, trovati in queste un canestro con farina ed un involto con estratto di pomidoro, deposita l'uno e l'altro nella cappella di S. Venera, protettrice del paese. Indi saccheggia ed incendia le abitazioni del De Maria, del giudice supplente Monteneri, quelle del genero di lui Antonino Rossi, ed uccide verso sera Innocenzo Azzolini e Giuseppe Greco, accusati entrambi come avvelenatori (1).

La terribile parola, divenuta ovunque occasione d'ansie trepide, di fantasie bieche e d'aspre vendette, produsse a Sortino,

(1) *Appendice*, documenti citati.
(2) V. BUFARDECI, *Op. cit.*, p. 148.

comune di 8,000 abitanti, tumulti, incendi, saccheggi e misfatti immani. Arrestata ivi ai primi di agosto come avvelenatrice certa Lucia Magnano, donna di cattiva fama, il sei dello stesso mese, giorno di festa, una turba furiosa corre alle prigioni, ne trae la infelice, la trascina davanti alla bocca d'una fornace, e l'obbliga, sotto la minaccia di bruciarla viva, a dichiarare gli avvelenatori. La sciagurata, costretta a scegliere tra la morte e la calunnia, sceglie quest'ultima, e addita come pubblici avvelenatori due cancellieri del comune, quelli del circondario, il ricevitore del registro e parecchi altri innocenti cittadini. La plebe cattura subito i funzionari, assalta e devasta le loro case, brucia gli archivii notarili e la ricevitoria del registro, trucida Salvatore Mortellaro, Paolo Micalef di Agosta, Pietro Ferreri, e, invasa da insano furore, deturpa i loro cadaveri (1).

Dovrò io continuare il racconto d'eccidii sì nefandi ? Dovrò esporre ancora le conseguenze funeste d'un sospetto tremendo ? Sono stanco d'enumerare, correndo, una lunga serie di misfatti insani; onde passo addirittura alla narrazione del moto politico di Catania; ma prima di ragionar di questo, chiedo a coloro che in tempi di libertà rimpiangono un passato detestabile : Così educa il reggime del quale voi sospirate il ritorno ? Questi sono i frutti ch'esso appresta alla patria ? Questi gli uomini che prepara alla gloria ed alla grandezza di essa ? Un governo che ha fede soltanto nell'aguzzino, nel birro e nel boja; che misconosce l'efficacia morale dell'istruzione e della scuola; che si studia d'avere non un popolo conscio dei suoi diritti e dei suoi doveri, ma un gregge insciente e sommesso ; che segue le idee d'un liberticida, il Metternich, i comandi d'uno stato assoluto, l'Austria, i consigli lojoleschi d'un retrogrado, il confessor Cocle, e le ferocie d'uno sgherro tronfio delle sue scelleratezze, il marchese Delcarretto, tal governo abbrutisce i meno istrutti, i quali vedono, e non a torto, nel re, nei funzionarii pubblici, negli abbienti, in tutti coloro che

<hr>

(1) V. Bufardeci, Ibid., p. 250.

primeggiano nella gerarchia sociale, i loro più fieri oppressori. Chiedere a costoro il perchè delle loro vendette, equivarrebbe a domandare perchè Euno trucida con i suoi Damofilo, Megallide e gli altri ottimati di Enna; perchè Spartaco, Crisso, Enomao, Casto e Gannico, spezzati i ceppi, fanno scempio dei signori di Capua; perchè l'offeso si scaglia talora contro l'offensore; perchè la vittima insorge, potendo, contro il suo carnefice. È l'istinto innato della vendetta, è il corruccio delle patite nequizie, è la diffidenza della giustiza sociale, la quale, in un regime corrotto, non ti difende dagli arbitrii del tiranno, dai soprusi dei suoi a-guzzini, dalle usure degli speculatori, da qual complesso d'uomini che vive e gode delle fatiche e delle miserie altrui. (1)

CAPITOLO IX.

SOMMARIO — Stato della città di Catania — Suoi funzionarii — Loro efferatezze — Tormenti del capitan d'arme — Strazii sofferti da Tommaso Rapisarda — Supplica di Giuseppe Navarria al Re delle Due Sicilie — Sdegno pubblico — Ardore patriottico della gioventù catanese — Sue brighe nell'Isola — Sue riunioni in Catania — Reazione della nobiltà — Timori del popolo — Adunanza dei liberali — Minacce — Giunta sanitaria — Accuse contro il maggiore Simone-schi — Assalto al Convento dei Benedettini — Adunanza del Consiglio dei notabili — Suoi provvedimenti — Notizia della sommossa di Siracusa — Agitazione del popolo — Arresto del-l'Intendente, del Procuratore generale e del Comandante della gendarmeria — Giunta di Pub-blica Sicurezza — Suoi provvedimenti — Emissarii sulle Rive del Faro — Loro ritorno — In-surrezione del popolo — Entusiasmo — Giunta provvisoria di Governo — Sue risoluzioni — Suo proclama — Annunzio della marcia del marchese Delcarretto — Sgomento dei Catanesi — Audacie dei Carbonari — Loro mene — Controrivoluzione del tre agosto — Arresto dei li-berali — Proclama del Cumbo e del Manganelli — Osservazioni.

L'amministrazione politica, giudiziaria e militare della Valle di Catania, sede operosa d'un popolo gagliardo, era affidata nel trentasette all'Intendente Alvaro di Paternò principe di Manga-

---

(1) Chi desidera più larghe notizie intorno ai fatti di Siracusa, legga, oltre alle opere ed alle carte citate: Ramiro Barbaro, *Il Colera ed il Governo.*— Emanuele Giaracà, *Il prof. Chindemi e le Memorie storiche di E. Bufardeci*, Siracusa, tipografia Pulejo, 1869.— *Siracusa difesa per* Luigi Failla. — *Osserva-zioni di* Gaetano Adorno Puma *alla memoria sopra E. Francica barone di Pancali.*—Giovanni D'Ondes, *Articoli nel giornale Indipendenza e Lega 1848.*— *L'Apostolato di* Francesco Crispi, *1848.* — *Opuscoli del giudice* Francesco Mi-stretta.

nelli, funzionario ignavo e pusillanime, ad un magistrato versi-
pelle, al colonnello Santanello, vecchio murattista, e ad un esoso
capitan d'arme, sgherro baldanzoso e manesco, che rinnovava a
pie' dell'Etna le nequizie e le ribalderie che il Cioffi perpetrava im-
punemente alle falde del Vesuvio. Cotesti funzionarii, imitando le
oltracotanze birresche del marchese Delcarretto, tolleravano sotto
i proprii. occhi violenze ed efferatezze indegne di un paese civile. Potremmo, se ne avessimo il tempo e il desiderio, narrar-
ne parecchie; ne citeremo solo tre per mostrare che dopo i generosi pensamenti del Beccaria, dopo la grande rivoluzione francese,
nel bel mezzo del secolo decimonono , in una terra sacra alla
libertà, tra popolazioni insofferenti d'ogni tirannide, vigeva ancora, auspici i Borboni, la tortura.—Il 15 marzo trentasette Agatino Lanza fu per un nonnulla assalito sur una pubblica piazza
di Catania dai rondieri, che lo coprirono di villanje, lo batterono con violenza e gli vibrarono una fiera stoccata al capo, fe-
rendolo gravemente. Non contenti di ciò, lo trascinarono al Commissariato, dove, appena giunto, fu dall'ispettore messo in libertà. I rondieri, rimasti impuniti, continuarono le loro braverie
a danno d'altri pacifici ed innocenti cittadini. Nello stesso anno,
Tommaso Rapisarda, accusato iniquamente d'aver commesso un
furto nell'abitazione del giudice istruttore di Catania, venne dai
gendarmi condotto nella torre di Paternò, dove gli slogarono le
braccia , gli strapparono i peli della barba e gli batterono le
carni con funi bagnate e nodose. Lo sciagurato , non potendo
reggere a tanto strazio, disse ciò che altri volle, ed accusò tal
Giuseppe Navarria del Comune di Nicolosi, armiere, domiciliato
in S. Giovanni la Punta. Non sono credibili le sofferenze patite
dal Navarria; esse si conosceranno appieno alla lettura della seguente supplica spedita da lui al Re delle Due Sicilie: " Sire—L'infelice Giuseppe Navarria, oggi detenuto ingiustamente nel carcere
centrale di Catania, prostrato ai pie' del Real Trono, con vive
lacrime espone qualmente sotto il giorno cinque dell' andante
avanzò alla Sovrana giustizia di V. M. un suo reclamo, col quale

dimandava vendetta e giustizia contro il Procuratore generale presso la Gran Corte di Catania, e contro il Capitan d'arme, quali barbari refrattarii delle sacre leggi dell'Augusta M. V., il primo perchè ha ordinato al secondo di usare sulla povera umanità tutte le possibili sevizie e barbare procedure, e l'ultimo, quale inumano esecutore contro ogni disposizione legale, procura di fare straziare dai suoi satelliti a forza di tormenti e martirii chi gli viene in sospetto, obbligandolo a confessar tutto ciò che non è stato commesso, e facendogli nominare persone innocenti e di regolare condotta politica e religiosa, come lo è l'Esponente. Sacra Real Maestà! L'Oratore è stato uno di quei martiri che nelle mani del crudele capitan d'arme ha sofferto quei tormenti che certo non patirono gli antichi martiri per la fede. Conviene che l'Esponente prolunghi il tedio alla Augusta M. V. per esporre i fatti per cui implora il perdono, e sono i seguenti: Avvenne negli scorsi mesi un furto nella Camera del Giudice Istruttore di Catania, e fu per sospetto arrestato un tale Tommaso Rapisarda, il quale sarà forse innocente; ma il signor Procuratore generale, usando ogni riguardo al derubato, ordinò al capitan d'arme, sebbene costui non abbia veruna ingerenza nei delitti che si commettono in città, di costringere a forza di tormenti il voluto reo Rapisarda, o fargli confessare tutto ciò che si pretendea. Infatti furono tanti e tali i barbari tormenti che il detto capitano coi suoi manigoldi gli fece provare, che l'infelice passò a spiegare al tiranno cosa volea che dicesse, e l'avrebbe fatto, purchè non lo sacrificasse ancora sull'ara della barbarie. Disgraziatamente nel numero dei molti sospetti, sebbene effimeri, nell'idea maligna del capitano si affaccia il nome del supplicante, e subito con inauditi tormenti forzò il Rapisarda a nominare l'Esponente socio nel commesso furto al giudice istruttore. L'Oratore, commorante colla numerosa sua famiglia nel comune di S. Giovanni la Punta, all'improvviso, mentre lavorava nel suo mestiere, si vide arrestato dai militi del capitan d'arme, che ben legato lo condussero, non al carcere centrale di Catania, ma nella comune di Paternò. Frattanto, fattasi notte, lo sviarono dalla strada pubblica, e lo trascinarono in una selva deserta, ove giunto lo legarono in tutto il corpo, e con le mani di dietro, con funi bagnate e piene di nodi, e con tenaglie gli strapparono gruppi di peli dal viso e dal pettignone, e gli torcevano le carni. Indi col capo in giù e coi piedi in alto lo tirarono su di un albero, lasciandolo in tal positura per molte ore, e, mentre egli, pel grave tormento gridava, i manigoldi in una vicina casa banchettavano; ma di tanto in tanto uno di essi si avvicinava dicendogli che se confessava il furto occorso nelle Camera del Giudice Istruttore di Catania, sarebbero finiti i tormenti. L'infelice rispondeva di nulla sapere, e a tal risposta il manigoldo davagli una grave percossa nel petto e nel ventre, e con una tenaglia strappavagli un gruppo di peli dalla barba e dalle parti vergognose, a segno che lo facea svenire. Avanzatasi la notte, procurarono i manigoldi di fargli provare maggiori tormenti, e dislegatolo da quella positura, con una funicella bagnata gli legarono i due pollici delle mani, e poi uno tirava un filo a sinistra ed un altro a destra, forte stringendo, tanto che gli ruppero le ossa dei due pollici; e poi lo sollevarono con una fune all'alto dell'albero, e così appeso, si avvicinava uno dei barbari, e con inumano gusto gli torceva i testicoli, ed un altro gli stava coi piedi sulle spalle torcendolo. Fu tanto lo spasimo provato dall'Esponente che dibbattendosi, si ruppe la fune, e cadde semivivo a terra. In tal positura lo pigliarono, lo condussero in un vicino sotterraneo, ove lo tennero occulto, dubitando di esalare l'anima a momenti. Ma appena riavutosi dal forte e lungo svenimento, si osservò di essergli manifestata una crepatura, e di essergli state rotte le ossa dei due pollici, per cui non potendo più reggere al cammino, lo posero sopra un carro, e lo condussero in una oscurissima prigione della Torre di Paternò, ove per lo spazio di due mesi non vide altri che il carceriere ed il medico—Sacra Real Maestà! Quelle campagne sentirono solamente con orrore i gemiti e le grida dell'infelice vittima, ed il Procuratore generale, a cui fu dal capitano d'arme riferita ogni cosa, non mancò di permettere che il derubato Giudice Istruttore col detto capitano si fossero portati in quella eccentrica prigione di Paternò per interrogare l'Esponente, che dopo due mesi, immaginando il Procuratore generale di non essere rimasti segni della sofferta barbarie nella persona del Supplicante, lo fece di notte-tempo trasportare in detto carcere centrale di Catania, ove innocente esiste storpio, crepato e quasi moribondo. Dopo alcuni giorni del suo arrivo, avendo reclamato al Procuratore generale, costui non volle far processo, essendo egli stato appunto il mandante del sofferto supplizio. Indi chiamato all'interrogatorio pubblico il voluto reo Rapisarda, disse palesemente di non aver mai conosciuto l'Esponente; ma lo nominò, perchè così volle il capitan d'arme, costringendolo a forza di tormenti. Frattanto l'Esponente resta tutt'ora prigione. Sacra Real Maestà! L'innocenza oppressa reclama giustizia e vendetta alla M. V., pregandola, non tanto per lui, ma per la desolata moglie e cinque figli di minore età, che languiscono in mezzo le strade, di benignarsi sovranamente e con tutto rigore rimettere il presente reclamo all'esatto esame d'un magistrato probo, indipendente però dai magistrati di Catania, giacchè tutti temono ed usano riguardo al signor Procuratore generale; ma ad un magistrato rigoroso ed imparziale, affinchè si veda rilucere la verità esposta, e si vedano palesi le barbarie e le inumane procedure dei detti signori oppressori dell'umanità e refrattarii alle sacre leggi dell'Augusta M. V. che vietano siffatte enormità, e da essi più volte commesse, maggiormente dal capitan d'arme, alle cui barbare iniquità sono stati soggetti un tal di Chiarenza catanese, rimasto cieco e mutilato, e i fratelli Arcidiano di Belpasso, che spirarono per li sofferti tormenti e martirii—Tanto implora e spera ottenere dalla sovrana giustizia (1).

(1) Supplica di Giuseppe Navarria al Re delle Due Sicilie, — Archivio di Stato in' Palermo, Segreteria di Stato presso il Luogotenente generale, Grazia e Giustizia, penale, anno 1837, filza 3458.

Lo spettacolo quotidiano di siffatte enormezze riempiva di stupore e di sdegno un'accolta di catanesi, Giuseppe Caudullo Guerrera, Giambattista Pensabene, Giacinto Gulli-Pennetti, Gaetano Mazzaglia, Salvatore Barbagallo Pittà, Salvatore Tornabene, Diego Fernandez e Gabriele Carnazza, giovani franchi, generosi, audaci, dei quali faremo qui breve menzione. Giuseppe Caudullo-Fetusa, negoziante di cuojame, uomo onesto, sagace, era molto stimato dal popolo, pel cui riscatto consacrava con disinteresse il suo tempo ed i suoi mezzi. Giuseppe Caudullo-Guerrera, nipote del precedente, mercante anch'esso di cuojame, era un giovane ventitreenne, amante del paese, ardito, disinteressato, il quale seguiva con fede e con zelo le orme ed i propositi dello zio. Giambattista Pensabene, figlio illegittimo d'un gentiluomo, già soldato dell'esercito napoletano, da cui fu congedato come incorreggibile, era, comechè superbo ed iracondo, d'animo generoso e indomito. Giacinto Gulli-Pennetti, figlio d'un sarto dovizioso, bello, gentile, colto, aveva anch'esso militato nell'esercito borbonico, dal quale si era allontanato, perchè teneva serva e schiava la patria. Gaetano Mazzaglia, giovane di 25 anni, esercente procuratore legale, era un ardente separatista, per il che diceva spesso con isdegno: " Finchè la Sicilia dipenderà per leggi organiche da un solo cubito di terra del continente, non avrà mai libertà. „ Salvatore Barbagallo Pittà, professore di belle lettere, poeta e prosatore non volgare, era cittadino d'incorrotti costumi e d'incomparabile patriottismo. Salvatore Tornabene, di nobile sangue, di rotto costume, di smisurata ambizione, ingannevole, audace, sapeva mascherare i suoi vizii colle più seducenti apparenze. Diego Fernandez, amico sincerissimo di libertà, era studioso di buone lettere e dicitore ornato, e Gabriele Carnazza, ingegno colto, anima eccelsa, era un forte che non si stancava di muovere il popolo ad un vivere più civile e più libero (1).

(1) CALVI, *Memorie storiche e critiche della rivoluzione siciliana del 1848*, *Londra, 1851, vol., I, p. 23 e seg.*

Quest'eletta congrega, composta dell'elemento più ardito e intelligente del paese, inviava continui emissarii nei centri più grossi dell'Isola, teneva vivo nel popolo l'odio contro i Borboni, e s'adunava ora in casa del Fernandez, ora in quella del Tornabene per discutere intorno ad una prossima sollevazione. L'agitazione, che di giorno in giorno facevasi più estesa e potente, preoccupò le autorità della Valle; talchè il Manganelli, che si studiava di contrapporre all'agitazione borghese l'opposizione della nobiltà, convocò il 10 luglio nelle stanze del suo palazzo i capi dell'aristocrazia ed i più doviziosi proprietarii. Costoro, dopo viva discussione, decisero di affidare la custodia della pubblica tranquillità a drappelli dei più eletti ed attempati cittadini; sicchè si videro tosto vecchi barbogi, chierici cadenti, ricchi pusillanimi, gente che non aveva mai maneggiato un fucile, percorrere armata, tra le risa e le beffe del popolo, le vie della città. L'agognato dissidio fra i liberali ed i notabili era scoppiato! Il 17 luglio si disse che l'Intendente meditasse, d'accordo colla nobiltà, di convocare la Giunta di Stato, tribunale d'orrenda memoria, che avea facoltà di ordinare, senza regolare processo, l'arresto di qualunque individuo sospetto, e di pubblicare le liste di fuorbando, specie di tavole di proscrizione che additavano alla pubblica vendetta coloro che v'erano annotati. La gravissima nuova, divulgata ad arte per tutta Catania, scosse il popolo, commosse i buoni ed agitò la schiera dei liberali, la quale, adunatasi d'urgenza, votava ad unanimità di ricorrere ad espedienti lesti ed energici. La dimane, pertanto, recossi, seguita da immenso popolo, all'Intendenza, vi si fermò sotto, e chiese all'Intendente di affidare la custodia del paese alle persone più oneste d'ogni ceto. Il Manganelli, confuso, perplesso, indifeso, accolse benignamente i messi del popolo, assentì a tutte le loro proposte, e convocò nello stesso tempo una Giunta Sanitaria presieduta da lui, e composta del Procuratore generale, del marchese di San Giuliano, del cavaliere Salvatore Tornabene, degli avvocati Fernandez e Carnazza, di Diego Arancio e di Pietro Marano (1).

_____

(1) V. Calvi, *Memorie citate*, vol. I, pag. 25.

20

Intanto si buccinò tra la folla che il maggiore Simoneschi, tenuto comunemente qual propinatore di veleni, fosse entrato di nascosto nel convento dei Benedettini, dove macchinava con altri il modo di decimare il popolo. Bastò. Una folla immensa, guidata da Giacinto Gulli-Pennetti, da Giuseppe Caudullo-Fetusa e da Angelo Sgroi, corse al convento dei Benedettini, vi penetrò con violenza, e lo mise sossopra; ma non trovò il Simoneschi, che era assai lontano da Catania (1). — Dopo questi primi tumulti, i liberali incitarono il popolo ad armarsi, a provvedere alla sua difesa e a tornare subito sulla piazza del monastero. Alle quattro pomeridiane le adiacenze di esso brulicavano di uomini armati, che, lasciato un drappello a guardia del monistero, si diressero al palazzo dell'Università, da cui spedirono con Diego Arancio una schiera d'armati al Collegio Cutelli, una seconda con Diego Fernandez a Porta Ferdinanda, una terza col priore Riccioli all'ospedale di S. Marco ed una quarta con Giuseppe Zuccaro alla Piazza del Borgo. Tanta agitazione spaventò il Manganelli, per il che s'affrettò a riunire il Consiglio dei notabili. Questo, ascoltato un lungo discorso del Procuratore generale, confermò la Giunta sanitaria, affidò il comando della forza pubblica al marchese di S. Giuliano e commise la direzione del cordone sanitario ad Urzì, a Bonaventura Gravina ed a Vincenzo Bonajuto. Il disordine però ingrossò. La mattina del 23 luglio giunse in Catania un corriere del sindaco di Palagonia, il quale narrava per disteso gli avvenimenti della Valle contermine; onde il popolo spedì tosto una commissione in Siracusa. Tornata questa all'alba del 24, confermava le notizie del sindaco di Palagonia, e recava il manifesto dell'Adorno, che fu subito letto, ristampato, affisso su tutti i canti di Catania, e inviato a Messina. A questo punto il tumulto divenne generale. Gl'ispettori di polizia Silvestri, Canepa e Gemelli si nascosero; il presidio si chiuse nel forte Ursino; il Gulli, il Caudullo-Fetusa e Sebastiano Sgroi, seguiti

(1) V. *Appendice*, documento n. 80.

dai loro più fidi , disarmarono la polizia e s' impadronirono dei reperti delle cancellerie; il popolo elesse una Giunta di Pubblica Sicurezza di 21 membro (1) , ed arrestò a tarda notte l'Intendente Manganelli, il capitano della gendarmeria Biamonti ed il Procuratore generale Cumbo, i quali, mercè la circospezione del professore Barbagallo Pittà, di Urzì e di Michele Caudullo, furono salvati in casa del duca di Carcaci (2).

La nuova Giunta , composta dei rappresentanti di tutte le classi sociali , organizzò una guardia civica, e ne diede il comando a Giuseppe Caudullo-Fetusa; rimosse dal suo ufficio il capitano Gregorio Zuccaro, nominando in sua vece Angelo Ardizzone, e surrogò ai fuggitivi Canepa e Silvestri, Domenico Caltabiano ed Emanuele Elessi. Il 26 , cedendo alle istanze del popolo, ordinò una rigorosa visita domiciliare nelle abitazioni del Manganelli , del Cumbo e del Biamonti, e spedì a Messina Antonio Faro e Diego Fernandez, i quali, non appena abboccatisi con i loro amici Carlo Gemelli e Placido Galatti (3), furono scoperti dalla polizia, sicchè tornarono di corsa in Catania (4),

------

(1) Eccoli : Marchese di San Giuliano, presidente; principe di Maletto, duca di Carcaci, Pasquale Ninfo, Benedetto Privitera, Gabriele Carnazza, Diego Fernandez , Vincenzo Cordaro Clarenza , Domenico Auteri , Salvatore Tornabene , Bernardo Urzì , Sorrentino , Giuseppe Mirone , Guglielmo Gagliani , Giuseppe , Bianchi, Diego Arancio, Antonino Digiacomo, Carmelo Platania, Carlo Gemmellaro, principe di Val Savoja, priore Riccioli-Bagnara , membri ; Salvatore Barbagallo Pittà, segretario.

(2) V. *Appendice*, documento citato.

(3) GEMELLI, *Op. citata*, p. 132.

(4) A tal proposito, il commissario Salpietra scriveva il 31 luglio al Direttore generale di polizia che il Faro ed il Fernandez, non appena furono chiamati dalla polizia, ritornarono in Catania, lasciando nell' albergo della Corona di Ferro le loro valigie; che l'ispettore di prima classe Onofrio Gargotta, recatosi subito all'albergo, fece una rigorosa rivista nelle valigie, e che una forza di rondieri, guidata da Antonino Pavone, era stata inviata lungo la via consolare dietro i fuggitivi. (Vedi Archivio di Stato, Direzione Generale di polizia , gabinetto particolare, filza 235).

dicendo che Messina era insorta. Il popolo allora insorge anch'esso, assalta l'ospedale dei colerosi, spezza quanto gli capita nelle mani, raccoglie sulla via gli oggetti infranti, e li brucia fra le grida d'una turba esaltata. L'indomani, 30 luglio, questa s'attruppa tumultuando sulla piazza dell' Università, e chiede ad alta voce che la Giunta di Sicurezza si muti in Giunta provvisoria di Governo. A tal voce il priore Riccioli Bagnara, vecchio liberale catanese, s'affaccia al balcone centrale del palazzo di città, e sventola il vessillo dell' indipendenza politica della Sicilia, uno stendardo giallo, che viene salutato dai cannoni del forte di S. Agata, dagl'inni delle musiche, dal suono delle campane e dalle grida clamorose d'un popolo ebbro di gioia. L'entusiasmo è immenso! Il Gulli Pennetti inalza un altro stendardo sul forte di S. Agata; Sebastiano Sciuto e Giambattista Pensabene trasportano due cannoni sulla piazza del Duomo; Il Faro ed il Provenzale, seguiti d'alcuni armati, costringono il presidio a deporre le armi; lo Sgroi ed il Caudullo, assistiti dai maestri tagliapietre Giacomo Filetti, Giuseppe Indelicato, Salvatore e Paolo Indaco, abbattono la statua in marmo di Francesco I, e Litterio Ardizzone, Sebastiano Finocchiaro e Antonino Provenzale spezzano i ritratti di Ferdinando, della regina e gli stemmi degli uffici regi (1). La Giunta provvisoria di Governo, non appena costituisce un comitato di guerra, composto del Faro, del Fernandez, del Provenzale e di Enrico Clarenza, pubblica un ardito proclama del prof. Barbagallo Pittà, il quale, dopo d'aver messo in rilievo le scelleraggini dei Borboni e le deplorevoli condizioni della Sicilia, diceva che *il colera asiatico era borbonico, come aveva dimostrato l'animosa Siracusa*. Pubblicato tal proclama, che fu letto da Gaetano Mazzaglia su d'un cannone, venne affisso dal popolo su tutti gli angoli della città e sparso da numerosi emissarii in varii punti dell'Isola. La Giunta allora, secondando i desiderii dei patrioti, ordina

---

(1) Vedi *Appendice*, documento citato.

che il duca di Carcaci provveda all'annona, che il Pensabene ed il Pennetti iscrivano le reclute, il Comitato di guerra intenda alla fabbrica delle polveri e delle armi, il marchese di S. Giuliano e Gabriello Carnazza acquistino all'estero fucili, munizioni e cannoni, Arancio e Cordaro Clarenza provvedano agli uniformi ed al casermaggio delle milizie, e gli ufficiali pubblici di qualunque grado giurino fedeltà e obbedienza al nuovo Stato. Per questo tutti i funzionarii, salvo Giacomo Gravina, segretario dell'Intendenza, giurarono il primo agosto al cospetto del marchese di S. Giuliano, presidente della Giunta, fedeltà al nuovo reggimento; 400 militi corsero ad iscriversi sotto la siciliana bandiera, tra cui 25 soldati del regio esercito; molte campane furono consegnate alle fonderie per mutarsi in cannoni; parecchie offerte in denaro arrivarono spontanee alla Giunta, e non poche deputazioni dei vicini comuni le chiesero urgentemente istruzioni e conforti.

In mezzo a siffatto movimento, le pubbliche autorità, non potendo distruggere da sole l'opera dei rivoltosi, battevano trepidanti le mani; il popolo, assaporati i primi frutti del nuovo ordine di cose, s'abbandonava pubblicamente ad una gioia smodata; i patrioti, baldi del loro trionfo, fidenti nella loro causa, sicuri di trovare un aiuto poderoso nell'Isola, non intravedevano fra l'entusiamo l'immensa responsabilità che gravava sulle loro spalle, non misuravano la scarsezza dei loro mezzi, la pochezza delle loro armi, la piccolezza del loro numero, la difficoltà d'aiuti esteriori, lo sgomento dei Siciliani colpiti da un morbo tremendo, la collera, la protervia e la potenza d'un avversario inesorabile. Quindi una lieve resistenza, un discreto reparto di truppe e l'annunzio di prossime ed aspre vendette soffocarono facilmente un movimento, difeso soltanto dall'entusiasmo di pochi forti, martiri generosi d'un tentativo immeditato.

All'annunzio, in fatti, che il maresciallo Delcarretto muoveva con poderose forze alla volta della Sicilia, i Borboniani di Catania, già avvisati per segreti messi partiti da Reggio, si animano, si scuotono, e tentano con una controrivoluzione di spegnere il movimento popolare. Il Cumbo, abboccatosi segretamente col marchese di S. Giuliano, col Biamonti, col Manganelli, col Santanello e con i capi della nobiltà, annunzia loro il prossimo arrivo della spedizione, e dimostra quanto sia necessario, a difesa della propria salute e a discolpa della propria condotta, il bisogno d' operare con vigore e prestezza contro i rivoltosi. Il marchese di San Giuliano, presidente della Giunta provvisoria, fece eco alle proposte del Cumbo, onde, invitato il Caudullo-Fetusa ad una conferenza, si studiò di tirarlo dalla sua, e gli propose d'assicurarsi del Pensabene e dei suoi più arditi compagni. Il Caudullo, perplesso, ne tenne subito parola a Salvatore Tornabene, il quale, essendo già a parte della trama, si pose all'opera, e coll'inganno, colle seduzioni, colle mozze parole, collo spettro delle vicine vendette, intimidì i buoni, scorò i volonterosi, disgregò i liberali, disanimò il paese, e apparecchiò una facile vittoria alla controrivoluzione. Il 3 agosto, giorno in cui doveva aver luogo una rassegna militare, la Piazza Stesicorea brulicava d'uomini armati, a cui Pietro Moncada distribuiva polvere, palle e giberne. Fatta la rassegna, intuonate le trombe e battuti i tamburi, la milizia attraversò fra continue ovazioni la Piazza del Duomo e la Via Ferdinandea, gremite di popolo e parate a festa con fiori, con bandiere gialle, con arazzi e con altri segni di pubblica allegrezza. Tornata dopo mezz' ora sulla Piazza del Duomo, s'ode un grido: " Viva il Re! „ Indi ne sorgono altri da varii punti della folla; onde il Pensabene, scoperto l'inganno, corre con una piccola schiera nell' atrio del palazzo comunale, ne trae fuori un cannone, l' appunta contro la folla, quando alcuni uomini l' afferrano e l' arrestano insieme ad Angelo Sgroi, che stava lì lì con una pistola per fulminare gli avversarii. Il trambusto intanto cresce, gli evviva ingrossano, e un borboniano, salito sull' infranta statua di Francesco I, tenta toglierne lo stendardo giallo. A tal vista Rosario Nicotra-Amico s'avanza col fucile spianato contro l'audace; allora le donne gridano, i timidi scappano, i più accorti lacerano le coccarde gialle che hanno al petto, i più doppii vi sostituiscono subito la coccarda borbonica, e i pochi arditi, ritenuta vana la resistenza, inutile uno spargimento di sangue. provvedono alla loro salvezza.

I capi della reazione (1), vistisi padroni del campo, recarono in giro per la città l'immagine di ro Ferdinando, ordinarono una generale illuminazione, arrestarono Gaetano Mazzaglia, disarmarono i pochi regi che facevano parte della milizia paesana, e diedero la caccia agli altri liberali, che s'erano a tempo posti in salvo (2). Il Cumbo ed il Manganelli poi, osservati gli avversarii in fuga, la popolazione perplessa, i reazionarii trionfanti e il Delcarretto che s'avvicinava a grandi giornate, pubblicarono pieni di baldanza il seguente proclama: " Viva il Re! Bastò questo grido, buoni e fedeli Catanesi, per dissipare i pochi miserabili nemici del Trono, che pur erano nemici vostri e della vostra prosperità. Questi parricidi, misti a degli avventurieri o ignoti affatto, o solo noti negli annali della giustizia punitrice, speravano, o per dir meglio, deliravano un sovvertimento, fidando nel vostro concorso, perchè si auguravano di trarvi in inganno all'ombra delle più grossolane e perfide menzogne, per quindi abbandonarsi alla rapina, unico voto degli animi abbietti, non ammaestrati dalle tremende lezioni della storia, la quale avrebbe dovuto far loro apprendere che non vi ha sicurezza che all'ombra del Trono, e che quest'ombra ben vale a coprire e a tutelare la prosperità e la vita dei cittadini. Ma ferveva nel vostro petto l'amore per il padre vostro, per l'augusto Ferdinando II, per quel principe che non ha altro pensiero ed altra

---

(1) Cioè il San Giuliano, il principe di Cerami, il marchesino Raddusa, il barone Puccio, il cavaliere Zappata, il cavaliere Gesira, il cavaliere Cesare Tornabene, il cavaliere Pietro Moncada, il magistrato Vincenzo Bonajuto Cantarella, il principe Gesira, il barone Giuseppe Cantarella, il cavaliere Vincenzo Tedeschi, Guglielmini direttore della dogana, i fratelli Salvatore, Vincenzo e Carmelo Chines, Giuseppe Zuccaro Pezzicara, Vincenzo Marletta Pilo e parecchi altri.

(2) V. *Appendice*, documento n. 81.

cura che il benessere dei popoli suoi, e che non si è stancato
di versare su voi i suoi beneficii : questo amore non poteva essere soffocato dai clamori di pochi faziosi : essi abberrarono per
qualche giorno, essi commisero degli attentati ; ma lessero nel
volto di tutto un popolo l'indignazione e il disprezzo : procurarono vincere questi sentimenti col terrorismo; ma eglino aveano
obbliato che non s'impone leggermente alla devozione di 70,000
abitanti. Infatti, mentre essi vaneggiavano rivoluzione, massacri
e rapine, bastò, il ripetiamo, un sol grido di—Viva il Re—per
rovesciare sul loro capo tutto l'edificio delle loro follie e delle
loro malvagità. — Noi ve ne facciamo plauso, buoni e leali Catanesi ; noi rassegneremo ai piedi del Trono quanto abbiamo
veduto, quanto abbiamo ascoltato, quanto abbiamo ammirato.
Voi siete degni dell' amore del vostro Re, come Egli è degno
della vostra fedeltà e della vostra idolatria. Tutto ritorni al-
l'ordine primiero : i malvagi tremino, fuggano la vendetta delle
leggi ; e voi abbandonatevi alle vostre ordinarie occupazioni; alla
vostra industria, che vi ha reso un popolo invidiato e felice, ed
accorrete domani al Tempio del Signore per isciogliere un inno
di grazie all'Altissimo, e per ripetere al cospetto dell' Onnipotente il grido di unione di : *Viva il Re*. (1) „

Questo documento è ancora una prova della malvagità del
Cumbo, della insipienza del Manganelli, del servilismo e della
calunnia codarda di entrambi, i quali, quando la tempesta era
svanita, quando la braveria ufficiale costava nulla, quando l'accusa pubblica era pegno di futuri compensi, ingrossarono la voce,
chiamarono parricidi, ladri, miserabili, avventurieri, noti solo
negli annali della giustizia punitrice e faziosi che vagheggiavano
massacri e rapine i Caudullo, i Carnazza, i Barbagallo ed i loro
generosi compagni. Quali omicidii, quali assassinii, quali ribalderie avean fatto essi per meritare sì nere accuse ?—Nessuna,

---

(1) V. *La Cerere*, Giornale ufficiale di Palermo , sabato, 2 settembre 1837,
n. 161.

per quanto io sappia, per quanto abbia frugato nelle carte penali di quel tempo, per quanto abbia studiato il movimento di Catania, il quale, anzi, fu il solo che avesse uno scopo lodevole, il solo in cui non si fosse sparso sangue fraterno, il solo in cui le autorità restassero illese, il solo in cui funzionarii come il Manganelli ed il Cumbo fossero difesi dalla generosità di coloro ch'essi tentarono coprire d'obbrobrio. Ma viva Iddio! I calunniati del 1837 hanno ora un posto onorando tra i *martiri della libertà italiana* (1), ed i loro accusatori, paladini idolatri d'un governo infernale, sono oggi, non a torto, additati al disprezzo del mondo civile.

CAPITOLO X. .

SOMMARIO — Reazione militare contro la Sicilia — Spedizione del marchese Saverio Delcarretto— Cenno delle sue passate imprese — Sua influenza nel Governo delle Due Sicilie — Suo arrivo in Messina — Proclama ai Siciliani— Suo arrivo a Catania — Arresti — Scelleratezze di Gennaro Cioffi — Arrivo della spedizione in Siracusa — Colloquio del marchese Delcarretto col sindaco Pancali — Arresto di Mario, Carmelo, Gaetano e Giuseppe Adorno — Sofferenze dei prigionieri— Ferocie della soldatesca — Ordinanze dell'alto Commissario — Convocazione della Commissione militare permanente — Sue condanne — Fucilazione di Mario Adorno, di Carmelo Adorno e di Concetto Lanza — Altre esecuzioni capitali — Bando del Commissario Delcarretto— Suo arrivo a Noto — Ritorno a Catania — Condanne in questa Valle — L'accusato Gulli-Pennetti — Fucilazioni — Ultime parole del Pensabene — Cinismo dell'alto Commissario. — Seguito delle condanne — Provvedimenti del Re — Richiamo del marchese Delcarretto — Suo proclama ai Siciliani.

L'eccidio di Siracusa e la rivolta di Catania scossero la studiata inerzia del Governo, il quale, volendo punire omai i colpevoli del primo e gli autori della seconda, affidò (per le Valli di Messina, di Catania e di Siracusa) tutti i poteri dell'*alter-ego* al maresciallo di campo marchese Delcarretto (2), uomo nefando,

(1) V. *Panteon dei Martiri della libertà italiana, opera compilata da varii lettarati, pubblicata a cura di una società di emigrati italiani, vol. I, p. 268 e segg., Torino, 1861*·

(2) *Leggi e decreti delle Due Sicilie*, decreto 31 luglio 1837, n. 4157.

di cui è mestieri accennare qui le imprese che l'avevano reso esacrato al popolo delle Due Sicilie. — Francesco Saverio Delcarretto, rinnegato carbonaro, aveva guerreggiato in Ispagna, militato in Sicilia, ed occupato durante la rivoluzione del venti la carica di capo dello Stato maggiore del secondo corpo d'armata degli Abruzzi, carica da lui tenuta con pompa e millanteria (1). Arrivati gli Austriaci in Napoli, caduto vergognosamente il novello regime costituzionale, e tornato sugli scudi della reazione europea Ferdinando I, venne privato d'ogni impiego, e, finchè visse il vecchio monarca, rimase sempre nell'oscurità e nell'indigenza (2). La sollevazione salernitana fu l'alba della sua potenza. Avendo l'anno 1828 la terra di Bosco gridata la costituzione di Francia, grido ripetuto dai comuni di Cetola, Cammarota, Licusati, Rocca Gloriosa e S. Giovanni a Piro, Francesco I, atterrito, spedì contro i sollevati il Delcarretto. Questi, non appena giunse in Salerno, pubblicò un'amnistia, ebbe in tal modo nelle sue mani i sollevati, feceli condurre in catene dal Cilento a Salerno (3), atterrò a colpi di cannone la terra di Bosco, rizzovvi, a perpetuo terrore, una colonna d'infamia, ed istituì una Commissione militare, la quale condannò 27 persone

---

(1) Il 17 febbraio 1821 scriveva da Sulmona a Florestano Pepe, capo dello stato maggiore generale: " Ecco il nostro quadro veridico e niente esagerato, poichè l'esagerazione, anche in linea di facilitazione, sarebbe in oggi un delitto. — Non ostante, Eccellenza, sia certo il principe ed il parlamento che noi, simili ai *trecento della storia, resteremo estinti al nostro posto*; ma qual rimorso non rimarrà eternamente, quale aspide al cuore non istrazierà chi è la colpa del sacrifizio di vittime degne di miglior sorte ed avendo tradita la migliore delle cause. (V. CARRANO, *Vita di Guglielmo Pepe*, Torino, 1857, p. 271).

(2) V. GIOVANNI LA CECILIA, *Storia segreta delle famiglie reali, vol. I, cap. 53*, p. 605, Palermo, presso Salvatore Di Marzo, Editore, 1860.

(3) Bonifacio Oricchio di Vallo di Nero, padre di cinque figliuoli; Donato De Mattia, padre anch'esso a numerosa prole, ed Angelo Mazzarelli, vecchio ufficiale, morirono, vinti dalle battiture, dalla stanchezza e dalla fame, lungo la strada. (V. RANALLI, *Storia degli avvenimenti d' Italia dopo l' esaltazione di Pio IX*, vol. II, lib. IX, Cap. I, p. 11, Firenze, 1849).

alla morte e 58 all'ergastolo. Così morirono per mano del carnefice il canonico Antonino De Luca, ottuagenario, deputato al parlamento del 1820, Carlo da Celle suo cugino, guardiano dei Cappuccini in Maratea, Teodosio De Donisio suo avvocato, il curato del villaggio di Abatemarco, Domenico De Luca, Angelo De Levo di Corato, un vecchio di Monticelli, un Ricci di Pollaro, Dionisio De Dominicis, già capitano delle regie milizie, Michele Bertona, Emilio De Mattia, la moglie di Antonio Gallotti, Alessandro Ricci e molti altri patrioti (1). In premio di tanta strage il distruttore di Bosco fu nominato marchese, fu innalzato al grado di maresciallo di campo (2), e divenne, come vedremo, il fido Acate di Ferdinando II e l'esecutore cieco delle truci sue voglie. Dopo la rivoluzione di Modena e delle Legazioni, il ministro Intonti, esperto navigatore in tempi torbidi, propose al Re un largo consiglio di stato, l'abolizione dello scrutinio politico, le franchigie provinciali ed una rappresentanza delle provincie in Napoli. Propose eziandio d'affidare l'amministrazione pubblica ad uomini esperti ed onesti, di rimuovere il Pietracatella, ministro dell'interno, il Fardella, ministro della guerra, il D'Andrea, ministro delle finanze, e di costituire una guardia nazionale (3). A tal fine riunì in casa del conte Ricciardi il generale Filangieri, il ministro Fortunato e Rocco Beneventano, e d'accordo stabilirono di presentare al Re il progetto d'una costituzione. Ferdinando tentennava. In questo mentre il conte Lodovico di Lebzeltern, plenipotenziario austriaco in Napoli, corse, incitato dal Fardella, al palazzo reale, chiese al Re che l'Intonti fosse esiliato, ed il Re, docile agli ordini del ministro austriaco, comandò al Delcarretto, che teneva già pronto nella reggia, di cacciare dal regno l'Intonti. Fu ubbidito. Il novello marchese invade tosto con una schiera di gendarmi la

(1) COPPI. *Annali citati*, vol. III, p. 235, Napoli, Lombardi, 1872.
(2) RANALLI, *Op. citata*
(3) IBID.

casa del ministro, gli comunica l'ordine reale, gli accorda dieci
minuti di tempo per la partenza, lo butta in una carrozza e lo
fa condurre dai suoi gendarmi a Portella, e poscia a Vienna (1).
Due giorni dopo il Delcarretto era nominato ministro segretario
di stato della polizia generale (2). Egli, funzionario altero e superbo, corruppe ogni cosa: spiava i segreti delle famiglie, intrigava
nei giudizi civili, nei criminali, nelle scuole, nei 'chiostri, nelle
curie, nelle amministrazioni comunali, da per tutto; era il genio
malefico del governo, il Sejano di Ferdinando e lo sgomento dei
popoli (3).

_____

(1) *Protesta del popolo delle Due Sicilie, p. 9.*

(2) Il Ministro degli affari esteri spedì nel marzo 1831, sotto il segreto
della cifra di Stato, la seguente circolare agli ambasciatori presso le grandi
potenze: "Incoraggiati i liberali dalle odierne gravissime circostanze d'Europa,
e credendo essere questo il momento opportuno di eseguire i loro pravi disegni, macchinavano da qualche tempo di indurre il re a formare un ministero
di persone del loro partito, e a creare un nuovo e numeroso corpo sotto il
nome di Consiglio di Stato, composto degli uomini più esaltati dalla rivoluzione, e ciò come un primo passo al compimento delle loro mire. Sostenuti
dal marchese Intonti, ministro di polizia, che si era dichiarato del partito loro,
ebbero l'audacia di farne la proposizione a S. M; e vedendola respinta con
quella indignazione che non poteva mancare di produrre nell'animo dell'ottimo Sovrano, si appigliarono ad altro mezzo, e tentarono di spaventare il re ed i ministri,
suscitando il lamento nella città colle notizie più allarmanti, nella speranza di
forzar così la mano al re. Ma la fermezza di S. M., secondata dal Ministero,
fece andare a vuoto i loro progetti, e la calma venne ristabilita. Tali circostanze
hanno messo il re nella necessità di allontanare il marchese Intonti dal Ministero di polizia, e di non permettergli neppure di restare nel Regno. Il suo
posto fu conferito al marchese Delcarretto. Vostra Eccellenza scorgerà in tutto
ciò una nuova prova dei sani principii che guidano il regio Governo, e della
risoluzione del re di non deviarvi mai. (V. N. Bianchi, *Storia documentata della
diplomazia europea in Italia dall'anno 1814 all'anno 1861*—Dispaccio circolare
Carafa, Napoli, 1° marzo 1831).

(3) Era così grande lo spionaggio del marchese Delcarretto che faceva vigilare persino lo stesso duca di Modena dall'infame Canosa, il quale nell'autunno del 1833 scrivevagli: "Al momento si aspetta il duca di Modena, che
è andato a combinare un lauto pranzo per i liberali e carbonari. Ci auguriamo

Ecco l'uomo che s'inviava nell'Isola. Questi, seguìto dal commissario di polizia Gennaro Cioffi, ladro, spia, improbo e malvagio (1); dal maggiore Cutrofiani, truffatore assai noto, da Salvatore Maniscalco, funzionario inumano, dalla ribaldaglia della
polizia borbonica e da 4000 soldati, giungeva il 2 agosto con
due legni da guerra e molte barche cannoniere a Reggio, dove
s'abboccò anzi tutto col maresciallo Carafa di Noja, comandante del presidio di Messina, col procuratore generale Cassisi e
coll'Intendente marchese della Cerda (2), funzionarii della stessa
Valle (3). Dopo aver conferito con essi, rivolse subito il se-

di fare una bella tirata di tonni, sebbene sia stagione straordinaria per li pesci,
essendo in settembre „. (V. Nisco, *Ferdinando II ed il suo regno*, p. 20, Napoli,
Morano, 1884.

(1) Nelle *note caratteristiche* scritte dal ministro Delcarretto, e riporta te dal
Nisco, si legge: " Cioffi, ladro e bugiardo, l'ho cacciato anche da Napoli ; potrebbe servire in qualche eccezionale momento. — Ecco perchè lo condusse in
Sicilia — I figli del Cioffi, narra Giovanni la Cecilia, " giravano pei magazzini dei più onesti e ricchi negozianti, facevano mostrarsi le stoffe e i drappi di
maggior costo, e, fingendo di osservarne la qualità, nè strappavano i piombi ed i
bolli, e scusandosi di non essere di accordo sul prezzo, se ne partivano : due
ore dopo arrivava il padre coi suoi sgherri e dichiarava il contrab bando (V.
Storie segrete delle famiglie reali, vol. I, cap. 53, p. 605).

(2) Ricevette poi una deputazione di Noto, composta di Felice Genovesi, di
Gaspare Trigona e del barone Frangipane.

(3) Il marchese della Cerda scriveva il 3 agosto al Direttore generale di polizia in Palermo: " Ieri si seppe che era arrivato in Reggio il Maresciallo Delcarretto con legni da guerra e truppa, e al tardi ricevei un plico del medesimo, dentro al quale ne trovai altri due per S. E. il Luogotenente generale,
onde rimetterli con una staffetta straordinaria, come eseguii, ed uno per me
di S. E. il Ministro degli affari di Sicilia in Napoli. Da quest'ultimo ricevei un
Real Decreto con cui il detto Maresciallo vien nominato Commissario coll' *Alter-Ego* per le Valli di Messina, Catania e Siracusa, e dallo stesso Commissario mi si rimise copia di un tale decreto per comunicarlo a tutte le autorità,
manifestandomi che era arrivato in Reggio con 4000 uomini di reali truppe,
quattro battelli a vapore, altri due legni da guerra e barche cannoniere. Indi

guente proclama ai Siciliani: " Inviato al soccorso di questi popoli dalla magnanimità del Sovrano, che veglia incessantemente
sulla sorte dei suoi sudditi, prima d'imprendere l' adempimento
dell'incarico a me confidato, rivolgo ai Siciliani traviati voci di
ammonizione e di leali ed amichevoli consigli , per modo che
l'ufficio della parola apparecchi gli animi alle vicende, e pro-
dur possa efficaci risultamenti , per mitigare la severità nella
missione della quale sono stato rivestito—Un morbo micidiale,
da lontane regioni venuto a riversarsi sull' incivilita Europa, è
giunto perfino ad infettare il bel cielo d'Italia, ha due volte ma-
nomesso le fortunate contrade di Napoli, i cui abitatori han pa-
lesato nel frangente tanto coraggio e forza d' animo (primo e
necessario elemento per superare tal male), che i forestieri ivi
dimoranti non han potuto tenersi dall'ammirarli e tributar loro
elogi ed onori. Poichè là dove soltanto non iscacciato il timore
e messe in opera invece mal concepite ed inutili precauzioni, o
là dove si è dato esca al male con lo stravizzo e la crapula, ivi
il male è divenuto. gigante, fatte numerose le morti—Nella Sicilia un momentaneo delirio, alla comparsa del morbo, ha sconvolto le menti e turbato l'ordine pubblico, e l'ordine turbato ha
inacerbito la calamità nell'ebrezza delle passioni soddisfatte e
negli eccessi di cieco furore; ma le prime sue vittime state sono
appunto i più accaniti perturbatori, perchè predisposti e fatti in-

dissemi di portarmi a Reggio col Procuratore generale Cassisi per conferire
con lui. Subito vi andai, e si accompagnò con me il Maresciallo Carafa, ch'era
stato ancora da lui chiamato per mezzo di un plico rimessogli per mezzo mio.
Arrivato colà di unito ad un Deputato sanitario di qui, e colla lancia della Deputazione di Salute, conferii con lui su di una lancia separata con le cautele
sanitarie, e sulla sua richiesta per sapere lo stato della tranquillità pubblica di
Messina, gli feci conoscere che tutto era tranquillo e gli manifestai tutto ciò
che a lui è noto a questo riguardo. Conferì poi col Procuratore generale e
in ultimo il Commissario del R. fece sbarcare in Reggio il Maresciallo Carafa, che ivi fece rimanere, affidando il provvisorio comando di questa piazza
al brigadiere Landi. (V. Archivio di Stato di Palermo, Direzione generale di
polizia, gabinetto particolare, filza 235, anno 1837).

fermi dalla smania e sussulto dell'infame spirito di sovvertimento. Ed a chi si narran cotai fole, strane quanto impossibili? Ai Siciliani, popolo arguto, di svelto intendimento, di accorto e pronto vedere. Vero è che altri popoli di Europa ancora, commossi dal periglio, han pagato per qualche istante questo tributo alla umana fralezza; ma di loro stessi poscia vergognando, discacciarono i falsi principii e rigettarono quelle medesime suggestioni, alle quali avean prima prestato fede. E di fatto, quale mai stolto pensiero è quello di credere che tante nere macchinazioni restar potessero sepolte nelle tenebre, se collo scorrer dei giorni ogni più leggiero inganno si appalesa? — Destatevi dunque, o Siciliani, e scorgete in tali perfide suggestioni i veri nemici del vostro bene, quali se cittadini per mire sordide d'interesse e per malnate ambizioni, se stranieri, esuli ramiganti, sperando nel disordine e negli altri rivolgimenti comprar miglior esistenza, ma pronti al primo periglio lasciarvi in balìa della pubblica vendetta, han presentato al sollevato vostro animo, per ispingervi alla rivolta (vero scopo dell'infernal ciurmeria) speciosi nomi di nocivi, anziché utili cangiamenti, che ottenuti, tristo pentimento seguirebbe — Non parlo io già di Palermo. Questa città, benchè spinta nell'errore, non vi si è mica indurata; ma riscossa ben presto, ha veduto la strage dei cittadini non da altro procedere che dalle enunciate cagioni, ed è ritornata nella pristina calma, per cui tante cure spendono quelle autorità governative, e tante fatiche quelle valorose e fedeli truppe. Le quali animate dalla voce del Sovrano, vanno incontro al male a costo della propria vita, ad esso per la comune salute immolandosi — Messina, uguale a se stessa, comunque in procinto di porre il piede sull'orlo del baratro, ver dove spingevala malvagità di perfide suggestioni, ritrattolo coraggiosa, respinse con isdegno gli emissarii di pubblici eccitamenti. Siracusa al contrario, non volendo studiare con la mente le vere cagioni del suo male, con atti selvaggi e ferini ha soffiato nelle fiamme di un incendio che divampò quindi tra le sue mura. Catania, la rinomata Catania, per decoro di Università, per dovizia ed ingegni, ha con ribellioni bruttato anch' essa il suo nome e la sua fama —Ma l'amore dei suoi popoli, ma il sentimento dell'umanità, della giustizia ha vivamente parlato nell'animo di un padre Regnante, Ferdinando II delle Due Sicilie. Egli, per soccorrere alle comuni sventure e ripristinare l'ordine delle cose nelle varie parti della Sicilia, ha voluto rivestir me di estesi ed alti poteri, ed io di questi poteri avvalorato, invito i paesi che perdurano nell' errore ad emendare i loro falli col pentimento. Invito le Autorità, i Capitani d'arme e quanti rimossi e allontanati vennero dai loro posti, a raccogliersi là dove si sappia, che Reali truppe sien giunte; onde restituire la quiete e la general sicurezza compromessa. Al quale intento non risparmierò fatiche e tutto me stesso, ed ove ciò non basti, le armi si renderanno interpreti d'inesorabile giustizia. Avranno così i tralignati una trista scuola d'esperienza, e lasceranno di loro una funesta e vergognosa traccia nella storia (1)!.

L'alto Commissario, mentre profanava colla sua voce il nome santo della giustizia, seguiva la sua marcia calpestando i sentimenti più sacri d'un popolo afflitto da triplice sventura: dal morbo, dalla guerra civile e dall'ira regia. Giunto il 7 agosto nell' attonita Catania, l' occupò militarmente, asserragliò la piazza del Duomo, sparse il panico nella città con incessanti colpi di moschetto, e spedì i suoi poliziotti alla caccia dei liberali, i quali furono gettati in fetide prigioni. Quivi il Cioffi, richiamato in servizio *per farsi merito*, "li afferrava pei capelli, sputava loro sul viso, li percoteva, l' ingiuriava con isconce parole, metteva loro cannucce nell'ugne e gettava nelle vive carni olio bollente (2)., Mentre questo sgherro s'infamava

---

(1) Archivio citato, Segreteria di Stato presso il Luogotenente, Segretariato, anno 1837, filza 486.

(2) Francesco Pappalardo fu tenuto quaranta giorni steso a terra al buio. Aveva incatenati i piedi e le mani: lo battevano colle verghe, lo costringevano a trascinarsi sul petto, e a ricercare un pezzo di pane che gli gettava-

in cotal modo, ed il Manganelli mascherava simili scelleraggini colle menzogne officiali (1), l'alto Commissario assegnava
una taglia ai ribelli, ordinava la consegna delle munizioni e
delle armi di qualunque specie, spaventava le famiglie degli
arrestati, ordinava luminarie in onore del suo trionfo, e correva, dopo tre giorni, nell'emunta Siracusa, dove sin dal sette
agosto era giunta la Partenope con una squadra d'artiglieria (2). Quel giorno Silvestro Sollecito, capitano di marina
mercantile, prevedendo le vicine vendette, pregava calda-
mente Mario Adorno, suo amico, perchè fuggisse con lui all'e-

---

no i suoi carnefici, addentarlo come una bestia, e dissetarsi ad un catino
d'acqua come un cane. (V. G. LA FARINA, *Discorso pronunziato al banchetto
nazionale dato in Firenze il 3 febbraio 1848 dai Toscani ai fratelli delle Due
Sicilie.*

(1) L'Intendente annunziava lo stesso giorno l'arrivo del marchese Delcarretto al Luogotenente generale, e questi il 21 agosto gli rispondeva: " Ho letto
il suo rapporto del sette andante, nel quale ella narrava l'arrivo di S. E. il
marchese Delcarretto, deputato da S. M. a rassicurare i buoni cittadini e far
cessare i disordini che i traviati costà sconsigliatamente mossero; e come la
fedele popolazione abbia gradito queste paterne cure del Re, manifestando l'a-
nimo suo con vero giubilo ed altre sicure dimostrazioni. Perchè io compia-
ciuto di quanto è seguito, manifesto la pienissima soddisfazione del Governo
a lei che prestamente ne diè notizia.

Il *Principe di Campofranco* (a).,

(2) Partito l'alto Commissario, il Manganelli richiamava le prescrizioni del
Real decreto dell'11 settembre 1821 per gli esportatori e detentori di armi
proibite, e comunicava ai Sindaci ed agli amministrati della Valle la seguente
circolare: « Signori—Pervenute alla conoscenza di S. M. il Re le turbolenze avvenute in alcuni punti dell'isola, effetto delle sediziose voci dei malvagi nemici
del Trono, onde riparare i funesti risultati della loro infame condotta, si è degnata con sommo amor paterno commettere a S. E. il maresciallo Delcarretto i
poteri dell'*alter-ego* nelle Valli di Catania, Messina e Siracusa, per la loro intelligenza ne troveranno qui appresso trascritto il corrispondente Real Decreto.
Catania, 14 agosto 1837 (b).

....

(a) Luogotenenza generale in Sicilia, Ripartimento dell'interno, carico primo, n. 3440.
(b) Giornale dell'Intendenza della Valle di Catania, agosto 1837, n. 306.

22

stero. Ma l'Adorno, che immaginava d'aver reso un servizio a
Siracusa, al governo ed all'umanità, rispondeva tranquillamente:
" Ma perchè dobbiamo fuggire? Quali sono i nostri delitti? Non
abbiamo noi sventata una setta d'uomini infernali, che trucida-
va i popoli e desolava i regni? Per quanto sia ingiusto il governo dei Borboni, io non credo che non rimeriterà l' opera nostra (1)., Cullato da questa illusione, rimase col Sollecito, e fu
con lui la prima vittima della rabbia delcarrettiana.—Il Commissario giungeva su regia fregata scortata da parecchi legni
da guerra l' undici agosto nel porto di Siracusa. Appena arrivato, fece chiamare il Pancali, e lo ricevette a capo della scala,
dicendogli (2): " Essendo ancora il morbo in città, non posso
ammetterla a bordo. , Invitatolo ad esporre gli avvenimenti di
Siracusa, quegli rispose con senno e scaltrezza; e richiesto come a-
vesse sottoscritto il manifesto del 21 luglio, soggiunse: " Come
Ferdinando I sottoscrisse nel 1820 la costituzione spagnuola., Allora il Commissario gli fece un inchino, ed il congedò (3). Scesi
a terra i suoi satelliti, arrestarono Mario, Carmelo, Gaetano e
Giuseppe Adorno ; li condussero da prima alla marina, poscia sotto la fregata del Ministro, che non volle riceverli, e indi

(1) BUFARDECI, *Op. cit., p. 257.*

(2) Dopo la partenza del marchese Delcarretto, Ferdinando diceva al suo
gentiluomo di camera Cesare Arao, cognato del Pancali: « A quest'ora tuo cognato ha fatto il *paparello* , cioè è stato moschettato (a).

(3) Poco innanzi si era recata presso il Commissario una deputazione rappresentante la cittadinanza, composta del Musumeci, del Vicario Amorelli e di
parecchi altri. La Deputazione non fu ricevuta; ma il Delcarretto affacciatosi.
si volse all'Amorelli e gli disse: " So che Monsignore in Modica ha sofferto
molte violenze, ha avuto gran dispiaceri, ma a quest'ora tutto è riparato, avendo io dato gli opportuni provvedimenti. (CHINDEMI, *Siracusa dal 1826 al 1860,
pag. 126,* Tipografia eredi Pulejo, 1870).

(a SALVATORE CHINDEMI, *Memoria sopra Emanuele Francica barone di Pancali*, Palermo, G.
Prinlla, 1 68.

su d'una cannoniera, nella quale, stivati come merce, ebbero chiusi i boccaporti. La dimane, posti su d'una lancia, vennero, sotto gli ordini del maggiore Garzia, trasportati in catene al castello, dove furono rinchiusi nella prigione militare dentro il maschio, rimpetto alle carceri dette *Conti-Lapis* (1). Molti prigionieri, ammassati in queste, metà all'impiedi, metà accoccolati, privi d'aria, d'acqua e d'alimenti, o si recidevano la gola, o morivano di fame, o imprecavano contro i gendarmi, la polizia e la soldatesca; la quale, scagliata per la campagna, arrestava i figli per denunziare i profughi padri, dava la corda ad un bimbo di due anni per commuovere la madre e dichiarare ove fosse nascosto il marito; bastonava, stuprava, frugava le grotte, le siepi, le tombe, tutto per iscovare i fuggiaschi (2). Intanto l'alto Commissario mandava a terra i suoi Svizzeri con questa ordinanza: « Poichè la città di Siracusa, ribellandosi all'esistente felice Governo e commettendo atti ferini e selvaggi, si è da se stessa attirata sul capo la pubblica indignazione; poichè mostruoso parrebbe che il luogo medesimo ove la carnificina e la ribellione esercitavansi, sede fosse di Governo del Vallo e centro e richiamo di affari, in cui si udrebbe la voce del comando e spiegherebbero le amministrazioni lor vita, mentre sul suolo si offrirebbero allo sguardo atre macchie d'innocente virtuoso sangue versato, e sui volti vedrebbesi dipinto il delitto con marchi che il Cielo impone indelebili sui perversi. Poichè, infine, se da pochi scellerati fu sospinta la generalità (i cui nomi rimarranno in orrore fra gli uomini) non è men vero che la stessa sfrenatamente cieca seguì e secondò questi mostri, onde i buoni niuna forza sentirono per opporsi a raffrenare la strage e sostener l'ordine. Per

(1) I Conti-Lapis erano quattro grandi sale nel centro del Castello, orride prigioni del medio-evo, senza luce, con aria scarsa e corrotta, abolite già da Francesco I, come indegne di tenervi uomini.

(2) SALVATORE CHINDEMI; *Siracusa e l' ex prefetto di polizia di Palermo*, *1848*, p. 44.

queste ragioni dunque, Siracusa, divenuta non degna di rimaner Capoluogo del Vallo, cui clemenza d'Augusto Principe destinolla; in forza dei poteri dall'Augusta Maestà del Re Ferdinando II all'Alto Commissario trasmessi, ordina, in anticipo di formale atto governativo e di Real sanzione, che la sede delle autorità del Vallo finora stabilita in Siracusa, passi nella città di Noto, di cui già il Vallo portava il nome, ivi recandosi tosto tutte le Amministrazioni, Autorità ed Officine dalle leggi chiamate nei Capiluoghi di Provincia o di Vallo (1). , — Lo stesso giorno pubblicava eziandio : " L'Alto Commissario di Sua Maestà coi poteri dell'*alter-ego*, vista l'ordinanza di questa data, portante il trasferimento nella città di Noto di tutte le amministrazioni del Vallo; ed essendo urgente di riattivarvi i diversi rami di esse, abbandonati dopo i massacri in Siracusa, e di provvedere alle vacanti cariche, ordina : 1° Il Presidente dell'ultimo Consiglio Provinciale di questo Vallo, Pietro Landolina marchese di S. Alfano, assumerà provvisoriamente, sino alla nomina del titolare, le funzioni d'Intendente. 2° La carica di Segretario generale dell'Intendenza rimane pel momento non provveduta. 3° In conseguenza tutte le autorità provinciali del Vallo che trovansi in Siracusa e fuori di essa per esserne fuggite, muoveranno subito dopo la pubblicazione di questa ordinanza alla volta di Noto. 4° E poichè alcuni

---

(1) Ferdinando sanzionava dieci giorni dopo queste disposizioni col seguente decreto : " Informati noi, con dispiacere del nostro reale animo, degli eccessi avvenuti in Siracusa per sovvertire l'ordine pubblico; e intesi all'incontro con nostra piena soddisfazione delle prove di lealtà e di verace attaccamento date al reale trono in questa occasione dalla città di Noto. Sulla proposta del nostro Commissario, rivestito degli alti poteri dell'*alter-ego* per le valli di Messina, Catania e Siracusa; abbiamo risoluto di decretare e decretiamo quanto segue :

1° La città di Siracusa cesserà di essere capoluogo di valle e distretto, e resterà solamente capoluogo di circondario.

2° La valle minore chiamata sinora di Siracusa, conservando gli stessi limiti, prenderà il nome di Noto; la città di Noto ne sarà capoluogo. , (Decreto del 23 agosto 1837, n. 4209).

comuni, fra cui Siracusa, sono stati invasi dal morbo asiatico, di cui è libera la città di Noto, il funzionante da Intendente, riunendo la Commissione sanitaria e coll'avviso di essa, stabilirà un luogo ed una durata di contumacia, onde le autorità suindicate possano purgarla e quindi entrare in Noto. 5° Lo stesso funzionante da Intendente, signor marchese di S. Alfano, si occuperà della scelta dei diversi locali occorrenti alle amministrazioni che dovranno colà istallarsi (1). „ — Due giorni dopo nominava una Commissione militare permanente, composta del maggiore Garzia, presidente, del capitano Sartiani, del tenente Rodriguez, del tenente Lastrucci, degli alfieri Briglia e Veneti, giudici; del capitano Ricceri, commissario relatore, del secondo sergente Licastro del Reggimento Principessa, cancelliere, e del giudice istruttore Francesco Mistretta, uomo della legge, per giudicare gl' individui prevenuti di misfatti commessi nella città e Vallo di Siracusa dal giorno 18 luglio in poi (2).

Il Delcarretto, non appena mise fuori le prime ordinanze, partì, attraversando Avola, alla volta di Noto, dove albergò nel palazzo di Pietro Landolina marchese di S. Alfano, Intendente della Valle. Poscia, preceduto da gendarmi a cavallo, da fanti e da artiglieria di campagna, si diresse a Modica, la quale trovossi all'alba del 20 agosto circondata di cannoni e di milizia, che impediva ai cittadini l'uscita. Andato subito in casa del Sindaco, invita 14 notabili, tra cui l'abate Leva-Gravina, il canonico Galfo, il canonico Orlando, il barone Rubino ed il notaro Piccitto, a recarsi alla sua presenza. Giunti in casa dell'alto Commissario, s'apre una porta, s'affaccia il Cutrofiani, il quale li numera e li consegna ai gendarmi dicendo: " Sono 14 pezzi affidati a voi; eseguite. „ Indi sono, tra due file di sgherri, condotti al carcere dei padri Teresiani, nel quale rimangono tutto un giorno ed una notte senza letti, senza sedie, senza cibi e senz'acqua. Il domani vengono, tra lo scoramento di

(1) Archivio citato.
(2) Ibidem.

un popolo commosso , condotti dai gendarmi alla vicina marina di Pozzallo, e di là, su regia nave, a Siracusa, dove sono lasciati in balìa del terribile Cioffi (1).

Il 16 agosto, intanto, si riuniva la Commissione militare per giudicare Mario e Carmelo Adorno , Concetto Lanza , Vincenzo Zacco e Andrea Corpaci. Interrogato Mario Adorno, rispose avere 64 anni, esercitare l'ufficio d'avvocato, avere preso parte ai tumulti di Siracusa, perchè spintovi dal popolo; non essere nè autore, nè istigatore, nè complice dei misfatti accaduti; avere anzi con tutte le forze sue procurato d'impedirli e moderarli. Dichiarossi infine autore del proclama ai Siciliani , e sostenne che le sue parole non ferivano alcuno , avendo esse lo scopo di salvare la Sicilia, l'Italia e il mondo dai maleficii d'una setta infernale (2). Richiesto se avesse scelto qualche difensore , replicò : " Sino a questo momento non ci aveva pensato; adesso penso che potrebbe difendermi l'avvocato Giuseppe Failla. „ Questo generoso, accorso volentieri in aiuto dell'amico, lo difese con affetto, con franchezza, con energia per un'ora e mezzo (3). Non giovò. Il domani , continuando il dibattimento , il relatore Ricceri finì l' accusa dicendo : " Celere e subitaneo esempio impone la legge nel reato di cospirazione contro lo Stato. Stolti! Cosa bramavano sotto l'ombra delle sante leggi in vigore, di un re benefico, tutto pio, ed intento sempre a migliorare le sorti dei suoi popoli? Respiravasi nel massimo grado quella dolce aura di civile libertà, tanto ragionevolmente apprezzata dal virtuoso cittadino (4). „ La Commissione, accogliendo le conclusioni del relatore, condannò Mario Adorno , Carmelo Adorno e Concetto Lanza alla pena di morte da eseguirsi nel termine di dieci ore colla fucilazione, il sacer-

---

(1) Chindemi, Op. citata, p. 164 e seg.

(2) De Benedictis, Op. citata.

(3) V. De Benedictis, *Su d'un'ingiuria di Emilio Bufardeci, lettera.*

(4) Il Ricceri , catanese, era comandante dell' Ospedale di Siracusa. (Chindemi, *Siracusa dal 1826 al 1860,* p. 106, 161, 162).

dote Vincenzo Zacco alla prigionia per anni cinque, e dichiarò non constare abbastanza per Andrea Corpaci, onde, a norma dell'art. 273 dello Statuto penale militare, ordinò che fosse rinchiuso per un mese nel Castello sotto la cura del capitano relatore, che doveva procedere a nuove informazioni, conformemente al capitolo quinto delle leggi penali militari (1).

Il 18 agosto, ricorrendo un mese dalla rivolta di Siracusa, Mario Adorno, Carmelo Adorno e Concetto Lanza, preceduti da un battaglione di fanteria, seguiti dal rumore delle ruote dei cannoni, accompagnati dal cupo suono dei tamburi, furono condotti sulla piazza del Duomo. Lettasi ivi la sentenza di morte, Carmelo, piangendo, disse: " Padre, da chi la famiglia avrà aiuto e consiglio? „ —Rispose: " Dalla vita che lasciamo qui senza delitto! „ L'innocente figliuolo venne moschettato alla presenza del vecchio genitore, il quale, genuflesso davanti al frutto delle sue viscere, cadde poco dopo colpito alle spalle, seguito da Concetto Lanza, il solo e vero colpevole di quella triade sventurata (2).

La Commissione, proseguendo l'opera sua condannò, con sentenze del 19, 24, 28 agosto e 1º settembre Concetto Sgarlata, Santo Cappuccio, Francesco Li Voti, Gaetano Rodante, Sebastiano Pusateri, Giuseppe Fortuna, Francesco Sollecito, Pasquale Greco, Pasquale Argento, Pasquale Campisi, Felice Liberto, Emanuele Miceli, Silvestro Sollecito e Gaetano Rispoli alla fucilazione (3); Vincenzo De Gregorio, Giuseppe Alì, Carmelo Callari e Placido Amato all'ergastolo; Giovanni Leone, Sebastiano Troia, il sacerdote Salvatore Serra, Pasquale Rizza e Francesco Cesareo al terzo grado di ferri per anni diversi; il sacerdote Salvatore Corsello, Pasquale Favara, Sebastiano Favara e

---

(1) V. *Appendice*; sentenze della Commissione militare del Vallo di Noto.

(2) Nell'aprile 1848 le vedove Adorno inviarono una commovente supplica al Presidente del potere esecutivo, implorandone soccorso. (V. *Appendice*, documento n. 82).

(3) Fu sospesa pel sacerdote Gaetano Rispoli.

Vincenzo Giliberti al secondo grado di ferri, Giuseppe Sapienza
alla relegazione per anni otto e Gaspare Innino alla stessa pena
per anni sei (1).

Il Delcarretto, non sazio del sangue di 17 uccisi, non pago di
avere spedito il Cioffi in cacc'a dei fuggiaschi, pubblicò il seguente
bando : " Non essendo ancora tutti in potere della giustizia li malvagi felloni della rivolta di Siracusa, onde togliere ogni indugio
ed accelerare il di loro assicuramento alla giustizia, il Commissario ordina quanto segue : Sarà pagato a chiunque arresterà e con-
segnerà nelle prigioni del Capoluogo, con prenderne ricevuta per
ciascuno di questi sotto notati della prima classe, capi della rivolta (2), la somma di ducati 300, ossia onze 100, e per ognuno
di quelli della seconda classe (3), ducati 120, ossia onze 40 nel
momento stesso della consegna in carcere, sopra biglietto del
Procuratore generale del Re , dal Ricevitore generale, che ne
porterà il conteggio. — Coloro che saranno scoperti ricettatori
di uno o più individui iscritti sulla presente lista, saranno tradotti alla Commissione militare, e giudicati come cospiratori. —
Coloro che·denuncieranno il ricovero degl'iscritti notati , verifi-

----

(1) V. Documenti citati.

(2) Pasquale Argento servitore di Siracusa , Antonino Corpaci il rosso, Pasquale il Muto fabbricante , Natale Troja marinaio , Salvatore il Marsalese
lettighiere , Benedetto Pirrichitta , Innocenzo Federico , Francesco Inzalatella ,
Salvatore Bufardeci, Silvestro Sollecito (a), Giuseppe Cassone sacerdote, e Antonino Petrilla.

(3) Pasquale Rodante, Biagio lo Sbanduto, Giuseppe Ortisi , Rosario Saler-
no , Giuseppe Campo , Giuseppe Capodicasa , Croce Cascio , Pasquale Cutale ,
Guglielmo Bongiovanni , Salvatore Milazzo , Ferdinando Scandurra , Giovanni
Maschitello, Gaetano Patovai , Ferdinando Scandurra calzolaio , Raffaele Orsi ,
Carmelo Recupero , Luciano Insalata , Pasquale Mosca, Antonino il Floridianello,
Vincenzo De Grande , Pasquale Sambrone , Antonino lo Sbanduto, Santo Lacana.

(a) Non sappiamo comprendere come si trovi in questo elenco, che porta la data del 4 settembre , il nome di Silvestro Sollecito , che fu condannato alla pena di morte con sentenza del
1 settembre, eseguita il due dello stesso mese. (V. Appendice, documento n. 75).

candosene lo rinvenimento, riceveranno per ognuno di essi la metà del premio espresso (1). „

La Commissione militare, proseguendo i suoi lavori, accusò un buon numero di persone. Modica n'ebbe 43, Bagnara 7, Comiso 68, Chiaramonte 15, Monterosso 61, Pozzallo 6, Floridia 120, Solarino 20, Canicattini 49, Agosta 10, Lentini 27, Sortino 141, Scordia 39, Avola 134, Pozzallo 14 e Rosolini 6. Il resto dei prigioni, rimasto in balìa degli sgherri, languiva nelle segrete, era trascinato da questo a quel carcere, dava continuo spettacolo della propria miseria; mentre le soldatesche, ordinando bagordi, luminarie e feste da ballo, infliggevano pene severe a coloro che non ubbidivano ciecamente agli ordini draconiani dell'alto Commissario (2). — Questi, giunto in Siracusa da Noto, dove ebbe doni, feste e favori; ricevute le felicitazioni di Monsignor Amorelli, che il chiamava l'*angiolo tutelare dei fedeli sudditi di Sua Maestà* (3), ed accolto l'omaggio interessato del gregge ufficiale, che inneggiava alle *paterne cure del provvido ministro di polizia*, tornava in Catania. Quivi, per ordine suo, era stata sospesa l'illuminazione notturna, vietato ai cittadini uscire di notte dalle proprie case, cinto d'un cordone di svizzeri e di gendarmi l'abitato, e nominata una Commissione militare, composta di Giorgio Foti, maggiore del 3° di linea Principe, del cavaliere Giovan Battista Quandel, capitano di gendarmeria, del cavaliere Massimiliano Licastro, capitano dei pionieri, del cavaliere Carlo Espin, capitano del 1° cacciatori, di Luigi Rossi, primo tenente dello stesso reggimento, di Beato Schouller, primo tenente dei pionieri, di Giuseppe D'Attellis, capitano del 4° di linea Principessa, di Biagio Amirante, secondo sergente dei pionieri e di Francesco Buonaccorsi, giudice della Gran Corte civile.

---

(1) Avviso a stampa.
(2) CHINDEMI, Op. cit., p. 46 e seg.
(3) BUFARDECI, Op. cit., p. 268.

23

La Commissione si riunì il 6 settembre nel Collegio Cutelli per giudicare sommariamente Giovan Battista Pensabene, Giacinto Gulli-Pennetti, Giuseppe Caudullo—Fetusa, Angelo Sgroi, Sebastiano Sciuto, Antonino Faro, Litterio Ardizzone, Sebastiano Finocchiaro, Salvatore Finocchiaro, Giacomo Filetti, Giuseppe Indelicato, Paolo Indaco Tarallo, Salvatore Indaco Tarallo e Antonino Provenzale. Dopo due lunghi giorni di viva discussione, durante i quali gli accusati mostrarono un coraggio ed una fermezza ammirevoli, il presidente interruppe il Gulli—Pennetti, dicendo essere inutile qualunque difesa, perocchè l'aspettavano dieci palle nel petto.—Rispose: " Per me basta una palla; serbate le altre nove per il petto del vostro Sovrano., La Commissione, udita l'acerba e violenta requisitoria del capitano relatore D' Attellis, condannò l'otto settembre il Pensabene, il Gulli-Pennetti, il Caudullo-Fetusa, lo Sgroi e lo Sciuto alla pena di morte da eseguirsi con la fucilazione e col terzo grado di pubblico esempio; Antonino Faro e Litterio Ardizzone all'ergastolo; i fratelli Salvatore e Sebastiano Finocchiaro ai ferri per anni 25, alla malleveria per 3 anni ed alla multa di ducati 300 per ciascheduno; rimando a più ampia istruzione i fratelli Indaco Tarallo, Giuseppe Indelicato e Giacomo Filetti, e mise a libertà provvisoria, sotto la sorveglianza della polizia, Antonio Provenzale (1).

L'otto settembre, ricorrendo la festa della Madonna, fu sospesa l'esecuzione della sentenza. La dimane però i condannati a morte s'apparecchiarono con serenità e coraggio al tremendo passo. Il Pennetti, lo Sciuto ed il Caudullo ricevettero, prima del supplizio, i conforti della religione; il Pensabene solo rifiutolli dicendo: " Sono cristiano; ma cristiano secondo le leggi di Cristo, non secondo i precetti degli uomini; nè riconosco per legge di Cristo altro che il Vangelo; perdono del resto ai miei nemici; ma li perdono come miei carnefici, non come oppressori della mia patria, essendo questo un delitto da non meritare perdono nemmeno

(1) *Appendice,* documenti citati.

presso Dio (1)., Poscia caddero tutti colpiti alle spalle come assassini. " Il Delcarretto, narra Giacinto Scelsi, volle che il sacrificio di quelle vittime fosse accompagnato dalla musica ; e la banda militare, interprete del feroce pensiero, seppe mirabilmente appagarlo, eseguendo in quel momento terribile le note che l'immortale Bellini applicò alle tremende parole di Norma: *In mia mano alfin tu sei.* L'iniquo proconsole, a coronare l'opera della sua barbarie, la sera stessa tenne una festa da ballo, ove molti nobili intervennero, e abbandonaronsi a sacrilega e pazza gioia (2).,

La Commissione militare, ripresa il 16 settembre l'opera sua truculenta, condannava Salvatore Barbagallo Pittà , Giuseppe Caudullo Guerrera e Gaetano Mazzaglia alla pena di morte col terzo grado di pubblico esempio da eseguirsi colla fucilazione nello spazio di dieci ore; Luigi Condorelli Perina ed Angelo Sgroi all'ergastolo, e Giuseppe Calanzone ai ferri per anni 25 ed alla malleveria di ducati 200 per tre anni (3). In una terza sentenza assolvéva parecchi imputati, tra cui il marchese di San Giuliano ; in una quarta condannava a 30 anni di ferri un Lombardo ed a 25 l' avvocato Gabriele Carnazza. In altri giudizii dannava Zannino alla pena di morte, che fu poscia commutata in quella della prigionia perpetua nel bagno d'Ischia; Porzio, Montesano , Salvatore Di Stefano e Scordino all'ergastolo; Testai , Girolamo Di Stefano, Caponetto e Michele Raffagnini a 25 di ferri, ed Ignazio Riccioli a 10 anni della stessa pena (4).

Dopo tanto eccidio, il re, quasi sazio di sangue , ordinò di sospendere, per coloro che trovavansi in carcere, l'esecuzione delle condanne che venissero pronunziate dalle Commissioni militari, e che al termine di tutte le sentenze se ne facesse a lui rapporto per mezzo del Ministro Segretario di Stato di grazia e giusti-

---

(1) *Panteon dei martiri della libertà italiana, vol. I, p. 277*, Torino , 1861.
(2) Ibid.
(3) V. *Appendice,* documenti citati.
(4) Ibid.

zia (1). Nel tempo stesso però, essendo frequenti i casi in cui l'Alta Corte militare pronunziava l'annullamento delle decisioni dei Consigli di guerra nell'interesse della giustizia, prescrisse alla Corte che in ciascuno dei casi di annullamento di una decisione di Consiglio di guerra nell'interesse della legge, o per richiamare i giudici alla osservanza di essa, pronunziasse contemporaneamente, con apposito separato giudizio, in proporzione della gravezza dei casi ed in linea disciplinare, *il castigo meritato dai giudici per essersi allontanati dalla osservanza dei proprii doveri* (2). Indi, visto soffocato il movimento, spenti sotto il piombo regio i capi di esso, deserte le terre dell'Isola, depresse le popolazioni, lontano il timore di nuove sommosse, richiamò il maresciallo di campo Delcarretto, *che aveva con piena sua soddisfazione adempite le commissioni conferitegli* (3).

L'eroe di Catania e di Siracusa, onusto di gloria e di allori, apparecchiavasi a lasciar la Sicilia. Giunto il 14 novembre a Messina, diresse alle afflitte popolazioni delle Valli il seguente manifesto, che è il documento più inverecondo dell'opera sua, la prova più solenne della sua impudenza e della sua malafede: " Inviato nei tre Valli di Messina, Catania e Siracusa dalla *paterna sollecitudine* dell'Augusto Monarca Ferdinando II, appena che furongli noti i disordini ai quali erano in braccio varii punti di Sicilia all'invasione in essa del morbo asiatico, degnandosi riporre in me piena fidanza, e confidandomi nella premura del real animo, pel bene dei suoi popoli, i poteri dell'*alter-ego*, onde convenevolmente raffermare, mi dicea, l'ordine con provvidi temperamenti governativi, e sovvenire con tutti i soccorsi e proprii rimedii, e ristabilire la calma e la quiete. Io venni fra voi qual voleva il Re, e tale mi annunziai alla vicina Reggio con manifesto del 3 del mese di agosto; epperò tenni

(1) Decreto del 10 ottobre 1837, n. 4282.
(2) Decreto del 27 ottobre 1837, n. 4301.
(3) Decreto del 31 ottobre 1837, n. 4312.

sempre davanti agli occhi quei generosi e paterni sensi, *le angeliche costanti intenzioni*, a me note, di un tanto principe dalla Divina Provvidenza dato a questo bel Regno, onde riposarlo dalle annose convulsioni che l'Europa, anzi il mondo intero, hanno travagliato, e renderlo felice. Eseguito per quanto da me si poteva quel Sovrano e magnanimo comandamento, e la calma e la pace, l'ordine, la sicurezza, ogni esercizio ritornati fra voi, e più, quanto l'istante d'uopo (sic) ad altre misure di governativa saggezza ed atte a stabilire e durevoli rendere tai beni, ed altre ancora di civili amministrazioni e di prosperità (sic), ritrar mi devo donde mossi, dalla Sovrana voce richiamato alle funzioni in cui da sei anni mi sto per sua real degnazione (sic). Nel qui di seguito trascrivere per pubblica cognizione il Sovrano ordine di termine delle straordinarie mie funzioni, onde l'andamento governativo nei medesimi tre balli riprenda da questo momento il pristino natural corso (sic), con emozione io mi congedo, nella lusinga di avere adempito alle paterne e generose intenzioni dell'alto mandato, e di riportar meco partendo di una tanta lusinga il pubblico consentimento (1).,

L'invocato consentimento non l'ebbe; perchè il popolo di quest'Isola infelice non applaude leggermente alla mano che umilia, alla mano che affligge, alla mano che uccide. Ciò fanno i tiranni, perchè la violenza frutta loro talvolta un triste beneficio;

---

(1) Inviando questo sconnesso proclama agl'Intendenti di Messina, di Catania e di Siracusa, scriveva ai medesimi: " Signore—Eliminati gli obbietti pei quali Sua Maestà, Nostro Signore, degnossi inviarmi con alta missione nei valli di Messina, Catania e Siracusa, oggi Noto, confidandomi gli alti poteri dell' *alter-ego* ripristinato in essi l'ordine e la tranquillità, la sicurezza turbatevi, ed in conseguenza richiamato dalla Maestà Sua in Napoli, ho io della cessazione di un tanto real incarico e del real decreto all'uopo emanato, avvisato il pubblico, gli abitanti dei tre succennati valli con un manifesto, del quale lo rimetto qui annesse diverse copie, perchè ella si compiaccia darne cognizione ai suoi dipendenti. Adempio nel tempo stesso a ringraziarla dello zelo e della operosità con cui ha ella cooperato e meco corrisposto in tutto il tempo di sua durata—Marchese Delcarretto (V. *Giornale dell' Intendenza della Valle di Catania*, dicembre *1837, n. 310).

fecelo Francesco I, che nominò il Delcarretto marchese dopo l'eccidio di Bosco ; fecelo Ferdinando II, che inalzollo all'alto grado di ministro dopo l'arresto dell' Intonti, e gli concesse la Croce di cav. del Real Ordine di S. Gennaro dopo i massacri di Sicilia. Ben fatto! Così la storia delle umane vergogne scriverà ancor questo, cioè che i Borboni conferivano le loro alte onorificenze ai distruttori di villaggi, agli sgherri impudibondi, ai codardi che flagellavano con forze poderose le terre decimate dal colera, ai soldati che assalivano a mo' di guerra città deserte, che catturavano in massa cittadini inermi, che inveivano contro fuggiaschi innocenti, che imprigionavano, ferivano ed uccidevano con un cinismo rimasto celebre nelle storie delle sciagure umane (1).

(1) La fine del marchese Delcarretto fu come dovrebbe essere quella di tutti i tormentatori dell'umanità—La rivolta del 12 gennaro 1848 ed il movimento del Cilento, operato dal siracusano Antonio Leipnecher, già alunno nella scuola militare di Napoli, spaventarono Ferdinando II ed il suo ministro di polizia, il quale, vista inevitabile la sua caduta, chiamò a Consiglio Mariano d'Ayala. Questi gli consigliò di ritirarsi; ma il Delcarretto nol fece, e determinò d'imporsi al re coi suoi gendarmi e le schiere di sbirri, dettargli uno statuto costituzionale, e proclamarsi liberatore e ordinatore del paese. Il marchese di Pietracatella, saputo l'ardito colpo che il Delcarretto preparava, ne die' avviso al re, il quale, senza perder tempo, ordinava di mettere fuoco alla macchina del Nettuno; mandava col Nunziante al Filangieri, suo primo aiutante di campo, il seguente scritto di suo pugno: « Venite subito ed armato » ; e poscia spediva altro suo ufficiale a chiamare con urgenza il Delcarretto· Questi, che trovavasi a desinare, si leva, e corre al palazzo. Non appena arrivava il Filangieri, Ferdinando dicevagli: " Entrate nel mio gabinetto ; quando vi entrerà il Delcarretto, arrestatelo, conducetelo nella darsena, imbarcatelo sulla nave già pronta alla partenza; dategli quanto danaro ei vuole, e fatelo condurre subito fuori del regno.» L'ordine fu esattamente eseguito. Al vedere il Delcarretto , il Filangieri gli si fa innanzi e gli comunica il sovrano comandamento, ed avutane disdegnosa risposta, gli pone la pistola sul petto con la tremenda parola: *ubbidite*, e partì. Alla nave che il portava fu perfino negato l'acqua a Livorno ed a Genova; in Marsiglia poi venne cinta dal popolo, gridante vendetta, la casa del consolato ove era disceso; e per salvarsi dovette cacciarsi nell' interno della Provenza *(V. Nicola Nisco, Storia civile del Regno d'Italia, vol. I, cap II, p. 76 e segg.)*

Capitolo XI

Alla feroce reazione militare, tenne dietro la meditata reazione politico-amministrativa, la quale, in un decennio, spense nell'Isola ogni maniera di prosperità. Di questa reazione tenace, implacabile, cenneremo solo quei provvedimenti che distrussero gli ultimi privilegi della Sicilia. —La legge dell'undici dicembre 1816, che seguì all'altra dell' otto dello stesso mese (la quale aveva annientata la costituzione e l'indipendenza dell'Isola) ordinava, per attenuare la crudezza della spogliazione, che funzionarii siciliani amministrassero le provincie di là del Faro, e funzionarii napoletani quelle di qua del medesimo. Tal legge, inceppando omai le mire sinistre del Governo, fu distrutta da quella del 31 ottobre 1837, la quale stabiliva che le cariche civili ed acclesiastiche, da provvedersi nell'una e nell'altra parte dei Reali dominii, fossero indistintamente e promiscuamente conferite ai sudditi di ambo le parti, e che i Siciliani dovessero occupare nel Napolitano un ugual numero d'impiegati di quello che i Napoletani occupassero in Sicilia, salvo per le cariche di consiglieri ministri di Stato, di consiglieri di Stato, di ministri segretarii di Stato e di direttori delle segreterie (1). Pertanto fu rimesso in

---

(1) V. Decreto del 31 ottobre 1837, n. 4306.

vigore il decreto del 4 gennaio 1831, furono soppressi gli uffici di
direttori della Real Segreteria di Stato presso il Luogotenente, furono ripristinate le cariche di consultore e di segretario del Governo (abolite col decreto del 28 febbraio 1831) (1), e venne
stabilito che ove piacesse al Governo di affidare la carica di
Luogotenente ad un Napoletano, la scelta del consultore e del
segretario del Governo doveva cadere sopra due Siciliani; e
vicoversa, ove l'ufficio di Luogotenente fosse conferito ad un
Siciliano, il consultore ed il segretario del Governo dovevano
essere due Napolitani (2). Fu inoltre, nello stesso tempo, abo-
lita la Real Segreteria di Stato per gli affari di Sicilia in Napoli, (istituita col decreto del 19 gennaro 1833) e i suoi uffici
e le sue carte vennero aggregate ai diversi Ministeri di Stato,
secondo i carichi di ciascuno di essi (3). Dopo queste leggi, che a-
vevano lo scopo di togliere la politica, la polizia e la giustizia dalle
mani degli alti funzionarii siciliani, il principe di Campofranco,
Luogotenente generale dell'Isola, fu sostituito da Onorato Gaetani duca di Laurenzana (4); il duca di Cumia, direttore generale di polizia, da Giambattista Rega, consigliere della Gran
Corte dei Conti in Napoli (5), e quasi tutti i magistrati del
paese da un'accolta di funzionarii d'oltremare, rifiuto delle an-
ticamere dei ministri, gente orgogliosa, intrigante ed avversa
alle tradizioni ed alla gloria dell'Isola (6).

----

(1) Il Commendatore Giusseppe Parisi, Vice-presidente della Consulta di
Sicilia, assunse le funzioni di consultore del Governo ed il cavaliere Giovanni
Lima, Vice-presidente della Gran Corte dei Conti in Palermo, quello di Se-
gretario del Governo. (V. Decreto citato).

(2) Lo stipendio del consultore era di annui ducati 2000; quello del segretario del Governo di annui ducati 2400. Il primo riceveva inoltre un aumento
di ducati 1000 ed il secondo di ducati 600 ove fossero napolitani. (V. Decreto
del 31 ottobre 1837. n. 4307.

(3) Decreto del 31 ottobre 1837, n. 4308.

(4) Decreto del 31 ottobre 1837, n. 4309.

(5) Decreto del 31 ottobre 1837, n. 4310.

(6) Pietro Ulloa, uno dei nuovi arrivati, procuratore generale a Trapani,

Il duca di Laurenzana, guida e capo di cotali funzionarii, giunse coll'Urania e la Partenope il 17 novembre 1837 in Palermo. Alle tre pomeridiane scese, fra lo sparo delle artiglierie, alla Garita, dove ricevette le autorità politiche, amministrative e militari della Valle; e poco dopo, seguito da alcuni squadroni di cavalleria, fece il suo ingresso in città, traversando il Toledo, sul quale erano schierate le truppe della guarnigione. Giunto al Duomo, assistette al *Te Deum*; baciò, nella cappella di S. Rosalia, la tradizionale reliquia, e recossi poscia al palazzo reale, sua abituale dimora (1). Il 19, ricorrendo l'onoma-

---

scriveva nel 1838 al Parisio, Ministro di Grazia e Giustizia, queste esagerate parole intorno allo stato economico e politico della Sicilia : " Non vi è impiegato che non sia prostrato al cenno di un prepotente e che non abbia pensato a trar profitto dal suo uffizio. Questa generale corruzione ha fatto ricorrere il popolo a rimedii oltremodo strani e pericolosi. Vi ha in molti paesi delle fratellanze, specie di sette che diconsi *partiti*, senza riunione, senz'altro legame che quello della dipendenza da un capo che qui è un presidente, là un arciprete. Una cassa comune sovviene ai bisogni ora di fare esonerare un funzionario, ora di sostenerlo, ora di conquistarlo, ora di proteggere un imprigionato, ora d'incolpare un innocente. Il popolo è venuto a convenzione coi rei. Come accadono furti, escono dei mediatori ad offrire transazioni pel ricuperamento degli oggetti rubati. Molti altri magistrati coprono queste fratellanze di un'egida impenetrabile, come lo Scarlato, giudice della Gran Corte civile di Palermo, come il Siracusa, altro magistrato.... Non è possibile indurre le guardie cittadine a perlustrare le strade; nè di trovare testimonii pei reati commessi in pieno giorno. Al centro di tale stato di dissoluzione evvi una capitale col suo lusso e le sue pretensioni feudali in mezzo al secolo XIX, città nella quale vivono 40,000 proletarii, la cui sussistenza dipende dal lusso e dal capriccio dei grandi. In questo ombelico della Sicilia si vendono gli uffizii pubblici, si corrompe la giustizia, si fomenta l'ignoranza. Dal 1820 in poi si solleva spinto dal malcontento, non dalle utopie del tempo. La sua sollevazione, che *indubbiamente avverrà*, potrà paragonarsi a quelle dei Napolitani sotto gli Aragonesi e gli Spagnuoli, quando il grido del popolo era: *Muora il mal governo*. (V. Nisco, *Ferdinando II ed il suo Regno*, pag. 34 e seg., Napoli, Morano, 1884.

(1) L'indomani il commendatore Parisi, consultore del Governo, il cavaliere Lima, segretario dello stesso, ed il cavaliere Rega, direttore generale di polizia, prestarono nelle mani del Laurenzana il loro giuramento. (V. *La Cerere, Giornale Ufficiale di Palermo*, sabato, 18 novembre 1837, n. 183).

24

stico della Regina madre, tenne nelle ore antimeridiane circolo straordinario; assistette più tardi allo sfilare delle truppe lungo il Foro Borbonico ; recossi la sera al Carolino , e la mattina del 20 diresse alle autorità della Sicilia questo proclama : " Il Re Nostro Signore mi ha chiamato alle funzioni di Luogotenente Generale presso questa parte dei suoi Reali Dominii. Lusingato io oltre misura di tale onorevole tratto di Sovrana fiducia, provo poi il vivo compiacimento di potere, per quanto è in me, contribuire al benessere dei Siciliani, in ogni età ricchi di nobili sentimenti, d'indole generosa, di talenti distinti. Metterò ogni studio perchè l' amministrazione proceda con passo eguale e sicuro, perchè questo bel suolo, cui natura fu prodiga di mille doni, tutti sviluppi i suoi mezzi e le sue risorse; perchè la più imparziale giustizia sia a ciascuno renduta ; perchè ogni travaglio abbia prontamente i suoi compensi, e perchè pieno compimento ottengano così le brame dell' Augusto Ferdinando II, primo bisogno della cui vita si è la prosperità dei popoli al suo paterno reggimento confidati. Iddio, spero, benedirà i miei sforzi, animati dalle più pure intenzioni e dalle ingenue vedute di attaccamento al Monarca ed alle leggi. — Tutta la Sicilia, mi è dolce dichiararlo, ha fatto costante mostra di fedeltà, di sommessione all'ordine; e se qualche perverso ha osato per un momento ordire delle colpevoli trame, egli è divenuto prontamente l'oggetto della disapprovazione e dello sdegno universale. I buoni Siciliani sono certamente troppo gelosi di conservare, con manifestazione di zelo sempre crescente, la interessante pagina che il loro paese occupa nei fasti della Borbonica Dinastia.— Ella, Signore, li mantenga con tutti i suoi mezzi in siffatta commendevole disposizione, e sarà ciò per lei un novello titolo di Sovrano soddisfacimento (1). „

(1) Il proclama fu spedito dal principe di Torrebruna ai Sindaci della Valle con le seguenti parole : " È sommamente grato per me il rendere consapevoli i sindaci e gli agenti tutti dell'amministrazione civile di questo documento, che

Il duca di Laurenzana, prefetto di polizia sotto i Napoleoni, costituzionale alla spagnuola nel 1820, relegato politico nell' isola di Pantelleria nel ventuno, funzionario borbonico più tardi, mostrossi in Palermo ora cupo, ora aspro, ora franco; altero,

---

contiene i principii del governo che S. E. va ad assumere. I sentimenti che vi sono con tanta dignità e dolcezza enumerati, debbono consolare il cuore dei Siciliani, dapoiché sono quelli medesimi che partono dall' animo paterno di S. M. in favore di questi suoi sudditi. Con questa sicurezza io esorto i sindaci e gli agenti di mia dipendenza, che pel passato hanno dato prove di zelo nell' adempimento dei loro doveri per la sicurezza e tutela dei pubblici interessi, debbono ora raddoppiare i loro sforzi per ben corrispondere alle benigne intenzioni di S. M. e del suo ottimo Luogotenente, e per ben meritarsi la loro stima ed approvazione. — Questi sentimenti avendo io già rappresentati all' E. S. in nome delle popolazioni di questa Valle, credo anche opportuno, per la intelligenza e soddisfazione delle autorità comunali, di far loro conoscere tale mio rapporto. ,

A S. E. il duca di Laurenzana.

« Eccellenza — I nobili e franchi sentimenti palesati dall' E. V., nella sua venerata ministeriale in istampa del 20 del corrente, aprono il cuore alle più belle speranze ed ispirano nell'animo dei funzionarii, che sono chiamati a secondarli, tutta la confidenza e tutto il coraggio, che sono il moto e la vita del servizio. E certamente la M. S., nella sua alta saviezza, non poteva raccomandare i destini di questi popoli ad un personaggio più degno, e che abbia meglio saputo esprimere le sue future intenzioni come V. E. ha fatto in questo prezioso documento. Io non ho lasciato di diramarlo per tutti i comuni di questa Valle, onde le autorità che vi presiedono, apprendano i principii del governo che l'E. V. è stata prescelta a sostenere. Son sicuro che le parole della circolare saranno da per tutto ricevute come il più bel segno di conforto e di consolazione che possa giungere ai sudditi di questa parte dei Reali Dominii dopo le sciagure sofferte per causa del morbo micidiale, che conturbò la società, le famiglie e le popolazioni di questa valle di Palermo, sempre distinte per attaccamento e lealtà al Real Trono, non mancheranno di continuare in questo retto e leale sentiero, ed io, che per sovrana clemenza son destinato ad essere il mezzo di comunicazione degli ordini del Governo, farò tutto quanto è di mia pertinenza per mantenervele, e non tralascerò poi nulla, nè di fatica, nè di zelo, perché l'amministrazione dei comuni e dei corpi morali, che ne di-

SÃ¨

bisbetico e violento quasi sempre (1). Sì strana condotta, aggravata dai soprusi d'una polizia malvagia, dall'odio insano di funzionarii partigiani, dalla cupidigia sordida di alcuni venderecci, accorava i buoni, preoccupava le persone più temperate, ed inaspriva oltremodo la balda gioventù, la quale, insofferente di un servaggio ignominioso, coglieva tutte le occasioni per mostrare l'odio e lo sdegno che le cocevano in petto. Il 23 dicembre, volendo essa, a nome dell'Accademia di scienze e lettere di Palermo, onorare la memoria di Domenico Scinà, convenne numerosa nel palazzo del Comune, gremito della più dotta e cospicua gente del paese. Aprì la seduta Ferdinando Malvica, il quale disse della vita e delle opere dello Scinà, dei suoi estremi momenti e della sua pietà e del suo affetto per la patria desolata (2). Indi Franco Maccagnone principe di Granatelli ricordò la chiesa del Vespro, da cui " sorse un giorno una gloria—che sei secoli estinta non han (3) „! Gaetano Daita additò lo stesso luogo, dicendo che " un giorno allo squillo dei bronzi sacrati —di

pendono, proceda sotto gli auspicii e la protezione dell' E. V., verso quella prospera condizione, alla quale il nostro Augusto Sovrano è tanto sollecito di condurla.

L'Intendente—Principe di Torrebruna. „

(V. Giornale dell' Intendenza di Palermo, 30 novembre 1837, n. 233, p. 212).

(1) Un giorno, alla madre del marchese di S. Giuliano, la quale chiedevagli grazia per il figliuolo fuggiasco, rispondeva che suo figlio meritava d'essere fucilato; ed alle insistenze della medesima per conoscere il delitto, replicava: " perchè ha cominciato bene e finito male. „ Un altro dì scrisse a tergo d'una supplica: " Non si può, perchè il Re è uno stolto„; e un'altra volta rispose agli ordini che riceveva dal re stesso: " Non posso eseguirli, e nol voglio. „ (V. Gli ultimi rivolgimenti i'aliani, memorie storiche con documenti inediti di F. A. GUALTERIO, vol. I, parte 2ª, p. 429).

(2) V. IL SICILIANO, giornale di scienze, amena letteratura e belle arti, Palermo, 1° gennaio 1838, anno II, n. I, p. 7.

(3) V. Appendice, documento n. 83.

sangue francese sul Vespro fumò (1) „, e Francesco Paolo Perez, giovane allora di belle speranze, oggi vecchio altero e glorioso, a cui la ingratitudine cittadina non risparmia amarezze imme- ritate, librandosi sulle ali del suo fortissimo ingegno, evocò le grandi anime del Gregorio e dello Scinà, il quale, rimembrando " la storia rea del fatal morbo, chiedea al suo maestro:

Deh! dimmi, a che verrà da tal ruina
   La patria nostra, e quando fia che assenta
   Pace a lei la commossa ira divina?
Come colui che agogna e pur pavento
   Che altri il ver gli risponda, in sua richiesta
   Tal si fe' l'ombra alla risposta intenta.
E l'altra rispondea: " Cotal si appresta
   Strage a Sicilia *da chi l' odia e teme,*
   Tal che sia lieve al paragon poi questa.
Sull'egra donna che languente geme,
   Imbaldanzito colpi a colpi addoppia,
   E fa nel brando le sue prove estreme. „
A tai detti improvviso il pianto scoppia
   All'ombre, e fuor dal tetro all'aere puro
   Il vol drizzò la generosa coppia.
E poi che uscir dall'aer fosco e scuro,
   Nel passare, tremendo ad una tomba
   Vidèr posarsi un cherubin securo.
Nella destra una spada, ed una tromba
   Stringea nell'altra, e dalla tromba uscìa
   Un suon funèbre, e sì quel suon rimbomba:
" Giusto è il sangue ch'io verso, onde la ria
   Città corregga Iddio, ma su quell'empio
   Che tradì la sua patria, e all'ira mia
Si fe' ministro, ricadrà lo scempio. „

L'empio su cui l'ardito poeta impetrava lo scempio, era Fer- dinando II, nato l'anno 1810 in Palermo. Questo monarca, che durante i giorni tetri del colera non ispese nè una parola pie-

_____

(1) V. *Appendice,* documento n. 84.

tosa, nè una voce di conforto, nè un misero obolo in sollievo della sua terra natale; questi, che lungo gli orrori del morbo, l'afflisse colla violenza delle sue soldatesche, volle, dopo il lutto, la morte, il sangue, visitare la terra desolata dalla ferocia dei suoi satelliti.—Ma perchè venirvi?—Per mirare forse le popolazioni emunte, le città deserte, le tombe piene di vittime e le carceri gremite d'innocenti? Per istrappare forse l'applauso agli orfani, alle vedove, agli afflitti genitori, a coloro che riguardavano ancora con ispavento le passate vicende e la presente miseria? Forse per questo. Ma qui, dove il ricordo del comune oltraggio è saldo, dove la fierezza è innata, dove la legittima vendetta non è tarda, l'odiato monarca non ebbe, la Dio mercè, il mendicato applauso. Arrivato egli il 14 marzo 1838 a Messina, recossi, fra l'indifferenza delle popolazioni, il 15 ad Agosta, il 16 a Catania e ad Acireale, il 19 a Milazzo, il 20 a Patti, il 21 a Trapani ed il 22 a Palermo (1). Qui, prima ch'ei giungesse, le autorità emanarono tutte le disposizioni perché fosse ricevuto solennemente: il Pretore invitò i cittadini ad illuminare le loro case (2); il Luogotenente ingiunse agl'impiegati di fare altrettanto, e la polizia invitò il Perez a scrivere alcuni versi per la fausta occorrenza. La sera del 21 marzo, infatti, mentr'egli discorreva in casa con parecchi suoi amici, gli si annunzia che una persona di polizia desidera parlargli. Accorre, e vede consegnarsi da un ispettore una carta, su cui erano scritte queste parole: "Domani si aspetta S. M.—In tale fausta occorrenza, a ce-

---

(1) V. GIUSEPPE LO BIANCO, *Diario palermitano, anno 1838*, fogli 21, 22, 23, ecc. — *La Cerere, Giornale officiale di Palermo*, 1838, n 24.

(2) Avviso: " Ricevuto il fausto avviso che il Re nostro signore si recherà in questa sua devota capitale, il cavaliere D. Gioacchino Filingeri, primo senatore funzionante da pretore, ne previene con piacere il pubblico all'oggetto che possa ciascuno osternare la sua gioia e festeggiare tanta lieta circostanza, ornando le finestre e li balconi ed illuminandoli la sera.

Palermo, li 22 marzo 1838 alle ore 12--Il funzionante da pretore— G. Filingeri. (V. *Diario citato*, foglio 22).

lebrare il felice arrivo, ella scriverà una poesia, e la manderà subito alla stamperia della polizia, perchè al più tardi, a mezzogiorno, sia stampata. Si è sicuri che non si negherà. D. C.

—Ci è risposta? chiese l'ispettore.—Eccola! e così dioendo il
Perez lacerava la carta, la gittava in pezzi, e voltando le spalle, tornava ai suoi amici (1).—Nè migliore fortuna ebbero l' invito del Pretore e le pratiche del Luogotenente; perchè il popolo
di Palermo mantenne, all' arrivo del Re, un severo contegno.
« Alla notizia che S. M. doveva recarsi nella capitale, scrive il Lo
Bianco, indotto diarista palermitano, la popolazione in vero non a-
veva forze abbastanza di far delle grida di viva il Re, perchè
spossata dalle lacrime ancor viventi e dalle triste circostanze della
miseria. Ognuno ne venne per conseguenza nella determinazione
che doveva tacere; ma le autorità, che erano consapevoli del
fatto, opinarono di comprare delle voci di acclamazioni, e posta
a massa gente di ogni maestranza e d'impiegati nella strada di
Monreale sino al palazzo reale, la incaricarono di gridare: Viva
il Re! Viva il Re! Alle ore dodici cominciarono a comparire
queste riunioni, e siccome l'arrivo fu tardi, rimasero poche persone per gridare: Viva il Re. Si distinsero soltanto tutti gli
accenditori della notturna illuminazione; e posso contestarlo con
verità, trovandomi io nella qualità d'ispettore di prima classe e
il decano della stessa; e fummo sacrificati sino alle ore 22 $^1/_4$,
non potendo più reggere all'impiedi. Il piano del palazzo reale
era con poca popolazione, rispettivamente a Palermo. Niuno fece
voci d'acclamazioni nell'apparire del re al balcone del palazzo. Tutta
quella massa stipendiata si disciolse, non avendo pensiero di
dire: Viva il Re! Tutti vennero forzati dai loro superiori; ma

---

(1) V. *Gazzetta di Palermo*, 15 marzo 1848, n. 14, Stamperia Via Alloro,
n. 92 (a).

(a) Questo giornale, divenuto assai raro, mi è stato favorito dall'egregio dottor Cav. G. Lodi,
il quale possiede una preziosa raccolta di diarii siciliani.

alla fine non ebbe niuno effetto. Ma come si poteva fare, caro
lettore, mentre il cuore non era risanato dalle afflizioni, dalle
perdite delle circostanze e dalla miseria che non può risanare
umanamente (1) „. Dopo tale ricevimento, Ferdinando recossi al
Carolino, accompagnato dal capitano di guardia Lucchese e dal
cavaliere di guardia principe di Valguarnera. Mentre il Re era
in Palermo, circolava per la città questo fiero sonetto di Pompeo Inzenga:

Giungesti alfin ?! Del tuo popolo esangue
 Le reliquie a mirar vieni e l'affanno;
 Dopo il lutto, la morte, il morbo, il sangue,
 Vieni a veder le glorie tue, tiranno !
Scudo di patria, che or giacente langue,
 Noi fummo: i dì, le veglie notti il sanno,
 Quando il più fiero, il più pestifer angue
 Morte arrecava e irreparabil danno.
Tu il *volesti* e fu accolto; egri e dolenti
 L'un sopra l'altro caddero distrutti,
 Tre volte o quattro diecimila spenti.
Compisci l'opra; del tuo regno i frutti
 N'un tra noi a vendicar si attenti:
 Siam vili assai, puoi trucidarci tutti (2).

---

(1) *Diario citato.*

(2) L'Inzenga dettò quest'altro sonetto (a) per incarico delle autorità della Valle:

Vedesti? Udisti? Interprete verace
 Dell'affetto dei tuoi fosti Tu stesso.
 Certo che a qui venirne un Dio di pace
 T'ispirava; e vederti è a noi concesso.
È l'aspetto d'un Re limpida face
 Che penétra del cor l'imo recesso;
 E tu, con detto che ridir ne piace,
 " È il popol mio, dicesti, è desso, è desso. „

(a) Devo il primo sonetto alla squisita cortesia del dottor Cav. Giuseppe Lodi.

Ferdinando, dopo essere stato sei dì in Palermo, lasciò il 27 marzo la Sicilia (1). Pochi giorni dopo il Laurenzana , me-

---

Quel popol sì, di cui superbo andavi,
   Quella Sicilia tua qual ella sempre
   Fu amor dolce e difesa ai tuoi grand'avi.
E, trista volga o a lei la sorte arrida,
   Se più vorrai dei cor salde le tempre,
   O Re, ti mostra, e la vedrai più fida (a)

(1) Giunto a Napoli, volendo darsi il vanto di magnanimo, emanò il 16 maggio 1838 il seguente decreto: " Considerando che la tranquillità rassicurata nei nostri dominii oltre il Faro da Noi non ha guari visitati , ci lascia secondare gl'impulsi della Nostra clemenza verso gl' implicati nei disordini che vi ebbero luogo; veduto il nostro decreto del 6 marzo 1834; abbiamo determinato, e determiniamo quanto segue: 1° Concediamo pieno perdono agl'imputati dei politici sconvolgimenti avvenuti nei nostri reali dominii oltre il Faro. Non sono compresi in questo perdono *i promotori e capi di tali sconvolgimenti politici*, non che di misfatti comuni che ad essi han servito, e che vi sono connessi: quante volte però questi misfatti comuni portassero a pena non minore del secondo grado dei ferri, sia nei bagni, sia nel presidio. 2° I giudicabili compresi nel perdono, se trovansi in carcere, saranno messi subito in libertà: se latitanti, potranno riedere sicuri alle loro famiglie. 3° Le Commissioni militari, che trovansi stabilite pei cennati sconvolgimenti politici, restano disciolte a datare dalla pubblicazione del presente Atto Sovrano. 4° Gl'imputati non compresi nel perdono per la disposizione contenuta nella parte seconda del precedente articolo primo, saranno giudicati dalla Commissione Suprema pei reati di Stato. Ove sia pronunziata sentenza di morte, ne sarà sospesa la esecuzione per farsene a Noi rapporto. 5° Le pene inflitte a tutto il giorno della pubblicazione del presente Atto Sovrano pei reati espressi nel precedente articolo primo , saranno diminuite di due gradi pei condannati divenuti presenti in giudizio per arresto, e di tre gradi pei condannati che si presentarono. In siffatte diminuzioni si discenderà al minimo del grado , cui la pena è ridotta. (V. *Leggi del Regno delle Due Sicilie, decreto 16 maggio 1838, n. 4615).*

(a) Scrissero in quell'occasione versi laudatorii Giuseppe Castiglione, Giuseppe Sapio, Francesco Cafì, Agostino Gallo, Giuseppe Borghi e Francesco Mortillaro. (V. *La Fata Galante, Giornaletto di moda, varietà e teatri, numero straordinario, Palermo, 30 marzo 1838).*

more dello sdegnoso rifiuto del Perez, lo chiama al palazzo reale. Il Perez vi si reca, entra, si presenta al Luogotenente, china il capo, ed aspetta. Il Laurenzana, dopo breve silenzio, gli domanda: " Ella, fra gli altri talenti, ha quello della poesia ?

Perez. Eccellenza, sento di non averne nessuno; scrivo talora, e gl'indulgenti sanno compatirmi.

Laur.—Ma !..... Scrive per argomenti di capriccio soltanto; per argomenti di dovere non iscrive ?

Perez—Come poeta, dove il fossi, si persuaderà bene l'E. V. che altro dovere non corre che scrivere come la fantasia e il cuore mi detta.

Laur.—Ah ! dunque il cuore non le diceva nulla per la venuta di Sua Maestà in Palermo ?

Perez—Quel che mi dicesse non importa saperlo. Importa solo sapere che a me non correva debito manifestarlo.

Laur.—Alle corte! Come uffiziale del Ministero voi dovevate ubbidire, e scrivere la poesia richiestavi.

Perez—Come impiegato io doveva e debbo ubbidire agli obblighi del mio ufficio verso lo Stato. Tutt'altro non mi riguarda. Ma perchè veggo alludersi manifestamente ad un fatto, che io voleva dimenticare, dirò che uomo al mondo non fu mai più villanamente insultato. Chi dava diritto a quel tale D. C. di comandare un uomo a lui ignoto e per mezzo di un birro ?

Laur.—Sa ella che siamo al secolo decimonono ?

Perez—Eccellenza, lo so, e lo sento più che altri.

Laur.—Saprà dunque che oggi i pretesti e le scuse non valgono ?

Perez—Pretesti !.... A me ! Ebbene, sappiate, o signore, che l'uomo, cui vi piacque insultare, non iscrisse nè scriverà mai lodi estorte o vendute, solo perchè la propria coscienza gli fa un dovere di serbarsi puro ed illeso.

Laur.—Ma sapete ch'io posso punirvi della vostra alterigia?

Perez.—Lo so.

Laur.—Che posso sospendervi d'ufficio ?

Perez—Pur troppo.

Laur.—Che posso destituirvi?

Perez—Lo so.

Laur.—Che posso processarvi?

Perez—Lo so·

Laur.—Sapete in fine che io....?

Perez—So tutto, Eccellenza, so che potete farmi tutto il male possibile. Ma solo una cosa non potrete giammai: far tutto ciò con giustizia.

Laur.—Non alzate la voce, o che io....

Perez—Abbassatela voi, Eccellenza, io debbo seguirvi...

Laur.—Su, via, uscite di qui. Andate; siete per quindici giorni ammalato.

Perez—Sono in perfetta salute.

Laur. — Uscite, siete per ora sospeso; vedrete gli effetti dell'ira mia.

Perez — Eccellenza, finchè si tratti di me, tutto mi è indifferente. L'odio mio o l'amore per voi non può essere determinato che dal male o dal bene che farete a questa infelice Sicilia (1). „

Dette queste parole, il Perez avviavasi per uscire. Il Laurenzana ammutoliva, chinavasi quasi riverente, stendeva la mano, e accompagnavalo all'uscio; colà, salutandolo, ripeteva: " Siete sospeso per quindici giorni. „ Più tardi il chirurgo Pacini recava un'ambasciata al Perez, colla quale il duca di Laurenzana gli significava le sue lodi e la sua ammirazione personale. " Come Luogotenente, diceva, ho dovuto ammonirlo; come uomo lo ammiro. „

— Pochi giorni appresso il Perez veniva per opera del Luogotenente destituito e cacciato dal Ministero! — Cosiffatto era il duca di Laurenzana; tale era la condizione di quei funzionarii che sdegnavano contaminare il loro ingegno e la loro penna; mediante simili violenze s'inneggiava talora allo esecrato monar-

---

(1) V. *Gazzetta di Palermo*, 15 marzo 1848, n. 14, Stamperia via Alloro, n. 92.

ca, il quale, strana contraddizione, esigea l'inno mendace da co-
lcro che oltraggiava.

Ferdinando, immaginando d'aver sanato con un decreto tutte
le piaghe della Sicilia, volle, dopo sei mesi, ritornarvi, sicuro
di ricevere l' agognato applauso. Non l'ebbe! Arrivato egli il
24 settembre in Messina con la moglie, col Santangelo, col Delcarretto, col Laurenzana (1), col marchese del Vasto, maggior-
domo della regina, colla marchesa omonima, dama di compagnia
della stessa, e coi generali Salluzzo, Gaetani, Scarola e Serra-
capriola (2), fu ricevuto con marcata freddezza. Disceso all' ar-

(1) Il Ministro dell'Interno diresse da Messina la seguente circolare agl'Intendenti, ai Sotto-Intendenti, ai Vescovi ed agli Arcivescovi dell'Isola: " S. M.
il Re (N. S.) avendo risoluto di onorare di Sua Real Presenza questa parte dei
suoi Reali Dominii, con Real Decreto emanato in Napoli ai 21 del corrente
mese, nel provvedere all' andamento regolare del Governo e dell' Amministrazione generale dello Stato, durante la sua assenza da questa capitale, si è degnata destinare ad accompagnare la Sua Real Persona, i due Ministri Segretarii di Stato degli Affari Interni e della Polizia generale, ed il Ministro Segre-
taiio di Stato signor Duca di Laurenzana, che ha richiamato presso di sè da
Palermo. Ha la M. S. benanche affidato al Ministro della Polizia generale il
carico degli affari ecclesiastici, a quello degl'Interni l'altro degli affari di Grazia e Giustizia, ed al Ministro Segretario di Stato Duca di Laurenzana quelli
degli affari Esteri e delle Finanze. Ed ha voluto in fine S. M. che pel tempo
stesso della sua permanenza in Sicilia, sia alla sua immediazione il Consultore
del Governo Commendatore Giuseppe Parisi ; del Ministro Segretario di Stato
duca di Laurenzana il Segretario del Governo cavaliere D. Giovanni Lima, e
del Ministro Segretario di Stato marchese Delcarretto, il segretario generale di
Polizia, funzionante da Direttore generale in Palermo.

Le partecipo queste sovrane determinazioni per di lei intelligenza e governo.

Messina, 26 settembre 1838.

Il Ministro Segretario di Stato per gli Affari Interni — *Nicola Santangelo.*
(V. *Lo Spettatore Zancleo,* venerdì, 28 settembre, n. 1).
(2) Il Re era accompagnato dai seguenti legni da guerra :
Fregata *Partenope,* capitano di vascello Gaetano Imbert, duca di Furnari;
Fregata *Urania,* capitano di fregata commendatore Marino Caracciolo;

senale della Marina , recossi anzitutto al Duomo , nel quale fu
cantato il *Te·Deum* ; andò poscia al palazzo reale , ove ricevette le prime autorità della Valle ; l' indomani passò a rassegna le truppe della guarnigione; mentre la regina, accompagnata
dal marchese e dalla marchesa del Vasto e dall' Intendente De
Liguoro, visitava la cattedrale, la fabbrica di tessuti di Gaetano
Ainis , quella di Michelangelo Mangano e il tempio della Maddalena dei Cassinesi. Il giorno 27 i due sovrani si recarono sul
Ferdinando II a Reggio, donde tornarono a notte avanzata (1) ;
il giorno 30 percorsero a cavallo le vie della città, ed il 1° ottobre partirono da essa (2) , consegnando la somma di 300 ducati al canonico Castellaccio, perchè la distribuisse ai poveri (3).
Lasciata Messina, attraversarono Scaletta, Guidomandri, Alì, I-
tala, Roccalumera, Pagliara, Forza d'Agrò, Savoca, Gallodoro e
Giardina, e giunsero a Catania mentre l'Etna, eruttando lava e
fiamme , minacciava di colmare la profonda valle del Bue (4).

Brigantino *Valoroso*, capitano di fregata Litterio Longo;
Brigantino *Zeffiro*, capitano di fregata Pier Luigi Cavalcanti;
Brigantino *Principe Carlo*, capitano di fregata Luigi Janch;
Corvetta *Maria Cristina*, capitano di fregata Federico De Roberto;
Real Vapore *Ferdinando II*, tenente di vascello Girolamo De Gregorio;
Goletta *Sibilla*, alfiere di vascello Vincenzo Salazar;
Goletta *Lampo*, alfiere di vascello Emanuele Marin. — (V. Giornale citato).
(1) V. *Lo Spettatore Zancleo*, venerdì, 28 settembre 1838, n. 1.
(2) Ibidem, 2 ottobre 1838, n. 4.
(3) V. *La Cerere, Giornale Officiale di Palermo*, sabato, 15 dicembre 1838,
n. 100. — Regalò inoltre alla Metropolitana di Messina un grande lampadario,
come oblazione alla padrona della città, la Madonna della Lettera.
(4) In quei giorni l'Intendente di Catania scriveva alle autorità di Palermo :
« La eruzione dell' Etna grandeggia , e poichè i torrenti infuocati per ora
percorrono i terreni affatto sterili della regione discoperta e si precipitano in
parte nella vasta e profonda Valle del Bue, così la maestosa eruzione non sembra poter arrecare alcun danno alla proprietà ed alle popolazioni. (V. *La Cerere*, sabato, 6 ottobre 1838, n. 80). — A Catania ordinava, a spese del Comune, il rifacimento del Castello Orsini, per tenere in rispetto il popolo nelle in-
surrezioni.

Da Catania recaronsi subito a Siracusa, in cui il primo atto del
re fu quello di gravare il comune di 17,000 ducati per la costruzione di una batteria vicina al Castello contro il popolo (1).
Da Siracusa si diressero, dopo aver lasciato 300 ducati al parroco della chiesa di San Giacomo (2), alla loro fida e diletta

(1) Tolse più tardi alla stessa Siracusa la sede della deputazione di salute,
la dogana di prima classe e l'officina di garenzia pel bollo dell' oro e dell' argento, trasferendole a Noto. Fece pubblicare inoltre una storia di Noto per i-
smentire la ferocia degli ultimi avvenimenti. Salvatore Chindemi volle rispondere, onde fu arrestato, sottoposto a rigoroso processo ed inviato davanti alla
Corte straordinaria pei reati di Stato in Palermo, la quale, conforme alle conclusioni del procuratore generale Filippo Craxi, l'assolse. (V. CHINDEMI, Opera
cit., p. 55).

(2) Diamo qui, riportandolo per intero dal giornale officiale di Palermo, lo
elenco di tutte le largizioni fatte in quella occasione da Ferdinando II in Sicilia :

Messina — Lasciati in mano del canonico Castellacci , per distribuirli agli
storpii . . . . Duc. 800 —
 Più, nella dimora, elemosine fatte per istrada . . . " 85 40
Catania — In mano del sacerdote Ferdinando Gioeni . " 300 —
 Ai sacerdoti Mario Mirone e canonico Martino Ursino pei conserva-
torii che dirigono . . . . " 180 —
 Più distribuiti per istrada . . . . . . " 46 50
Siracusa — In mano del parroco della cattedrale chiesa di S. Gia-
como . . . . " 300 —
 Distribuiti per istrada. . . . . " 40 80
Noto — In mano del preposito e parroco Bartolomeo Trigona " 150 —
 Per istrada . . . . " 15 —
Caltagirone — In mano di Benedetto Denti, vescovo cassinese " 100 —
 Per istrada . . . . " 12 —
Piazza — In mano del sotto-intendente Reburdone, per passarli al
parroco di S. Michele . . . . " 800 —
 Al sacerdote Raffaele Intriglia, segretario di monsignore . " 100 —
 Distribuiti per istrada. . . . . " 18 —
Castrogiovanni — In mano del parroco Varisano . . " 60 —
 Per istrada. . . . . " 7 20

           A riportarsi Duc. 2015 20

Noto (1). I Notini , lieti di quest'onore, corsero numerosi e festanti ad incontrarli a quattro miglia dall'abitato; li ricevettero in trionfo , e li accompagnarono , acclamandoli , al palazzo del marchese di Sant' Alfano (2). Dopo quattro giorni di accoglienze sincere , frutto di soddisfatta ambizione e di rabbia civile, continuarono il loro viaggio, visitando Caltagirone, Piazza, Castrogiovanni, Caltanissetta, Girgenti, Sciacca , Mazzara , Trapani, Alcamo e Palermo (3).

Ferdinando rimase per 56 giorni in quest'ultima città. Lungo tal periodo, trascorso in parte tra le feste, gli omaggi e le luminarie officiali, volle, a suo modo, provvedere alle molteplici e gravi faccende della Sicilia. Il sei novembre, secondando la pro-

	Riporto Duc.	2015 20
Caltanissetta — Al canonico D. Angelo Sellitti . . .	" 60 —	
Per istrada.	" 14 40	
Girgenti — Al canonico maestro di cappella Innocenzo Puzzo	" 150 —	
Per istrada.	" 16 80	
Sciacca — In mano dell'arciprete Michele Sortino . .	" 100 —	
Per istrada.	" 84 —	
Mazzara — In mano del vescovo Scalabrini . . .	" 90 —	
Per istrada. . . . . . , . .	" 7 20	
Trapani — In mano del vescovo Scalabrini . . .	" 120 —	
In mano dell'Intendente per distribuirli ai muti e sordi .	" 81 —	
Ad una donna partorita	" 80 —	
Alcamo — Al suddetto vescovo	" 90 —	
Per istrada sino a Palermo	" 72 —	
In tutto il viaggio . Duc.	2880 60	

(V. *La Cerere*, 17 novembre e 15 dicembre 1838, n. 92 e 100).

(1) Sullo scorcio del 1837 una Commissione di questa città recossi a Napoli per esprimere al Re il voto d'innalzargli una statua. L'autorizzazione le venne accordata con decreto del 10 gennaio 1838· Tito Angiolini eseguì l' opera , la quale fu inaugurata nel tempio dei PP. Crociferi di Noto. Il baronello Galbo, figlio dell'Intendente, lesse una lunga orazione. (CHINDEMI, Op. cit.).

(2) V. *La Cerere*, 17 novembre 1838, n. 92.

(3) Ibidem, 27 ottobre 1838, n. 86.

posta del Ministro Segretario di Stato della polizia generale, stabilì un prefetto di polizia per la città e distretto di Palermo, ed inalzò a tal carica Felice Genovesi di Noto, procuratore generale presso la Gran Corte Civile di Girgenti (1), avversario tenace dell' infelice Siracusa (2). Il 17 dicembre, colpito dalla miseria che affliggeva le popolazioni, rimaneggiò la tassa del macinato, riducendola da tarì 13 e grana 12 per salma a tarì 9 e grana 12 (3). Lo stesso giorno, volendo apprestare pane e lavoro alla gente inoperosa, e sollevare a un tempo la condizione dei proprietarii, prescriveva che si desse opera, a spese delle provincie, alla costruzione di alcune strade intercomunali (4), e che fosse emendato l'art. 1° del R. Decreto dell'8 agosto 1833, il quale sanzionava che la rendita imponibile sui fondi rustici venisse valutata secondo le contrattazioni stipulate nel decennio trascorso. Il 19 " ordinava che gl'Intendenti delle provincie verificassero rigorosamente comune per comune se v'erano o si esercitavano ancora, da qualsivoglia feudatario, corpo morale, o avente causa alcuno dei feudali diritti aboliti, facendone rela-

(1) *La Cerere*, 17 novembre 1838, n. 92.

(2) Il Genovesi, inaugurando nel 1838 la Corte Civile di Noto, diceva enfaticamente : " I nemici (i Siracusani) dell'ordine stabilito, profittando del tremendo flagello di Dio, lo annunziano e lo fanno credere come l'opera della umana malvagità ... fino a quando l'*angelo apportatore di conforto ai buoni* (il Delcarretto), di terrore ai tristi, di rinvigorimento all'ordine, inviato dal migliore dei re (Ferdinando), che voglia sempre per noi, non apparve salvator° delle nostre contrade, e venne, vide, vinse.....

(3) V. *La Cerere*, 20 dicembre 1838, n. 101.

(4) Il Governo aveva, per la costruzione delle strade della Sicilia, contratto un prestito d'un milione di ducati, onde aveva aumentato per 18 anni, cioè dal 1826 al 1844, dell'uno e mezzo per cento il tributo fondiario. Nel 1835 aveva, sotto il titolo medesimo, contratto un nuovo prestito di 150,000 ducati. Malgrado ciò, una sola via venne condotta a compimento ; mentre al 30 settembre 1838 giacevano inoperosi nei banchi oltre 900,000 ducati, provenienti da somme che non si erano impiegate d'anno in anno alla costruzione delle strade. (V. BIANCHINI, *Della Storia economico-civile di Sicilia*).

zione al Ministro dell'Interno, il quale prenderebbe gli ordini opportuni dal Re. Che non essendosi creduto espediente che un tribunale di eccezione decidesse delle cause tra i comuni ed i loro antichi feudatarii, continuerebbero le medesime ad essere giudicate dai tribunali ordinarii; ma la difesa dei comuni restava affidata ai Procuratori del Re come parte principale. Che procedessero gl'Intendenti delle provincie allo scioglimento delle promiscuità ed alla divisione dei demanii comunali con le facoltà accordate loro dalla legge del 12 dicembre 1816, e dal decreto del 1º settembre 1819. Nei casi dubbi consultassero il Procuratore generale presso la Gran Corte dei Conti. Che il medesimo procuratore generale, sulle basi delle istruzioni approvate per le regioni di Napoli col decreto del 10 marzo 1810, formar dovesse il progetto di quelle, che dovrebbero servir di norma in Sicilia per lo scioglimento delle promiscuità e per la divisione delle terre demaniali appartenenti ai già feudatarii e a corpi morali di qualsivoglia titolo e denominazione, sulle quali i cittadini avessero esercitato gli usi civici, e far la suddivisione in quote fra i più poveri della parte che in compenso di tali usi ne spetterebbe ai comuni. Che tutte le promiscuità non ancora sciolte, e quelle, lo scioglimento delle quali non si trovasse ancora approvato, il sarebbero colle indicate norme. Quanto alla promiscuità, il cui scioglimento si fosse già pronunziato ed approvato, e per cui era stato accordato un canone ai comuni invece di terreni, venne disposto che ogni Intendente disaminasse in Consiglio d'Intendenza se fossero stati lesi i diritti non soggetti a prescrizione delle popolazioni ch'erano in possesso dell'esercizio degli usi per lo sostegno e comodo della vita, se fosse stato tradito lo spirito della legge, che avea di mira il formar nuovi proprietarii, il favorire l'agricoltura, dando un effettivo compenso degli usi civici in una quota delle stesse terre da distribuirsi ai più poveri. Del risultamento se ne farebbe inteso il Sovrano, perchè emanasse gli opportuni provvedimenti., (1) Vol-

(1) Prima di pubblicare questo decreto, il Re volle udire il parere di apposita Commissione. Ecco il Rescritto col quale fu essa stabilita: « Sua Maestà il Re

26

lo questi in ultimo abolire in Castrogiovanni il dazio angarico ed abusivo, che riscuoteva la finanza, detto *carofidato o bagliva di fuora* (1) — L' indomani però, desiderando distruggere affatto lo spi-

N. S., nel percorere i luoghi anche più impervi di questi suoi Reali Dominii, si propose principalmente di verificare lo stato delle popolazioni, e di osservare i miglioramenti dei quali il paese è capace, onde rimuovere gli ostacoli che oppongonsi allo incremento della sua prosperità! La M. S. ha riconosciuto da se stessa, ed anche per mezzo dei molteplici reclami ricevuti che a malgrado degli sforzi del suo Governo e di quelli degli Augusti suoi predecessori, il languore dell'agricoltura e della pastorizia, e la miseria d'intere popolazioni debbano attribuirsi in gran parte alla esistenza degli abusi feudali, delle promiscuità e delle liti fra ex baroni ed i Comuni. Volendo che abbia termine un tale stato di cose tanto dannoso per la intera Sicilia, e che le leggi eversive della feudalità abbiano un pieno e pronto effetto, S. M. ha desiderato circondarsi dei lumi di alcuni fra i suoi sudditi, che più si distinguono per mente elevata e per cuore caldo di amore pel pubblico bene, ed ha perciò determinato di formare una Commissione composta di S. E. il Ministro Segretario di Stato cavaliere Mastropaolo, del Consultore Duca di Cumia, del Procuratore generale del Re presso la Suprema Corte di Giustizia cavalier Cupani, del consu'tore barone Pastore, e del Consigliere della Suprema Corte di Giustizia Carbonaro, nella quale interverranno altresì i Ministri Segretarii di Stato attualmente presso S. M. marchese Delcarretto, cavaliere Santangelo e Duca di Laurenzana; la qual Commissione si riunisca immediatamente e dia il suo avviso intorno alle seguenti quistioni, ecc. (Cav. Lodovico Bianchini, *Della storia economico—cirile di Sicilia*, Parte seconda, p. 115 e seg.)

(1) Eccellenza — Il Consiglio provinciale di Caltanissetta, nell'ultima sua riunione, supplicò S. M. il Re (N. S.) di abolire il Dazio angarico ed abusivo denominato *carofidato o baglira di fuora*, che si esige per conto della Tesoreria nel territorio del comune di Castrogiovanni. S. M., considerando di essere ben giusta la dimanda del Consiglio provinciale per l'abolizione di un diritto angarico, e poichè oggi si studia con ogni equità di fare scomparire dalla Sicilia il resto degli abusi feudali, ha deciso nel Consiglio ordinario di Stato del 9 del passato dicembre, che sia tosto abolito del tutto il detto dazio in Castrogiovanni, e che il Luogotenente generale in Sicilia faccia noto a tutta l'Isola, e l'Intendente anche della provincia di Caltanissetta, come la M. S. ha voluto dare il primo esempio, che debbono essere interamente tolti in Sicilia i dritti angarici che tutt'ora vi esistono (*Ministero e Real Segreteria di Stato degli affari Interni, secondo Ripartimento, 1° carico*).

rito sedizioso, represso, com'oi diceva, ma non ispento, mutò, conforme agli articoli 5 e 6 del decreto 24 maggio, le Commissioni militari in Consigli di guerra; stabilì una taglia sugli annotati nelle liste di fuorbando, conferì al Comandante generale Tschudy tutti i poteri della Polizia, compreso quello di inviare alle Commissioni militari *qualsiasi giudicabile*, e destinò alla di lui immediazione, per farne, occorrendo, le veci, il maggiore Ducarne, il più esoso, insipiente e spavaldo soldato che sia stato mai nell'Isola (1). Così, dopo aver lasciato queste provincie in balia d'un governo militare, d'un Luogotente strano (2), d'una gendarmeria onnipotente, d'una polizia esosa e di una magistratura avversa, s'allontanò il 21 dicembre dalla Sicilia, convinto d'averla, con iscarse e tarde provvisioni, guarita da un ventennio di sciagure.

Quali le cagioni efficienti di esso? — Eccolo in breve. Ferdinando IV di Napoli, III di Sicilia, assunto l'8 dicembre 1816 il titolo di Ferdinando I, distrusse in una volta la costituzione e l'indipendenza di quest'Isola. Indi, seguendo gl'impulsi malvagi del suo cuore, gl'incitamenti dei ministri Medici e Tommasi, i consigli inonesti di sir William A' Court e quelli ancor più iniqui di alcuni baroni tripudianti nella reggia, cominciò una reazione assidua, tenace, infame contro i dominii di là del Faro, reazione che accelerò il moto separatista del venti. Durante e dopo questo moto (protrattosi per lo spazio di 84 gior-

(1) V. *La Cerere*, giovedì, 20 dicembre 1838, n. 101.
(2) Il marchese Delcarretto, scrivendo il 16 dicembre al Re, gli diceva: " Vostra Maestà è destinata chiaramente da Dio a produrre una benefica rivoluzione nel suo regno, avendola il cielo dotata di forte volontà, di ferma e salda salute, senza di cui non vi sono eroi..... Peccato, Signore, che non abbiate un uomo come si conviene in questo paese, o che la vostra scelta, sempre felice, l'anno passato è caduta sopra Laurenzana, che, a giudicarlo benignamente, può dirsi che vi ha fatto perdere un anno.„ (V. Nisco, *Ferdinando II ed il suo Regno*).

ni fra il disordine e la guerra civile) il Governo dava la caccia
ai patrioti come oggi l' Inghilterra la dà ai lupi ed agli orsi
dell'Indostan; calunniava i liberali, premiava la calunnia, subornava
i testimonii condannava iniquamente. Quindi la Sicilia perdette
molte migliaia di cittadini nelle carceri, negli esilii, sulle forche o
sotto il piombo regio; ebbe due invasioni militari, due Grandi
Corti Criminali, tre Corti Marziali ordinarie, nove Corti Marziali
straordinarie, le finanze esauste, il commercio spento e l'agricoltura negletta. Tante violenze e tanta miseria scossero i liberali
dell' Isola , i quali, incoraggiati dalla rivoluzione di Luglio ,
mossi dai Comitati della *Giovine Italia*, desti dalla voce solenne
del Mazzini , distesero le fila d'una larga cospirazione. Tale cospirazione, che aveva come centri principali Palermo, Messina,
Catania e Siracusa, che comunicava con i Comitati di Napoli, di
Marsiglia, di Parigi e di Londra, che doveva scalzare una signoria ignominiosa, venne interrotta, spezzata da un morbo tremendo, dal colera, il quale turbò le coscienze , sbrigliò le ree
passioni, travolse la Sicilia nell'anarchia e nella guerra civile.
Ne seguirono disordini, uccisioni, sospetti e calunnie tremende.
Il volgo accusa, per ignoranza, i possidenti come avvelenatori;
alcuni liberali ne accusano, per interesse , il Governo; questo ,
che non ignorava le loro macchinazioni, reprime per vendetta
ogni subuglio come rivolta politica; talchè avvengono gli occi-
dii della Valle di Palermo, i disordini di Messina, il massacro
di Siracusa, il moto politico di Catania e le repressioni feroci
del marchese Delcarretto. Pertanto la Sicilia fu colpita da tre
immani sventure: dalla invasione del colera, dalla rivolta delle
plebi e dalla reazione del Governo. Il colera uccise nello spazio
di pochi mesi 40,642 persone nella Valle di Palermo, 8368 in
quella di Girgenti, 7094 nella provincia di Siracusa, 6552 nella
città e d'intorni di Catania, 4360 nei distretti di Trapani, 2894
nei comuni di Caltanissetta e 43 in Messina, in complesso 69,253
decessi , somma che, posta in raffronto alla popolazione delle
terre attaccate, dà il dieci per cento. — Le sommosse delle plebi,

scoppiate a breve intervallo in quattro provincie, Palermo, Messina, Catania e Siracusa, costarono la vita a 130 innocenti, uccisi quasi tutti a tradimento; sconvolsero l'ordine sociale, produssero incendii, fughe e rapine, e generarono qua e là odii, rancori e vendette inestinguibili. — La reazione regia, maturata nei consigli del Governo, preparata segretamente, eseguita con violenza, die' all'Isola due invasioni soldatesche e 15 Commissioni militari, le quali, eccedendo i limiti delle loro attribuzioni, condannarono in 70 sentenze 180 persone a morte, parecchie centinaia all'ergastolo, ed altrettante ai ferri, alla detenzione nelle isole, od in esilio. E come se tutto ciò non bastasse a placare la collera regia, seguirono oltraggi più crudi delle morti, violenze birresche incredibili, sevizie e torture nefande; seguì un riordinamento politico-amministrativo, che fruttò alla Sicilia il Laurenzana, lo Tschudy, il Rega e il Ducarne; le fruttò nuovi Consigli di guerra, nuove taglie e nuove liste di fuorbando, l'abolizione dei direttori della Real Segreteria di Stato presso il Luogotenente, quella della Real Segreteria di Stato per gli affari di Sicilia in Napoli, ed una reazione feroce, causa precipua della solenne riscossa del quarantotto.

APPENDICE

DOCUMENTO N. I.

Sentenza della Commissione Militare della Valle di Palermo

Ferdinando I per la grazia di Dio Re del Regno delle due Sicilie, di Gerusalemme ec., Infante di Spagna, Duca di Parma, Fiacenza, Castro ec. ec., Gran Principe Ereditario di Toscana ec. ec. ec.

La Commissione Militare nominata sotto il 13 Luglio dell' anno 1823, dal Sig. Colonnello Duca di Vatticani, per la Valle di Palermo, ed incaricata per ordine di S. M. (D. G.) del 10 Settembre anno stesso a procedere nella Causa del Barone di Avanella e Compagni

Composta dei Signori:

Presidente — Cavaliere D. Emmanuele Ribas Colonnello del Reggimento Re Artiglieria.

Giudici — Cavaliere D. Pietro Pellegrino Capitano del Reggimento anzidetto —D. Bernardo Conti Capitano del Battaglione de Reali Veterani—D. Giuseppe Pistorio Tenente dello stesso Battaglione — D. Gaetano De Vicesvinci Tenente del 2° Battaglione Granatieri della Guardia — D. Carlo Amich Sotto Tenente del Reggimento Fanteria Principessa — Cavaliere D. Federico D'Aubert Sotto Tenente del Battaglione de' Volontarj Valle Palermo.

Relatore da pubblico ministero — D. Giovanni Andrea Maurigi Capitano del Reggimento Re Artiglieria.

Coll'Intervento del Sig. Dottor D. Domenico Corvaja Giudice della Gran Corte Civile di Palermo qual Uomo di Legge

Assistita da D. Domenico Raspa Ajutante al seguito dei Reali Veterani qual Cancelliere. Riunita nella sala di udienza della Corte Suprema di Giustizia, per giudicare la causa a carico dei nominati:

Girolamo Dottor Torregrossa figlio di Francesco di anni ventitre nato in Palermo di condizione Chirurgo, domiciliato nel Vicolo del Roccamorto N. 91.

27

Francesco Mento figlio del fu Antonio di anni ventisei, nato in Palermo, di condizione adornista, domiciliato nel vicolo degli Angioli N. 5.

Giuseppe Sessa figlio di Giacinto, nato in Catania, di anni ventinove, di condizione sarto, domiciliato in Palermo nella Via della Terra delle Mosche.

Francesco Amato figlio di Giuseppe d'anni trentuno nato in Palermo, di condizione sarto, domiciliato Via S. Filippo d'Argirò all'Albergaria.

Vincenzo Errante Baronello d'Avanella figlio di D. Filippo, d'anni trentuno, del Comune di Polizzi, di condizione Poesidente, domiciliato in Palermo nello stradone che dal Piano di S. Teresa conduce ai Porrazzi.

Giuseppe Testa figlio del fu Rosario di anni ventuno di Palermo, di condizione sarto, domiciliato nel piano delle Vergini.

Domenico Balsamo figlio di Gaetano, d'anni venticinque, nato in Palermo, di condizione sarto, domiciliato nel vicolo di Santa Chiara.

Vincenzo Corso, figlio di Salvadore, di anni ventuno, nato in Palermo, di condizione sarto, domiciliato nel vicolo di Santo Isidoro all'Albergaria.

Vincenzo Reale, figlio di Angiolo, di anni venti, nato in Palermo, di condizione sarto, domiciliato al Capo.

Cosmo Sanfilippo, figlio del fu Salvadore, di anni quarantatre, nato in Palermo, di condizione sarto, domiciliato nello stradone che dal Piano di S. Teresa conduce ai Porrazzi.

Imputati di associazione settaria, sotto la denominazione di Carbonari di Nuova Riforma, dopo il Real Decreto de' 28 Settembre 1822 e fra questi Girolamo Torregrossa qual Reititratore, e colla qualità di Capo graduato Gran Cappellano, e Francesco Mento, e Giuseppe Sessa graduati sotto Cappellani in primo ed in secondo con avere il Mento, l'Errante e S. Filippo permesso le riunioni de settarj nelle proprie Case.

Intesi in dibattimento i Prevenuti ed i testimonj; letti e discussi i documenti necessarj;

Inteso il Capitano Relatore da Pubblico Ministero, il quale con le sue conclusioni scritte ha chiesto di dichiararsi D. Girolamo Torregrossa, Francesco Mento, Giuseppe Sessa, D. Vincenzo Errante Barone di Avanella, Vincenzo Corso, Domenico Balsamo, Francesco Amato, Giuseppe Testa, Vincenzo Reale e Cosmo Sanfilippo rei del misfatto di aver fatto parte della vietata setta dei Carbonari di Nuova Riforma, e fra essi Torregrossa, Mento e Sessa graduati della stessa, il 1º Gran Cappellano, che corrisponde a Gran Maestro dell'antica Carboneria, e Mento e Sessa Sotto Cappellani in primo, ed in secondo, che corrispondono a primo e secondo assistente di quella, e colla qualificazione per Mento, Errante e Sanfilippo d'aver concesso l'uso della propria abitazione, per la unione settaria anzidetta:

Dichiararsi concorrere in maestro Cosmo Sanfilippo le condizioni prescritte dalla Ministeriale di S. E. il Luogotenente Generale de' 13 Giugno 1823, per godere dell'impunità accordatagli, e quindi ordinare di mettersi in libertà.

Di condannarsi in conseguenza li detti Torregrossa, Mento e Sessa alla pena di morte col laccio sulle Forche, ed alla multa di due. duemila per ciascheduno di essi a norma del prescritto negli Articoli 9 ed 11 del detto Real Decreto de' 28 Settembre 1822; ed ai termini degli stessi Articoli condannarsi D. Vincenzo Errante Baronello di Avanella alla pena del terzo grado dei ferri escluso il minimo del tempo ed alla multa di ducati duemila.

Di condannarsi similmente ai termini degli Articoli sudetti Vincenzo Curso, Domenico Balsamo, Francesco Amato, Giuseppe Testa e Vincenzo Reale alla pena del terzo grado dei ferri, ed alla multa di ducati mille per ciascun di essi; e per ognuno ciascun degli anzidett'individui per i quali va applicata la pena de' ferri ordinare che, espiata la medesima, restino assoggettiti alla malleveria di ducati seicento per sicurtà di loro buona condotta, per lo spazio di anni cinque ai termini degli Articoli 31 e 34 delle Leggi Penali.

Condannare in fine tutti li rei anzidetti solidalmente alle spese del Giudizio in favore della Real Tesoreria, giusta l'articolo 296 della Procedura Penale.

Pér ultimo ha domandato, che, atteso che la Pubblica discussione nulla ha aggiunto ai sospetti di renitenza per D. Francesco Gramiguani, stante il lungo esperimento del carcere da lui sostenuto, fosse posto in libertà;

Intesi gl'imputati ed i loro difensori nei rispettivi mezzi di difesa;

Inteso il Signor D. Domenico Corvaja Giudice della Gran Corte Civile di Palermo, il quale da uomo di legge ha dato il suo avviso in iscritto;

Il Signor Presidente ha riassunto l'affare e la Commissione dall'insieme della pubblica discussione e dai documenti letti e discussi nel dibattimento ha ritenuto il seguente

FATTO

Nel Settembre del 1822 il Baronello di Avanella D. Vincenzo Errante del Comune di Polizzi domiciliato in questa da più anni acquistò una Casina dietro il Convento di Santa Teresa prossima all'abitazione di Maestro Cosimo Sanfilippo; ciò diede luogo a reciproca conoscenza, ed alla mutua manifestazione del loro essere di Carbonari.

Per l'avvenuto tremuoto dei 5 Marzo del decorso anno 1823, il Baronello di Avanella si portò ad abitare la suddetta Casina, circostanza, che strinse maggiormente il loro legame di familiarità.

Conoscea il Sanfilippo altri suoi compagni settarj, e fra questi si distinguea, per esser cognato del miserando fu Salvatore Meccio, Francesco Amato.

L'Avanella ammessolo a familiar dimestichezza, gli diede di sò conoscenza, ed il Francesco Amato propose introdurvi il suo amico e consocio Francesco Mento che si disse versato nella conoscenza delle settarie macchinazioni.

Estesa la combriccola si pensò ad organizzarla, ma poco esperti nella sediziosa dottrina degl'insensati misteri, all'uopo necessaria, l'andamento dell'affare non avea quel celere progresso, che si desiderava.

Amato progettò incardinare alla loro comitiva D. Girolamo Torregrossa, chirurgo, e questi bene accolto convenne con Avanella nelle opinioni; si parlò dell'installazione di una Vendita Carbonica di Nuova Riforma, ma si osservò, che scarso sino allora era il numero de' consocj.

In conseguenza si passò ad arrollare nuovi seguaci, ed in casa di Sanfilippo, Domenico Balsamo fu il primo a meritare di appartenervi, e vi fu ricevuto colle solite formalità.

In questa unione intervennero il Baronello di Avanella D. Vincenzo Errante, Cosimo Sanfilippo, Francesco Mento, Giuseppe Sessa e Francesco Amato.

Proseguirono le adunanze in casa di Sanfilippo ed in una di queste il Torregrossa, esternando la sua connaturale perversità, manifestò avere a sua disposizione sufficiente numero di facinorosi, da poter suscitare ed eseguire a suo piacere la rivoluzione.

Tal progetto però creduto prematuro, non fu allora applaudito.

Intanto quella combriccola di sediziosi, proseguendo i loro lavori, ricevè in casa di Francesco Mento per compagno Vincenzo Corso, ed in altra combriccola ambulatoria tenutasi nella spiaggia del Lazzaretto associasi un altro Individuo, il di cui nome non si è potuto con certezza liquidare.

Nella prima delle due anzidette riunioni intervennero Cosimo Sanfilippo, Francesco Mento, Francesco Amato, Giuseppe Sessa, Girolamo Torregrossa, Giuseppe Testa e Vincenzo Corso, e verso il fine di quella funzione sopravvenne Domenico Balsamo; e nella seconda intervennero Sanfilippo, Torregrossa, Balsamo, Mento, Amato, Testa e Corso.

Nato successivamente il pensiero di dare nuove forme all'Associazione, Torregrossa (sulla di cui persona è da osservarsi, che non era ancora sciolto dall'imputazione di aver appartenuto ai seguaci di Meccio) nella Casina del Principe di Aci all'Arenella istallò la Vendita Carbonica di Nuova Riforma; stabilì, che il Gran Maestro dovea nominarsi Gran Cappellano, e gli assistenti sotto Cappellani, ed egli a voti unanimi ne fu eletto Gran Cappellano e furono nominati due sotto Cappellani, uno de' quali si è liquidato con certezza essere stato Giuseppe Sessa, essendo intervenuti in questa seduta Cosimo Sanfilippo, Francesco Amato, Girolamo Torregrossa, Giuseppe Sessa, Francesco Mento e Giuseppe Testa.

Torregrossa investito del carattere anzidetto corrispose alla fiducia dei Consocj: in una seconda unione tenuta nella stessa Casina di Aci all'Arenella, intervenendo Sanfilippo, Torregrossa, Amato, Mento e Testa; Torregrossa dettò alcune leggi, stabilì Tributi, e s'incaricò di fare acquisto delle fedi Parocali, che disse dover servire ai consocj in vece dei diplomi della passata carbonaria.

Qui è da osservarsi che il Baronello di Avanella D. Vincenzo Errante, sebbene non avesse intervenuto in tutte le anzidette unioni, era minutamente informato da Torregrossa di tutte le successive operazioni carboniche. In effetto, fattasi nella prima seduta all'Arenella l'elezione del Gran Cappellano e dei sotto Cappellani, fu destinata per il Baronello di Avanella la carica di Deputato, ed egli l'indomani direttosi in tono ammirativo a maestro Cosimo Sanfilippo, manifestò che gli era già noto d'essere stato dall'unione anzidetta eletto Deputato.

Non sfuggirono intanto alla vigilanza della Polizia le ree intenzioni di questo miserabile avanzo di sciagurati; furono prese le più accurate misure, onde arrestare il male, furono ordinati gli arresti di taluni di costoro, e nella visita domiciliare, che si fece in casa di Torregrossa, che fu tra i primi ad arrestarsi, furono repertate delle fedi Parocali, sulle quali date delle perizie, si è riconosciuto non essere di antica edizione, ed inoltre di essere state alcune impresse nella stamperia Reale, e le altre nella stamperia di Gagliani.

Mentre la Polizia si occupava a raccorre tutti i fili di queste criminose operazioni, maestro Cosmo Sanfilippo, ch'era stato già assicurato alla giustizia, propose al Sig. Direttore Generale di Polizia di manifestare tutti i fatti, e gli autori dei medesimi, sempreché gli fosse stata accordata l'impunità.

Il Sig. Direttore di Polizia fece di ciò rapporto al Governo, e con Ministeriale de' 13 giugno 1823 fu autorizzato ad accordarla; beninteso che non fosse il Sanfilippo dei rei principali, e che tutti manifestasse i fatti, che fossero alla sua conoscenza.

Sotto la promessa impunità, chiamato in conseguenza Sanfilippo a deporre, dichiarò minutamente i fatti, che sonosi pocanzi premessi, e sulla guida di questa dichiarazione, interrogati successivamente Sessa e Corso deposero uniformemente, contestando il primo di essere stato promosso a sotto Cappellano in secondo nell'unione tenuta all'Arenella, graduazione corrispondente al secondo assistente della passata Carboneria, e Corso confessò di essere stato ricevuto a Carbonaro previe le solite formalità nella seduta tenuta in casa di Francesco Mento.

In seguito interrogato D. Vincenzo Errante, disse di essersi da taluni degli imputati proposto di formare una Vendita Carbonica, e che egli fu di avviso di non esserne sufficiente il numero. Afferma il suo intervento nell'unione tenuta in casa di Sanfilippo, dove con le consuete formalità fu ricevuto Balsamo a Carbonaro, e dove vide che Sanfilippo all'oggetto anzidetto preparò dei Simboli Carbonici, ed aggiunse ch'essendo stato invitato a funzionare da capo in tale recezione, si negò.

Nel costituto variò in gran parte i suoi detti, e nel confermare talune circostanze da lui dichiarate nell'interrogatorio protestò da tutt'altro carattere ebbero fuor di quello di reato.

Nella pubblica discussione non si riportò perfettamente a fatti da lui dichiarati nel costituto, ma si riferì in parte al suo interrogatorio.

Interrogato Torregrossa, sebbene a' fatti che depose, avesse dato un carattere di semplicità e d'indifferenza, pure non discorda nelle più minute circostanze dalla dichiarazione di Sanfilippo, confermando di essere stato nel diporto tenuto all'Arenella eletto Gran Cappellano, di avere nominati i due Sotto-cappellani, uno de' quali Sessa, di avere nella seconda unione tenuta all'Arenella, ch'egli presenta ancora in aria di divertimento, fissata una tassa testatica, e di essersi designato il sotterraneo incavato nella pietra, di cui il fu Principe di Aci si serviva per conservare i vini, per luogo delle future unioni. Dice però che i compagni lo nominarono Cappellano, perchè ei solo vedevasi seduto nell'unica sedia colà esistente, ed in aria pure di scherzo furono nominati i due Sotto-Cappellani. Che la tassa testatica servir dovea per i futuri sollazzi; ed in fine dice che le fedi parrocali rinvenutesi in di lui casa furono da lui comperate anni addietro come carta sporca.

Nel costituto il medesimo Torregrossa fu negativo, ma nella pubblica discussione recedendo da tal negativa, confermò in parte quel tanto che disse nel suo interrogatorio. Francesco Amato, interrogato, si chiama presente in tutte le riunioni, si dà carico dell'elezione del Gran Cappellano, e de' Sotto-Cappellani, sebbene asserisce di non saperne la cagione, e nel di più de' fatti si uniforma al coimputato Torregrossa.

Nel costituto fu dell'intutto negativo, negativa che ha sostenuto nella pubblica discussione.

Uniformemente a quest'ultimo depose l'imputato Domenico Balsamo nel suo interrogatorio, e finalmente negativo fu nel costituto, e nella pubblica discussione.

Il di più pegl'imputati sono stati tutti negativi, tanto nell'interrogatorio, che nel costituto, e nella pubblica discussione.

Basati a tal modo i fatti, il Sig. Presidente ha elevato gradatamente le seguenti questioni:

PRIMA QUISTIONE

Costa che Girolamo Torregrossa, Francesco Mento, Giuseppe Sessa, D. Vincenzo Errante Baronello di Avanella, Giuseppe Testa, Vincenzo Corso, Domenico Balsamo, Francesco Amato, Vincenzo Reale e Cosmo Sanfilippo siano colpevoli del misfatto di associazione settaria, sotto nome di Carbonari di Nuova Riforma, dopo il Real Decreto de' 28 Settembre 1822?

Considerando in rapporto alla pruova generica che da tutti i fatti, che di sopra si sono premessi, risulta senza equivoco alcuno l'esistenza di un'associazione settaria formatasi dopo il Real Decreto de' 28 Settembre 1822.

Considerando relativamente alla pruova specifica, che dai detti di Sanfilippo, Sessa e Corso risulta che furono tenute dagli accusati in discorso varie unioni.

Che nella prima tenuta in casa di Sanfilippo, nella quale fu ricevuto colle consuete formalità carboniche Domenico Balsamo, intervennero oltre di questo

e di Sanfilippo, Amato, Sessa, Mento ed Errante, che nella seconda unione tenuta in casa di Mento, dove colle stesse formalità fu ricevuto a Carbonaro Vincenzo Corso. Intervennero apparte di questi e di Mento, Sanfilippo, Amato, Sessa,
Torregrossa e Testa.

Che nell'unione ambulatoria tenuta al Cimiterio Inglese intervennero Sanfilippo, Torregrossa, Balsamo, Mento, Amato, Corso e Testa.

Considerando che nell'altra unione tenuta all'Arenella nella casina del Principe di Aci intervennero Sanfilippo, Torregrossa, Amato, Sessa, Mento e Testa.

E finalmente che nella successiva unione tenuta nello stesso locale intervennero Sanfilippo, Torregrossa, Amato, Mento, Testa e Corso.

Considerando che in tali riunioni oltre della recezione a Carbonaro di Balsamo e Corso, circostanze efficacissime a far conoscere che le indicate unioni
avevano il carattere di associazioni settarie, furono inoltre adottate delle riforme
nella nomenclatura delle dignità, furono fatte delle leggi intorno alla recezione
dei Neofiti, furono fissati dei tributi per lo mantenimento della setta, nominati
i dignitarj, e fu stabilito che agli antichi Diplomi di Carboneria, a scanso di
ogni sorpresa della Polizia, dovevano surrogarsi delle fedi di battesimo, per lo
acquisto delle quali ne fu da Torregrossa assunto l'incarico, e che per ultimo
fu stabilito che la cantina di Aci all'Arenella, luogo inosservato e recondito,
dovea servire per locale delle future riunioni; cosicchè il tutto di tali circostanze
non lascia dubbio a credere che le associazioni anzidette siene state veramente
settarie.

Considerando che D. Vincenzo Errante, sebbene negasse d'avere appartenuto
a quella società, pure conferma di aver avuto le unioni degl'individui qui avanti
nominati, scopo ed oggetti di carboneria.

Considerando per l'ultimo che Torregrossa, Amato e Balsamo mentre danno
a' loro detti un'aria d'indifferenza e di semplicità e rimuovono dalle loro unioni
il carattere di Reato, pure non lasciano di accertare la verità delle riunioni e
delle circostanze deposte da Sessa, Sanfilippo e Corso.

Considerando che da detti del testimonio Giuseppe Meli risulta che per incarico di Torregrossa furono stampate delle fedi Parrocali sotto l'intestazione
del Parroco dei Tartari Beneficiale Marini, e da quelli de' testimonj Gaudiano
e Gagliani risulta che furono stampate delle fedi di battesimo coll'intestazione
del Maestro Cappellano Tasca, fedi che pure furono repertate in casa di Torregrossa.

Considerando che le unioni all'Arenella restano confirmate dai testimonj Ca-
ruso ed Abate, cosichè i detti di Sessa, Sanfilippo e Corso risultano verificati
ed amminicolati in tutte le loro circostanze.

Considerando per l'ultimo, rispetto a Vincenzo Reale, che da niuno dei prevenuti sudetti viene egli indicato perfettamente, e che il solo Cosmo Sanfilippo
lo riconobbe nell'atto di affronto, locchè non basta a fissare il criterio morale

della Commissione di essere stato con certezza Vincenzo Reale fra il numero degli associati anzidetti.

Considerando che l'eccezione dedotta da' difensori dei prevenuti di essere nulli ed inattendibili gli atti compilati dalla Direzione Generale di Polizia, non è per nessun modo valutabile, da poichè le istruzioni del ventidue Gennaio milleottocento diecissette autorizzano gli uffiziali di Polizia ordinaria ad esercitare le attribuzioni di Polizia Giudiziaria nei reati di alto criminale, e tali istruzioni d'altronde legalmente pubblicate, furono legge per questa parte de' Reali Dominj, allorchè piacque alla Maestà Sua d'ordinare a questo Governo col rescritto del primo Luglio 1820 di provvedere onde per questo ramo di servizio abbiano esecuzione le istruzioni anzidette; ed infatti sin d'allora ha costantemente la Polizia esercitate tali attribuzioni sotto gli occhi del Governo, e colla sua adesione, ed in due circostanze nelle quali fu promosso dubbio, sopra ciò il Governo ha risoluto uniformemente di essere nelle facoltà della Polizia ordinaria di esercitare le indicate attribuzioni a' termini delle citate istruzioni del 22 Gennaio 1817.

Considerando che neppur valutabile è l'altra obbiezione fatta dagli stessi difensori, di dover l'associazione settaria di cui è parola contenere un'organizzazione completa, dapoichè è chiaro che ai termini dell'articolo nono del Real Decreto de' 28 Settembre 1822 è vietata ogni associazione settaria organizzata in corpo, o comunque altrimenti formata, qualunque ne fosse l'oggetto ed il numero de' suoi componenti.

LA COMMISSIONE MILITARE

Per tali considerazioni a voti uniformi ha dichiarato e dichiara:

Costa che Girolamo Torregrossa, Francesco Amato, D. Vincenzo Errante barone d'Avanella, Vincenzo Corso, Domenico Balsamo, Giuseppe Sessa e Cosimo Sanfilippo sieno colpevoli del misfatto di associazione settaria sotto nome di Carbonari di Nuova Riforma dopo il Real decreto de' 28 settembre 1822.

A maggioranza di sei voti sopra uno.

Costa che Francesco Mento e Giuseppe Testa sieno colpevoli dello stesso anzidetto misfatto di associazione settaria.

E ad unanimità di voti ha dichiarato, e dichiara

Non costa abbastanza che Vincenzo Reale abbia fatto parte dell'associazione settaria anzidetta; e quindi ordina la Commissione stessa, che rimanendo l'anzidetto di Reale in carcere per il tempo stabilito dalla legge, si faccia una più ampia istruzione del Capitano Relatore, versandosi in liquidare con certezza di avere l'anzidetto di Reale fatto parte dell'associazione settaria di cui è parola, ed ogn'altro che dallo sviluppo de' fatti potrà sorgere sul conto del medesimo.

SECONDA QUISTIONE

Costa che Girolamo Torregrossa, il quale come qui avanti è stato dichiarato colpevole del misfatto di associazione settaria sotto nome di Carbonari di Nuova Riforma, dopo il Real decreto de' 28 settembre 1822 sia stato capo graduato Gran Cappellano dell'associazione settaria anzidetta?

Ritenuti li fatti di sopra basati;

Considerando che dalli stessi interrogatorj di Sanfilippo, Sessa e Corso risulta indubitato che nella prima seduta tenuta all'Arinella nella casina del Principe di Aci, essendosi convenuto di dovere le dignità di questa nuova Carboneria ricevere nuova e differente nomenclatura, fu stabilito che al Gran Maestro dell'antica Carboneria doveva surrogarsi il Gran Cappellano e fu a pieni voti dalla combriccola nominato a questa carica il Torregrossa, e nella successiva seduta tenuta nello stesso locale, esercitando Torregrossa questo carattere, dettò regolamenti, fissò tasse e propose di surrogarsi le fedi parrocali agli antichi diplomi di Carboneria a scanzo di qualche sorpresa della Polizia, e si assunse egli medesimo lo incarico di farne eseguire la stampa;

Considerando che questo stesso fu dal Torregrossa comunicato al barone Avanella, che lo confessò nel suo interrogatorio;

Considerando che la di lui graduazione a Gran Cappellano, come sopra viene anche asserita dal medesimo Torregrossa, sebbene dia ai suoi detti l'aspetto di scherzo;

LA COMMISSIONE MILITARE

A maggioranza di sei voti sopra uno ha dichiarato, e dichiara:

Costa che Girolamo Torregrossa sia stato capo graduato Gran Cappellano dell'associazione settaria anzidetta.

TERZA QUISTIONE

Costa che Girolamo Torregrossa sia colpevole di reiterazione di misfatto a misfatto?

Considerando che dalla decisione emessa dalla cessata Corte Marziale estraordinaria, istituita per giudicare della cospirazione tramata in gennaro 1822, si rileva che sul conto di Torregrossa fu deciso di non costare abbastanza di esser colpevole del misfatto di cui fu accusato, di sortachè manca nel momento la certezza morale di questo primo misfatto;

Considerando, che sebbene si fosse detto nello stesso indicato arresto di procedersi sul di lui conto ad una più ampia istruzione, ciò non importa che sia certo tuttavia il reato, potendo altrimenti risultare da tale più ampia istruzione;

Considerando che di tali atti compilati, colla più ampia istruzione, di cui è parola, quando anche se ne fossero raccolti, e nuovi lumi, e prove si fossero acquistate, non sen'è tenuto alcun conto nella presente pubblica discussione: Per tali considerazioni.

28

LA COMMISSIONE MILITARE

Ad unanimità di voti ha dichiarato e dichiara:

Non costa abbastanza che il medesimo Torregrossa sia reiteratore di due misfatti.

QUARTA QUISTIONE

Costa che Francesco Mento e Giuseppe Sessa, dichiarati colpevoli come sopra di associazione settaria, sotto titolo di Carbonari di Nuova Riforma, dopo il Real decreto de' 28 settembre 1822, siano stati graduati sotto Cappellani della stessa anzidetta settaria unione?

Qui il sig. Presidente ha promosso d'ufficio la seguente quistione:

La qualità di sotto Cappellano è una graduazione colpita dall'articolo nono del Real Decreto de' 28 settembre 1822?

Ritenuti li fatti premessi

Considerando che dai detti di Sanfilippo, Corso e Sessa risulta che conseguenti ai principj di riforma da loro adottati, a proposta di Torregrossa, stabilirono che le dignità di questa nuova associazione settaria doveano subire nuove e differenti nomenclature, sostituendo la qualità di Gran Cappellano a quella di Gran Maestro della passata carboneria e quelle di sotto Cappellani in primo, ed in secondo alle altre di primo, e secondo Assistente;

Considerando che non è dubbio che nella passata Carboneria la qualità di primo e secondo Assistente costituiva graduazione;

Considerando che la legge nel parlar di graduazione ha inteso riferirsi a quelle che nel senso degli associati sono tali;

Per siffatte considerazioni

LA COMMISSIONE MILITARE

A maggioranza di cinque voti sopra due ha dichiarato, e dichiara:

Costa che la qualità di sotto Cappellano è una graduazione colpita dall'articolo nono del Real decreto de' 28 settembre 1822.

Risoluta in tal modo la quistione anzidetta il medesimo signor Presidente ha riproposta la superiore questione cioè:

Se costa che Giuseppe Sessa e Francesco Mento siano stati graduati sotto Cappellani della stessa anzidetta associazione settaria.

Considerando in rapporto a Giuseppe Sessa che l'essere stato promosso a sotto Cappellano nell'anzidetta settaria associazione vien contestato dai detti di M.ro Cosmo Sanfilippo;

Considerando che egli stesso l'ha confessato nel suo interrogatorio; che lo contestano i detti dell'anzidetto di Torregrossa e di Giuseppe Amato, abbenchè questi due ultimi diano a quest'elezione un tono di scherzo;

Considerando relativamente a Francesco Mento che le prove offerte dal dibattimento non fissano pienamente la convinzione della Commissione per stabilire in lui, con certezza, la qualità anzidetta di sotto Cappellano;

LA COMMISSIONE MILITARE

A maggioranza di cinque voti sopra due ha dichiarato, e dichiara:

Costa che Giuseppe Sessa sia stato graduato sotto Cappellano della stessa associazione.

Non costa abbastanza che Francesco Mento vi sia stato similmente graduato.

QUINTA QUISTIONE

Costa che Francesco Mento, D. Vincenzo Errante e Cosimo Sanfilippo abbiano permesso l'uso della propria abitazione per la riunione della medesima settaria associazione ?

Ritenuti i fatti di sopra basati;

Considerando che nel proprio interrogatorio Cosimo Sanfilippo conferma le riunioni settarie dei prevenuti nella di lui casa;

Considerando che il medesimo Sanfilippo e Giuseppe Sessa assicurano che una simile adunanza fu tenuta in casa di Mento, dove, serbate le solite formalità, fu ricevuto a carbonaro Vincenzo Corso;

Considerando che lo stesso Corso, mentre dichiara la propria reità di essersi associato alla vietata setta, conferma essere stato ricevuto in casa di Mento;

Considerando relativamente a D. Vincenzo Errante, che il solo Cosimo Sanfilippo dichiara essersi tenuta una riunione in casa del detto Errante, talchè la Commissione non rimane pienamente convinta di questa circostanza;

Per tali considerazioni

LA COMMISSIONE MILITARE

Ad unanimità di voti ha dichiarato, e dichiara:

Costa che Francesco Mento, e Cosimo Sanfilippo abbiano conceduto l'uso della propria abitazione per la riunione de' settarii sopradetti.

Ed a maggioranza di sei voti sopra uno non costa abbastanza di avere il D. Vincenzo Errante conceduto l'uso della propria abitazione per le riunioni anzidette.

SESTA QUISTIONE

Concorrono per Cosimo Sanfilippo le condizioni volute dalla Ministeriale di S. E. il Luogotenente Generale data de' 13 giugno 1823, onde godere dell'impunità accordatagli?

Ritenuti i fatti come sopra;

Considerando che Cosmo Sanfilippo fin dai primi momenti che fu sottoposto all'interrogatorio manifestò interamente i fatti ch'erano alla sua conoscenza, e tali fatti in tutta l'estensione sono stati confermati da due coimputati Sessa e Corso;

Considerando che tali fatti li ha uniformemente ripetuti nel costituto e nella pubblica discussione;

Considerando che nel dibattimento li medesimi fatti non sono stati variati, nè smentiti, anzi intieramente confermati e rassodati, così che è manifesto che egli ha tutti rapportati i fatti, che poteva sapere, o tali fatti contengono verità;

Considerando che il dibattimento non ha per nessun modo offerto che egli nell'associazione settaria, di cui si parla, abbia avuto la qualità di capo o graduato della stessa;

Per tali considerazioni

LA COMMISSIONE MILITARE

Ha dichiarato, e dichiara, a voti uniformi, concorrere nel nominato Cosmo Sanfilippo le condizioni volute dalla Ministeriale di S. E. il Luogotenente Generale de' 13 giugno 1823 per godere dell'impunità accordatagli, ed ha ordinato ché il medesimo sia posto in libertà.

SETTIMA QUISTIONE

Qual'è la pena preveduta dalla legge per il misfatto di cui Girolamo Torregrossa e Giuseppe Sessa sono stati rispettivamente dichiarati colpevoli?

Visto l'art. 9 del Real decreto de' 28 settembre 1822 così concepito:

Art. 9. "Quante volte l'associazione illecita organizzata in corpo, o comunque altrimenti formata, contenga promessa, o vincolo di segreto, costituendo qualsivoglia specie di setta (qualunque ne sia la denominazione, l'oggetto la forma, ed il numero dei suoi componenti, comunque venga artatamente combinata per comunicazione ambulanti, e senza determinazione fissa di luoghi, di giorni, o di persone) i rispettivi componenti di essa saranno puniti col terzo grado de' ferri, e con una multa da cinquecento a due mila ducati. I Capi, Direttori, Amministratori, o Graduati della stessa saranno puniti con la pena di morte col laccio sulle forche, e con la multa da mille a quattro mila ducati.,

LA COMMISSIONE MILITARE

A voti unanimi ha condannato, e condanna Girolamo Torregrossa e Giuseppe Sessa alla pena di morte col laccio sulle forche.

Ed alla maggioranza di cinque voti sopra due ha condannato li medesimi alla multa di ducati due mila per ciascuno di essi.

OTTAVA QUISTIONE

Qual'è la pena preveduta dalla legge per il misfatto di cui sono stati dichiarati rispettivamente colpevoli Francesco Mento, Francesco Amato, D. Vincenzo Errante, Giuseppe Testa, Domenico Balsamo e Vincenzo Corso?

Ritenuto il detto art. 9 del Real decreto de' 28 settembre 1822.

Visto l'art. 11 dello stesso Real decreto non che gli art. 31 e 34 delle leggi penali, e l'art. 296 delle leggi di procedura nei giudizj penali, così concepiti:

Art. 11. " Quelli che scientemente avranno conceduto o permesso l'uso della " loro casa, abitazione, o di altro loro locale qualunque per la riunione della " setta, saranno, per questo solo fatto, puniti con la pena del primo grado de' " ferri, e con la multa di cento a cinquecento ducati. Ove essi facciano parte " della setta se saranno semplici membri della stessa saranno puniti col terzo " grado dei ferri escluso il *minimum* del tempo, e con una multa da mille a " tre mila ducati. Se saranno Capi, Direttori, Amministratori, o Graduati dalla " stessa saranno puniti con la pena di morte col laccio sulle forche, e con una " multa da mille cinquecento a sei mila ducati.

Art. 31. " La condanna alla malleveria astringe il condannato a dar sicurtà " di sua buona condotta per un tempo non minore di tre anni, nè maggiore di " dieci.

" La somma ricercata per la sicurtà non sarà mai minore di ducati cento, " nè maggiore di cinque mila. Questa non può esigersi che in caso di condanna " per misfatto, o delitto commesso nel tempo della sottoposizione alla malleveria.

" Le somme riscosse saranno addette in preferenza alle restituzioni, a danni, " ed interessi ed alle spese cagionate agli offesi dal nuovo misfatto, o delitto.

" Art. 34. " La malleveria sarà aggiunta

" 1. Nelle condanne a reclusioni o a' ferri, anche se questi vengano espiati " nel presidio.

" 2. In tutte le condanne per misfatti, o delitti contro lo stesso.

Art. 296. " Pronunziandosi la condanna dell'accusato, dee con la decisione " stessa pronunziarsi la sua condanna al pagamento delle spese del giudizio, sia " in favore della parte civile . . . . , .

LA COMMISSIONE MILITARE

Ad unanimità di voti ha condannato, e condanna Francesco Mento alla pena de' ferri per anni ventiquattro, ed alla multa di ducati mille.

Ed alla stessa unanimità di voti ha condannato D. Vincenzo Errante, Francesco Amato, Giuseppe Testa, Domenico Balsamo e Vincenzo Corso alla pena de' erri per anni diciannove, ed alla multa di ducati cinquecento per ciascuno di essi.

Ha condannato parimenti i suddetti Torregrossa, Sessa, Mento, Amato, Errante, Testa, Balsamo e Corso solidalmente alle spese del giudizio in favore della R. Tesoreria . . . .

Ed i suddetti di Errante, Mento, Amato, Testa, Balsamo e Corso a dare inoltre, espiata la pena de' ferri, alla quale sono stati condannati, sicurtà di loro buona condotta, per lo tempo di anni cinque, e sotto la malleveria di ducati trecento.

NONA ED ULTIMA QUISTIONE

Deve farsi diritto in rapporto al testimone D. Francesco Gramignani alla domanda del Capitano Relatore da Pubblico Ministero di mettersi in libertà?

Considerando che la pubblica discussione non ha accresciuti sul suo conto quei sospetti che lo fecero sottoporre all'esperimento del carcere.

Considerando che un tale esperimento lo ha sofferto per lo corso di sei mesi. Per tali considerazioni

LA COMMISSIONE MILITARE

Facendo diritto alla dimanda anzidetta del Capitano Relatore da Pubblico Ministero

A voti uniformi ha ordinato, ed ordina che D. Francesco Gramignani sia messo in libertà.

Ha ordinato in ultimo che della presente decisione se ne imprimano numero cinquecento copie.

Il tutto a cura e diligenza del Capitano Relatore da Pubblico Ministero.

Fatto, giudicato e pubblicato in continuazione dell'ultimo atto del dibattimento

Oggi in Palermo, li 30 aprile 1824, alle ore 2 d'Italia.

Colonnello Emmanuele Ribas Presidente.

Capitano Pietro Pellegrino Giudice.

Capitano Bernardo Conti Giudice.

Tenente Giuseppe Pistorio Giudice.

Tenente Gaetano de Vicesvinci Giudice.

Sotto Tenente Carlo Amich Giudice.

Sotto Tenente Federico Daubert Giudice.

Domenico Corvaja Giudice della Gran Corte C. uomo di legge.

Ajutante Domenico Raspa Cancelliere.

Visto

Il Capitano Relatore da Pubblico Ministero

Giovanni Andrea Maurigi.

(R. Archivio di Stato in Palermo).

DOCUMENTO N. II.

Lettera del Ministro Segretario di Stato per gli affari di Sicilia in Napoli al Luogotenente Generale in Palermo.

Napoli, 21 agosto 1833.

Eccellenza,

Dal Ministero della Polizia Generale in data di oggi stesso mi è stato diretto il seguente Ufficio — " Sul Pacchetto Francese a vapore arrivato recentemente qui, vi è stato un passeggiero a nome Nicola Ruffo di Palermo, negoziante.

Egli nel passato Maggio partì dalla patria per la direzione di Parigi, ma invece recossi in Marsiglia, donde ora è di ritorno, ed ha intenzione di ripatriarvi al più presto.—È un giovane assai vivace, e nella corrispondenza avuta con la sua famiglia si son rimarcate le seguenti proposizioni che gli erano indirizzate, cioè: Speriamo che vi avreto accomodata la vostra testa.

Ho stimato quindi opportuno di prevenir V. E. sul conto del suddetto individuo per quelle contemplazioni che la sua saggezza crederà convenienti ,. Ed io mi do la premura di comunicarle a V. E. perchè si serva farne l'uso conveniente.

Il Ministro Segretario di Stato
per gli affari di Sicilia
ANT. FRANCO.

(Archivio citato).

DOCUMENTO N. III.

Lettera del Ministro Segretario di Stato per gli affari di Sicilia in Napoli
al Luogotenente Generale in Palermo.

Napoli, 18 settembre 1833.

Eccellenza,

È partito da questa parte dei Reali Dominii per Messina il nominato Riccardo Comi della Comune di Giulia nella provincia di Abruzzo ulteriore 1°. Questo signor Ministro della Polizia Generale nel parteciparmi ciò soggiunge che il Comi è un individuo marcato in linea di politica; quindi mi do la premura di prevenirne la E. V. per quelle disposizioni di vigilanza sul medesimo che l'E. V. voglia creder necessarie.

Il Ministro Segretario di Stato
per gli affari di Sicilia
ANT. FRANCO.

(Archivio citato).

DOCUMENTO N. IV.

Lettera del Ministro Segretario di Stato per gli affari di Sicilia in Napoli
al Luogotenente Generale in Palermo.

Napoli, 27 agosto 1834.

Eccellenza,

Questo signor Ministro di Polizia Generale, con ufficio dei 22 corrente mi ha partecipato di esser da Roma pervenuto in questa il signor Giovanni Ultico Ichr di S. Gallo in Svizzera, negoziante munito di passaporto rilasciatogli dal Console di Commercio della Confederazione Svizzera in Marsiglia in settembre ultimo, e vistato dalla Regia Legazione in Roma, di essere stato qui accuratamente vigilato; e nessuna cosa in contrario esserne risultata; e finalmente di essersi l'enunciato individuo imbarcato ai 16 del corrente mese sopra legno mercantile alla volta di Palermo.

Mentrechè ho l'onore di far consapevole l'E. V. di tutto ciò, la prego di volermi in seguito far conoscere i movimenti dello indicato forestiero, quante volte si dirigesse nuovamente in questa parte dei Reali Dominj per io farne inteso il prelodato Ministro giusta la richiesta da lui fattami.

Il Ministro Segretario di Stato
per gli affari di Sicilia
ANT. FRANCO.

(Archivio citato).

DOCUMENTO N. V.

Lettera del Ministro Segretario di Stato per gli affari di Sicilia in Napoli
al Luogotenente Generale in Palermo.

Napoli, 20 dicembre 1834.

Eccellenza,

Il nostro Ministro degli affari Esteri con suo ufficio dei 17 corrente mi ha fatto tenere una copia di lettera diretta a questa Nunziatura Apostolica in Roma, contenente taluni insegnamenti sul noto settario Luigi Fabrizi e su di un tale Felice Rossignano, il quale sotto finto nome di Monsieur le Comte Jean François Piccotti si trova già in giro dell'Italia per propagarvi le infernali massime rivoluzionarie, desiderandosi dal Governo Pontificio che sia loro vietato l'ingresso nei papali dominj. Per averne l'E. V. la dovuta intelligenza mi do la premura di accluderle un consimile dell'enunciata lettera e farne quell'uso che nella sua saggezza crederà conveniente.

Il Ministro Segretario di Stato
per gli affari di Sicilia
ANT. FRANCO.

(Archivio citato).

DOCUMENTO N. VI.

Roma — Direzione Generale di Polizia
Riservata al solo Nunzio apostolico in Napoli.

Ill.mo e Reverendissimo Signore,

Conosce il Governo di Sua Santità che con passaporto rilasciato in origine li 4 ottobre scorso per costà dal prefetto di Marsiglia certo Luigi Fabrizii di

Modena, possidente di anni 21 ed uno dei Capi della Federazione della Giovane Italia, espulso da Marsiglia, cerca di penetrare in Italia e nei Dominj della Santa Sede, per agirvi nel senso di un politico rivolgimento. Sa pure che per Commissione della Propaganda trovasi in giro per l'Italia, sotto il nome di Monsieur le Comte Jean François Piccotti, un tal Felice di Rosignano, pessimo soggetto, che molto figurò nell'Epoca francese come ajutante di campo del generale Berthier. Questo dicesi alto cinque piedi e 4 pollici; di corporatura snella, di viso lungo e vivace e di bella idea. — Se tali soggetti e alcuni di loro penetrassero costà e ricercassero da V. S. Ill.ma e Reverendissima il visto nel proprio passaporto per penetrare nello Stato Pontificio, è mente del Governo che gli venga denegato, e che si faccia tener dietro ai loro passi per conoscere quale direzione siano per prendere. — Partecipo tutto ciò a V. S. Ill.ma e Reverendissima per opportuna norma, ed in attesa di ragguaglio, qualora fosse per avverarsi alcuna cosa in proposito, ho l'onore ecc.

Li 12 dicembre 1834.

Firmato: L. CIAULSI *Governatore*.

(Archivio citato).

DOCUMENTO N. VII.

Lettera del Ministro Segretario di Stato per gli affari di Sicilia in Napoli al Luogotenente Generale in Palermo.

Napoli, 24 dicembre 1835.

Eccellenza,

Un tal Pudon nativo livornese cerca portarsi in Roma da Torino, traversando l'Italia sotto il nome di Lebeun. Egli, comunque in apparenza comparisca le gittimista, pur tutta volta ci sono dei dati a crederlo agente e spia del Governo francese. Trovasi munito di un passaporto rilasciatogli a Lisbona da quel Ministro di Francia sotto il nome di Lebeun, medico chirurgo, e vistato all'ambasciata di Francia e Torino per Roma. Essendo importante che siano spiati i suoi passi, qualora giunga di furto in cotesta parte dei Reali Dominj, mi do la premura di passarlo alla intelligenza di V. E. per quell'uso che crederà conveniente.

Il *Ministro Segretario di Stat*
per gli affari di Sicilia
ANT. FRANCO.

(Archivio citato).

29

DOCUMENTO N. VIII.

Lettera del Ministro Segretario di Stato per gli affari di Sicilia in Napoli al Luogotenente Generale in Palermo.

Napoli, 12 gennaro 1835.

Eccellenza,

Il giorno 16 dello scorso dicembre s'imbarcò in Malta sulla nave di Real Bandiera, nominata Leonforte, comandata da patron Antonio Russo, per Messina il forestiero Felix barone Brasky, soggetto pericoloso in linea di politica.

Mi do la premura di farne parte all'E. V. per quell'uso che voglia credere conveniente.

Il Ministro Segretario di Stato
per gli affari di Sicilia
ANT. FRANCO.

(Archivio citato).

DOCUMENTO N. IX.

Lettera del Ministro Segretario di Stato per gli affari di Sicilia in Napoli al Luogotenente Generale in Palermo.

Napoli, 21 gennaro 1835.

Eccellenza,

In proseguimento della mia del 17 corrente, sul forastiero Felix barone Brasky, da Malta partito per cotesta, ho l'onore di parteciparle che questo signor Ministro della Polizia Generale mi ha richiesto di fargli conoscere, se mai da Messina o da altro punto di cotesta isola il prefato individuo prendesse direzione per questa parte dei Reali Dominj. Sono perciò a pregare l'E. V. di voler avere la compiacenza di favorirmi tale notizia, nel caso che si avverasse.

Il Ministro Segretario di Stato
per gli affari di Sicilia
ANT. FRANCO.

(Archivio citato).

DOCUMENTO N. X.

Lettera del Ministro Segretario di Stato per gli affari di Sicilia in Napoli al Luogotenente Generale in Palermo.

Napoli, 21 febbraio 1835.

Eccellenza,

Il Ministro della Polizia Generale con riservatissimo ufficio dei 20 dello andante mese mi ha manifestato che sul legno a vapore, il quale bruciossi ultimamente in questo porto, pervenne in Napoli, in compagnia della moglie, il conte Giambattista Lusini Passalacqua, che pei suoi principii politici e contatti avuti in Milano, eccitò dei sospetti e venne colà sottoposto a sorveglianza. Ha poi il detto Ministro soggiunto che essendosi qui strettamente indagati e seguiti gli andamenti del Conte, non ha dato luogo ad osservazioni attendibili, giacchè vedendo egli in frequenza e son intimità il Console Generale del Brasile, si è solo occupato di divertimenti e del teatro. Or siccome tale individuo, notato di svantaggiose nozioni che richiamarono l'attenzione particolare della Polizia di Milano, è partito per cotesti Reali Dominj il giorno 3 di questo mese, così mi do tutta la premura di renderne informata V. E. perchè si serva dare quelle disposizioni che nella sua saggezza stimerà più opportune.

Il Ministro Segretario di Stato
per gli affari di Sicilia
ANT. FRANCO

(Archivio citato).

DOCUMENTO N. XI.

Lettera del Ministro Segretario di Stato per gli affari di Sicilia in Napoli
al Luogotenente Generale in Palermo.

La lettre transcrite ci-après, datée de Berne, 19 janvier, assure qu'un mouvement populaire était pret à eclater dans le Royaume des Deux Siciles, et si attendait plus que la decision de la Capitale. Luviqu'on (Sic) ne puisse révoquer au doute la continuation des menèes du propagandisme republicain, le Comite central de la Jeune Italie a cependant assuyés (Sic) des echocs très considerable dans son crédit et dans res ressources. On serait donc tenté de croire que les Auteurs des lettres de Naples, dont il est quéstion, aient suivi la tactique tant de fois mise en usage par les membres de la secte surmentionnée, de se tenir mutuellement en halaine par des Musions (Sic) et des vaines promesses, pour soutenir leur courage chancelant, par l'espoir de la réussite de leurs machinations (1).

(Extrait de la lettre de Berne).

Le lettere che vengono dalla Sicilia agli Amici parlano chiaro e dicono che il malcontento è generale, e che la mossa popolare è pronta quando Napoli si sarà una volta decisa. Una di queste la lessi io stesso, ed era segnata con queste due lettere.

C. B.

(Archivio citato).

(1) Questa lettera, non priva di errori, è del tutto conforme all'originale.

DOCUMENTO N. XII.

Lettera del Ministro Segretario di Stato per gli affari di Sicilia in Napoli al Luogotenente Generale in Palermo.

Napoli, 25 febbraio 1835.

Eccellenza,

Sul proposito dello stabilimento di un Comitato rivoluzionario francese in Parigi di accordo coi Capi della Giovine Italia, mi affretto di far tenere a V. E. copia di articoli di due lettere scritte da Parigi ad un rifuggiato in Marsiglia, onde l'E. V. si serva farne l'uso che nella sua saggezza crederà più conveniente.

Il Ministro Segretario di Stato
per gli affari di Sicilia
ANT. FRANCO.

(Archivio citato).

Brano di lettera inviata a Marsiglia.

Parigi, 18 gennaio 1835.

Sotto le tenebre ed il silenzio una macchina infernale si sta travagliando. L'oggetto non è ancora perfettamente conosciuto che dai collaboratori, e forse qualch'uno di essi non conosce tutta la estensione della intrapresa. Si fa sperare che a diversi degli illuminati, e coraggiosi dei nostri L.li Ri . . . . . glie ne sarà fatta comunicazione. Ciò si dice che sarà pel bene e per por fine ai mali che opprimono la desolata nostra patria. Basta; apriamo gli occhi, affinchè non venissimo ad essere istrumento dei capricci altrui, e false promesse, siccome a noi tutti già fu noto.

Brano d'altra lettera.

Parigi, 19 gennaio 1835.

Un Comitato improvviso si è installato in questa Capitale, ed i membri ne sono sino a questo momento quasi incogniti. Esso si vuole che sia per gli affari d'Italia, e che sia appoggiato da fortissimo braccio. Iddio ce la mandi buona: diverse riunioni dicesi che vi sieno state, e che abbiano preso delle buonissime misure, per cui speriamo un buonissimo risultato. Eccoti segno di vita.

DOCUMENTO N. XIII.

Lettera del Ministro Segretario di Stato per gli affari di Sicilia in Napoli
al Luogotenente Generale in Palermo.

Napoli, 28 marzo 1835.

Eccellenza,

Uno o più agenti del Comitato rivoluzionario di Francia, trovando scoperte dalla Polizia di Napoli le loro manovre, avvertiti a tempo, sono riusciti a prendere la fuga. Il prefetto di Marsiglia, dicesi, ne sarà avvisato, come ancora quei giornalisti liberali, perchè nel rendere pubblico un tale incidente, avvertissero del pericolo gli ulteriori Emissarii che dovranno partire alla destinazione di Napoli.

Il propagandista Very, di cui ho già tenuto proposito a V. E., sullo stesso argomento scrive da Lione ai suoi correligionarii di Marsiglia lettere dello stesso tenore, che confermano tali concepiti timori. Sino al momento però nè il Prefetto ha ricevuto annunzio di ciò, nè i giornali ne han fatto parola.

Io mi do quindi la premura di partecipare tutto ciò all'E. V. per la sua intelligenza, e per quell'uso che giudicherà conveniente.

Il Ministro Segretario di Stato
per gli affari di Sicilia
ANT. FRANCO.

(Archivio citato).

DOCUMENTO N. XIV.

Lettera del Ministro Segretario di Stato per gli affari di Sicilia in Napoli
al Luogotenente Generale in Palermo.

Napoli, 15 aprile 1835.

Eccellenza,

Con riservatissimo uffizio dei 28 marzo ultimo mi diedi la premura di rendere informata V. E. della scoperta fatta dalla Polizia di Napoli di taluni agenti del Comitato rivoluzionario di Parigi. Or tali agenti sono fuggiti da questa Capitale sul punto di essere arrestati, hanno scritto da Livorno ai loro amici in Marsiglia, ai 15 febbraio ultimo, avvisandoli dell'accaduto, onde avvertire gli altri Emissarii loro colleghi di sospendere il viaggio d'Italia, affine di non trovarsi anch'essi in simili imbarazzi: di maniera che, si assicura, che sono pel momento sospesi i travagli della Propaganda relativi all'Italia, ed ai Reali Dominj. Con tutto ciò, siccome conviene star sempre vigilanti, e temere incessantemente di siffatta genia, io sono sollecito di partecipare all'E. V. questa nuova circostanza, per quell'uso che nella sua saggezza giudicherà più conveniente.

Il Ministro Segretario di Stato
per gli affari di Sicilia
ANT. FRANCO.

(Archivio citato).

DOCUMENTO N. XV.

Lettera del Ministro Segretario di Stato per gli affari di Sicilia in Napoli
al Luogotenente Generale in Palermo.

Napoli, 15 aprile 1835.

Eccellenza,

Si conferma sempre più essersi pel momento sospesi i travagli del Comitato Rivoluzionario francese e della Giovine Italia sulla penisola italiana e sui Reali Dominj, giacchè i rifuggiti di Francia, siccome essi vanno spacciando, fondano su di una vicina amnistia che si darà dal nuovo Imperatore d'Austria ai colpevoli di delitti: e attendendo questo atto che di molto sorriderebbe alle loro mire sovversive, si mantengono in osservazione, senza nulla per ora intraprendere.

Il Ministro Segretario di Stato
per gli affari di Sicilia
ANT. FRANCO.

(Archivio citato).

DOCUMENTO N. XVI.

Lettera del Ministro Segretario di Stato per gli affari di Sicilia in Napoli
al Luogotenente Generale in Palermo.

Napoli, 18 aprile 1835.

Eccellenza,

In continuazione del mio Uffizio del 15 dell'andante mese, mi do la premura di rendere informata V. E. di altre circostanze in ordine alle macchinazioni dei settarii

Si sa che negli ultimi giorni di marzo giunsero in Marsiglia, provenienti dall'interno della Francia, da 20 a 25 rifuggiti italiani, il di cui notamento mi sarà prossimamente rimesso. Costoro erano disposti a seguire, con gli altri residenti in quella Città, le disposizioni ed i progetti della Giovine Italia, e durante la notte, sia in caffè, sia nelle pubbliche strade, si diedero a cantare un canto rivoluzionario. La risoluzione però presa da molti di essi di portarsi in Ispagna, e le loro asserzioni di non esservi più nulla a fare in Marsiglia, confermano sempre più quanto di già è stato detto sui piani della propaganda rivoluzionaria relativamente all' Italia, cioè che per ora sembran sospese le loro demagogiche mire sulla stessa; anche perchè sono essi in attenzione del noto decreto di amnistia e di altre clementi disposizioni che sperano dal nuovo Imperatore d'Austria.

Serva tutto ciò d'intelligenza all'E. V. per quell'uso che nella sua saggezza stimerà conveniente.

Il Ministro Segretario di Stato
per gli affari di Sicilia
ANT. FRANCO.

(Archivio citato).

DOCUMENTO N. XVII.

Lettera del Ministro Segretario di Stato per gli affari di Sicilia in Napoli al Luogotenente Generale in Palermo.

Napoli, 27 giugno 1835.

Eccellenza,

Le relazioni pervenute ultimamente nulla offrono d'interessante intorno alle criminose macchinazioni dei settarj, ed ai loro progressivi andamenti; solo si raccoglie dalle dette relazioni il movimento di taluni propagandisti, e lo stabilimento in Bastia di un Comitato composto di profughi italiani, di cui qui acchiuso ho l'onore di rimettere a V. E. il notamento. Costoro mirano a mettersi in relazione col Comitato francese in Parigi, ma in seguito di arresti occorsi nella Toscana, molti soggetti trovandosi compromessi, sono fuggiti senza passaporti, o con passaporti sotto mentiti nomi, ricoverandosi in Marsiglia.

Fra di essi è un certo Silvio Solimani di Pisa, giunto in Marsiglia sotto il nome di Oliva nativo dell'isola d'Elba. Degli altri non si conoscono ancora i nomi, ad eccezione di un certo chiamato *Leoni* di Modena, partito per Lione, e di un tal Marrocchelli piemontese, partito per le Spagne.

In Marsiglia poi, che è la fucina delle perverse macchinazioni dei settarj italiani, le cose preparate dal partito repubblicano francese, colla coadiuvazione della setta la *Giovine Italia*, continuano nello stato primiero, ed attendesi il segnale che dovrebbe venir da Parigi per fare scoppiare il proposto nuovo piano rivoluzionario. A tale oggetto son partiti per quella Capitale tre famosi repubblicani marsigliesi che debbono rappresentarvi e difendervi gl'interessi dei loro mandanti. Essi chiamansi Barthelemy, Richard e Germain

Io mi do la premura di rendere informata l'E. V. di tutto ciò, in continuazione delle mie precedenti comunicazioni sul proposito, ed affinchè si serva farne l'uso che nella sua saggezza giudicherà conveniente.

Il Ministro Segretario di Stato
per gli affari di Sicilia
ANT. FRANCO.

(Archivio citato).

Notamento degl'individui che compongono il Comitato rivoluzionario in Bastia (Corsica).

Luigi Fabrizi — Modena.
Avvocato Borghini — Parma.
Medico Sterbini — Roma.
Cesare Giudici — Modena.
Federico Morselli — Modena.
M. Cucchi — Genovesato.
Francesco Ceroni — Romagna.

Marsiglia, 9 giugno 1835.

DOCUMENTO N. XVIII.

Lettera del Ministro Segretario di Stato per gli affari di Sicilia in Napoli al Luogotenente Generale in Palermo.

Napoli, 13 novembre 1835.

Eccellenza,

Col mio riservatissimo Uffizio del 27 gennaio scorso mi diedi la premura, fra le altre cose relative· alle macchinazioni dei settarj ed al movimento di taluni propagandisti, di tenere parola a V. E. di un certo Richard, famoso repubblicano marsigliese, il quale in unione di altri suoi due colleghi per nome Barthelemy e Germain, doveva recarsi in Parigi nell'interesse della Propaganda rivoluzionaria. Or è accertato da sicura sorgente che il detto Richard, il quale si crede figlio del maresciallo Davoust, è stato in Palermo, ed ha colà riunito intorno a sè molta gioventù, mettendosi in contatto cogli amici e aderenti della Giovine Italia che lo hanno festeggiato. Da Palermo lo stesso Richard è venuto poscia in questa capitale, ove si giudica che sia in relazione con tutti i settarj, e si propone di ritornare in Parigi, seco conducendo il letterato regio suddito a nome Pierangelo Fiorentino di Napoli.

Io sono sollecito di partecipare anche ciò all'E. V. in continuazione del citato mio uffizio, affinchè si serva farne l'uso che nella sua saggezza crederà conveniente.

Il Ministro Segretario di Stato
per gli affari di Sicilia
ANT. FRANCO.

(Archivio citato).

DOCUMENTO N. XIX.

Lettera del Ministro Segretario di Stato per gli affari di Sicilia in Napoli al Luogotenente Generale in Palermo.

Napoli, 13 novembre 1835.

Eccellenza,

Reputando degno della conoscenza di V. E. quanto è contenuto nella copia di un sunto di lettera di Francia, io mi do la premura di farlo tenere all'E. V., affinchè si serva farne l'uso che nella sua saggezza crederà conveniente: soggiungendole che secondo le assicurazioni ricevute, degli omissarii appartenenti alla propaganda rivoluzionaria spagnuola sono partiti per l'Italia, ed anche pel Regno, ove per meglio riuscire nel loro intento si spacceranno per partigiani di D. Carlos.

Il Ministro Segretario di Stato
per gli affari di Sicilia
ANT. FRANCO.

(Archivio citato).

Copia

Voici ce que me répondent les personnes aux quelles j'ai écrit à Genève. Dans la Suisse en general l'esprit est passablement mauvais, particulieremen d'être mis en premières ligne, ensuite dans ceux de Bale, Campagne, de Genève et tous les petits Cantons qui avoisinent Lausanne et Le Mont St. Gottard. Les réfugiés Italiens, Polonais, Allemands ec. y abondent et y sont soufferts, vûs avec plaisir et même choyés par la grande majorité des habitants ecc. ecc.

Un passeport a été délivré à la prefecture le 14 du courant au sieur Carmelo Kotolo, italien réfugié, natif de Naples, âgé de 23 ans, et qui etait toujours resté à Marseille sous le nom de Gibaldi pour aller à Malte.

DOCUMENTO N. XX.

Decreto contro i violatori delle leggi sanitarie.

Napoli il dì 12 settembre 1836.

Ferdinando II per la grazia di Dio Re del Regno delle due Sicilie, di Gerusalemme ec., Infante di Spagna, Duca di Parma, Piacenza, Castro ec. ec., Gran Principe Ereditario di Toscana ec. ec. ec.

Veduto il Decreto de' 5 agosto 1831, intorno alla repressione de' misfatti sanitarj, di cui l'art. 1° è così concepito:

" Saran puniti colla morte i misfatti:

" 1° di violazione del cordone che il bisogno farà stabilire sulle spiagge, " coste, o altro luogo del regno;

" 2° di violazione di contumacie diverse stabilite da' regolamenti sanitarj;

" 3° d'immissione di generi di controbbando sanitario, o di disbarco furtivo, " sia di generi, sia di persone, di cui per disposizioni sanitarie la comunica- " zione è interdetta, o sottoposta ad una straordinaria contumacia;

" 4° di falsificazioni di patenti sanitarie;

" 5° di complicità in alcuno degli enunciati misfatti del pari che di ricet- " tazione scientemente e volontariamente data ad oggetti immessi dall'estero " con infrazione di leggi e regolamenti sanitarj;

" 6° di resistenza commessa con armi contro i deputati e le guardie sani- " tarie per oggetti relativi al servizio;

" 7° di diserzione delle guardie sanitarie e di qualunque guardia destinata " alla custodia del cordone o della contumacia, e di ogni abbandono del proprio " posto, purchè la diserzione e l'abbandono sieno commessi nell'atto del ser- " vizio; "

Veduto sulla stessa materia il Decreto dei 4 agosto 1835.

Volendo Noi aggiugnere agli enunciati Decreti tuttavia in osservanza altre disposizioni sulla materia;

Veduto il Rapporto del Consigliere di Stato Ministro Segretario di Stato Luogotenente Generale nei nostri Reali Dominj oltre il Faro;

Sulla proposizione del Ministro Segretario di Stato per gli affari di Sicilia presso la Nostra Real Persona;

Udito il Nostro Consiglio Ordinario di Stato;

Abbiamo risoluto di decretare, e decretiamo quanto segue:

Art 1. Ne' giudizj de' misfatti sanitarj, punibili colla morte, in vigor del trascritto articolo primo del Decreto de' 5 agosto 1831, procederanno colle forme del giudizio subitaneo stabilite nel Capitolo IX, titolo II, libro II, dello Statuto penale Militare, i Consigli di Guerra di Guarnigione da elevarsi in Commissione militare.

Ciascuno di essi composto di otto votanti, deciderà col numero di sette, a-stenendosi dal votare il Giudice di minor grado, purchè altri di grado maggiore non si trovi legalmente impedito.

Art. 2. La composizione de' Consigli di Guerra da elevarsi in Commissione militare, sarà per la condizione de' giudicabili regolata dalle norme del Decreto de' 10 gennaio 1827.

Art. 3. Gl'Intendenti delle Valli tradurranno gl'imputati a' Consigli di Guerra di Guarnigione, che, secondo il bisogno, saran convocati dagli Intendenti stessi ne' luoghi diversi délle Valli, dove sembrerà loro più opportuno per l'esempio e per la prontezza del giudizio.

Art. 4. Ne' Consigli di Guerra di Guarnigione elevati in Commissione militare eserciterà le funzioni di uomo di legge il Nostro Procurator Generale presso la Gran Corte Criminale della Valle, se la convocazione de' medesimi avvenga nella residenza della Gran Corte. Ove poi avvenga ne' Circondarii, le funzioni medesime saranno esercitate dal Giudice del Circondario.

Art. 5. I giudicabili per misfatti sanitarj che si presentino spontaneamente in prigione, godranno del beneficio conceduto dall' articolo 437 delle Leggi di procedura penale.

Art. 6. Il Ministro Segretario di Stato per gli affari di Sicilia presso la Nostra Real Persona, ed il Consigliero di Stato Ministro Segretario di Stato Luogotenente Generale ne' Nostri Reali Dominj oltre il Faro, sono incaricati della esecuzione del presente Decreto.

Firmato — FERDINANDO.

Il Ministro Segretario di Stato
Per gli affari di Sicilia
Firmato — Antonino Franco.

Il Consigliere Ministro di Stato
Presidente Interino del Consiglio dei Ministri
Firmato — Marchese Ruffo.

Per Certificato Conforme
Il Consigliere Ministro di Stato
Presidente Interino del Consiglio dei Ministri
Firmato — Marchese Ruffo.

Per Copia Conforme
Il Ministro Segretario di Stato
Per gli affari di Sicilia
Firmato — Antonino Franco.

Per Copia Conforme
I Consigliere di Stato Ministro Segretario di Stato
Luogotenente Generale
Principe di Campofranco.

(Archivio citato).

DOCUMENTO N. XXI.

Ferdinando II. per la grazia di Dio Re del Regno delle due Sicilie, di Gerusalemme ec. Duca di Parma, Piacenza, Castro ec. ec. Gran Principe ereditario di Toscana ec ec. ec.

Il Consiglio di Guarnigione della Valle di Palermo, elevato in Commissione militare procedendo in modo subitaneo, convocato da S. E. l'Intendente, e nominato dal signor Generale Cav. D Pietro Vial Comandante le Armi nella Valle sudetta, composto dei signori Maggiore D. Giacomo Guttadauro presidente, Capitano Cav. D. Giuseppe Lepore del 1° Reggimento della Guardia Granatieri; Capitano D. Giosuè Ritucci del 4° Battaglione di Gendarmeria, 1° Tenente D. Giuseppe Ferrajuolo del 2° Reggimento di linea Regina, 1° Tenente D. Federico Morfino del 10° Reggimento di Linea Abruzzo, 2° Tenente D. Giacomo Kumbely del 1° Reggimento di Linea Re, 2° Sergente Federico Deluca del 3° Dragoni Principe, giudici; Capitano D. Gesualdo Patti Commissario del Re, coll'intervento del signor Consigliere della Suprema Corte di Giustizia, Regio Procuratore Generale del Re della Gran Corte Criminale, Dottor D. Salvatore Ognibene uomo di legge, assistiti dal 2° Sergente Francesco D'Avella Cancelliere,

Riunito nel locale delle ordinarie sedute, sito nel Convento del Carminello, piano Bologni, n. 6 per giudicare:

1° Salvatore Palazzolo, figlio d'Ippolito da Cinisi, di condizione campagnuolo.

2° Francesco Tarantino da Palermo, figlio del fu Damiano, guardia al servizio della Deputazione di Salute;

3° Gaetano Gennaro, figlio del fu Antonino da Palermo, guardia al servizio della Deputazione di Salute;

Accusati, il primo di violazione di contumacia e i detti Tarantino e Gennaro, guardie sanitarie, di diserzione o abbandono del posto, ove la sera del 1° ottobre stante furono destinati a prestar servizio al Molo, per la custodia del Brigantino in contumacia proveniente da Malta, denominato Giorgio, Capitanato da D. Antonino D'Anna, da dove la notte del sudetto giorno fuggì il sopranominato Salvatore Palazzolo, che sotto il mentito nome di Giuseppe D'Agostino ivi trovavasi imbarcato; reati previsti dal Real Decreto del 5 agosto 1831, richiamato in osservanza da quello del 4 agosto ultimo;

Letti gli atti e i documenti di loro carico;

Intesi i testimonii;

Udito il Capitano Commissario del Re nelle conclusioni, non che gli accusati e i loro rispettivi difensori nelle allegazioni;

Udito finalmente il signor Consigliere Procuratore Generale del Re uomo di legge nel suo avviso;

Ad unanimità di voti ha dichiarato:

1° Consta che Salvatore Palazzolo da Cinisi, figlio d'Ippolito, è colpevole di violazione di contumacia;

2° Consta non essere colpevoli li detti Tarantino e Gennaro, guardie sanitarie, di diserzione in servizio;

3° Non consta abbastanza di essere li stessi Tarantino e Gennaro colpevoli di abbandono dal posto del servizio, e quindi ha ordinato che nel termine di tre mesi il Capitano Commissario del Re proceda a nuove informazioni, rilasciandoli intanto in libertà provvisoria sotto la vigilanza della Polizia.

Alla stessa unanimità di voti e sull'appoggio dell'art. 1° del Real Decreto del 5 agosto 1831, richiamato dall'altro del 4 agosto ultimo, ha condannato e condanna Salvatore Palarzolo da Cinisi, figlio d'Ippolito, alla *pena di morte* da eseguirsi colla fucilazione nel termine di ore dodici. Lo ha del pari condannato alle spese del giudizio, ed ha ordinato che della presente se ne imprimano duecento copie per la pubblicazione e diramazione.

L'esecuzione a cura del Capitano Commissario del Re.

Fatto oggi in Palermo, li 12 ottobre 1837, alle ore 9 p. m.

Giacomo Guttadauro Presidente.

Giuseppe Lepore Capitano Giudice.

Giosuè Ritucci Capitano Giudice.

Giuseppe Ferrajuolo 1° Tenente Giudice.

Federico Morfino 1° Tenente Giudice.

Giacomo Kumbely 2° Tenente Giudice.

Federico Deluca 2° Sergente Giudice.

Salvatore Ognibene Uomo di legge.

Gesualdo Patti Capitano Commissario del Re.

Francesco D'Avella 2° Sergente Cancelliere.

(Archivio citato).

DOCUMENTO N. XXII.

Lettera del Luogotenente Generale di Sicilia
al Ministro Segretario di Stato per gli affari di Sicilia
presso S. M. R. in Napoli.

Con mio sommo cordoglio ho dovuto annunziare a V. E. e per la via telegrafica e per la posta d'oggi stesso, con mio ufficiale rapporto, il dispiacevole avvenimento della morte di due marinai, seguita ieri nel quartiere della Kalsa di questa Capitale con validi sospetti di essere stati attaccati di cholera asiatico. Tutto ciò che la circostanza esigeva, fu tutto con prontezza e con esattezza eseguito. Il mio ufficiale rapporto ne dà a V E. il ragguaglio. La pubblica quiete non è stata menomamente turbata, e ciascuno intende tranquillamente ai propri affari ed alle proprie faccende. Il Magistrato Supremo di Salute e la Commissione centrale di Sanità sonosi costituiti in seduta permanente, ed il Governo dal suo canto non lascerà, come non ha lasciato da jeri in qua, di occuparsi incessantemente, perchè le disposizioni e del Magistrato e della Commissione sortiscano il loro effetto con la debita esattezza e senza dar luogo al menomo inconveniente. Spero nella divina misericordia che il male non si propagasse, ma laddove, Iddio non voglia, le cose andassero altrimenti, io posso assicurare V. E. e la prego assicurarne anche in mio nome S. M. che dal canto mio nulla avrò omesso perchè in sì spiacevole congiuntura, mentre da una parte a tutto si occorrerà onde gli infermi, e massime quei della classe miserabile ottenessero tutti i possibili soccorsi, e si procurasse di attenuare per quanto possibile le conseguenze del male micidiale, si prenderà dall'altra costante cura onde la quiete pubblica sia sempre conservata, e mai mancassero nella capitale i generi di vettovaglia al suo odierno consumo necessari. — Piglierò consiglio dalle circostanze, ed a misura delle medesime darò gli opportuni provvedimenti, giovandomi dell'opera dell'autorità, e dei funzionari rispettivi, e non lascerò di tenere periodicamente V. E. all'occorrente di tutto ciò che sarà per succedere nell'ulteriore sviluppo del male, se non piacesse a Dio per sua santa misericordia di farlo arrestare. Colmo intanto dei sentimenti della più distinta stima e pari considerazione, ho l'onore di essere di V. E.

Palermo, 8 giugno 1837.

Devotissimo obbligatissimo servo
PRINCIPE DI CAMPOFRANCO.

(Archivio citato).

DOCUMENTO N. XXIII.

Processo verbale intorno alla sezione cadaverica dei colerosi
Mancino e Tagliavia.

L'anno mille ottocento trentasette il dì otto del mese di giugno in Palermo. Ordinatosi dal Magistrato Supremo di Salute colla decisione del 7 di questo mese il trasporto pella via di mare in Lazzaretto dei cadaveri di Angelo Tagliavia e Salvatore Mancino, morti jeri nel quartiere della Kalsa. Noi D. Antonino Spucches Brancoli Duca di Caccamo, Deputato del Supremo Magistrato di Salute, guardiano di questo porto, assistito dal nostro Cancelliere, ci siamo alle ore otto d'Italia di questo giorno medesimo trasferiti in detto stabilimento. Eseguitosi di fatti il cennato trasporto di essi cadaveri sotto la sorveglianza del Deputato straordinario del Magistrato Supremo di Salute signor Principe di Valguarnera, su di una barca con quattro facchini, ed un barcajuolo a ciò adibiti, scortati dalla lancia sanitaria, ed essendo stati a noi consegnati i detti cadaveri in due casse catramate e chiuse, abbiamo fatto intrigare il medico settore D. Filippo Sidoti per eseguire l'autopsia sui medesimi. Essa ha avuto effetto sotto la Direzione dei Componenti la facoltà medica del Supremo Magistrato di Salute pubblica e dei medici addetti alla Commissione centrale.

I medesimi, dopo le osservazioni fatte, hanno dato la seguente fede: " Noi qui sottoscritti componenti la facoltà medica del Supremo Magistrato di Salute pubblica, e della Commissione centrale, riuniti collegialmente alle ore nove d'Italia nel locale del Lazzaretto con intervento del signor Duca di Caccamo, uno dei deputati del Magistrato sudetto, e del protomedico consultore, abbiamo veduto eseguire dal signor Filippo Sidoti, scelto all'uopo dalla Commissione centrale sanitaria, sugli scogli del Lazzaretto, con tutte le debite cautele sanitarie, l'autopsia cadaverica dei defunti Salvatore Mancino ed Angelo Tagliavia, morti con sospetto di cholera asiatico, ed abbiamo osservato quanto segue:

Autopsia di Salvatore Mancino

Abito esteriore del corpo.

Rigidi gli arti, colorito livido in diversi punti della superficie del corpo, organi genitali nerastri, occhi incavati, unghie poco livide.

Addome

Stomaco vuoto di cibi, contenente una materia grigiastra mucilaginosa attaccata alle pareti di quest'organo: membrana mucosa dello stesso iniettata con molte ecchimosi e suggellazioni rossobrune. Negli intestini una materia lattiginosa a guisa d'acqua di riso : nella cistifellea molta bile nera e densa : nella vescica poca orina lattiginosa: il peritoneo che vestiva le pareti addominali alquanto denigrato. Sangue nero, ed un po' denso nella cavità del cuore.

Autopsia di Angelo Tagliavia

Abito esteriore del corpo.

Occhi incavatissimi, arti rigidi, il colorito un po' livido in diversi punti della pelle.

Addome

Ventricolo ed intestini vuoti di cibi e di fecce: materia biancastra mucilaginosa e liquida, tanto nel ventricolo, quanto negli intestini: la membrana mucosa in vicinanza della piccola corvatura del ventricolo iniettata in rosso, e con piccole elevazioni e macchie rossastre nello stesso sito: bile nerastra e densa in guisa di pece liquida dentro la cistifellea. Vescica contratta

e contenente poca quantità della stessa materia biancastra a guisa di un de-
cotto di riso. Vasi mesenterici injettatissimi. Niente di rimarchevole nelle altre
cavità, meno che nel cuore, che vi si trovò sangue nero, ed un po' denso.

Dietro gli esposti fatti e nell'assenza di altri fatti che completerebbero la
diagnosi del colera asiatico, le riunite facoltà mediche sono concordemente di
avviso che il rapido corso della malattia che estinse i due cennati individui
presenta validi sospetti di colera morbus asiatico.

Fatto oggi in Palermo, li 8 giugno 1837, in doppio originale.

> Domenico Greco, Rosario Delisi, Gioacchino Cacioppo,
> Placido Portal, Leonardo Barraco, Salvatore Roma-
> no, Pasquale Panvini, Salvatore Patronaggio, Gio-
> vanni Gorgone, Giovanni Salemi, Giovanni Pruiti.

Dopo di ciò dai facchini intrigatisi coi medesimi individui si è fatto eseguire l'inumazione dei cadaveri in detto Lazzaretto ai termini del Regolamento
sanitario: le persone intrigatevi, cioè i quattro facchini nominati Salvatore Silvestro, Vincenzo Pisciotta, Vincenzo Manuale, Francesco Bonomo, il barcaiuolo
Francesco Pennino ed il settore D. Filippo Sidoti sono state lasciate in contumacia in esso Lazzaretto, facendole situare in una caserma di legname all'uopo
eretta e molto staccata dal fabbricato di detto stabilimento. E quindi si è da
noi redatto il presente processo verbale nel Lazzaretto di Palermo il giorno,
mese ed anno di sopra.

> Antonino De Spucches Duca di Caccamo, deputato—
> Per il Cancelliere impedito: Felice Giliberto, 1° uf-
> ficiale.

(Archivio citato).

DOCUMENTO N. XXIV.

Decisione del Magistrato Supremo di Salute in Palermo.

Il Magistrato Supremo di Salute coll'intervento di S. E. il Marchese Arezzo
Presidente, dell'ufficiale superiore incaricato del servizio della marina in Pa-
lermo, Principe di Ganci, e dei signori deputati Duca di Caccamo, Marchese
Merlo, Barone Coniglio e principe di Valguarnera;

Visto il rapporto di questo deputato del porto in data d'oggi ed il verbale
acchiuso circa l'autopsia cadaverica fattasi alla presenza dell'intiera facoltà medica addetta al Magistrato Supremo di Salute dei due individui Angelo Tagliavia e Salvatore Mancino, i quali cessarono di vivere jeri in poche ore. Letto
il detto verbale da cui risulta che i cadaveri degli anzidetti individui sezionati
sugli scogli del Lazzaretto presentavano validi sospetti di cholera asiatico;

Considerando di essere un obbligo di lealtà di dare esatto ragguaglio di questo avvenimento, tanto agli altri paesi della Sicilia, quanto all'Estero;

Considerando che bisogna intanto attivare ogni possibile precauzione, tanto per circoscrivere il morbo, laddove con effetto fosse il cholera quello che privò di vita i due individui Tagliavia e Mancino, quanto per mitigarne i progressi, qualora si diffondesse;

Considerando che sulle istruzioni redatte dal Magistrato ed approvate dal Governo per assicurare il servizio interno per la istallazione degli uffici di soccorso e degli ospedali, non che nelle altre per difendere la Capitale e gli altri Comuni della Sicilia dal colera, trovasi preveduto, e fissato tutto ciò che si deve eseguire in simili circostanze, e che perciò ora non si deve che curarsi la più stretta e celere esecuzione;

Considerando essere reclamato dalla giustizia e dalla umanità di apprestarsi agl'individui poveri, i quali si trovano segregati nel quartiere della Kalsa, tutti quei soccorsi che sono necessarii;

Considerando che l'attuale segregazione nel modo in cui è formata non presenta tanta sicurezza, e che diviene indispensabile di provvedersi con barricate di tavole;

Considerando che, per arrivare allo scopo d'impedire la diffusione del morbo, devesi evitare che i medici, i quali sono chiamati ad assistere un infermo che riconoscono esservi sospetto di essere attaccato di colera, se ne allontanino poscia, e si mettano in comunicazione pel paese, mentre potrebbe darsi che nei primi casi si arrivasse a circoscrivere la malattia;

Considerando che, apposta già la dichiarazione nelle patenti dei legni che partono da questo porto per i due casi sospetti di cholera avvenuti, all'arrivo degli altri punti di quest'Isola, dove si trovano istallate le Deputazioni Sanitarie, debbono essere assoggettati ad un periodo contumaciale;

Considerando che per gli individui i quali partono per terra da questa Capitale conviene contestare che si trovano godendo ottima salute, onde essere ricevuti nei comuni nei quali si recheranno, e non essere impedite le interne comunicazioni;

Ha deciso ad unanimità:

Che si apponghi nelle patenti sanitarie che si spediscono dalla Deputazione del porto la seguente dichiarazione: « Il giorno 7 andante sono cessati di vivere in poche ore in questa Capitale due individui con validi sospetti di colera. ,

Che si avvisino con dettagliata circolare di tutto l'occorrente l'Estere Magistrature sanitarie, aggiungendo le misure di segregazione ed altro che sinora si sono intraprese.

Che si scriva ai diversi Intendenti ed a questa Commissione centrale, onde

31

chiamarsi alla più celere e rigorosa osservanza le istruzioni redatte dal Magistrato nel 1832 per assicurare il servizio interno ; le altre dell' anno 1835 per gli uffici di soccorso, e per gli ospedali succursali e finalmente quelle del 1836 per difendere la Capitale e gli altri Comuni della Sicilia dal colera.

Che si interessi la Commissione centrale a dare sollecito conto dell' esecuzione al Magistrato.

Che incarichi la stessa a far somministrare agl' individui segregati poveri nel quartiere della Kalsa degli alimenti sani giornalieri ed i soccorsi necessarii per quanti giorni durerà l'osservazione.

Che la segregazione si faccia seguire dalla Commissione con barricate di tavole, onde impedire ogni comunicazione.

Che la Commissione faccia praticare lo espurgo delle case dove morirono i due individui, essendone uscite le famiglie, con fare eseguire anche lo bruciamento della roba previo reperto, come fu deciso jeri dal Magistrato.

Che si purifichino anche col cloruro di calce le case e gl' individui che si trovano cordonati.

Che la Commissione faccia arrivare due volte al giorno rapporto al Magistrato per mezzo di S. E. il signor Soprintendente Generale sullo stato di salute degli individui segregati in atto, e di quelli che potranno esserlo per lo appresso.

Che la Commissione prescriva ai medici della sezione e di rione che al visitare un infermo, avendo sospetto di essere attaccato di colera, restassero nella casa dello stesso ammalato in contumacia, e mandassero ad avvisare la Commissione, onde cercare nei primi casi di arrestare la propagazione del morbo. I medici trasgressori saranno giudicati come infrattori delle leggi sanitarie.

La Commissione Centrale assegnerà una competente diaria al medico che resterà in contumacia.

Che i legni i quali partono da Palermo, arrivando in altri punti della Sicilia, siano soggetti a giorni quattordici di contumacia.

Che partendo per terra un individuo da Palermo, e dovendo oltrepassare i limiti del territorio di questa Capitale, dovrà esser munito di una bolletta sanitaria da spedirsi dai senatori delle diverse sezioni tanto interne che esterne e che dovrà indicare cioè: " Parte di questa Capitale dove sono avvenuti due " casi con validi sospetti di colera asiatico il nominato . . . . la di cui " filiazione è quella in margine. Il detto individuo trovasi in ottima salute, e " quindi potrà essere ammesso a libera pratica „.

Chi non sarà munito di bolletta verrà assoggettato nei comuni dove arriverà a giorni quattordici di contumacia in un locale che verrà preventivamente destinato all'nopo.

I senatori delle sezioni cureranno che le bollette venissero rilasciate gratis, ed in modo da non portare il menomo impedimento agli individui che debbono partire.

Il Deputato Segretario Generale
MERLO

(Archivio citato).

DOCUMENTO N. XXV.

Rapporto al Ministro Segretario di Stato per gli affari di Sicilia in Napoli.

Palermo, 15 giugno 1837.

Eccellenza,

In fin del mio rapporto del 12 feci un cenno della morte di un passeggiere a bordo del legno di patron Buccellato qui in contumacia. Lo sparo del cadavere, che si fe' pria del tramonto il giorno stesso, certificò i medici del Magistrato Supremo di salute che quell'uomo fosse morto di apoplessia. Ma perchè sul cadavere alcuni segni esteriori vedeansi di quei che il colera asiatico suole lasciare, e pensavano i professori potere il colera fulminante cagionare l'apoplessia, si restò in qualche dubbio, come potrà meglio conoscere dalla copia conforme della relazione fatta dal Collegio medico. Ondechè la stessa sera del 12 deliberava il Magistrato si mandasse subito il legno ad un estero lazzaretto da peste; rimbarcarsi le merci recate da quello ricettate già nel Lazzaretto nostro, e le altre riposte negli stessi magazzini, che quelle, si mandasse alla stessa sorte il cerusico, che sparato avea il cadavere, e le persone intrigate in quella contumacia. Così si è fatto; il legno è già partito. Un altro caso anche sul legno in contumacia destò sospetto. A bordo del legno americano di capitan Chase proveniente da Marsiglia un uomo si ammalò; i dottori Cacioppo e Panvini della facoltà medica del Magistrato Supremo di Salute riferiscono vedervi i segni più caratteristici del colera asiatico; così la sera del 12 quest'altro timore del Magistrato si ebbe. Ond'esso deliberò si facesse partire subito il legno di capitan Chase per un Lazzaretto estero da peste. L'indomani l'infermo alquanto migliorava; ma con tutto ciò la deliberazione mandavasi ad effetto la notte seguente; una cannoniera fu incaricata di scortare quel bastimento sino a Malta. Del resto qualunque fosse il male, poco importavano alla città questi casi seguiti sui legni in contumacia. E qui godeasi e godesi perfetta salute in tutta la città non solamente e nei contorni suoi, ma nelle strade della Kalsa sbarrate come scrissi a V. E., e tra la gente venuta a contatto coi trapassati Tagliavia e Mancino, tra quegli ancora che i cadaveri maneggiarono nello sparo, trattenuti i primi alla Sesta Casa, rigorosamente custoditi; i secondi chiusi in Lazzaretto. Sono scorsi otto dì dai funesti due casi, e la speranza di non vederno alcun altro più ne rinfranca. In questo mezzo la Commissione Centrale di Sanità e con lei il Magistrato Supremo di Salute riflettono sulla morte di quell'uomo seguita in poche ore sul legno di Buccellato, proveniente da Napoli, sulla infermità di quell'altro proveniente da Napoli, sulla infermità di quell'altro nel legno americano, pensò che qualche furtiva comunicazione fosse avvenuta tra i legni in contumacia e alcun altro avvenuto da Napoli di quei, che sotto rifiuto dimorano qualche dì nel porto or per dichiarazione del carico, or per altra cagione. Pensò il Magistrato che qualche merce non espurgata ancora, e non prima maneggiata avesse potuto il fatal germe comunicare. E ritenendo per sospetto qualunque bastimento proveniente da Napoli, e intendendo assicurare altresì i dubbiosi animi degli abitanti di questa Capitale, la Commissione Centrale propose, e il Magistrato Supremo nell'adunanza del 13 deliberò che prestamento tutti i legni, tutte le persone, tutte le merci qui pervenute dai Reali dominj del continente si mandassero via con le guardie intrigate nelle contumacie loro; noleggiando i legni per quelle persone o merci che scese in Lazzaretto non trovassero più i bastimenti sui quali fossero venuti.

Riferita la Deliberazione della Suprema Commissione di Sanità, che per tutte queste presenti faccende adunavasi jer sera, avvisò di dovere tale deliberazione avere la sua esecuzione; e così io ho fatto, provvedendo che le spese bisognevoli per questa ultima parte si fornissero dalla cassa di sanità. Quanto alle altre cure che io ho creduto necessarie nel presente caso, e che S. M. nel dispaccio telegrafico degli 11 mi comandava espressamente, posso assicurare a V. E. che la maggior tranquillità qui regna, dissipandosi già a poco i timori nati per quei due casi del 7. All'annona io ho pensato come già scrissi, e dai rapporti giornalieri del Pretore e della polizia ritraggo esserci quantità sufficiente di grano, e di altro derrate, venirne altri carichi ogni dì, ed essere già scemati alquanto i prezzi delle vettovaglie. Per questa parte adunque vi può riposare. E le comunicazioni tra questa Capitale ed il resto dell'Isola non sono punto interrotte.

Il Luogotenente
Principe di Campofranco.

(Archivio citato).

DOCUMENTO N. XVI.

*Rapporto del Luogotenente al Ministro Segretario di Stato
per gli affari di Sicilia in Napoli.*

Palermo, 19 giugno 1835.

Eccellenza,

Mentre il giorno 15 indirizzava io a V. E. il rapporto sanitario di questa città, la voce incerta mi pervenne di due altri casi sospetti di colera; ma non sapendo l'appunto della cosa, nè avendone ricevuto rapporto d'ufficio fino al punto che spacciossi la posta, non mi parve da scriverne così vagamente. L'indomani per avviso telegrafico ragguagliai V. E. di quelli, e di due altri casi nuovi, dubbj al paro; e ne avea fatto rapporto, sperando che partisse tantosto un paranzello per cotesta città. Differita la mossa di questo, ho ritirato il rapporto, e al presente fo palese all'E. V. quanto è seguito in fino a questo dì. La notte dunque antecedente al quindici un giovane medico per nome D. Lorenzo Angileri e una fante sua ammalavansi con alcuno dei segni funesti: fu richiesta l'autorità municipale: molti medici accorsero: la casa fu guardata con un tratto della strada: tutti gli aiuti dell'arte prodigaronsi intanto agli infermi; dei quali la fante migliorò; il detto Angileri trapassò la notte appresso; e dalle relazioni dei medici si ritrasse fondato sospetto che il cholera asiatico lo avesse ucciso. Il 16 un vecchio pescatore fu trovato morto in un magazzino al piano di S. Erasmo: una donna ammalossi in un albergo dentro la città presso a S. Sebastiano, la quale morì nel corso dello stesso giorno: ambo con sospetti del fatal morbo. Un altro caso somigliante avvenne in persona d'una donna nella Via dei Cassari, ma tra i medici fu disparere sulla natura del morbo. Con più grave sospetto al finir di quel giorno un'altra donna ammalossi al quartiere della Kalsa. Ed essa al far del dì, jeri, moriva: tre altri individui nello stesso quartiere della Kalsa infermavansi con sintomi sospetti, e uno di essi moriva in poche ore. Nel tempo stesso continuando in cura la fante dell'Angileri, la madre di costei, il padre del trapassato medico, che custoditi erano nella casa di lui, furono presi d'infermità anche con sintomi assai sospetti, morirono amendue.

In altre parti della città, altri casi spiacevoli avvennero il giorno stesso: un individuo abitante nella via di S. Sebastiano a Piedigrotta morì: una donna nella via Valverde si ammalò; un pescatore al Borgo con forti dubbi del temuto morbo perì. Sei persone per tal modo perdettero ieri la vita fra otto persone colte dal male, ed una rimasta dal giorno precedente.

Nè ho noverato io una reclusa del Conservatorio di S. Spirito, nella quale si è creduto vedere alcun segno di colera; ma si è messo in forse il male, nè gravissimo è stato. Negli accennati casi tutte le precauzioni si sono adoperate che si erano nei precedenti, tolto l'abbarrare la strada: ma l'ingresso nelle case e l'uscita si è vietata con guardie: ai medici si sono prescritte opportune cautele: gli abitanti nelle case stesse si son trasportati ai luoghi d'osservazione, le case si sono disinfettate cogli usati suffumigi e i cadaveri seppelliti con le più strette cautele. E ieri per la prima volta si aprì lo spedale di colera a San Francesco di Paola, e due vi si trasportarono degli ammalati di quel dì, perocchè gli altri due non pativano il trasporto. E in questo mezzo le persone che ebbero contatto con Tagliavia e Mancino o coi cadaveri di quelli, e sono trattenute in Lazzaretto, ed alla Sesta Casa sono state, e sono sane perfettamente. Gli abitanti delle strade sbarrate alla Kalsa mantengonsi nello stato medesimo

di buona salute. E secondo i rapporti della Accademia medica e degli spedali
non regnano nella città malattie perniciose di sorta. Tale è a tutto jeri lo stato
delle cose. Se il fatale germe è penetrato, e serpe già, e a quando a quando si
mostra per divampare più: se sospetti, e non altro che sospetti son questi, e
svaniranno io nol so; e mal forse si potrebbe giudicare infino a questo momento:
pende pure dalla parte men lieta il giudizio. Di questo giorno non si intende
alcun altro caso. Quanto alle altre cure a che questo frangente ne richiama, fo
palese in primo a V. E. non essere punto alterata la pubblica tranquillità. —
L'annona non dà a pensare molto, ritraendosi dai giornalieri rapporti della polizia e del pretore che sufficiente copia di grani e d'altre vettovaglie vengono
di continuo in città. — La deliberazione del Magistrato Supremo, per la quale i
legni provenienti da cotesti Reali Dominj e le persone o merci sbarcate in Lazzaretto furono indistintamente sfrattate, si è mandata nella più parte ad effetto:
e molti dei legni son partiti per costì, o per Malta; altri restano tuttavia; ma
in breve scioglieranno. Nel rapporto del 15 annunziai a V. E. la risposta data
dal Magistrato Supremo agli Intendenti di Messina e di Trapani, che con le rispettive Commissioni di sanità aveano proposto delle altre misure per le provenienze da Palermo. Giungendo da Catania una proposta simile; e volendosi
dare agli Intendenti tutti una confermazione delle disposizioni prime del Magistrato tendenti a non impedire le interiori comunicazioni, il Magistrato Supremo
per altra deliberazione del 17 largamente replicava, e l'ottimo stato di salute
di tutti i trattenuti in osservazione e la sanità del resto della Capitale; e quei
quattro casi annunziando, di cui si ebbe sospetto nei giorni 15 e 16, aggiunse
essere segregate le famiglie, tanto che per le cautele usate, e pel risultamento
della osservazione dei venuti a contatto, potea conchiudersi non essere punto
alterato lo stato della città. Così il Magistrato Supremo espressamente conchiuse
non creder necessarii altri provvedimenti per la cautela dei Comuni dell'Isola
che quelle dapprima stabilite: la contumacia cioè di 14 giorni pei legni: le bollette pei viandanti. In sensi poco diversi io scrissi lo stesso giorno 17 pei
corrieri del Lotto, replicando agl'Intendenti tutti che correggessero i falsi rumori, e facilitassero sempre più le comunicazioni. E similmente loro scrivo per
la posta d'oggi. Intanto, posti i casi di jeri, il Magistrato Supremo si sta occu-
pando di esaminare e riscontrare i rapporti dei medici tutti per venire a migliore cognizione dell'indole del morbo, e potere in seguito prendere le altre disposizioni che si credessero apportare pel resto dell'Isola. Premurosamente a-
spetto io in questo mezzo le notizie a .V. E. già chieste, e sollecitate per telegrafo il 16 intorno le cautele usate nei Reali Dominj di Terraferma, rispetto
a Napoli, e si prega V. E. di affrettarsi a ragguagliarmene.

Luogotenente Generale
Principe di Campofranco

(Archivio citato).

DOCUMENTO N. XXVII.

Rapporto del Luogotenente al Ministro Segretario di Stato per gli affari di Sicilia in Napoli.

Palermo, 13 giugno 1837.

Eccellenza,

Sin dal momento che i due funesti casi seguirono in Palermo della morte dei marinai Tagliavia e Mancino, la Commissione Centrale Sanitaria e tutti con essa sospettammo che qualche contrabando avessero essi commesso, pel quale il germe fatale si fosse ai medesimi primi comunicato dal micidiale colera. Questo timore nasceva con qualche fondamento dal riflettere che i due primi attaccati ed estinti si fossero del ceto dei barcaiuoli, e che il Tagliavia massimamente era in cattivissima voce per contrabandi. Suggeriva quindi la Commissione al governo come un espediente opportuno d'investigare ed assicurarsi se in effetto il contrabando siasi commesso, perchè ove ciò si fosse, e si veniva a capo del fatto, potrebbe con maggiore fiducia a ciò provvedersi che si tolga col germe infetto, il germe pernicioso del morbo, e se ne arresti la diffusione. A tal uopo proponeva e premi agli scopritori, ed impunità, se rei e complici ancor essi.

Lodevole mi è parso il divisamento della Commissione, ed ho per una parte incaricato il Direttore Generale di Polizia e quello dei Dazi indiretti di fare indagini per lo scoprimento del vero. Alla parte del premio ho pur provveduto committendo al Direttore Generale di Polizia di proporlo, e l'approverò in conseguenza. Ma oltre al premio, la speranza della impunità può indurre a rivelare il mal fatto, ove si fosse in effetto consumato. A questo può solo la sovrana autorità provvedere, ed io persuaso dalle ragioni della Commissione Centrale e dal comune desiderio, nel Consiglio del 16 andante ho trattato questo affare e divisato di farne rapporto a S. M., come dal n. 23 del protocollo si rileva, proponendo che si degni la M. S. promettere nei modi regolari a colui che facesse scoprire il contrabando od il luogo ove fosse riposto, e l'autore dello stesso la impunità della pena dalle leggi fulminata. La quale proposizione prego V. E. di rassegnare a S. M. e comunicarmi le risoluzioni che la Sovrana Sapienza crederà conveniente.

Il Luogotenente Generale
PRINCIPE DI CAMPOFRANCO.

(Archivio citato).

DOCUMENTO N. XXVIII.

Sentenza della Commissione militare di Palermo

Ferdinando II per la grazia di Dio Re del Regno delle due Sicilie, di Gerusalemme ec. Duca di Parma, Piacenza, Castro ec. ec. Gran Principe ereditario di Toscana ec. ec. ec.

La Commissione militare permanente nella valle di Palermo composta de' qui sottoscritti membri;

Signori:

Presidente: Cav. D. Ludovico Matina di Artigliera.

Giudici: Capitano D. Giuseppe Ferrari del 1° Granatieri — Capitano D. Giobbe Romanzi del 1° Linea — Capitano D. Francesco Valliso del 2° di Linea — 1° Tenente D. Antonio Alberti del 1° Granatieri — 1° Tenente D. Giovanni Forte del 9° di Linea.

Relatore: Capitano D. Domenico Patierno, aiutante maggiore.

Coll'intervento da uomo di Legge del Barone D. Giovanni Ondes, destinato alle funzioni di sostituto Procuratore Generale del Re presso la G. C. C., assistiti dal 2° Sergente Francesco D'Avella Cancelliere del 1° di Linea Re.

Riunita nel locale delle sue ordinarie sedute nel forte di Castellammare per giudicare i seguenti individui:

1.° Antonio Di Fatta del fu Paolo di anni 35 da Palermo di condizione Fornaio

2.° Pietro Milante di Giuseppe da Palermo di anni 26 Bettoliere

Accusati di strage commessa con omicidio in persona di Gioacchina Renda, reato avvenuto la sera dei 10 p° p° luglio nel piano di S. Cosmo, previsto dall'art. 130 LL. PP.

Letti gli atti e documenti a carico

Intesi i testimoni

Udito il Sig. Capitano Relatore nelle sue conclusioni, il quale confermando l'accusa ha domandato al Consiglio di condannarsi i suddetti Di Fatta e Milante ai termini delle medesime;

Intesi in ultimo luogo gli accusati, ed i loro difensori nelle allegazioni. Inteso l'uomo di legge nel suo avviso che ha domandato

1.° Dichiararsi constare Antonino Di Fatta essere reo di omicidio avvenuto in persona di Gioacchina Renda, constare di non aver commesso strage con tale omicidio ai termini dell'art. 130 delle LL. PP. ma bensì essere colpevole di tentativo del reato preveduto dallo stessi art. 130 e che l'omicidio della Renda costituisca principio di esecuzione del tentativo medesimo, ed attese le disposizioni dell'art. 72 delle dette leggi, il quale prescrive che nel tentativo, quando gli atti di esecuzione costituiscono per se stessi un reato consumato deve farsi confronto tra la pena inflitta al reato tentato, e quella inflitta al reato consumato, ed applicarsi la più grave, condannare la Commissione il Di Fatta alla pena del 4° grado dei ferri.

2°. Non costare abbastanza che Milante sia colpevole del reato dell'omicidio della Renda, e del reato attribuito al Di Fatta, e che rimanendo nel medesimo stato di arresto, fosse presa una più amplia istruzione sul di lui conto, versandosi l'esame a liquidare:

1° quali persone erano nella bettola allorchè avvenne il fatto.

2° Se la voce d'essersi versato dalla suddetta Renda il veleno nel vino, fu sparsa da Dima o .da Milante, e quale altre ſoperazioni abbia fatto Milante all'annunzio di questa voce. È tutt'altre circostanze che si crederanno confacenti per giungere allo scovrimento della verità.

Il signor presidente dietro, il riassunto della causa, ha proposto alla Commissione la seguente

QUISTIONE DI FATTO

Consta che Antonino Di Fatta, e Pietro Milante siano colpevoli di strage con omicidio in persona di Gioacchina Renda?

Considerando che dal dibattimento è risultato il seguente

FATTO

La sera del 10 luglio Gioacchina Renda, donna di età avanzata, entrò nella bottega di Gaetano Pirrello, chiedendo l'elemosina. Stavano a desco in quella bettola alquante persone, e poichè il Pirrello trovavasi infermo e la moglie di lui vicina a morire, lasciato avea al servizio di quel luogo tre persone da lui stipendiate, cioé:

Dima Zirillo, Pietro Milante ed un certo Salvatore, di cui ignorasi il cognome. Mentre stavasene la vecchierella sulla speranza di ottenere l'elemosina, una voce si desta, che annunzia di essere la Renda apportatrice di veleno e che volea cogliere il destro per gettarlo entro il'vino. Accadde a siffatte voci un trambusto nella bettola, e presala finalmente colle mani il Dima Zirillo, e urtandola, e spingendola per le spalle il Milante, entrambi si fecero a cacciarla fuori. Se ne accorse Luigi Montaperto, il quale trovandosi per avventura a passare per quella via, fu presente agli urti, ed ai pugni che da Milante, e dal Dima ricevette nell'uscire fuori la Renda, e si affrettò a dar parte dell'occorso alla Polizia.

Tratta fuori intanto la donna, Milante rientra nella bettola, ed all'incontro Dima Zirillo, trattenendo la Renda, consegnolla ad Antonino Di Fatta, possessore di altra bettola vicina a quella di Pirrello, e sì l'uno che l'altro cioé, il Fatta e il Dima trascinan seco la donna sino alla cantonata della piazzetta nominata di S. Cosmo. Da lì a poco Giuseppe di Biase, che veduto avea precedentemente dal Fatta e dal Dima portata via la vecchierella, la trova giacente a terra, straziata e moribonda nella cennata piazzetta. Accorre intanto l'Ispettore

32

di Polizia signor Gerbino, e colla Forza ordina che la Renda fosse trasportata nell'ospedale. Tornato nella bettola di Pirrello, il Dima è chiamato dal bettoliere per dar nuove dell'accaduto, giacchè inteso avea lo strepito, alla presenza di Giuseppe Martinella, Lorenzo Alicella e Crocifissa Bilello, schiettamente racconta che cacciata fuori della bettola la Renda, che sospettavasi di essere stata apportatrice di veleno, trovò il Fatta, ed a di costui inchiesta gliela consegnò; che il Fatta alla presenza del Dima, per mezzo del lume di una candela si fece a conoscerla, e quindi cominciò a percuoterla sinchè l'ammazzò. I chirurgi ne osservarono le ferite, e guari non passò che la donna ne fu tratta a morte. L'autopsia cadaverica rese manifesto che la causa della morte avvenuta fu per una delle ferite trovate nel parietale destro.

La figlia della Renda andando in cerca della madre ebbe dalla voce additato il Di Fatta qual omicida della stessa.

L'uguale nuova attinse dalla voce pubblica Giuseppe Graziano, e la Polizia la domani dell'avvenimento ordina e fa eseguire l'arresto del Fatta. Il compagno di lui, cioè il Dima Zirillo, all'arresto del Fatta scomparve.

Dietro il costituto il Di Fatta cerca con delle posizioni a discolpa sostenere esservi delle persone che sapevano pur troppo non avere egli presa parte nell'omicidio della Renda, ma un sol testimone, dal numero di quelli da lui indiziati, si presentò innanzi la commessione, ed apertamente annunziò non esser vero che a lui costassero quelle cose asserite dal Fatta per formare la sua discolpa.

Interrogato Milante, che venne in seguito tradotto nel carcere, asserì che solo si cooperò a mandar via dalla bettola la vecchierella Renda.

RITENUTI QUESTI FATTI

Considerando in ordine alla prova generica che le due perizie date dai Chirurgi contestan pur troppo, e le ferite riportate dalla Renda e che la morte di essa avvenne per una delle medesime.

Considerando in quanto alla pruova specifica che il dibattimento ha fatto conoscere:

1.° Che Dima Zirillo, cacciata fuori dalla bettola la Renda, la consegnò ad Antonino Di Fatta. Che entrambi la trasser fuori verso la cantonata della vicina piazzetta di S. Cosmo, ove da lì a poco recatosi con la forza l'Ispettore di Polizia signor Gerbino, la rinvenne giacente a terra, e la fe' condurre all'ospedale.

2.° Che dietro di essere stata siffattamente straziata la sventurata Renda, rapportò il Dima Zirillo al bettoliere Pirrello che lo Antonino Di Fatta si fu colui che in sua presenza l'ammazzò.

3.° Che la voce del pubblico indicò alla figlia della Renda lo Antonino Di Fatta come uccisore della madre.

4.° Che la domani del reato la Polizia arrestò il Di Fatta per segrete relazioni acquistate sul di lui conto, come scorgesi da un officio allegato al foglio 1° del processo di cui si è data lettura.

5.° Che un testimone chiamato dal Di Fatta in prova, che egli non prese parte allo avvenimento a danno dello Renda, dichiarò di non sapere nulla di ciò che il Fatta asseriva.

6.° Che mentre costui si appalesa come negativo intorno al reato imputatogli, non è riuscito a provar ciò che disse nel suo costituto, e però l'insieme dell'espressata circostanza rende la Commissione Militare convinta che Antonio Di Fatta sia reo dell'accaduto omicidio.

Considerando in dritto che non è punto invocabile l'articolo 130 delle Leggi penali per la caratteristica di un tal crimine.

Che siffatto articolo suppone o devastazione o saccheggio o strage accaduta in uno o più comuni, o contro una classe di persone.

Che il Capitano Relatore non contrastando che saccheggio o devastazione non sia intervenuto in questa città, anche a danno ad una classe di persone, si è limitato a sostenere che il Fatta abbia commesso strage, ed omicidio a danno di Gioacchina Renda.

Che la parola strage offre l'idea di un eccidio avvenuto con una moltiplicità di omicidi.

Che classe di persone si appella ciascuno dei ceti da cui risulta composta la società, come quello degli ecclesiastici, dei nobili, dei proprietari e simili.

Considerando che un solo omicidio non può attirarsi il nome di strage, nè ad una vecchia compete il nome di classe.

Che l'articolo che fa seguito al 130 sparge luce sulla intelligenza della parola strage, perocchè in caso di strage condanna a morte coloro che prendon parte negli omicidi, cosa che esclude l'idea che un solo omicidio possa entrare nella definizione del voluto reato.

Considerando però, che per quanto l'accusato non risulti colpevole del misfatto consumato preveduto dall'art. 130, altrettanto l'insieme dei fatti già narrati dimostra che nell'avvenimento a danno della Renda e nel calunnioso motivo di sua uccisione sta racchiuso il tentativo di uno dei reati contemplati nel medesimo art. 130, e di vero la Commissione è convinta che alla voce sediziosa di esser la donna apportatrice di veleno, per l'insieme dei fatti già espressi, manca la volontà di cercare (onde turbare, e sott'ombra di andare in appresso, man mano rintracciando gli autori del supposto veleno) penetrare nelle case, mettere tutto a sacco e a ruba a danno della classe dei proprietari.

Che sotto tale veduta l'omicidio della Renda è da considerarsi come inizio dell'esecuzione del tentativo, dietro il quale succeder doveano gli altri atti bisognevoli all'assoluta consumazione del già descritto reato.

Che tali atti non ebber luogo per circostanze fortuite, e indipendenti dalla volontà del Di Fatta, avvegnachè la Polizia accorse colla forza sul luogo del-

l'avvenimento appena saputa la cosa, e dando le opportune provvidenze, fece trasportare la Renda all'ospedale, e conservando la sua energia, pigliate in seguito
le indagini sul fatto, arrestò l'accusato.

Considerando in ordine al Milante che la pubblica discussione non ha fatto
conoscere che, dietro l'aver egli scacciata dalla bettola la Renda, abbia spiegato parte attiva in tutto ciò che ulteriormente accadde a carico della medesima.

Che sebbene vi sia un testimone, che asserisce avere il Milante dato alla
Renda dei pugni dentro la bettola, un tal detto non porta a dimostrazione di
avere il Milante reità nell'omicidio, giacchè lo stesso non accadde, secondo il
giudizio dei medici, per effetto dei pugni, ma per una grave ferita irrogata sul
parietale destro di quella donna, ferita che costei ricevette dopochè andò via
dalla bettola.

Che incerto nello stato attuale delle cose rimane, se la voce di essere Renda
apportatrice di veleno, fu suscitata appositamente dal Milante, ovvero da altre persone che intertenevansi in quel luogo.

Che pria di ordinarsi la di lui libertà, giustizia esige di praticarsi indagini
sul di lui conto, per liquidare tutt'altre circostanze influenti allo scovrimento
del reo.

Per siffatti motivi a parità i voti ha dichiarato e dichiara: primo constare
non essere colpevole Antonino Di Fatta di strage contro una classe di persone
nell'aver commesso omicidio in persona di Gioachina Renda, ma bensì constare
essere colpevole il Di Fafta di tentativo di reati preveduti dall'art. 130, e che
l'omicidio da lui consumato in persona di Gioacchino Renda costituisca atto di
esecuzione del tentativo.

2.° Non constare abbastanza che Pietro Milante sia colpevole di strage con
omicidio in persona di Gioacchina Renda e del reato attribuito al sudetto Di
Fatta, ordinando rimanere in carcere, e sia presa una più ampia istruzione, versandosi lo esame a liquidare:

1.° Quali persone erano nella bettola allorchè avvenne il fatto; 2° Se la voce
di essersi versato dalla suddetta Renda il supposto veleno nel vino, fu sparsa
da Dima, già profugo, o da Milante, e quali altre operazioni abbia fatto Milante
all'annunzio di questa voce; 3° Tutt'altre circostanze che si crederanno influenti
per giungere allo scoprimento della verità.

Risolute in tal modo le questioni di fatto, il signor Presidente ha elevata
l'altra

QUISTIONE DI DRITTO

Qual è la pena d'applicarsi al nominato Antonio Di Fatta per lo reato di
cui è stato dichiarato colpevole?

Visti su di ciò gli articoli 72, 130, 131, 132, 355, 34 e 31 delle leggi penali, 296 di procedura penale, ed il R. Decreto del 28 febbraio 1823.

Considerando che nei reati mancati, o tentati in modo però che gli atti di esecuzione costituiscono per se stessi un reato consumato, dee farsi confronto tra la pena del reato tentato, ed applicarsi la più grave.

Considerando che nella specie l'atto di esecuzione del tentativo, cioè l'omicidio della Renda, costituisce per se stesso un reato consumato.

Considerando che l'omicidio volontario è punito col quarto grado dei ferri e che il tentativo in generale del reato contemplato dall'art. 130 è punito col secondo al terzo grado dei ferri.

Considerando che ogni omicida, espiata la pena, debba stare a trenta miglia dal luogo del commesso reato, a menochè i parenti dell'offeso non consentissero di stare o nel luogo dell'omicidio, o ad una distanza minore di trenta miglia.

Considerando che il condannato ai ferri, espiata la pena, deve dare mallevaria di ben condursi, e che ogni condannato a pena qualunque deve rimborsare le spese del giudizio a favore del R. Tesoro.

Per siffatte considerazioni

La Commissione militare a voti uniformi ha condannato, e condanna Antonio Di Fatta alla pena del quarto grado dei ferri per la durata di anni trenta, a star lontano trenta miglia da questo capoluogo, tostochè avrà espiata la pena, ed alla mallevaria di ben condursi per anni tre sotto pena di ducati trecento, non che alle spese del giudizio in favore del R. Tesoro; ha ordinato in fine che della presente sentenza se ne imprimano duecento copie in istampa per la corrispondente pubblicazione e diramazione.

L'esecuzione a cura del Capitano Relatore.

Fatto, giudicato, e pubblicato oggi in continuazione del dibattimento del suddetto Consiglio in Palermo, li undici agosto 1837.

Il Capitano Relatore   *Il Cancelliere*
GAETANO BELLINI   FRANCESCO D'AVELLA, 2° Sergente

Il Comandante la Valle
VIAL

(Archivio citato).

DOCUMENTO N. XXIX.

SENTENZA DELLA COMMISSIONE MILITARE DELLA VALLE DI PALERMO

Ferdinando II per la grazia di Dio, Re del Regno delle due Sicilie, di Gerusalemme ec., Duca di Parma, Piacenza, Castro ec. ec., Gran Principe Ereditario di Toscana ec. ec. ec.

La Commessione militare permanente della Valle di Palermo, nominata con ordinanza di questo Real Governo degli 11 luglio corrente anno, e composta dei sottoscritti membri:

Signori:

Presidente: Colonello D. Ludovico Matina di Artigliera.

Giudici: Capitano D. Giuseppe Ferrari del 1° Granatieri — Capitano D. Giobbe Romanzi del 1° di Linea — Capitano D. Francesco Valliso del 2° di Linea — 1° Tenente D. Antonio Albertis del 1° Granatieri — 1° Tenente D. Gaetano Prinzivalli del 10° di Linea.

Relatore: Capitano D. Domenico Patierno, aiutante maggiore.

Coll'intervento del signor Giudice della Gran Corte Civile cav. D. Gaetano Vanni, uomo di legge. Assistiti dal 2° sergente Francesco D'Avella, cancelliere, riunita nel locale delle sue sedute nel Real Forte di Castellammare per giudicare col rito subitaneo i seguenti individui, cioè:

Vincenzo Gattina di Palermo, Pietro e Luca Mirra fratelli, di Trapani, Gioacchino Ferriera, Salvatore Spallina, Gaetano Trapani, Ignazio Giovenco, Salvatore Zito, Giuseppe Rosalia, Giacomo Vavila, Angelo Benvenuto, Salvatore Maranzano, Giovanni Zimmardi e Francesco Macaluso da Palermo.

Accusati il primo di omicidio in persona di Francesco Paolo Prato, ed eccitamento al popolo a portare la strage contro una classe di persone, i secondi due, Pietro e Luca Mirra, d'aver preso parte attiva in detto reato; ed i rimanenti di tentata strage sudetta; reati preveduti dagli articoli 130, 131 e 132, leggi penali, commessi in Palermo gli 11 p. p. luglio.

Letti gli atti e documenti a carico.

Intesi i testimoni.

Udito il capitano relatore nelle sue conclusioni, non che gli accusati, ed i loro rispettivi difensori. Ritiratasi la Commissione in camera di deliberazione, inteso l'avviso del signor Giudice della G. Corte civile, cav. D. Gaetano Vanni, uomo di legge. Il signor presidente, dietro il riassunto della causa, propose le seguenti

QUISTIONI DI FATTO

1.° Consta che il pagano Gattina sia colpevole di omicidio in persona di Francesco Paolo Prato, e di eccitamento al popolo a commettere la strage contro una classe di persone?

2.° Consta che i fratelli Pietro e Luca Mirra abbiano presa parte attiva nei citati reati?

3.° Consta che i rimanenti Spallina, Ferriera, Trapani, Giovenco, Zito, Rosalia, Vavila, Benvenuto, Maranzano, Zimmardi e Macaluso sieno colpevoli di tentata strage summentovata?

Considerando che il pubblico esame ha apprestato i fatti seguenti:

1.° La mattina degli 11 prossimo scorso luglio in questa fu ammazzato nel cortile della Concezione al Capo il nominato Francesco Paolo Prato, perchè creduto propinatore di veleno; il primo ad assalirlo fu Vincenzo Gattina; i fratelli Pietro e Luca Mirra vi presero parte attiva, e tutti e tre eccitarono il popolo ad apportare la strage verso la classe di persone, fatta credere propagatrice di veleno; con attaccare per i piedi e trascinare pubblicamente per più strade il cadavere dello interfetto, proclamando spesso le voci di *Viva S. Rosalia*, preceduti puranco da Salvatore Zito, che faceva sventolare un fazzoletto; affrettandosi il detto Gattina qual facinoroso al disbrigo di quell'enorme reato, annunziando che dopo di quello doveano portarsi alla Direzione di Polizia per fare lo stesso in persona di altro soggetto, che diceva essere puranco propagatore di veleno.

2.° Che a tale strage commisero tentativo gli altri summenzionati Spallina, Ferriera, Trapani, Giovenco, Zito, Rosalia, Vavila, Benvenuto e Maranzano.

3.° Che Zimmardi fu visto nel momento di quella unione.

· Considerando che la generica dell'omicidio è bene basata colla relazione del perito sanitario; Considerando per la specifica che i fatti su espressati vengono da bastanti documenti e testimoni contestati; Considerando che il vero oggetto dei mali intenzionati non era solo di uccidere l'uomo che erroneamente credevano autore di avvelenamento, ma quello sibbene d'invitare il popolo alla strage d'individui indeterminati, che volevano far credere autori di tali pretesi reati, e questo all'oggetto di procedere ad ulteriori ricerche di veleni nelle case de' pacifici cittadini, come aveano detto nel volere anche uccidere una persona esistente nella Direzione di Polizia, e così dar di mano agli assassini ed alle ruberie;

Considerando che, così agendo e procurando di autorizzare l'assassinio con l'invocazione della N. S. Padrona per mettere un suggello alle loro false asserzioni, invitavano il popolo ad ulteriori estermini;

Per tali motivi la Commissione suddetta unanimamente ha dichiarato, e dichiara

1.° Constare d'essere i sopracitati Gattina, Pietro e Luca Mirra fratelli, Spallina, Ferriera, Trapani, Giovenco, Zito, Rosalia, Vavila, Benvenuto e Maranzano colpevoli dei reati rispettivi in conseguenza delle quistioni.

2.° Non constare abbastanza d'essere Zimmardi colpevole del reato di chi andava prevenuto, ordinando farsi un'ampia istruzione da rimanere in carcere durante la medesima.

3.° Constare di non essere l'ultimo, cioè Macaluso, colpevole del reato di cui venne accusato, e rimettersi immantinente in libertà assoluta.

Infine, dietro la quistione di dritto proposta dal signor Presidente, è venuta la dianzi citata Commissione colla stessa uniformità di voti a condannare i mentovati individui alla seguente classificazione di pene, cioè:

1.° Vincenzo Gattina alla pena di morte colla fucilazione e col 2° grado di pubblico esempio giusta l'art. 130 delle leggi penali.

2.° Pietro e Luca Mirra fratelli alla pena di morte colla fucilazione ai termini dell'art. 131 delle dette leggi.

3.° Salvatore Spallina al 3° grado dei ferri per anni ventiquattro, ai termini dell'art. 132 delle surriferite leggi.

4.° Salvatore Zito al 2° grado dei ferri per anni diciotto.

5.° Gioacchino Ferriera, Gaetano Trapani ed Ignazio Giovenco ai ferri per la durata di anni 18.

6.° Giuseppe Rosalia, Giacomo Vavila, Angelo Benvenuto e Salvatore Maranzano alla pena della reclusione per anni sei, essendo di età minore.

In ultimo ha condannato tutti i sopraddetti individui solidariamente alle spese del giudizio in favore del Real Tesoro.

In fine ha condannato i più ripetuti Spallina, Zito, Ferriera, Trapani, Giovenco, Rosalia, Vavila, Benvenuto e Maranzano alla malleveria per tre anni sotto pena di ducati 300.

Inoltre ha ordinato eseguirsi la presente sentenza domattina alle 7 a.m., e che se ne imprimano 200 copie in istampa per la corrispondente pubblicazione e diramazione.

Il tutto a cura e diligenza del signor Capitano Relatore.

Fatta, letta e pubblicata oggi in continuazione del dibattimento in Palermo, li quattro agosto 1837.

Firmati :

Ludovico Matina colonnello d'artiglieria presidente.

Giuseppe Ferrara capitano del primo granatieri.

Giobbe Romanzi capitano del 1° di linea.

Francesco Valliso capitano del 2° di linea.

Antonio Albertis 1° tenente del 1° granatieri.

Gaetano Prinzivalli 1° tenente del 10° di linea.

Domenico Patierno capitano relatore.

Gaetano Vanni giudice della Gran Corte Civile, uomo di legge.

Francesco D'Avella 2° sergente del 1° di linea, Re cancelliere.

Visto
Il Capitano Relatore
DOMENICO PATIERNO, aiutante maggiore.

(Archivio citato).

DOCUMENTO N. XXX.

Cadaveri dei colerici sepolti nel Regio Camposanto di S. Orsola.

DATA	NUMERO DEI CADAVERI	DATA	NUMERO DEI CADAVERI	DATA	NUMERO DEI CADAVERI
1837		Riporto N. 334		Riporto N. 13584	
		1837		1837	
15 Giugno N.	1	29 Giugno N.	135	11 Luglio N.	1741
17 » »	2	30 » »	326	12 » »	1758
19 » »	6	1 Luglio »	386	13 » »	1535
20 » »	7	2 » »	603	14 » »	684
21 » »	13	3 » »	980	15 » »	976
22 » »	15	4 » »	931	16 » »	631
23 » »	28	5 » »	1111	17 » »	402
24 » »	19	6 » »	1688	18 » »	422
25 » »	47	7 » »	1801	19 » »	331
26 » »	46	8 » »	1746	20 » »	222
27 » »	59	9 » »	1790	Totale N.	22286
28 » »	91	10 » »	1803		
A riportarsi N.	334	A riportarsi N.	13584		

Cadaveri dei colerici trasportati alla Punta dei Rotoli.

DATA	NUMERO DEI CADAVERI	DATA	NUMERO DEI CADAVERI	DATA	NUMERO DEI CADAVERI
1837		Riporto N. 1273		Riporto N. 1297	
		1837		1837	
21 Luglio N.	159	14 Agosto N.	2	7 Settembre N.	0
22 » »	264	15 » »	0	8 » »	2
23 » »	186	16 » »	0	9 » »	0
24 » »	123	17 » »	2	10 » »	0
25 » »	60	18 » »	2	11 » »	2
26 » »	58	19 » »	4	12 » »	1
27 » »	89	20 » »	1	13 » »	2
28 » »	75	21 » »	1	14 » »	0
29 » »	65	22 » »	1	15 » »	0
30 » »	52	23 » »	1	16 » »	2
31 » »	38	24 » »	1	17 » »	0
1 Agosto »	12	25 » »	0	18 » »	1
2 » »	17	26 » »	0	19 » »	1
3 » »	13	27 » »	1	20 » »	2
4 » »	18	28 » »	0	21 » »	2
5 » »	11	29 » »	0	22 » »	1
6 » »	13	30 » »	2	23 » »	2
7 » »	7	31 » »	2	24 » »	1
8 » »	4	1 Settembre »	0	25 » »	1
9 » »	1	2 » »	1	26 » »	3
10 » »	4	3 » »	0	27 » »	1
11 » »	3	4 » »	1	28 » »	0
12 » »	0	5 » »	1	29 » »	3
13 » »	1	6 » »	1	30 » »	2
A riportarsi N.	1273	A riportarsi N.	1297	Totale N.	1325

Sepolti nel Camposanto di S. Orsola N. 22286

Totale complessivo N. 23611

Il Cappellano del Regio Camposanto, incaricato del sotterro dei colerici
Beneficiale MICHELE MELCHIORRE.

(Archivio citato). 33

DOCUMENTO N. XXXI.

Lettera del Luogotenente Generale al Ministro Segretario di Stato
per gli affari di Sicilia in Napoli.

Palermo, 11 luglio 1837.

Eccellenza,

Ieri per via del telegrafo feci conoscere a V. E. che in Bagheria ed in qualche altro vicino Comune l'ordine pubblico era stato turbato, spargendosi le solite voci di veleno, e quindi rassegnavale che una piccola colonna mobile si era spedita alla Bagheria, dove avea rimesso l'ordine, e si sarebbe questa fatta passare per Marineo od altro Comune, e conchiusi che era necessario un aumento della forza militare per mantenere la pubblica tranquillità.

Sino a ieri sera in questa Capitale, quantunque afflitta disgraziatamente dal male, pure si spargevano di nuovo delle voci di veleno; fu d'uopo che la Polizia e la truppa stesse tutta la notte in un penoso allarme, e nulla seguì di sinistro.

Non così succedè però questa mattina. Un branco furibondo di popolo arrestò un uomo che diceva sospetto; l'uccise e lo trascinò per le strade della Città; la forza della Polizia e militare giunse a togliere dalle mani di quegli scellerati il cadavere, e l'ordine pubblico fu rimesso. Ma in questo serio rincontro si è osservato di quanta poca forza possiamo noi disporre, giacchè è di assoluta necessità che si tenga riunita per imporre sul popolo.

Il Generale dell'armi ha richiesto un aumento di forza per telegrafo; un altro avviso telegrafico ha fatto il Direttore Generale di Polizia Duca di Cumia; mi è sembrato di troppo farne un terzo io; ma partendo un paranzello per costà, ho creduto fare queste poche righe a V. E., acciò possa far conoscere a S. M. lo stato delle cose.

Ogni sforzo da me si farà, acciò la tranquillità e l'ordine pubblico non siano turbati; ma V. E. comprenderà bene coi suoi alti lumi che non è possibile contenere in obbedienza al Governo due milioni di uomini allarmati ed intimoriti da un fiero morbo, che ne affligge una porzione e ne minaccia un'altra, senza che effettivamente esista una forza fisica che faccia aumentare quella morale, per la quale il Governo è ubbidito o rispettato.

Ad istanza del Direttore Generale di Polizia e del Generale delle Armi io ho nominato questa mattina una Commissione Militare; questo passo speriamo che scoraggi i maleintenzionati per non più attentare alla proprietà ed alla vita dei cittadini; tutto insomma sarà messo in opera, perchè la sicurezza pubblica non sia compromessa.

Ad onta della mia disgrazia V. E. potrà assicurare S. M. che starò sempre fermo al mio posto, emanando tutte quelle disposizioni che crederò in questa grave circostanza necessarie.

Coi sensi intanto della massima stima ed alta considerazione, mi do l'onore di dirmi di V. E.

Il Luogotenente Generale
PRINCIPE DI CAMPOFRANCO.

(Archivio citato).

DOCUMENTO N. XXXII.

Lettera del Luogotenente Generale al Ministro Segretario di Stato per gli affari di Sicilia in Napoli.

Palermo, 12 luglio 1837.

Eccellenza,

. Ieri scrissi a V. E. con un paranzello che da qui partiva. Partendone un altro oggi, le soggiungo che dopo l'assassinio avvisatole, ve ne fu un secondo ad ora più tarda e che ancora dalla forza pubblica l'ordine fu mantenuto.

La notte scorsa nel villaggio di Villabate, villaggio distante da qui circa 4 miglia, gravi disordini ebbero luogo. L'Ispettore di Polizia Dize, ed altre persone furono uccise. Si crede in questo momento che molta gente siasi armata e riunita nel forte del Sacramento.

È stata di precisa necessità la spedizione di una Colonna mobile, comandata dal generale Statella; con ansietà io attendo i risultati, che farò subito conoscere a V. E.

Per telegrafo ho avvisato S. M. di quest'occorso, soggiungendo che se non arriva prestamente qui un forte rinforzo di truppa, il disordine potrebbe rendersi irrimediabile.

Il Luogotenente Generale
PRINCIPE DI CAMPOFRANCO.

(Archivio citato).

DOCUMENTO N. XXXIII.

Lettera del Luogotenente Generale al Ministro Segretario di Stato per gli affari di Sicilia in Napoli.

Palermo, 13 luglio 1837.

Eccellenza,

Dopo acerba strage pare che il morbo abbia rimesso non poco della orribile sua forza, come V. E. potrà scorgere dalle cifre dei casi dei morti. Onde non essendo occorso altro provvedimento, ma badandosi alla esecuzione dei già dati, per quanto riguarda la cura degl'infermi, trasporto e seppellimento dei cadaveri e simili dolorosi e necessarii uffici, breve sarebbe questo mio rapporto, e lieto se discorrer non dovessi di qualche turbamento d'ordine pubblico nella Capitale, di qualche disubbidienza e scompiglio in altri Comuni.

Delle misure deliberate dalla Commissione provinciale di Sanità in Messina, ne trattava io nei rapporti antecedenti. Testè mi è giunto un atto non dissimile di quella Deputazione di Salute di 1ª Classe, alla quale, comunicata la deliberazione del Magistrato Supremo di Salute dei 23 giugno, prescrivente una contumacia per le provenienze da Palermo, la Deputazione a maggioranza di voti stabilì dipendere per questa parte esclusivamente dagli oracoli di S. M.

Questo pronunziava la Deputazione di Messina a 5 luglio, e a me pare che avendo il sovrano Rescritto del 4 annunziato la mente del Re, dovrebbe quella Deputazione acquetarsi, ed altro provvedimento non dovrebbe occorrere. Ma perchè non ci è tempo di ritrarne l'effetto, io ho risposto si eseguissero gli ordini generali di S. M. e intanto ho voluto espressamente nel presente rapporto farne parola. La Valle di Caltanissetta si era per lo innanzi docilmente conformata alle disposizioni del Magistrato di Salute e del Governo. Le nuove funestissime che venivan poi da Palermo, e sapendosi non v'essere forza militare che potesse reprimere, si era al punto di respingere col fatto le persone venute da qui. L'Intendente perciò prese un espediente a frenare la piena: bandì l'aumento della contumacia da 14 a 40 giorni.

Io gli ho risposto nello stesso modo che agli altri Intendenti, non cedendo, non negando apertamente a scanzo di far un divieto, che sarebbe trasgredito di certo; ho raccomandato la esecuzione degli ordini generali.

Del resto io ritraggo che in Sambuca dal 3 al 16 molte infermità erano avvenute con sospetti forti di cholera e da 12 persone eran morte tutte nello stesso periodo e coi sintomi stessi.

L'Intendente di Girgenti con la Commissione provinciale di sanità provvidero subito efficacemente, secondo le istruzioni, mandando medici, e tutte le altre parti ordinando che si debbono in questi casi.

La prima cosa fu di sospendere la pratica alle provenienze di Sambuca e stabilire una contumacia per que' do' contorni.

Questa disposizione io non ho approvato espressamente, governandomi nel modo detto di sopra; ma ho bene autorizzato le altre, parendomi tutte sconce ed opportune.

Finalmente fo intendere a V. E. che continuano a succedere dei casi di cholera nei comuni della Valle di Palermo più vicini alla Capitale: Morreale, Borgetto, Bagheria, Torretta, Termini, Belmonte, Partinico e qualche altro, nei quali dove più, dove mene, il morbo si è manifestato senza fare per anco molta strage. Ma nell'ordine pubblico qualche turbamento è avvenuto. Il ritrarrà V. E. dal rapporto del Direttore Generale di Polizia, che qui per tenore trascrivo.

Eccellenza,

" Come V. E. ben sa pei rapporti che io ho fatto subito oralmente, vari disordini sono già accaduti nei Comuni prossimi a questa Città, per le voci malignamente suscitatevi di occulte propinazioni di veleno, cui si dà cagione della micidiale malattia che tanto ci travaglia.

Il primo moto seguì in Baghería, ove divulgatosi un tal sospetto, insorsero i malintenzionati contro l'autorità pubblica, mettendo a morte il figlio del farmacista Mancuso; ed altri attentati minacciando, che avrebbero certo commesso, se non si fosse colà prontamente spedita una colonna mobile, che, dopo qualche giorno, bisognò rivolgersi sul Comune di Marineo, ove le autorità gravemente pericolavano per le stesse voci sediziose, nè potevano sperare risorsa della forza pubblica, sedotta anch' essa ed ingannata dall'idea di un avvelenamento.

Quasi contemporaneamente due individui erano uccisi nel villaggio della Grazia come propinatori di sostanze venefiche; e questi scandali inforzando maggiormente le voci di veleno, che si erano anche qui ripristinate sin da' giorni precedenti, eran cagione de' misfatti, che furono qui commessi nei giorni 10 e 11 all'ombra di questo sospetto. Nella sera del 10 fu messa a morte nel largo di S. Cosimo una infelice donna, di cui non si è potuto sapere ancora il nome: nella mattina susseguente alcuni malintenzionati inveirono contro un certo Prato, che dopo di essere stato ucciso, fu trascinato da molti ragazzi per la via Toledo; e verso le ore diciassette dello stesso giorno venne anche totalmente ferito un altro individuo, che fu indi tolto dalla forza pubblica dalle mani di coloro, che così semivivo si erano similmente messi a trascinarlo per la stessa via.

Le disposizioni che furono date alla forza, gli arresti che prontamente si operarono, e la pubblicazione di un manifesto con cui creavasi una Commissione Militare per la immediata punizione di tali attentati, rifecero subito la calma; ma non si era appena cessato di questi disordini, che giunse notizia di esserne stati commessi maggiori nel Comune di Villabate, ove nella notte degli 11 al 12 irruppero quei malintenzionati contro le autorità e la forza pubblica, mettendo a morte sino a dieci individui, tra i quali l'Ispettore di Polizia, il Giudice supplente, lo Eletto, il Caporonda, e qualche altro impiegato, secondo si dice, non essendosene ricevuto ancora un officiale rapporto.

Una forza militare è stata egualmente spedita in Villabate, e quella popolazione si crede certo a quest'ora rimessa in quiete.

Ma i disordini continuano; e, secondo i rapporti oggi arrivati, lo spirito di sconvolgimento si è già esteso a non pochi altri Comuni.

In Cinisi si sparse voce che la classe dei civili intendeva ad avvelenare le acque dei fonti pubblici; e subito una mano di facinorosi si riunì jeri in una casa posta sull'estremità del Comune.

Le Autorità e i possidenti, prevedendo il pericolo, si armarono e tentarono di dissipare quest'attruppamento; ma colti in un'imboscata, ebbero gravemente feriti tre rondieri, uno dei quali morì indi a poco, e bisognarono quindi retrocedere.

Secondo scrive il Giudice di Carini, anche in Torretta vi è stato qualche trambusto; ma sinora se ne ignorano i particolari.

In Capaci si è dato il sacco a non poche case, vi sono stati uccisi circa nove individui del ceto civile, e più bande armate percorrono i dintorni di quella comune, che, secondo si dice, hanno levato un cannone dalla torre dell' Isola delle femmine, e dirizzatolo verso la barriera di Sferracavallo.

Nel comune di Ficarazzi fu ucciso l'altro giorno un certo Salvatore Abate; ed ora si sa che il Sindaco trovasi chiuso per iscampare dal pericolo nella sagrestia di quella Chiesa Maggiore, ed è quasi assediato dal popolo, che gli minaccia la vita, chiedendogli conto degl'incarichi avuti di spargere il veleno.

Il Sindaco di Casteldaccia finalmente scrive di essere sul punto di abbandonare quel Comune, onde sottrarsi dalle mani di quei facinorosi abitanti, che gl'imputano la morte di coloro, i quali sono cessati pel cholera.

Tale è sin oggi lo stato delle cose; ed io rassegnando tutto ciò alla V. E., non lascio di ripetere, che senza il soccorso di una importante forza militare, non è sperabile che possa farsi fronte a cosiffatto generale sovvertimento.

A raffrenare il movimento del giorno 11 bastò la forza della Polizia.

Ma intanto si pensò a rimedî che troncassero il male dalla radice.

Riunito un Consiglio straordinario, nel quale fu presente, oltre al Direttore Generale di Polizia, il Comandante Generale delle Armi, io, facendo uso delle facoltà estraordinarie che per questi straordinarii casi delegavami S. M., creai una Commissione militare, che giudicasse immantenente i rei di questi attentati contro l'ordine pubblico, le proprietà e le vite dei cittadini.

Gli ordinamenti di questa Commissione li trarrà V. E. dalla inclusa copia dello avviso che pubblicai lo stesso giorno.

Lo stesso giorno un altro ne emise fuori la Polizia, del quale è qui allegata una copia in istampa, ed allo effetto medesimo efficacemente esso intendeva.

In questo stato sono le cose.

Stamattina è arrivata una forza, il vapore Ferdinando 2° sbarcandola presso alla Bagheria.

Il Comandante Generale delle armi ha ordinato al Comandante di quella gente che si mettesse in comunicazione con la Colonna mandata già nel vicino villaggio dell'Abate, la quale avea represso il popolare movimento.

Ma con ciò, avuto riguardo alla frequenza dei disordini in vari punti, io non lascio di replicare che tuttavia è mestieri altra forza militare per assicurare durevolmente la pace pubblica.

Prego dunque V. E. a dar conto di tutto ciò a S. M. All'effetto medesimo le trasmetto i duplicati di due deliberazioni prese dal Magistrato Supremo di

Salute il 10 luglio per la contumacia delle isole Eolie, e per quella dei vari punti del Mediterraneo, che con Napoli comunicavano più o meno liberamente.

Fra i votanti di queste deliberazioni manca il Soprintendente Generale Marchese Arezzo, trapassato la notte dal 9 al 10.

E in ultimo prego V. E. che si piaccia impetrare la Sovrana autorizzazione di un provvedimento per la somma urgenza da me consentita.

Per la difficoltà delle comunicazioni con gli altri Comuni, si teme che da un dì all'altro manchi la carne bovina; un D. Antonino Puleo si presentò al Pretore, profferendo di far venire da fuori da 1500 capi di bestiame, se si facesse una eccezione al divieto che c'è; si ha intenzione di favorir la nostra agricoltura.

Nel Consiglio stesso dunque degli 11, considerato l'estremo bisogno, promisi io la immissione di quella quantità di bestiame, e prego V. E. a rappresentare a S. M. questa disposizione per l'approvazione sua.

Il Luogotenente Generale
PRINCIPE DI CAMPOFRANCO.

(Archivio citato).

DOCUMENTO N. XXXIV.

Lettera privata del Principe di Campofranco
al Ministro Segretario di Stato per gli affari di Sicilia in Napoli.

Palermo, 14 luglio 1837.

Eccellenza,

Se nel dolore gradevoli giungono le consolazioni degli amici, sommamente mi ha confortato la cortese lettera di V. E. che tocca la domestica aventura sopportata da me, pur mentre piangea e in quanto per me poteasi, riparava le grandissime calamità di questo paese.

Rendo io dunque infinite grazie all'E. V. per l'amichevole e affettuoso uffizio che maggiore rende gli obblighi miei verso V. E.; più saldo lo attaccamento mio.

Degli affari pubblici le ho scritto coi rapporti d'ufficio; ma non posso rimanermi che non replichi, anche tra questi lutti di Palermo, il giubilo mio al vedere con quanta benignità la M. S. provveduto abbia al soccorso di questo travagliato popolo; con quanta diligenza e prestezza ed amore il Ministro del Re sia concorso ad impetrare queste grazie sovrane.

L'importanza della cosa al presente è il mantenimento della tranquillità pubblica, minacciata il dì 11 di questo mese in Palermo, turbata in fatto e gravemente nei comuni vicini.

La colonna mobile, colla quale si è messa in corrispondenza la forza venuta col Ferdinando 2°, intendo al raffrenamento di questi moti sediziosi; ma voglia Iddio che essa basti!

Pertanto io ho fatto d'ufficio calde istanze per ottenere altra forza, e uso la presente occasione a replicarle.

Vede V. E. che di tanto trambusto, in sì pericoloso frangente, non potrò io senza forza assicurarmi il buon servizio di S. M.

Pieno di estrema gratitudine e di alta stima e considerazione, io ho l'onore di dirmi di V. E.

Il Luogotenente Generale
PRINCIPE DI CAMPOFRANCO.

(Archivio citato).

DOCUMENTO N. XXXV.

Lettera del Luogotenente Generale al Ministro Segretario di Stato per gli affari di Sicilia in Napoli.

Palermo, 14 luglio 1837.

Eccellenza,

Mando a V. E. col vapore un duplicato del rapporto, che per la posta le indirizzava ieri su questo flagello tremendo, che ne travaglia, e col presente aggiungo gli ulteriori avvisi. Non tristi sono rispetto alle stragi dell'altra settimana i ragguagli dello stato del morbo, come V. E. vedrà dal numero dei casi e dei morti.

Ma ai disordini, che le annunziava, di parecchi Comuni vicini, si aggiunse la scorsa notte una sommossa popolare in Misilmeri. Varie persone furono uccise, e questo solo si sa, mancando tuttavia più distinte particolarità, perchè le autorità locali non ne hanno fatto rapporto, o che fossero rimaste vittima della sedizione, o che nascoste e spaventate avesser trascurato di scrivere i dolenti ragguagli. E tutti questi disordini portano il pretesto che già all'E. V. annunziai di un generale avvelenamento.

In questa Capitale par non siano punto progrediti, e le indefesse cure, le sollecitudini, i gagliardi provvedimenti del vigilantissimo ed egregio Direttore Generale di Polizia, dell'ottimo Comandante Generale delle armi son valse a mantenere la pubblica tranquillità. Ricorre domani la festa di S. Rosalia; e sendovi luogo a tenere qualche disordine che avesse la divozione per pretesto, si presero dalle Autorità, con l'assentimento mio, tutte le misure a tenere il freno in bocca ai maleintenzionati, a contenere il popolo, a riassicurare l'ordine pubblico, la pace, la proprietà.

Sono in questo stato le cose, e spero ben io che altri mali non vengano a piombare nella desolata Città.

Non mi rimango per questo di rappresentare il bisogno di forza che all'effetto stesso più sicuramente servisse.

Ho avuto i due Rescritti del dì 11, pervenutimi col vapore il Ferdinando 2°, l'uno pel carico di Polizia, l'altro per quello dell'Interno. E rendo grazie infinite alla Sovrana benignità, sì per le clementi espressioni citate a riguardo di questo Governo pei provvedimenti che si eran dati in questo frangente, e sì pei soccorsi, che con amor paternale la M. S. prestamente ordinava, di forza, soccorsi tutti che tanto nella presente circostanza si desiderano. Un' altra preghiera mi resta ad aggiungere.

Questo Comandante Generale delle armi, avuto riguardo al presente bisogno, ed allo stato delle truppe di qui molestate, anche un po' fortemente, dal morbo, ha domandato sessanta dragoni smontati con certo numero di artiglieri, e che un'altra Compagnia di Gendarmi a pie' si destini ai servigi di polizia. Io ne conosco il bisogno per lo mantenimento dell' ordine pubblico, che è al presente l'oggetto principale delle cure mie, tra cotesti turbamenti dei Comuni vicini a Palermo.

E però raccomando a V. E. che nel rassegnare a S. M. quanto ho scritto, particolarmente la preghi a consentire questi sussidi di forza dal Comandante Generale delle armi richiesti. Ai medesimi e alle truppe, che già S. M. ha mandato col Vapore, e disponevasi a mandare con la fregata, io avviso che si debbano aggiungere degli altri battaglioni per la ripetuta circostanza della molti-plicità dei Comuni, che di giorno in giorno van tumultuando, i quali, se non saranno incontanente repressi, potrebbero insorgere in un generale e pericoloso movimento, assai difficile poi a reprimersi.

Trasmetto a V. E. infine una deliberazione del Magistrato Supremo di Salute presa il dì 12, per la quale si è stabilito che nelle libere comunicazioni stabilite oramai fra Napoli e Palermo fossero tuttavia rifiutati il canape, il lino, gli stracci, ecc.

Il Luogotenente Generale
Principe di Campofranco.

(Archivio citato).

DOCUMENTO N. XXXVI.

Lettera del Luogotenente Generale al Ministro Segretario dt Stato
per gli affari di Sicilia in Napoli.

Palermo, 16 luglio 1837.

Eccellenza,

In Palermo l'ordine pubblico si mantiene tuttavia perfettamente per l'animo e la vigilanza indefessa del Direttore di Polizia e per l'opera del Comandante

34

Generale delle armi, tanto che ieri, festa di S. Rosalia, tutto passò tranquillamente; ed oggi, che non è giorno di lavoro, anche nello stato si continua.

Ma nen così nei comuni vicini.

Nei rapporti del 13 e del 14 mandati, il primo per la posta, e per duplicato,
insieme col secondo, pel legno di capitano Bona, avvisai V. E. dei disordini seguiti e del sangue versato in parecchi Comuni.

Oggi non è migliore lo stato di quelle popolazioni, perocchè, quantunque in
Bagheria e in Villabate sia stanziata parte della truppa, non si è potuto man-
darne a Misilmeri, a Capace, e ad altri Comuni, essendo piccola la forza e dal
cholera travagliata anch'essa.

Ma scorsi i giorni 15 e 16, nei quali, per la ricorrenza della festa, si temea
per la Capitale, spero io che altre colonne mobili possan marciare, se verrà di
costì altra forza, e possano adoperarsi a rassettar quei Comuni.

Acciocchè fosse più gagliardo l'effetto, nel Consiglio di ieri io approvai una
proposta del Direttore Generale di Polizia, per la quale, entrate le truppe in
ognuno dei Comuni scompigliati, deesi far di accordo con le autorità pubbliche
e coi pacifici cittadini il disarmo, e deesi giudicare per Consigli di guerra subitanei gli istigatori primi ai commessi misfatti, e i capi delle sommosse.

I quali Consigli saranno convocati giusta lo Statuto penale militare, a somiglianza di Consigli di guerra di corpo; e immantinente giudicheranno e immantinente eseguiranno la sentenza.

Questo salutare provvedimento io non ho comunicato per anco, acciocchè
non potesse traspirarne parola prima dell'arrivo qui delle truppe che dovranno
eseguirlo.

Mosse quelle appena, come dissi innanzi, si daranno le disposizioni per man-
darlo ad effetto.

Gravissima per altro mi è stata una nuova per telegrafo pervenutami da
Messina. Essa è del tenore seguente:

" Il pubblico clamorosamente ha chiesto lo sfratto del pachetto S. Antonio,
proveniente da Napoli. La casina sanitaria è stata distrutta, con qualche posto
doganale. La Deputazione sanitaria per la ragione di avere il detto pachetto
malati a bordo, lo ha fatto ripartire.

" Non si è del tutto tranquilli.

" Il Generale Comandante la Valle rapporta lo stesso al Comandante Generale le armi, ed aggiunge che la truppa è stata rispettata; ma non è sufficiente
per custodire il forte con ottocento servi di pena e far fronte alla popolazione. ,

Mentre che io scrivo, ho un altro avviso segnalato anche da Messina, ma
ne ignoro il tenore.

> *Il Luogotenente Generale*
> PRINCIPE DI CAMPOFRANCO.

(Archivio citato).

DOCUMENTO N. XXXVII.

*Lettera del Luogotenente Generale al Ministro Segretario di Stato
per gli affari di Sicilia in Napoli.*

Palermo, 17 luglio 1837.

Eccellenza,

Poco mi rimane d'aggiungere al rapporto che spacciai ieri col vapore S. Wenefreede; solamente ho fatto scrivere il numero dei casi e dei morti nei dì 13, 14 e 15, che è il più esatto che si sia potuto avere; quantunque io creda che il numero dei morti sia maggiore per quelli delle campagne che difficilmente si son potuti noverare con precisione. Indi vede V. E. la diminuzione della malattia, che maggiore si direbbe per la sembianza della città riscontrata con quella dei giorni 5 e 6. E veramente più popolate sono le strade; aperto la più parte delle botteghe; cessata quell'ansia, quella fretta della gente che le strade deserte e squallide valicava; menomato d'assai quel continuo trasporto di feretri, quel funesto andare di carri pieni di cadaveri. Così speriamo che la orribile pestilenza ogni dì più che l'altro si rattempri, e questa Capitale lasci al fine che ha desolato abbastanza. Nè quanto allo stato della tranquillità pubblica altri avvisi aggiunger posso al rapporto di ieri. In questa Capitale, mercè le opportune misure prese, nessun altro turbamento è avvenuto.

Quei dei Comuni vicini durano tuttavia, perocchè le truppe mandate in Bagheria e in Villabate, essendo poche, e diradate dal colera, non han potuto muovere più innanzi a quietare i Comuni sollevati ad oriente di questa Capitale; nè altra mano di soldati si è potuta mandare nei Comuni del lato di ponente. La ragione di questa inoperosità, io lo replico, è la mancanza di forza; il rimedio, il solo rimedio è che S. M. faccia qui venire, e tosto, altri soldati.

Infatti i non repressi movimenti ad altri Comuni si van comunicando. Molti tristi uomini di Ficarazzi presentaronsi al sindaco, domandando sussidi, e al niego di lui, che allegava non aver punto denari il Comune, ferocemente rispondeano aver ben lui ricevuto dallo Intendente buona copia di veleno, e denaro abbastanza. Con questo gergo si apparecchiavano forse quegli sciagurati a maggiori eccessi. E fin qui la Valle di Caltanissetta ubbidia senza difficoltà agli ordini del Magistrato Supremo del Governo, ora incomincia a deviare dal sentier giusto. L'Intendente mi ha scritto che alle funestissime nuove della Capitale, vari Comuni agitavansi, ond'egli era obbligato a scanzo di mali maggiori ad accrescer la contumacia per le provenienze di Palermo.

Nè ciò quietava le alterate genti; voleano usar precauzioni contro il Capovalle, perchè comunicante con Palermo. Le Autorità pubbliche allora si restrinser tra loro: fermarono di adoperare a vicenda il rigore e la prudenza; avean fatto qualche cattura; avean in qualche Comune provveduto a togliere gl'impedimenti alla riscossione delle pubbliche imposte, che già, massime quella sul macino, non si potea in qualche Comune agevolmente esigere.

Conchiusero le dette autorità con una domanda di 200 uomini almeno, perchè non ci essendo nella Valle che pochi gendarmi, nessun freno rimaneva. E a ciò io ho dovuto rispondere all'Intendente essersi chiesta forza a S. M.: venuta quella, si provvederebbe; intanto usassero prudenza per non turbare la tranquillità pubblica.

Le trascrissi ieri l'avviso telegrafico intorno ai disordini di Messina, avvenuti il 12. Un altro del 13 mi annunziò essersi alquanto restituita la calma, poichè l'Intendente, stretto dal bisogno, avea fatto girar per la città pattuglie di civili e possidenti, sendo pochi i soldati, e bastanti appena a munire il forte. Ora per la posta si è ritratto che prima del disordine del 12 una festa religiosa, o direi piuttosto una popolare e fervida preghiera a Nostra Donna della Lettera si era fatta il dì 8. Tutti gli artigiani, tutto il popolo minuto, raccolta una certa somma di denaro, dette quella festa, che l'Intendente e il Commissario di Polizia, non potendo vietare, concessero. Ci furon luminarie e fuochi di artificio; e con queste dimostrazioni fervide, preci popolari e atti di vera divozione passò tranquillamente la cosa, ma il pericolo che i malvagi potesserla volgere a danno, il pensiero che già il popolo osasse pensare, cooperar di concerto, spiaceano alla pubblica autorità.

Le quali cose sendomi rappresentate dal Direttore Generale di Polizia, e accorgendomi che lo spirito o di movimento o di sedizione si estenda, già da tutti i lati, per certo io conchiudo che non piccoli stuoli di soldati, ma grossa forza ci vuole in Sicilia ormai.

Questi turbamenti delle terre vicine a Palermo non si son potuti reprimere per anco; che si farà delle città principali della Sicilia? Pertanto V. E. si piacerà ragguagliare minutamente S. M. di questi umori, e dei timori miei, e pregarla di una sollecita spedizione di truppa di ogni arma, bastante a riparar l'impetuosa piena.

Il Luogotenente Generale
PRINCIPE DI CAMPOFRANCO

(Archivio citato).

DOCUMENTO N. XXXVIII.

Lettera del Luogotenente Generale al Ministro Segretario di Stato
per gli affari di Sicilia in Napoli.

Palermo, 20 luglio 1837.

Eccellenza,

Principiando il rapporto periodico della nostra presente calamità, piacemi di potere annunziare come tuttavolta il cholera continui men fiero, il che potrà V. E. ritrarre dalle solite cifre inviatele.

E la sembianza della città sempre più rischiarisce; la gente ripiglia gli ordinarii esercizi, torna alle faccende, cessando da quei luttuosi affaticamenti delle scorse settimane; succedono le usate cure a quelle funeste di morbi spessissimi e di morti.

Ma il cholera sempre più si distende ed inacerbisce negli altri Comuni della Valle di Palermo. Non che Morreale, Bagheria, Partinico e gli altri Comuni già noverati nei rapporti precedenti, ma Termini, ma Corleone sono già aspramente travagliati dal morbo.

Trapani sin dal 10 ne ha avuto parecchi casi con morte.

Alcamo ancora. E del Val di Girgenti scrissi a V. E. già di essere stato assalito il Comune di Sambuca, ma non ne ho avuto altri avvisi.

Quanto alla tranquillità pubblica, essa continua a mantenersi in questa Capitale.

Non so che sia stata turbata nelle altre Valli, se non se ne eccettui Messina. Ma nel Val di Palermo è perduta del tutto.

La più parte dei Comuni è in manifesta sollevazione, e si è bruttata di misfatti.

E veramente al primo sviluppo di alcun caso di cholera, e spesso senza aspettar quello, i malvagi gridano avvelenamento, spargon il sangue degl'infelici, su i quali cadono gli stolti sospetti loro, e l'odio che si maschera di quelli e tutto empion di turbolenze e di danni.

A questi non posson le Autorità riparare che son prive di forza pubblica; non può nella presente condizione delle cose ripararvi il Governo; perocchè le truppe di qui, io il replico pur sempre, son poche.

Il cholera le ha sminuito ancora; ha rapito moltissimi uffiziali, talchè nè la città può lasciarsi così senza questa pure piccola forza, nè può mandarsene alcuna parte a contenere i Comuni.

In fatto da Corleone il Capitan d'Arme scrisse testè al Direttore Generale di Polizia, mostrando le pessime disposizioni dei malvagi e domandando prestamente aiuto, senza il quale più non si fidava di resistere alla piena.

Ma aiuto non si potè mandare, e fu mestieri invece scriver parole che ci riparasse, provvedesse alla meglio.

Nel rapporto del 16 io trascrissi l'avviso telegrafico di Messina, annunziatore dei disordini del 12.

Narrai nel rapporto del 17 i particolari di una popolare dimostrazione di preghiere, che era già avvenuta in quella città, e avea incominciato a mostrare quello spirito che proruppe di poi il dì 12.

Or prendo a raccontare i fatti di quel giorno, come li ritraggo dall'Intendente e dalle pubbliche Autorità.

Approdato appena il R. Pachetto S. Antonio, che portava il vestiario dei soldati, e venendo da Napoli doveva essere ammesso alla contumacia medesima prescritta già per Palermo; si sollevava tutta la plebe, si adunò ad alte grida, domandando lo sfratto del S. Antonio.

Proruppe nell'Ufficio di Sanità e dettevi il guasto, distrusse alcuni posti di guardie doganali; disarmò i doganieri; e con le poche armi di quelli continuò a scorrere per la città.

A far posare il pericoloso movimento, si prese senza perder tempo lo espediente di far partire il S. Antonio, a ciò adoperandosi i Deputati di Sanità che si trovavano presenti e il comandante quel Dipartimento della R. Marina, e l'Intendente. Il quale intanto ristretto col Procuratore Generale e col Comandante la Valle, e vedendo non esservi forza militare che girar potesse per la città, e così sgombrare la tumultuante moltitudine, stretti dal bisogno, deliberavan essi lo stesso giorno 12 luglio di ordinare una guardia di civili e possidenti, che battendo vari punti della città, si adoperasse a rimettervi la calma.

Promulgossi all'istante un acconcio manifesto: la guardia dei cittadini fu posta in opera; e raffrenando i malvagi che volevano forse cogliere l'occasione a misfare, ricomposero a pace e calma l'alterata città. Varie altre disposizioni particolari, che per brevità tralascio, davano l'indomani le Autorità pubbliche; come lo sgombramento da parte dei detenuti, dai quali si temeva qualche tentativo e simili cose. In questo stato era la città di Messina infino agli ultimi avvisi ritratti da me: era essa affidata al tutto alle pattuglio dei civili e possidenti, bastando appena la truppa a custodire le fortezze. Altri disordini da altri punti dell'Isola io non intendo infino a questo momento; ma non è per questo che ubbidienza regni agli ordini del Governo e tranquillità e quiete.

La Commissione Provinciale di Salute Pubblica in Catania, in seguito alle deliberazioni del Magistrato Supremo di Salute e del Governo, approvate da S. M., ha deliberato lo sfratto alle provenienze da questa Città e si è avvisata domandare direttamente gli ordini sovrani, e senza aspettar quelli provvedere a suo modo; al quale effetto il Decurionato anch'esso ha fatto, e non per mezzo mio, indirizzi a S. M. e deliberazioni.

Tutto ciò io ritraggo e taccio, come già all'E V. scrissi, mancandomi mezzi efficaci da fare ubbidire tra tanta confusione e trambusto gli ordini del Governo.

Ecco dunque in quali condizioni è la Sicilia al presente.

Desolata dal colera, la Capitale sente appena menomare i danni immediati del morbo, appena in essa una cura vigilantissima ha potuto mantenere quanto turbava l'ordine pubblico. Ma per poco che si esca da questa sì travagliata Città, s'incontrano comuni dal colera percossi, o laceri da insane sommosse, e pieni di turbazioni e delitti. Le provincie in fatto di sanità non ubbidiscono: Messina è trascorsa dal volere al fare, e al fare popolarmente, e a modo di sollevazione.

Come dunque ripararsi uno scompiglio sì esteso, sì profondo, senza una grossa forza che atterrisca, che reprima prepotentemente i malvagi?

Io lo replico pure, mi duole acerbamente che a tante premure mie non sia venuto questo desiderato sussidio di truppa; acerbamente men duole, perchè si dà luogo tuttavia a mille misfatti, e perchè il disordine non riparato, per natura sua si accresce; e i mezzi di frenarlo dovranno essere sempre maggiori, quanto maggior tempo scorrerà.

Pensi V. E. inoltre la riscossione delle pubbliche entrate impossibile in questi Comuni sciolti così da ogni freno e sollevati.

E se il denaro pubblico mancherà, che sarà dello Stato?

Grave, gravissimo è il caso: il rimedio unico è la spedizione di una grossa forza sollecitamente.

A discaricare la mia coscienza, a togliermi d'ogni responsabilità, l'ho scritto io qui nuovamente.

E prego V. E. che così il rappresenti a S. M., insieme con tutti i ragguagli contenuti in questo rapporto.

Il Luogotenente Generale
PRINCIPE DI CAMPOFRANCO.

(Archivio citato).

DOCUMENTO N. XXXIX.

*Lettera del Luogotenente Generale al Ministro Segretario di Stato
per gli affari di Sicilia in Napoli.*

Palermo, 22 luglio 1837.

Eccellenza,

Non lascio fuggire l'occasione di scrivere a V. E. per un paranzello che scioglie oggi per costì.

Per prima cosa fo intendere all'E. V. che ieri giunsero qui e ancorarono a poca distanza da Bagheria i trasporti e i legni da guerra con le truppe da S. M. mandate. Al momento ristrettomi col Comandante Generale delle Armi e col Direttore Generale di Polizia, stabilironsi i movimenti che far dovesse questa forza a ridurre alla obbedienza e alla calma i vari Comuni dei dintorni della Capitale, stati insino a qui sollevati o sciolti ai misfatti.

E mi prometto bene io che queste e il rimedio dei Consigli di Guerra subitanei accennati nel rapporto del 16 N. 4827, il quale è tempo ormai d'usare, valgon tosto ad ottenere quell'intento; quantunque di giorno in giorno siasi esteso il sinistro umore, onde ho inteso io le nuove d'altri Comuni sollevati, o a mala pena contenuti dall'influenza delle Autorità e dell'onesta gente.

Solo mi darebbero a pensare le altre Provincie; perchè oltre i casi di Messina, già conosciuti da V. E., mi perviene in punto un rapporto dell'Intendente di Caltanissetta, che non annunzia disordini accaduti, ma ne fa apprendere il timore. Egli dice che le contumacie stabilite per le provenienze di Palermo, quantunque da lui per prudenza prolungate, mal soddisfano quegli abitanti, desiderosi di esterne cautele contro il male che per fermo tengono contagioso.

Conchiude così col domandare una forza delle guarnigioni di Messina, Siragusa ed Agosta; avvisando che se si mandasse da Palermo infetta dal cholera, sarebbe il danno maggiore del bene sulla pubblica opinione.

Ma in questa Capitale la calma non è stata più turbata dopo quei fatti narrati nel rapporto del 13, e il miglioramento dell'orribile malattia si rende ogni dì più manifesto, ogni dì men triste si rende la sembianza della città, come nel rapporto del 20 per la posta io scriveva a V. E.

Solo mi spiace che nella Valle di Palermo il cholera divampi già dove più, dove meno aspramente; che nella Valle di Trapani e segnatamente nel Capo Valle siasi appiccata; che in Sambuca, Val di Girgenti, faccia già molta strage.

Gli Intendenti hanno provveduto: ed io li esorto senza posa a badare ad ordinare le cose.

Queste sono le condizioni presenti del paese, che V. E. sarà contenta rassegnare a S. M.

Ma io la prego insieme a rendere per me grazie infinite a S. M. dell'opportuno soccorso di forza spedita a raffrenare nei Comuni il crescente spirito di malignità, di disubbidienza e di delitti.

Così tante vittime si sottraggono al furor della plebe; così l'amministrazione della Giustizia; così la riscossione delle entrate pubbliche, la sicurezza delle proprietà che in forse erano tutte, si ristoreranno, così potrà questo R. Governo servire il Re e l'onorevole suo mandato compiere in quel modo, che negli scorsi giorni non concedea la pochissima forza e la veemenza del chole a, che gli Uffici pubblici scompigliato avea come irresistibile tempesta.

In ultimo io fo presente a V. E. che per questi legni apportatori della truppa nessun dispaccio suo mi è pervenuto.

E la prego a dirmi se abbia ricapitato il rapporto e la lettera spacciatele il 14 pel legno di P. Filippo Bona, poichè il vapore partì in quel modo che a V. E. scrissi allora, e replicai coi rapporti del 16 e del 17.

Il *Luogotenente Generale*
PRINCIPE DI CAMPOFRANCO.

(Archivio citato).

DOCUMENTO N. XL.

Lettera del Luogotenente Generale al Ministro Segretario di Stato per gli affari di Sicilia in Napoli.

Palermo, 24 luglio 1837.

Eccellenza,

Pochi altri ragguagli mi restano a dare dopo quelli che io scrissi ieri e ier l'altro a V. E., con due rapporti mandati per via di mare.

Noto la cifra dei casi e dei morti nel giorno 22, intorno al numero dei quali è da replicarsi l'osservazione scritta nel rapporto di ieri, cioè che alcuni morti avvenuti nei giorni antecedenti, e rivelati poi, ingrandiscono la cifra nella presente declinazione del male. Esso all'incontro reca inoltre strage in Alcamo e nei Comuni vicini a Palermo, che sono stati già travagliati dai disordini, ed ora si vanno ricomponendo in calma. E quanto al resto della Sicilia ritraggo in questo momento da un avviso telegrafico dell'Intendente di Messina che il dì 17 si era sviluppata in Siracusa una malattia caratterizzata pel cholera sporadico; la quale io temo che sia il fatal morbo che qui ci ha desolato.

Ritraggo inoltre per la stessa via del telegrafo che i legni della Crociera di Sanità nel Val di Siracusa sono stati discacciati da una sommossa popolare e si erano ridotti in Riposto, ma ignoro i particolari di questo spiacevole avvenimento.

Si compiaccia V. E. dunque rassegnare a S. M. queste nuove che alle già date aggiungo. Non lascerò di farle pervenire le successive per tutti i mezzi più espliciti che mi si presentassero. Non lascerò per i Comuni assaliti dal morbo di sopravegliare ai provvedimenti degli Intendenti, e di dar subito quelli che dalla parte mia occorresse come infino a qui ho fatto, senza discorrerli largamente nei rapporti miei, che l'importanza delle cose debbono mostrare a S. M. non le minute particolarità, e le particolari disposizioni.

Il Luogotenente Generale
PRINCIPE DI CAMPOFRANCO.

(Archivio citato).

DOCUMENTO N. XLI.

Lettera del Ministro Segretario di Stato per gli affari di Sicilia in Napoli al Luogotenente Generale in Palermo.

Napoli, 26 luglio 1837.

Eccellenza,

A reprimere senz'altro riguardo gli eccessi a cui proseguono in diversi Comuni di cotesti Reali Dominj afrontatamente alcuni malintenzionati e perfidi

35

soggetti, S. M. mi ha quest'oggi ordinato di scrivere nel suo real nome a V. E.; ed anche al Direttore Generale di Polizia che si formino le Commissioni Militari, si diano esempi *severi e solleciti*, e si esegua un perfetto disarmo paese per paese.

Nel Real nome partecipo a V. E. questi sovrani voleri, come anche vengo di fare al Direttore Generale di Polizia, per lo esatto adempimento che ne risulta di sua parte, nell'intelligenza che S. M. non ignora le analoghe disposizioni date da V. E. sull'oggetto che cogli attuali ordini ha voluto confermare e sottostare.

Il Ministro Segretario di Stato
per gli affari di Sicilia
ANTONINO FRANCO.

(Archivio citato).

DOCUMENTO N. XLII.

Lettera del Luogotenente Generale al Ministro Segretario di Stato
per gli affari di Sicilia in Napoli.

Palermo, 27 luglio 1837.

Eccellenza,

Continua con rapida progressione a menomare qui il morbo, come potrà V. E. scorgere dalle cifre segnate nei giorni 24 e 25 del presente, dalle quali pel numero dei morti si deve togliere qualche caso, rilevandosi oggi allo stato civile alcuni che trapassavano negli andati giorni di tanto scompiglio e timore.

Ma del resto della Sicilia intendo che Trapani sia già gravemente travagliata dal morbo e molti morti vi accadono, e così in Alcamo; e qualche caso in Calatafimi.

Da Siracusa non mi è giunto neanco il corriere per parecchie corse di posta, a cagione certamente degli inciampi e dei ritardi che con tutti gli ordini del Governo si hanno tuttavia nella più parte della Sicilia ai transiti degli uomini e delle cose.

Ma quello avviso telegrafico che ebbi dall'Intendente di Messina, intorno allo sviluppo di una malattia in Siracusa, è confermato da un rapporto dell'Intendente stesso dato il 17 luglio.

Per un legno della Crociera di Sanità sapeasi in Messina essere morti con qualche sospetto di cholera 14 persone in Siracusa al 10 luglio e 11 il giorno 11.

Tuttavia la Commissione provinciale di Sanità in Siracusa avea dichiarato questa malattia cholera sporadico, e avea pubblicato in questo senso un avviso in istampa, del quale l'Intendente di Messina mi ha fatto pervenire una copia. Allo spiacevole annunzio l'Intendente stesso sospese dai porti della sua Valle la pratica allo provenienze di Siracusa e domandò all'Intendente di Catania come più vicino migliori schiarimenti che io non ritraggo peranco.

Del resto nessun sinistro mi è stato rapportato sulla salute pubblica della nominata Valle di Messina, di Catania e di quella di Caltanissetta. Da quella di Girgenti solamente io so la infezione di Sambuca.

Quella di Palermo come ho scritto a V. E. è travagliata la più parte dell'orribile morbo, e in qualche luogo esso mena molta strage.

Tale è lo stato delle cose, e con circolare d'oggi io ho raccomandato con molta efficacia agl'Intendenti che pei comuni salvi tuttora pongano ogni cura a ricercare, se fossero in punto, tutti i preparamenti e tutte le misure ordinate, perchè nel caso dell'invasione del morbo men fatali ne fossero le conseguenze. La tranquillità pubblica è perfetta in Palermo, e ristorata nei Comuni dove sono andate le truppe del Re a questo effetto, ma non già in molti altri.

E tanto io prego V. E. che sia sollecita di rassegnare a S. M. per la sua superiore intelligenza. Ho l'onore di mandare a V. E. l'acchiusa risposta dell'Intendente di Girgenti alle comunicazioni del rescritto dei 4 luglio, fattagli da lei.

Il Luogotenente Generale
PRINCIPE DI CAMPOFRANCO.

(Archivio citato).

· DOCUMENTO N. XLIII.

Lettera del Ministro Segretario di Stato per gli affari di Sicilia in Napoli al Luogotenente Generale in Palermo.

Napoli, 29 luglio 1837.

Eccellenza,

In continuazione del rapporto del 22 cadente, un altro ne ho di V. E. ricevuto quest'oggi per la via di mare col *Zefiro*, segnato il 23, in cui Ella descrive lo stato di positiva decrescenza della malattia nella Capitale: lo sviluppo però e i progressi della stessa in parecchi Comuni non solo della Valle di Palermo, ma in alcuni altri delle Valli di Trapani e di Girgenti, la punizione già data per mezzo della truppa ai più rei dei misfatti accaduti in Misilmeri, e gli avvisi che ha Ella fatto correre ai sotto Intendenti, informandoli dell'accresciuta forza militare, ed esortandoli a pigliar vigore, non disgiunto dalla prudenza.

Conchiude che coi mezzi già da S. M. forniti con tanta prestezza, V. E. riguarda già come riparato qualunque disordine, e promettesi ogni buona riuscita dell'opera sua, diretta al richiamo ed al mantenimento dell'ordine e dell'ubbidienza.

Ringraziandola dei ragguagli che si è servita di dare, ho l'onore di dirle che ho tanta fiducia nel notissimo zelo di V. E. pel buon servizio di S. M. e nel coraggio che l'arrivo della Truppa farà accrescere alle Autorità, che omai non dubito di dovere al più presto dividere con l'E. V. il contento di vedere il tutto ritornato all'ordine e raffermata l'obbedienza.

Il Ministro Segretario di Stato
per gli affari di Sicilia
ANTONINO FRANCO.

(Archivio citato).

DOCUMENTO N. XLIV.

Lettera del Ministro Segretario di Stato per gli affari di Sicilia in Napoli al Luogotenente Generale in Palermo.

Napoli, 2 agosto 1837.

Eccellenza,

Al breve cenno che V. E. vien di fare col suo rapporto de' 24 dell'or caduto luglio, Ripartimento dello Interno, 2° carico, n. 4950, relativamente allo stato della malattia predominante e ai provvedimenti dati e che non cesserà di dare cot.° R. Governo per la stessa, aggiungevasi di particolare la dispiacevole notizia della sommossa popolare in Siracusa.

Trovavasi anche di questo fatto già informato S. M.; e prese ha quelle energiche misure che V. E. ormai conosce per la comunicazione fattale del regal decreto portante la nomina dell'alto Commissario con l'*alterego*.

É questa dunque la risposta che io potrei rendere al rapporto di V. E. sopra indicato.

Il Ministro Segretario di Stato
per gli affari di Sicilia
ANTONINO FRANCO.

(Archivio citato).

DOCUMENTO N. XLV.

Lettera del Ministro Segretario di Stato per gli affari di Sicilia in Napoli al Luogotenente Generale in Palermo.

Napoli, 9 agosto 1837.

Eccellenza,

La graditissima confidenziale di V. E. del 3 del corrente, speditami con un leuto, sembra precisamente diretta a due osservazioni: 1° che col legno a vapore S. Wenefreed non le abbia io dato officiale partecipazione della partenza di S. E. il Generale Del Carretto Ministro Segretario di Stato della Polizia colla divisione delle reali truppe destinate a Siracusa; 2° che dei diversi rapporti da lei spediti per la via di mare nelle attuali circostanze, non le sia stata da me accusata la ricezione.

Rispondo alla prima osservazione che quando partì il S. Wenefreed nei 29 luglio, non ancora era stato emesso il regal decreto dei 31 luglio portante la trasmissione al mentovato signor Ministro degli alti poteri dell' *Alterego* per le tre Valli di Messina, Catania e Siracusa. Vero è che S. M. col S. Wenefreed avvisò la spedizione a cotesto Comandante Generale delle armi; ma veda bene l'E. V. che non può, nè deve il Ministro comunicare i pensieri del Re, se non quando si realizzino in modo da poter essere partecipati come sovrane determinazioni già emesse.

Rispetto alla seconda osservazione, assicurar posso V. E. che non havvi particolarità alcuna da lei rapportata per qualunque via di mare e di terra, ed anche per telegrafo, dal dì della disgraziata comparsa del cholera fin'oggi, alla quale non abbia io riscontrato per le medesime vie con ministeriali, lettere confidenziali, rescritti ed avvisi telegrafici, niente importando, a me pare, se non avessi talora indicato il modo in cui mi fosse pervenuto il rapporto o la lettera a cui io rispondevo. Del resto, a maggiore soddisfazione di V. E. e mia, ho dati gli ordini perchè si formasse un elenco cronologico dei rapporti ed offici da V. E. spediti col cenno in ciascuno del riscontro da me dato; e avrò la cura di farglielo avere al più presto.

Profitto di questa occasione per rinnovarle le proteste della più alta stima e pari considerazione con cui ho l'onore di essere di V. E.

Il Ministro Segretario di Stato
per gli affari di Sicilia
ANTONINO FRANCO.

(Archivio citato).

DOCUMENTO N. XLVI.

Lettera del Luogotenente Generale al Ministro Segretario di Stato
per gli affari di Sicilia in Napoli.

Palermo, 10 agosto 1837.

Eccellenza,

Sciogliendo di qui un leuto per Napoli, mi è parso di mandare piuttosto per questo mezzo i rapporti miei intorno agli sconvolgimenti che avveniano in varie città di quest'Isola; perchè le precauzioni sanitarie adoperate nel Val di Messina non risparmian la posta, nè a me piacea che quei rapporti potessero leggersi da altri che da V. E., o le carte accluseci potessero disperdersi.

Dopo gli avvisi dati a V. E. pel vapore che partì il 1° del presente, poco mi resta a scrivere a V. E. sì dello stato della salute pubblica, e sì di quello della tranquillità. Perfetto esso è in Palermo: i Comuni della Valle si quietano già la più parte. E lo stato del cholera neanche è funesto in questa Capitale, essendo stati l'altro ieri 84 i casi e 12 i morti, nè pervenendomi più per gli altri Comuni della Valle quelle nuove spaventevoli che della esistenza del morbo mi si recavano nelle settimane scorse.

Pel vapore S. Wenefreed non mi giunse di costì alcuno avviso officiale intorno alla partenza di S. E. il Generale Del Carretto, Ministro Segretario di Stato della Polizia colla divisione delle Regie Truppe destinato a Siracusa.

Nondimeno, sapendo ciò da questo Comandante Generale delle armi, parvemi di giusto ufficio scrivere al lodato Ministro ragguagliandolo dello stato delle cose in questa parte dei Reali Dominj, e richiedendolo d'un avviso dei provvedimenti che ei fosse per dare. Il che io feci a scanzo di raddoppiare ordini a tuttociò che potessi fare in cooperazione della E. S. per lo servizio del Re. Questa lettera spacciai per un legno della Crociera che andasse a cercare la divisione detta e curasse il ricapito del plico.

Nè altro mi resta a scrivere a V. E. se non i sensi dell'alta stima e considerazione coi quali ho l'onore di dirmi di V. E.

P. S. — Per vari leuti e legni mercantili ho mandato a V. E. dei rapporti, sì per maggior speditezza, e sì per la ragione detta di sopra. Non avendo ricevuto gli avvisi del ricapito, prego V. E. a significarmi per mia serenità quali rapporti miei le sian pervenuti per via dei legni suddetti.

Il Luogotenente Generale
PRINCIPE DI CAMPOFRANCO.

(Archivio citato).

DOCUMENTO N. XLVII.

Lettera del Luogotenente Generale al Ministro Segretario di Stato per gli affari di Sicilia in Napoli.

Palermo, 14 agosto 1837.

Eccellenza,

Per la posta passata non indirizzai a V. E. il solito rapporto di sanità, perchè era partito lo stesso dì il *Veloce* col rapporto mio del 9, nè altro mi restava ad aggiungere.

Io posso dire più sicuramente esser pressochè al tutto spento il morbo in questa Città, essendosi già alcun giorno senza casi, alcuno senza morti, gli altri con uno o due.

Dal Val di Palermo si ritrae tuttavia diminuzione del morbo nella più parte, ma qualche altro Comune è stato recentemente attaccato.

Dal Val di Trapani non c'è novità, e secondo gli ultimi rapporti di quell'Intendente, il numero dei trapassati di colera nel Capovalle, dal 10 luglio, in cui principiò il morbo, fino al 6 agosto, sommava a 1264. La mortalità maggiore fu di 91 il dì 28 luglio, e il 6 agosto si era già a 48. Così in Alcamo dal 10 al 30 luglio ci erano dati 449 morti, dei quali il maggior numero fu di 33 il dì 25 e al 30 luglio si era venuto a sole 17. Di Favignana e Calatafimi non si sono avuti gli stati.

In Val di Girgenti poi Sambuca è libera quasi dal morbo, che uccise 528 persone dal 27 giugno al 29 luglio, montando la mortalità maggiore a 72 il dì 12 luglio. Sono infetti inoltre dal morbo S. Giovanni di Cammarata, Sciacca, forse anco S. Margherita e Montevago; ma l'Intendente dubita della natura del morbo in alcuno dei Comuni detti, e così non si sono avuti per anco gli stati esatti. In Val di Caltanissetta non intendo che altri Comuni siano stati assaliti dal morbo, nè che i pochi riferiti a V. E. soffran molta strage.

Son questi gli avvisi che dar posso dello stato della salute pubblica di Sicilia, e prego V. E. di portarli alla Sovrana intelligenza.

Il Luogotenente Generale
PRINCIPE DI CAMPOFRANCO.

(Archivio citato).

DOCUMENTO N. XLVIII.

Lettera del Luogotenente Generale al Ministro Segretario di Stato
per gli affari di Sicilia in Napoli.

Palermo, 17 agosto 1837.

Eccellenza,

In seguito al rapporto del 14, significo a V. E. come tuttavia il colera si vada di qui dileguando.

E per passare a rassegna il resto dell'Isola, dico come in Val di Palermo ci sian tuttavia molti Comuni infetti, quantunque declini sempre il morbo in quelli che appresso della Capitale furon primi a sopportare la fatale pestilenza. Del Val di Trapani ritraggo dagli ultimi rapporti una successiva diminuzione del morbo nel Capoluogo e in Alcamo; ma di Calatafimi nulla io so recentemente, nè di Favignana, e solo intendo che il piccol Comune di Citta sia stato colto anche dal morbo.

Nel Comune di Caltanissetta credo si dileguino i sospetti nati alcuni giorni sono per qualche caso, ma S. Cataldo, Vallelunga, Dolia sono ammorbati senza però molta strage, con una grande sproporzione anzi dei guariti sopra i morti.

E somiglianti avvisi del Val di Girgenti mi pervengono, dove, ad eccezione di Sambuca, percossa assai pienamente, ed or libera quasi, pochi altri Comuni han pagato il fatal tributo; ma senza molta strage, con qualche dubbio anzi sulla natura del morbo che l' Intendente e la Commissione Provinciale negano di chiarir colera. Le Valli di Messina e di Catania son franche dal morbo, a quanto io so in fino ad oggi.

Di Siracusa non saprei dare alcuna novella, non essendomi pervenuti rapporti da molto tempo.

Son questi i soliti avvisi di Sanità che io prego V. E. di rassegnare a Sua Maestà.

Il Luogotenente Generale
PRINCIPE DI CAMPOFRANCO.

(Archivio citato).

DOCUMENTO N. XLIX.

Lettera del Luogotenente Generale al Ministro Segretario di Stato
per gli affari di Sicilia in Napoli.

Palermo, 21 agosto 1837.

Eccellenza,

Dal 16 al 19 del presente i casi e i morti di colera in questa Capitale furon pochi, onde si vede che il morbo è ridotto a tale da non turbare più gli animi degli abitanti; ma non è peranco del tutto spento. Di qui passando a discorrere del Val di Palermo, debbo dare a V. E. gli avvisi stessi del mio rapporto del 17, cioè che molti Comuni ancora si trovino travagliati dal colera, e aggiungo che i casi notati per la Capitale sono la più parte di persone vegnenti da Comuni della Valle.

Il Comune di S. Ninfa è stato attaccato in Val di Trapani, oltre a quelli già riferiti a V. E.; ma in Alcamo ed in Trapani continua la progressiva diminuzione della pestilenza. La quale nel Val di Caltanissetta si è appresa anche al Comune di Delia; non continuando per altro con molta ferocia in S. Cataldo, in Vallelunga e in qualche altro Comune.

Aragona, Alessandria ne sono stati recentemente assaliti in Val di Girgenti; si è chiarito colera l'infermità che molestava Canicattì; ma quel che più monta, nel Molo di Girgenti, discosto quattro miglia dal Capoluogo, si è l'orribile moria per molti casi, e per non dubbi segni manifestata.

Le Valli poi di Messina e di Catania, per quanto io so, sino a questo momento son libere sempre; del Val di Siracusa non ho avuto avvisi riguardanti pubblica salute.

Questi ragguagli pertanto li potrà V. E. rassegnare a S. M.

Il Luogotenente Generale
PRINCIPE DI CAMPOFRANCO.

(Archivio citato).

DOCUMENTO N. L.

Lettera del Luogotenente Generale al Ministro Segretario di Stato per gli affari di Sicilia in Napoli.

Palermo, 24 agosto 1837.

Eccellenza,

Lo stato della sa'ute pubblica in Palermo è tuttavia racconsolante, non essendo seguiti in questi ultimi tre giorni che un caso di colera con morte il dì 20: un'altra morte il 21, per la quale tra due medici si contese se la cagione fosse stata veramente il morbo asiatico; un'altra infine il 22, di una donna, che il 20 era venuta dal Comune di Piana, fortemente travagliata dal morbo.

Esso continua a infestare, come ho trascritto replicatamente a V. E., la più parte del Val di Palermo. Tralascio io qui di noverare tutti i Comuni infetti, perchè ne aspetto dall'Intendente un quadro fatto colle cifre dei casi e dei morti, e mi propongo di rassegnarlo per mezzo della E. V. a S. M.

Spero finalmente presentare quanto prima gli stati delle altre tre Valli travagliate dal morbo; e intanto, continuando i rapporti miei precedenti, ne do qui appresso un breve ragguaglio.

In Trapani declina il morbo sempre: tanto che il 20 del presente sol quattro persone eran morte di colera. Così era in Alcamo ed in Calatafimi, Santa Ninfa e Paceco non avevan sofferto fino agli ultimi avvisi di quell'Intendente che pochi accidenti di questa pestilenza. In Citta speravasi ancora vederla sulla declinazione, perocchè i morti, saliti il dì 11 agosto sino al numero di 15, erano ridotti a 3 il dì 20.

Del Val di Girgenti non dissimili ragguagli mi manda l'Intendente, diminuzione cioè in Sambuca, dove dal 7 al 13 non si eran contati che 2 casi: diminuzione già nel Comune di Sciacca. Ma nel Molo di Girgenti si vivea in molta ansietà per lo sviluppo del morbo, quantunque non avesse fatto strage per nco; e si era esso manifestato in Montevago.

Quanto al Val di Caltanissetta, nulla più mi scrive l'Intendente dei sospetti che nel Capoluogo si eran desti per qualche caso di malattia. Di S. Cataldo mi avvisa non avvenire che intorno a 4 casi al dì; e 102 in Vallelunga; essere più o meno infestate Sommatino, Villalba, Acquaviva, Serradifalco, delle quali nei precedenti miei rapporti non ho fatto parola: concepissi già qualche sospetto in Mussomeli.

E questi sono i ragguagli avuti infino ad oggi: non ritraendo alcun sinistro dalle Valli di Messina e di Catania, nè sapendo se in Siracusa il colera sia progredito o fermatosi.

Io prego V. E. di portare tutto ciò all'alta intelligenza della M. S.

Il Luogotenente Generale
PRINCIPE DI CAMPOFRANCO.

(Archivio citato).

36

DOCUMENTO N. LI.

*Lettera del Luogotenente Generale al Ministro Segretario di Stato
per gli affari di Sicilia in Napoli.*

Palermo, 26 agosto 1837.

Eccellenza,

Trasmetto a V. E. col R. Brigantino il *Calabrese* un duplicato del mio rapporto sanitario del dì 24, al quale aggiungo lo spiacevole avviso dello sviluppo del cholera in Catania.

Io nol so pei rapporti officiali di quelle autorità, che poco o nulla scrivonmi al presente; ma per due rapporti dell'Intendente di Messina, che annunciavano una circolare data in Catania il 19, con la quale la Commissione Provinciale di salute dichiarava che una malattia ivi apparsa fin da sei giorni dava forti sospetti del colera epidemico. E il Comandante del *Francesco I*, venuto ieri da Catania confermò quella spiacevole nuova, e mi disse che già morivano in Catania 15 persone per ogni giorno, come V. E. a quest'ora ha potuto sapere dal Comandante stesso.

Questi ragguagli sarà compiacente l'E. V. di rappresentare a S. M.

Il Luogotenente Generale
Principe di Campofranco.

(Archivio citato).

DOCUMENTO N. LII.

*Lettera del Luogotenente Generale al Ministro Segretario di Stato
per gli affari di Sicilia in Napoli.*

Palermo, 31 agosto 1837.

Eccellenza,

Di seguito al rapporto che spacciai col R. Brigantino il *Calabrese* a dì 26 di questo mese, rendo avvertito V. E. dei casi e dei morti di colera in questa Capitale sino all'altro ieri, nel quale, e nel giorno antecedente, nè casi, nè morti di questa malattia la funestava. Essa continua a travagliar i Comuni della Valle di Palermo, Trapani, Girgenti e Caltanissetta, annunziati già nei miei rapporti, e spero io pel R. Pacchetto il *Leone* mandare la più parte degli stati della mortalità in quei Comuni.

Qui aggiungo essersi già manifestato il colera nella città di Caltanissetta con cinque casi sospetti. L'avviso dello sviluppo del colera in Catania è confermato da rapporti di officio; ma non ho avuto lo stesso tristo annunzio d'altri Comuni di quella Valle. Non ne ho avuto di quella di Messina, che è sana tuttavia. Nè del Val di Noto mi è giunto alcuno avviso, non sapendo neanche se Siracusa sia sgombra da questa pestilenza.

Prego V. E. che sia contenta pórtare ciò alla sovrana intelligenza.

Il Luogotenente Generale
PRINCIPE DI CAMPOFRANCO.

(Archivio citato).

DOCUMENTO N. LIII.

Lettera del Luogotenente Generale al Ministro Segretario di Stato per gli affari di Sicilia in Napoli.

Palermo, 4 settembre 1837.

Eccellenza,

Proseguendo a rapportare a V. E. tutte le notizie raccolte intorno alle stragi recate da questa atroce pestilenza, comincio dal notare le cose qui appresso indicate.

Quanto al novero delle vittime di Palermo, i miei rapporti scritti mentre fervea orribilmente la tempesta, portavan solo il ritratto degli Stati della Municipalità; i quali, e alcuna volta il notai, erano inesatti e monchi. Perocchè in quel grandinare spessissimo di morti gli Uffici delle Sezioni Comunali non avean tempo a ricercare il numero; i parenti dei trapassati non pensavano a denunziar i morti, i cadaveri frettolosamente si buttavano così nelle carrette, facendoli spesso raccorre la polizia, e mandavansi in feretri al camposanto e lì ricettavansi senza badare a bolletta della Sezione; spesso nelle Sezioni mancavan le braccia che compisser tutte le carte dello Stato Civile, perchè degli ufficiali, chi s'ammalava, chi moria, chi dai capi dei parenti era impedito. Il numero dunque non potendosi ritrarre con esattezza che dal camposanto, io ho domandato per mezzo dell'Intendente la lista alla Deputazione della Compagnia di S. Orsola, e secondo quella ho fatto compilare l'incluso Stato. Esso corre sino al 31 agosto, ma dacchè cessava il furore del morbo, cessando ancora lo inconveniente del trascurarsi i notamenti esatti nelle Sezioni, leggerà V. E. gli stessi Numeri, che nei miei rapporti ho annunziato. Sol debbo notare pria di lasciar questo punto, che nei giorni della maggiore strage molti cadaveri dai Comuni vicini recavansi al Cimitero di Palermo, e che dal giorno 20 luglio in poi si dovette bruciare i cadaveri per esser colme le fosse del Camposanto e non compito per anco il nuovo cimitero alla Vergine Maria, che questo Governo approvò nel cominciar di luglio, vedendone già l'estremo bisogno.

A questo lavoro importantissimo nella nostra calamità, si attese dunque nei mesi di luglio e di agosto, e un giusto numero di tombe si scavò. Or dal cominciar di settembre si è cessato il bruciamento che una dura necessità comandava, e si è principiato a riporre i trapassati in quei nuovi sepolcri.

Ma per non tornare a quell'altro doloroso ufficio di descrivere la strage del morbo nel rimenente della Valle di Palermo, trasmetto io qui incluso un quadro compilato su quelli che a gran fatica si sono avuti dallo Intendente di Palermo.

Indi scorgerà V. E. mancar per molti Comuni in tutto o in parte i ragguagli, sì pei disordini passati, sì perchè le municipalità o non han risposto all'Intendente, o non gli han dato riscontri soddisfacenti. Ho sollecitato dunque lo Intendente a compiere i ragguagli a tutto agosto, e appena avutili, non mancherò di rappresentarli a V. E.

Ma intanto parmi che per questa Valle due certe e tristi riflessioni si presentino: che tutti i Comuni, tolti quei del distretto di Cefalù, ma non il Capoluogo, ed eccettuati pochissimi negli altri distretti, sono stati o sono infetti dal cholera: e che per le ragioni testè dette il numero totale dei morti passa di gran lunga la cifra che nello incluso quadro si vede.

Trasmetto anche a V. E. quei delle Valli di Trapani, Girgenti e Caltanissetta, compilati sui rapporti di quelli Intendenti. E se qualche interruzione vi è, se qualche notizia manca, sappia V. E. ch'io ne scrivo oggi stesso agli Intendenti, domandando il compimento e la continuazione delle notizie, perchè possa subito ragguagliarne V. E.

Da questi stati e da rapporti dell'Intendente sembra per vero che la Valle di Trapani sia in condizione men trista delle altre tre nominate di sopra, perocchè i Comuni già travagliati or sono sgombri quasi dal morbo, e quei novellamente assaliti non sono stati con molta ferocia, nè primeggiano per popolazione e importanza.

Ma nella Valle di Caltanissetta spiacemi forte a vedere infetto già il Capoluogo con altri Comuni non pochi. E la Valle di Girgenti anche mi affligge riguardando alle passate stragi di Sambuca, e Cammarata al numero dei Comuni novellamente infetti, e al numero dei morti segnati entro pochi giorni in Aragona ed Alessandria. — V. E. troverà qualche inesattezza nelle cifre di questa Valle, perchè l'Intendente e la Commissione provinciale prima di venire pe' vari Comuni alla grave dichiarazione del morbo, domandaron molti particolari schiarimenti, onde spesso avvenne che per parecchi giorni i morti di colera si confondessero con quei d'altre malattie.

Quanto a Catania io non ho avuto, ma ho dimandato bene pel corriere del Lotto che partì sabato, i soliti ragguagli.

Quell'Intendente mi ha solo avvertito del grave sospetto del *cholera epidemico*, e mi ha mandato poi una circolare fatta per tutta la Valle, dichiarando appunto questo sospetto per la relazione di vari professori a ciò ragunati.

Quanto a Siracusa e a tutta la Valle minore di Noto, i disordini passati tolsero che mi pervenissero gli avvisi dello stato del cholera già sviluppato certamente in vari luoghi; e questi ora aspetto, perchè li ho domandati testè come per Catania.

E finalmente pel Val di Messina mi gode l'animo a poter dire che nessun funesto avviso mi è pervenuto fin qui.

Tante stragi ha fatto la pestilenza in questa Isola; così continua a travagliarla, lasciando alfine le città già scemate per numerosi morti, e ad altre avventandosi.

Gli impedimenti ai Commerci ed alle comunicazioni si son iti dileguando per virtù degli ordini sovrani da questo R. Governo ripetuti incessantemente, e per naturale conseguenza della diffusione del morbo. I disordini che quel cagionava sono posati; e resta or solo a implorar dall'Onnipotente che ritiri dal travagliato paese quel tremendo flagel della pestilenza, e dopo tanti mali benignamente ne risguardi.

Sarà contenta V. E. di rassegnare all'alta intelligenza di S. M. i ragguagli, che con questo rapporto ho presentato.

Il Luogotenente Generale
PRINCIPE DI CAMPOFRANCO.

(Archivio citato).

DOCUMENTO N. LIV.

Lettera del Ministro Segretario di Stato per gli affari di Sicilia in Napoli al Luogotenente Generale in Palermo.

Napoli, 6 settembre 1837.

Eccellenza,

Gli ultimi rapporti di V. E. sullo stato sanitario sono ben consolanti per la Capitale, e mostrano che il male sia abbastanza decrescente nei Comuni delle Valli di Palermo, Trapani Girgenti e Caltanissetta.

Ho voluto in tale occasione riscontrare tutti gli antecedenti rapporti sulla materia, ed ho veduto che, secondo essi, i casi avvenuti nella Capitale dal 7 giugno fino a questi ultimi giorni non arriverebbero che a poco più di 18,000 e le morti a 10,430: mentre solamente queste ultime son portate dalla voce pubblica al di là di 26,000, e quel che è più il Giornale officiale *La Cerere* annunziava nel giorno 26 luglio la mortalità ascendente quasi a 23,000 individui, donde son nate le tante dicerie ed esagerazioni de' giornali esteri.

Dovendo io rendere conto a S. M., mi troverei imbarazzatissimo in così forte contraddizione tra i rapporti officiali di V. E. ed il detto Giornale ancora officiale, il quale accredita la voce pubblica, ed appresta i dati ai giornali esteri.

Egli è perciò ch'io prego V. E. che preso il più stretto conto dell'effettivo numero di casi e dei morti dal primo momento della comparsa del male finoggi, si compiaccia farmelo conoscere, affinchè sulla verità del medesimo si possa fermamente riposaro ed io con tutta sicurezza possa rassegnare S. M. per l'alta sua intelligenza.

Il Ministro Segretario di Stato
per gli affari di Sicilia
ANTONINO FRANCO.

(Archivio citato).

DOCUMENTO N. LV.

Lettera del Luogotenente Generale al Ministro Segretario di Stato
per gli affari di Sicilia in Napoli.

Palermo, 8 settembre 1837.

Eccellenza,

Pel R. Pacchetto Leone partito di qui la notte del 4, mandava a V. E., con rapporto di quel giorno N. 5887, i ragguagli delle stragi del colera in questa isola; e le significava i casi pochissimi avvenuti in questa Capitale in alcuno dei giorni antecedenti. Continuando, ho l'onore di aggiungere che per gli altri Comuni di questa Valle e del resto dell'Isola infetti anche dal morbo continua quello a un dipresso nello stato che annunziai nel citato ultimo rapporto, avvenendo or pochissimi casi, or nessuno nei luoghi che furon prima attaccati, e inferendo tuttavia negli altri.

Avuti i quadri esatti nel modo che accennai in quel rapporto, io mi affretterò a presentarli per dare a S. M. un ragguaglio più soddisfacente.

E intanto prego V. E. che le rassegni gli avvisi del presente rapporto.

Il Luogotenente Generale
PRINCIPE DI CAMPOFRANCO.

(Archivio citato).

DOCUMENTO N. LVI.

Lettera del Luogotenente Generale al Ministro Segretario di Stato
per gli affari di Sicilia in Napoli.

Palermo, 11 settembre 1837.

Eccellenza,

Il dì 8 del presente, nel quale indirizzai a V. E l'ultimo rapporto sanitario segnato di N. 6006, furon rivelati due altri casi di colera succeduti in questa

Capitale il dì 7, pel quale avea io trascritto in margine del Rapporto le solite cifre. Per ciò correggendole e aggiungendovi quelle del dì 8 e del 9, ho compiuto il mio ragguaglio quanto alla Capitale.

Pel Val di Palermo nessun altro rapporto mi ha informato precisamente dello stato dei Comuni infetti, onde per lo scopo aggiungere agli avvisi precedenti che in generale il morbo continua a travagliare la Valle, menomando per vero sui Comuni che da prima assalì, ma non essendo per anco in molti altri sgombrato. Del Val di Trapani intendo che Salemi e Castellammare siano stati recentemente investiti dal colera; ma che nel Capoluogo esso era quasi al tutto spento; e così sugli altri Comuni che furon primi a soffrirlo continua il morbo a infestare i Comuni del Val di Caltanissetta, nominati già nei rapporti precedenti, ai quali è da aggiungere il Comune di Santa Caterina. L'Intendente mi ha testè mandato il quadro dei casi e dei morti nel Capoluogo, che dagli 11 agosto a 5 settembre furono 76 i primi e 27 i morti. E quanto a Girgenti, Burgio, Cattolica, Casteltermini sono stati assaliti dal morbo, oltre i Comuni già noverati. Ma esso si è ormai manifestamente dichiarato nel Capoluogo.

L'Intendente, che dapprima avea dissimulato e procacciato di prevenire il più che potesse lo spavento della pestilenza, ne venne a dì 3 a quella dichiarazione, sì perchè molti Comuni della Valle erano già infetti, e gli parea meglio schiudere le comunicazioni con quelli, e sì perchè il carattere della malattia apertamente si pronunciava.

Opportune misure dettò immantinente la Commissione provinciale di sanità per le comunicazioni coi luoghi infetti, e per via delle stabilite contumacie coi luoghi sani.

Provvede insieme ad aprire gli ospedali e fornirli di tutto, e al sepellimento dei cadaveri. E l'Intendente mi assicura infine che l'effetto delle disposizioni e degli andamenti suoi antecedenti è stato che in Girgenti, temendosi poco questo morbo, gli affari pubblici e privati non si erano intermessi, i medici assisteano gli infermi con animo e diligenza, così faceano i ministri della religione; si era raccolta una giusta somma di denaro per soscrizioni volontarie affin di soccorrere i bisognosi, e si era incominciata da una apposita Commissione a dispensare; si continuavano infine i commerci cogli altri Comuni.

Da Catania infine un rapporto punto piacevole mi è stato scritto dall'Intendente. È dato il 4, e porta che fin da vari giorni morivan in quella città tra 300 e 400 persone al dì, essendo pressochè il doppio il numero dei casi.

L'Intendente, per disposizione di S. E. l'alto Commissario Ministro Del Carretto, avea rimosso di Ufficio vari impiegati dell'Intendenza allontanatisi in quel frangente, aggiungendo che sarebbero come fautori di pubblici disordini assoggettati agli altri castighi che la lodata E. S in un apposito regolamento avea minacciato.

Alcuni funzionari, ancora aggiungea l'Intendente, si erano allontanati, ed erano stati ricondotti colla forza in Catania. Supplica l'Intendente rimediare alla meglio alla mancanza delle braccia nell'Ufficio suo, e nella municipalità, dove diversi funzionari e impiegati per malattia e per morte mancavano. E scrivea infine attender lui sempre indefessamente agli affari e sarebbe per continuare collo stesso zelo, e mi pregava di rassegnarsi questo a S. M.. E tanto io fo in questa lettera; mentre a lui ed agli altri Intendenti ho risposto convenientemente, esortandoli a badar sempre all'alto ufficio loro, con tanto coraggio, zelo e premura, quanto più grave si rendesse il bisogno; e a loro, nonchè all'Intendente di questa Valle, ho raccomandato di una in una le parti del servizio pubblico, alle quali con maggior cura convien che si attenda in questo frangente. Dal Val di Noto non mi son pervenuti i domandati ragguagli, talchè nulla aggiunger posso sullo stato del morbo. Ne è esente, a quanto io so sinora, il Val di Messina. E son questi i ragguagli che in adempimento dei miei doveri io do a V. E. perchè sia contenta rassegnarli alla sovrana intelligenza.

Il Luogotenente Generale
PRINCIPE DI CAMPOFRANCO.

(Archivio citato).

DOCUMENTO N. LVII.

Lettera del Luogotenente al Ministro Segretario di Stato
per gli affari di Sicilia in Napoli.

Palermo, 18 settembre 1837.

Eccellenza,

Dalle solite cifre vedrà V. E. i rari casi di Colera seguiti in questi ultimi giorni in Palermo, e quasi tutti, io aggiungo, su persone venute di provincia. Quanto al numero preciso dei trapassati in questa Capitale per la sofferta orribile pestilenza, io rispondo alla pregevolissima ministeriale di avere già annunziato nel mio rapporto del 4 quello dei cadaveri ricettati al Camposanto sino al 20 luglio, e bruciati dipoi alla punta di Rotoli, e in quel rapporto medesimo io notai le cagioni delle inesattezze degli stati della Municipalità, dai quali si erano sempre ritratte le cifre dei casi e dei morti scritte nei miei rapporti periodici.

Null'altro dunque mi resta da aggiungere, se non che il novero dato dal cimitero sembra più appropriato al veto, non potendoci esser altro errore che dei cadaveri recativi da qualche Comune vicino di quei trapassati di malattie ordinarie (rarissime d'altronde sotto il predominio del colera) e alcuna altra piccola differenza da non calcolarsi nel numero grandissimo di vite che la pestilenza per isventura nostra mietè. Ciò non ostante io ho commesso al

Pretore di trovar modo a verificare più accuratamente il fatale novero, e ragguagliare poi V. E. dei risultamenti.

Ma passando agli altri Comuni , dico, come fatto il solito corso, il morbo lascia già diversi comuni del Val di Palermo ; come in Val di Caltanissetta dava tuttavia molestia, senza menar però molta strage, tanto che nel Capoluogo dal dì 11 agosto, epoca del principio del morbo, infine al 13 settembre, i casi erano stati in tutto 194 e i morti 92, essendo stata la maggiore mortalità di 11 il 1° settembre. Dalla Città di Trapani sembra poi allontanato al tutto e da altri Comuni della Valle, facendo anche poca strage nel resto. Dalla Città di Girgenti , secondo gli ultimi avvisi, ritraggo similmente non avere spiegato il morbo molta ferocia, e nei comuni della Valle continua dove più , dove meno, non potendo io dar notizie precise, perchè aspetto gli stati già domandati allo Intendente. Dal Val di Noto ritraggo dal funzionante d'Intendente essere infetti Comiso , Vittoria, Modica, Chiaramonte, Spaccaforno, Pachino e Noto stessa ne fu infine di agosto assalita, quantunque fino al 5 settembre il morbo non avesse fatto grandi progressi.

Di Catania infine intendo esser morti di cholera dal 26 agosto fino al 10 settembre 4309 persone; e declinar già il morbo che il 30 agosto avea tolto n. 417 individui, e il 10 settembre, dietro una progressiva diminuizione, si era giunto a soli 141. Questi sono i ragguagli che posso dare a V. E. infino ad ora, pregandola di rassegnarli a S. M. Spero io quanto prima più precisamente indicare le perdite sofferte , mandando gli stati in continuazione a quelli che presentai per tutte le Valli infette, col citato rapporto mio del 4 settembre.

> *Il Luogotenente Generale*
> PRINCIPE DI CAMPOFRANCO

(Archivio citato),

DOCUMENTO N. LVIII

Lettera del Ministro Segretario di Stato per gli affari di Sicilia in Napoli al Luogotenente Generale in Palermo.

Napoli, 23 settembre 1837.

Eccellenza,

Passati a rassegna tutti i rapporti di V. E. dal 7 giugno al 26 agosto, contenenti la descrizione del giornaliero numero dei morti di cholera in cotesta Capitale, io non aveva potuto raccoglierne più di 10,430, mentre la voce pubblica li portava al di là di 26,000, ed il giornale officiale *la Cerere* nel giorno 25 luglio li annunziava sino a 23,000 circa, donde eran nate le tante dicerie ed esagerazioni dei giornali esteri.

Dovendo renderne conto a S. M., mi trovava imbarazzato in così forte contraddizione. Mi determinai perciò a pregare V. E. con ufficio del 6 dello andante, che, preso il più stretto conto dell'effettivo numero dei morti, si fosse compiaciuta di farmelo conoscere, affinchè, nella verità del medesimo permanente riposandosi, si fosse da me potuto con tutta sicurezza rassegnarlo a Sua Maestà.

Un rapporto ho ricevuto ora di V. E. il quale, sebbene non sia di risposta al succennato mio officio, come non poteva infatti esserlo, riguardante la sua data del 4, pure può starne in luogo.

Rimettendo con esso V. E. gli stati dei morti di cholera delle Valli di Palermo, Trapani, Girgenti e Caltanissetta, con la prevenzione di essere inesatti, incompleti e meritevoli di rettificazione, si è principalmente occupata in render conto della verifica che ha bisogno, dicea, fare del numero dei morti della Capitale.

Ha quindi manifestato che siccome gli stati della municipalità, donde avea Ella tratto il numero successivamente annunziato nei suoi rapporti, eransi bene spesso trovati inesatti e monchi, perchè nel più forte della strage le Sezioni comunali non aveano tempo a ricercare il numero dei trapassati, i parenti di costoro non pensavano a denunziarli, e i cadaveri buttandosi alla rinfusa sulle carrette, ricevevansi al camposanto senza andare alle bollette della Sezione, così avea l'E. V. creduto che se ne potesse le verità con esattezza ricavare dal Campo-santo; ed avendo per mezzo dell'Intendente domandato la lista alla Deputazione della Compagnia di S. Orsola, ne avea sopra la stessa fatto compilare uno stato, donde risulta che il numero dei morti dal 7 giugno al 31 di agosto era stato di 23,574. Questo stato ha l'E. V. accompagnato con l'enunciato suo rapporto del 4, non lasciando però tra le altre cose di avvertire che nei giorni della maggiore strage molti cadaveri dei Comuni vicini recavansi al cimitero di Palermo.

Avendo io tutto ciò rassegnato a S. M. nella conferenza avuta il 17 corrente, ha la M. S. considerato che la Deputazione di S. Orsola non potè in quelle circostanze essere al certo più diligente della Municipalità, nè davasi sicuramente la pena di fare di partita in partita la numerazione dei cadaveri, che stivati nelle carrette si portavano al camposanto, avendosi di ciò una pruova in quello stesso che ha detto V. E., cioè che ricettavansi i cadaveri al Camposanto senza badare alle bollette della Sezione. Al che si aggiunge, come ha Ella parimenti avvertito, che pervenivano anche dei cadaveri dai Comuni vicini. Quindi non ha potuto la M. S. che riguardare come egualmente inesatto il numero dedotto dalla lista della sudetta Deputazione; ed ha detto che bisogna attendere ad avere migliori ragguagli, se pure sarà possibile, dai libri dello stato civile.

Non ha saputo poi S. M. veder la ragione per cui cotesto R. Governo così in quest'ultimo, come in altri suoi precedenti rapporti, usando un linguaggio diverso da quello di tutta l'Europa, chiami il Colera col nome di pestilenza. Se non è questo un fatto degli Uffiziali redattori dei rapporti, nato dalla mania di singolarizzarsi nella scelta dei vocaboli, e che merita di essere ripreso e corretto, S. M. vuole che sia richiamata V. E. a riflettere che l'essersi troppo accreditata in Sicilia, sia dai medici per le loro particolari vedute, sia da altre persone poco avvedute o malintenzionate, l'opinione, che rimane ancor dubbia presso tutte le Nazioni, di essere il cholera un morbo esclusivamente conta-gioso, atterrito avendo gli animi, è stata la causa principale del maggior nu-mero di vittime, e di quei tanti disordini, eccessi, ostilità tra Comuni e Co-muni, inutili dispendi e dilapidazioni, e danni al commercio con l'estero; e che mentre, la Dio mercè, il morbo è già spento in alcuni luoghi ed in taluni altri va già declinando, l'uso di quel vocabolo, improprio altronde da per sè stesso, non servirebbe che a mantenere tuttavia gli animi in diffidenza penosa di re-ciproco commercio in quei Comuni ove il cholera è già terminato o prossimo a finire, ad accrescere lo spavento in quegli altri ove non è penetrato, e giova sperare che non penetri, ed a far accrescere all'estero i trattamenti rigorosi alle procedenze dai regali domini. Non approvando perciò S. M. quella espres-sione vuole che se ne desista.

Ho creduto più conveniente di comunicare in via confidenziale a V. E. i sopradetti sentimenti di S. M. per l'uso che ne risulta; e colgo intanto questa occasione per rinnovarle le assicurazioni della più alta stima e pari conside-razione con cui ho l'onore di essere di V. E.

Il Ministro Segretario di Stato
per gli affari di Sicilia
Antonino Franco.

(Archivio citato).

DOCUMENTO N. LIX.

Lettera del Luogotenente generale al Ministro Segretario di Stato
per gli affari di Sicilia in Napoli.

Palermo, 25 settembre 1837.

Eccellenza,

I casi e i morti di colera in questa capitale dal 17 al 23 del presente sono stati scarsissimi. Nel Val di Palermo va diradandosi sempre più, quantunque abbia assalito qualche picciol comune, risparmiato dapprima. Così è del Val di Trapani, dove il Capoluogo si può dir già scevro del tutto. Nel Val di Girgenti son molti i Comuni infetti, ma non grave la mortalità, e picciolissima nel Capoluogo. Così ancora del Val di Caltanissetta, ma con numero minore di Comuni ammorbati. Nel Val di Noto ce n'ha nove o dieci, ma i ragguagli dei morti non li ho avuto peranco. Nella città di Catania i trapassati di Cholera erano stati il dì *15 57*, e il *16 59*.

Così rallegravasi l'Intendente nell'oltimo suo rapporto del rapido scemamento; nè di altri Comuni infetti mi facea parola.

Altri quadri in continuazione di quei già rappresentati con rapporto del 4, mostreranno il numero dei morti nei diversi comuni, particolareggiando quanto ho qui detto in generale per non tardare gli avvisi, nè mandar lo stato per alcuni Comuni o per altri no. Prego intanto V. E. che questi avvisi voglia rassegnare a S. M.

Il Luogotenente Generale
Principe di Campofranco

(Archivio citato).

DOCUMENTO N. LX.

Lettera del Luogotenente Generale al Ministro Segretario di Stato
per gli affari di Sicilia in Napoli.

Palermo, 2 ottobre 1837.

Eccellenza,

Un piccolo aumento di casi di cholera seguiva in questa Capitale dal 21 settembre, come V. E. ha potuto notare dalle cifre trascritte al margine del mio rapporto del 25 settembre N. 6411: e potrà vedere da quelle del presente rapporto, quantunque sembri già cessata quella alterazione allo stato in cui è durata la città fin dal tempo che il cholera morbo lasciava la ferocia sua.

Manderei a V. E. i promessi quadri riguardanti le altre Valli, se tutti mi fossero pervenuti, e tutti fossero compilati con esattezza. Ma per la Valle di Palermo, quantunque il quadro generale mi sia stato presentato, ed abbia io ricevuto le notizie che per alcuni Comuni mancavano in quello, e fui necessitato a ricercare; io ritraggo che l'Intendente non ha avuto ancora le cifre di cinque o sei altri Comuni, che furono travagliati dal morbo. Aspettando quelle dunque da un momento all'altro, e sperando di così presentar quanto prima il quadro compiuto, io ho il piacere per ora di annunziarle la cessazione del cholera nella più parte dei Comuni della Valle.

E veramente dagli accennati quadri si scorge potersi tener come sgombri oramai i Comuni di Bagheria, Balestrate, Belmonte, Borgetto, Capaci, Carini, Cinisi, Ficarazzi, Giardinelli, S. Giuseppe, Misilmeri, Ogliastro, Solanto, Terrasini, Torretta, Termini, Ustica, Alia, Altavilla, Baucina, Ciminna, Mezzoiuso, Montemaggiore, Roccapalumba, Sciara, Valledolmo, Corleone, Campofiorito, San

Carlo, Giuliana, Prizzi, Cefalù. Sono stati immuni dal cholera S. Cristina, Ali-
minusa, Caccamo, Caltavuturo, Villaura, Alimena, Bompietro, Gangi, Geraci,
Collesano, Gratteri, Isnello, Lascari, S. Mauro, Petralia Soprana, Polizzi, Pol-
iina, Scillato, Sclafani, Castelbuono.

E quanto agli altri della Valle, di pochissimi non si sono avuti recenti notizie; negli altri continuano dove più, dove meno rari i casi di cholera, ma in
nessuno è gagliardo il male e spaventevole.

Gli stessi ragguagli a un di presso posso io dare del Val di Trapani, dove
il Capoluogo è stato per parecchi giorni libero da casi novelli, e così Alcamo,
Monte S. Giuliano, Calatafimi, S. Ninfa, continuando il cholera in Salemi, e de-
bolmente in Paceco, e non restandone in Partanna il sospetto, perchè cinque
casi eran avvenuti, che si credetter di cholera; ma per due settimane da nessun
altro eran stati seguiti.

In Girgenti dal 21 settembre non eran accaduti altri accidenti di cholera.
Pel resto della Valle, mi ha mandato l'Intendente due stati, che corron dal
primo al 14 settembre, e non contengono per altro tutti i Comuni infetti, mancando al tutto le notizie dal cominciamento del morbo in ciascuno di essi infino
a tutto agosto.

Ho domandato dunque i supplimenti a queste mancanze e avutili, presen-
terò il quadro generale.

Intanto dir posso a V. E. che allo infuori di Palma e di pochi altri Comuni,
gli altri della Valle di Girgenti non sono stati travagliati dal cholera assai fie-
ramente. Trentanove Comuni in tutto sono stati infetti di questo morbo nel Val
di Girgenti.

Ma di quel di Caltanissetta, non essendomi pervenuti i particolareggiati ragguagli, nulla dir posso a V. E. se non che il morbo non ha spiegato in quei
Comuni quella mortifera influenza che in tanti altri della Sicilia si è pianto.

Io non ho omesso di sollecitare l'Intendente a mandarmi il quadro generale.

In Catania il cholera declina sempre più, e dagli ultimi rapporti dello Intendente scorgo che dal 21 al 24 settembre i morti eran stati 59, 32, 34, 17, indi ci
si rallegrava della continuata diminuzione del morbo, e lo stesso notava alcun
professore di medicina in quella Città, scorgendo già nei sintomi e negli effetti
del cholera i segni che dovunque ha dato, toccando esso al suo fine. Quanto
ad altri Comuni della stessa Valle che fossero assaliti dal cholera, non ho ricevuto rapporti dell'Intendente, ma qualche avviso mi è pervenuto d'altre vie.
Ne ho domandato adunque conto all'Intendente, e avutolo, sarò sollecito a darne
ragguaglio a S. M.

Pel Val di Noto infine nessun altro dei richiesti ragguagli mi ha presentato
l'Intendente. Del Val di Messina non s'intende alcun sinistro caso.

Con tutto ciò prego V. E. che sia contenta rassegnare a S. M., notando che
io non ho mandato per anco i quadri anzidetti, perchè gli Intendenti o non li

han presentato affatto, o non li han mandato compiuti; nè per me altro si è potuto fare che incessantemente sollecitarli, e commetter loro la correzione delle mancanze che nei presentati si scorgeano.

Il Luogotenente Generale
PRINCIPE DI CAMPOFRANCO.

(Archivio citato).

DOCUMENTO N. LXI.

Lettera del Luogotenente Generale al Ministro Segretario di Stato
per gli affari di Sicilia in Napoli.

Palermo, 5 ottobre 1837.

Eccellenza,

Rispondendo alla pregevolissima sua confidenziale del 23 settembre, in prima cosa io rendo grazie a V. E. della cortesia dell'avere usato questo modo per significarmi i sentimenti e i voleri di S. M. su quei due punti del numero dei trapassati di cholera in Palermo e della voce pestilenza usato in alcuni miei rapporti.

E saviissima è sulla prima parte l'osservazione che qualche poco di cadaveri dei Comuni più vicini alla capitale andò compresa in quel numero dei seppelliti nel Camposanto; e che quivi non si potè tener conto da quale sezione della città fosser mandati i morti. Ma io debbo rappresentare a V. E. che il numero delle persone seppellite ogni dì potea tenersi nel Campo Santo, e si tenne perocchè le sezioni della Municipalità erravano invero, perchè pochi curavano in quella calamità di riveder la morte dei congiunti; erravano perchè fu forza nel grandissimo numero che la polizia facesse raccogliere i cadaveri in molti luoghi. Ma tutti pure si recavano al Camposanto; si posavan sul suolo, recandosi poi nelle fosse, e riponendosi in quelle si contavano; così notavasi esattamente in ogni dì il numero dei sepolti nel registro che tiene il cappellano del Camposanto. E alla esattezza del seppellimento, non che all'osservanza delle prescritte cautele di sanità, invigilavano alcuni frati Cappuccini che scambiandosi tra loro a richiesta mia, attendevano a quel dolente e pericoloso Ufficio con molta esattezza e pietà; ne invigilavano ancora agenti di polizia mandati apposta dal Direttore Generale. Io penso adunque che all'infuori di trovarvisi compresi dei cadaveri di qualche Comune vicino, nessun altro errore potea correre in queste cifre del Camposanto, notate come numeravansi i cadaveri nel seppellirli. A migliore schiarimento io mando a V. E. l'originale statino compilato nel detto registro dal Cappellano stesso del Camposanto infino al 20 luglio, in cui finì, perchè eran colme le fosse, il seppellimento in quel luogo. E v'aggiungo un altro stato fatto compilare da me, che riguarda il periodo dal 21 luglio in poi, nel qual tempo declinando già grandemente la malattia, cominciarono a divenire esatte le cifre della Municipalità, tanto che poi si sono esclusivamento seguiti gli stati che ebbe la Polizia per tutte le indicazioni di mortalità. Ma alla compiuta rettificazione del numero, ho io già provveduto, come promisi col rapporto del 18 settembre.

Una Commissione composta del Senatore, dei Parrochi (ciascuno per l'ambito della sua Parrocchia) e del Commissario di Polizia è stata deputata in ogni Sezione della Città a compilar le liste dei morti nei giorni in cui per le ridette cagioni fu intermessa la regolare formazione degli atti dello Stato Civile. Queste Commissioni non solo chiameranno al rivelo le famiglie, ma ancora verificheranno il numero dei trapassati in ogni casa.

E per tal modo io spero che se una esattezza matematica non si otterrà, avrassi almeno una approssimazione sufficiente a misurar le perdite in quel modo che basta alla statistica medica e civile, e alle vedute del Governo.

Sulla seconda parte io posso assicurare V. E. che nè bizzarria di chi stendea, nè false opinioni di chi ordinava lo scritto fecero usare talvolta nei miei rapporti la parola pestilenza, alludendo al Cholera.

A schivare una frequento replica si scrisse anche indistintamente malattia, morte, moria e pestilenza; e con quest'ultimo vocabolo s'intese significare una infermità che al tempo stesso colga e uccida molte persone, ma non già di finire il modo della comunicazione di quella. Nè per quanto io mi ricordi o a ragion veduta siasi potuta scrivere, la parola Contagio è stata adoperata mai in questo Ministero dopo che il Cholera divampava per la Città. Perocchè non ignorava io esser dubbia la natura di questo fatale morbo, e sapea le spiacevolissime conseguenze della opinione del Contagio che si sono sperimentate in Sicilia non solo, ma anche in cotesta parte dei Reali Dominj, come si scorge dal R. Recritto del 20, comunicatomi il giorno 23 settembre. Su questo particolare io ho operato sempre nel giusto senso accennatomi dalla suprema saviezza del Re, nè ho alcuna cosa da rimproverarmi. Posso anzi assicurare V. E. che questa opinione del contagio si vada sempre più qui dileguando.

Del resto, tornando alla parola pestilenza, non è mestieri aggiungere che il volere di S. M. è legge. e che quella sarà con ogni studio evitata.

Tanto debbo significare a V. E. in risposta alla lettera sua. E questa occasione anche colgo per manifestare a V. E. i sensi dell'alta mia stima e considerazione perfetta.

Il Luogotenente Generale
Principe di Campofranco.

(Archivio citato).

DOCUMENTO N. LXII.

Lettera del Luogotenente Generale al Ministro Segretario di Stato per gli affari di Sicilia in Napoli.

Palermo, 9 ottobre 1837.

Eccellenza,

Questo crudele morbo che ci ha straziato, par già che tocchi il suo fine. In Palermo i casi e i morti dal 1° al . . . . del presente non sono stati che pochissimi.

Nella Valle pochi son, com'io scrissi a V. E, i Comuni tuttavia molestati dal colera, e questi medesimi assai rimessamente. In Val di Trapani nessun altro caso è succeduto nel capoluogo; e similmente infino agli ultimi avvisi rimaneva qualche caso in due o tre Comuni.

Libero per diversi giorni è stato anche, secondo gli ultimi avvisi, il Comune di Girgenti; nel resto della Valle declina oggi il morbo, e in pochi Comuni infieriva, in pochi è cessato del tutto; facendo per altro in generale poca strage. Così è ancora del Val di Caltanissetta.

Di quel di Noto non mi son pervenuti recenti avvisi, non ostante le mie sollecitazioui. Ma in Catania i giorni 30 settembre e 1° ottobre si era giunto a 7 e 5 morti di colera, onde si continuava a sperare che la sua influenza tosto si spegnesse.

E tanto scrivo io a V. E. perchè si piacerà rassegnarlo a S. M., sperando io per altro che avute le risposte, alle quali feci menzione nel rapporto del 2 del presente, potrò giustamente rassegnare alla M. S. i quadri generali delle Valli di Palermo, Trapani, Caltanissetta e Girgenti.

Il Luogotenente Generale
PRINCIPE DI CAMPOFRANCO.

(Archivio citato).

DOCUMENTO N. LXIII.

Lettera del Luogotenente Generale al Ministro Segretario di Stato per gli affari di Sicilia in Napoli.

Palermo, 12 ottobre 1837.

Eccellenza,

Dal mio rapporto del 9, N. 6717, V. E. ha potuto scorgere come dal dì 4 al 7 non erano avvenuti in questa Capitale altri casi, nè altri morti di Cholera.

I giorni 8, 9, 10 furono liberi ugualmente. Perciò mi parve che dopo una settimana di perfetta salute pubblica, fosse già tempo di render pubbliche grazie all'Altissimo della liberazione di questa Città dalle stragi dell'atroce morbo.

Ieri dunque solennemente io convocava nella Cattedrale tutte le Autorità civili e militari, e dopo un discorso accomodato al caso, che pronunziava il padre Ugo Bassi, scioglievansi le voci dei ministri dell'altare al canto dell' *Inno Ambrosiano*, e con edificazione molta e pietà, la lieta cerimonia si compia.

Mi fo un dovere oggi di ragguagliarne V. E., affinchè si piaccia rassegnare alla sovrana intelligenza questo fatto, che gratissimo giunge al certo al paterno animo della M. S.

Il Luogotenente Generale
PRINCIPE DI CAMPOFRANCO.

(Archivio citato).

DOCUMENTO N. LXIV.

Lettera del Luogotenente Generale al Ministro Segretario di Stato per gli affari di Sicilia in Napoli.

Palermo, 19 ottobre 1837.

Eccellenza,

Continuando il mio rapporto del 12, ho il piacere di significare a V. E. che dal giorno 10 al 16, fino al quale ho i rapporti delle Municipalità, non sono avvenuti in questa Capitale altri casi, nè altri morti di colera. Non mando adesso i quadri promessi per le Valli di Palermo, Girgenti, Trapani e Caltanissetta, perocchè ci sono poche altre lacune per qualche Comune o qualche periodo di tempo, e aspetto io da un momento all'altro le notizie per ripianarle, e far compilare gli stati più esattamente che si possono. Ma ben posso assicurare V. E. che nel Val di Palermo il colera sia sparito in quasi tutti i Comuni; che in quel di Trapani pochissimi altri ne restino ancora molestati da qualche caso; che in Caltanissetta, restando liberi sempre i Distretti di Piazza e Terranova, il Distretto del Capovalle era sul punto di potersi dire sgombro dal morbo e nella Città di Caltanissetta pochi altri casi seguiano. Lo stesso è della Città di Girgenti e della Valle; ancorchè questa sia stata più largamente e più fortemente travagliata che quelle altre. Nella città di Catania pochissimi erano i casi, secondo gli ultimi avvenimenti; ma di quella Valle e della Valle di Noto non ho avuto particolari ragguagli sul numero dei casi e dei morti di ciascun Comune, nè anche di tutti i Comuni attaccati.

Non si manca perciò di domandarne conto agli Intendenti; e tostochè le notizie mi perverranno, ne sarà V. E. informata.

Piacciasi intanto di rassegnare a S. M. quelle che contengonsi nel presente rapporto.

Il Luogotenente Generale
PRINCIPE DI CAMPOFRANCO.

(Archivio citato).

DOCUMENTO N. LXV.

*Lettera del Luogotenente Generale al Ministro Segretario di Stato
per gli affari di Sicilia in Napoli.*

Palermo, 26 ottobre 1837.

Eccellenza,

La salute pubblica in questa Capitale e negli altri punti dell'isola continua nello stato esposto negli ultimi miei rapporti; e null' altro mi occorrerebbe di scrivere a V. E., se non dovessi rappresentare gli avvisi pervenutimi da Messina.

A dì 16 ottobre quell'Intendente mi scrisse essersi veduti pochi casi di malattie che avean desto qualche sospetto di còlera, e mi promise subito ragguagli più precisi. Nè io volli farne allora rapporto, aspettando pur quelli con la posta successiva e trovando l'annunzio sì vago, che non mi parve poterne formare alcun giudizio. Giunse poi la posta del 19, e mi apportò i ragguagli che V. E. scorgerà dalle incluse copie del rapporto dell'Intendente, il quale riferisce intorno allo stato delle persone sulle quali erano caduti i sospetti. Pochissime furon esse in un periodo non breve di tempo; e il giudizio della Commissione provinciale tende a dileguare i sospetti del fatal morbo. Perciò voglio io augurarmi o che si dileguino al tutto o che di lievissimo momento sia la malattia in Messina.

E tanto prego V. E. che rassegni a S. M., aggiungendo che dopo le ultime sovrane risoluzioni, per norma generale non ho trovato luogo ad alcun provvedimento di Sanità su i detti avvisi di Messina, qualunque potesse essere la verità e la base dei medesimi.

Il Luogotenente Generale
PRINCIPE DI CAMPOFRANCO.

Archivio citato).

DOCUMENTO N. LXVI.

SENTENZA DELLA COMMISSIONE MILITARE DELLA VALLE DI PALERMO

Ferdinando II per la grazia di Dio Re del Regno delle due Sicilie, di Gerusalemme ec. Duca di Parma, Piacenza, Castro ec. ec. Gran Principe ereditario di Toscana ec. ec. ec.

La Commissione Militare permanente della Valle di Palermo, creata con ordinanza di questo Real Governo degli 11 luglio corrente anno, e composta dei signori :

Presidente: Colonnello cavaliere D. Lodovico Mattina di Artiglieria;

Giudici: Capitano cavaliere D. Giuseppe Ferrara del 1° Granatieri. — Capitano cavaliere D. Giobbe Romanzi del 1° di Linea.—Capitano cavaliere D. Francesco Vallese del 2° di Linea.—1° Tenente D. Antonio Albertis del 1° Granatieri.—1° Tenente D. Giovanni Forte del 9° di Linea;

Relatore: Sostituto capitano D. Gaetano Bellini del Reggimento Reali Veterani, coll'intervento del signor Procuratore Generale del Re sostituto presso la G. C. civile, barone D. Giovanni Ondes uomo di legge;

Assistiti dal 2° sergente Francesco D'Avella del 1° di Linea Re, cancelliere;

Si è riunita nel locale delle sue ordinarie sedute nel real forte di Castellammare, previo ordine del signor Commendatore Generale D. Pietro Vial, Comandante le armi nella Valle e Piazza, per giudicare col rito subitaneo i seguenti individui, cioè:

1.° Francesco Mercadante del fu Antonio di anni 40, nato in Palermo, domiciliato a Malpasso, contrada della Grazia, bracciale.

2.ª Giovanni Faraone del fu Marco, di anni 24 di Monreale, domiciliato alla Madonna di Ciambri alla Grazia, bracciale.

3.° Giuseppe Vecchio, alias il Coniglionese, di Corleone, del fu Vincenzo di anni 28, domiciliato al piano di Mollo alla Grazia, bracciale.

4.° Gioacchino Martorana del fu Liborio, di anni 49, del Parco, domiciliato nelle campagne di Monreale, giardiniere.

5.° Liborio Martorana di Gioacchino, di anni 25, nato in Monreale, domiciliato nelle campagne di quel comune, giardiniere.

6.° Benedetto Martorana di Gioacchino, di anni 18 non compiuti, di Monreale, domiciliato in quelle campagne, giardiniere.

7.° Giuseppe Bruschetti di Luciano, di anni 20, nato e domiciliato nel villaggio della Grazia, vetturale.

8.° Benedetto Lo Biundo, alias Scippavigne, nato e domiciliato nel villaggio della Grazia, bracciale.

9.° Giovanni lo Biundo, alias Scippavigne, nato e domiciliato nel villaggio della Grazia, bracciale.

ACCUSATI

Di avere eccitata la guerra civile, levandosi in armi, e portata la strage, uccidendo e dando alle fiamme pria di morire D. Giuseppe e D. Francesco padre e figlio Minneci, reati commessi nel villaggio della Grazia ne' giorni 8, 9 e 10 luglio antiscorso, preveduti dagli articoli 129 e 131 delle leggi penali.

10.° Giovanni Tusa alias Nico, del fu Salvatore, di anni 58, nato e domiciliato nella contrada di Mollo alla Grazia, giardiniere.

11.° Angelo Albano di Francesco, di anni 18 circa, nativo di Monreale, e domiciliato in quella campagna, colono.

ACCUSATI

Di complicità in siffatti reati ai termini degli articoli 74 c 75 delle stesse leggi penali.

12.° Francesco Troia del fu Pietro, di anni 50, nativo di Capaci, domiciliato alla Madonna di Ciambri alla Grazia, giardiniere

ACCUSATO

Di avere profferito discorsi sediziosi, atti a spargere il malcontento contro il Governo, reato previsto dallo articolo 142 delle leggi penali.

Inteso il relatore nel suo rapporto,

Letti i documenti necessari,

Intesi in pubblica discussione i testimoni a carico,

Udito il capitano relatore P. M. nelle sue orali conclusioni, non che gli accusati ed i loro rispettivi difensori,

La Commissione militare ritirata nella camera delle deliberazioni,

Inteso l'avviso dell'uomo di legge, il Presidente ha elevate le seguenti

QUESTIONI DI FATTO

1.° Consta che Francesco Mercadante, Giovanni Faraone, Giuseppe Vecchio, Gioacchino Martorana, Liborio Martorana, Benedetto Martorana, Giuseppe Bruschetti, Benedetto Lo Biundo e Giovanni Lo Biundo sieno colpevoli di avere eccitata la guerra civile, levandosi in armi e portata la strage con aver massacrati e dati ancor vivi alle fiamme i bennati D. Giuseppe e D. Francesco padre e figlio Minneci?

2.° Consta che Giovanni Tusa ed Angelo Albano sieno colpevoli di complicità ne' citati reati?

3.° Consta in fine che Francesco Troia avesse profferito discorsi sediziosi atti a spargere il malcontento contro il Governo?

Considerando che il pubblico esame ha apprestato i seguenti

FATTI

1.° Che nel giorno 5 dell'antiscorso mese di luglio D. Giuseppe Minneci, perduta in Palermo l'unica sua figlia per attacco letale del morbo asiatico, si deliberò cangiar di domicilio e fuggire alla campagna.

2.° Insieme a due suoi figli D. Giovanni e D. Francesco si incamminarono alla volta del Parco. Arrivati presso il villaggio della Grazia, fu il misero galantuomo D. Giuseppe colpito di cholera, e si giacque per terra inabilitato di proseguire il viaggio; a cura del figliuol maggiore, D. Giovanni, fu accompagnato a stento sino al Convento de' minori osservanti di S. Francesco in quel villaggio, e da quei religiosi ottenne la chiave di stanza terrana collaterale alla porteria, destinata pe' miseri di quelle contrade che venissero dal morbo attaccati.

3.º Fu quivi assistito dai suoi figliuoli fino al giorno 8, ma sventura volle che attaccato anche il primo di essi, D. Giovanni, dallo stesso morbo desolatore, fu costretto ritornare in Palermo, lusingato potere riedere al dimani.

In fatti nel citato giorno 8 sabato lasciò presso il genitore il minore fratello giovanetto D. Francesco di circa 16 anni, e cercò stipendiare una persona per accudire lo infermo ed il fratello durante l'assenza sua, e mosse per Palermo a circa 21 ora e più.

4.º La persona procurata dal massaro di quella attigua chiesa fu un tale Gaetano Riggio, alias Scippavigne, liquidato germano uterino degli accusati Benedetto e Giovanni Lo Biundo, alias Scippavigne.

5.º Lo assistente Riggio si prese briga di dare a lavare a sua moglie taluni effetti dello infermo D. Giuseppe; costei si fece scrupolo frugar la tasca di un calzone, e nel trovarvi un cartoccio di poche pillole astringenti, e due cartelline di rabarbaro, che quell'infelice seco portava per le occorrenze, supponendo veleni quei medicinali, proclamò nel vicinato *aver trovato il veleno, aver discoverti i traditori, la causa della desolazione del morbo*, che infettava allora anche quella contrada.

6.º Que' villici malintenzionati per indole, profittano dell'annunciata scoperta vieppiù inebriata la di loro alterata fantasia, tumultuarono, accorsero in numeroso stuolo alle ore 22 circa di quel giorno stesso, 8 luglio, alla stanza ove lo innocente colerico Minneci lottava con lenta morte.

Gli presentarono quelle pillole, quel rabarbaro, e lo forzarono tracannarle. Il misero aderisce in parte, chiede tempo un'ora per le rimanenti, quella turba furente non sente pietà, non ragione, non preci, lo forzano, ed egli ubbidisce e tutto ingoia.

La moltitudine si allontana quasi paga dell'operato, ma medita vendetta, e vendetta crudele.

Il dimani dunque, giorno di Domenica, que' forsennati malvagi tornarono buona parte in armi, alcuni batton furenti la porta del convento con minacce di esterminio a que' religiosi, li obbligarono aprire la chiesa, la sepoltura per introdurvi gli spenti lor parenti come dicevano.

Tre di essi, Giuseppe Bruschetti, Giovanni e Benedetto fratelli lo Biundo furono i manigoldi che si accinsero a solenne sacrificio. Entrano nella stanza delle designate vittime, quel serviente Riggio più non vi era dalla sera, si danno a pugnalare l'innocente creatura; abbattuto e percosso a morte, Giovanni colla manca mano il trascina per terra e con lunga arma bianca, che imbrandiva nell'altra, ripeteva colpi crudeli. Il depone nuotante nel proprio sangue in centro allo allo stradone, Bruschetti e Benedetto picchiano il convento, aperto da fra Francesco da Carini, entran furenti, diriggonsi alla stalla, si carican di legna e paglia, sortono ed ammonticchiano sulla vittima, Benedetto rientra nel convento, prende dalla cucina un tizzo acceso, sorte; Bruschetti trae da sotto i preparati combustibili il ragazzo, gli vibra a man rovescia ultimo colpo ferale di traverso sul viso e il gitta sul rogo, tosto Benedetto l'accende, e fra le fiamme divoratrici udiansi i gemiti di quella creatura innocente, che lo spirito esalava in varie morti. Non satolli di sangue, Giovanni torna alla stanza, ne strappa il canuto D. Giuseppe, lo trascina pe' piedi, lo appressa al rogo; Bruschetti gli vibra a traverso le gambe ultimo colpo, e quindi i tre scellerati, sospeso da terra il lancian sulle fiamme, e così quel misero fu spento di Cholera, di ferro, di fuoco col tenero suo figlio.

D. Giovanni Minneci, ritenuto dal morbo in Palermo invia il germano D. Salvatore la mattina stessa del 9; questi si reca alla dimora indicatagli, e vi giunse verso le ore 16; la porta chiusa rinviene, e richiede notizie da' conventuali, ma non è soddisfatto, di là ritorce il piede, in un ragazzo s'imbatte, a costui fa ricerca, quegli addita un mucchio di brune ceneri, nelle quali osserva due massi nerissimi d'umane forme, da questo ode esser quelli gli avanzi di padre e figlio che cercava testè massacrati e bruciati: concepisce il caso; gli si abberra il sangue. Accorser quivi pria pochi, poi ebbra numerosa turba, e perchè interesse mostrava a quo' miseri avanzi, lo assalgono, il percuotono, di sua vita deliberano, chi come i primi propone la fine, chi al albero sospeso moschettarlo il condanna. Ragunansi a quell'a scena curiose le donne, impietosite allo aspetto dello infelice, nol credono di veleni propinatore, a non sacrificarlo consigliano, coloro cedono, ed egli tremante si allontana.

Quello scempio, i propinatori, il veleno, fu motto di guerra civile, scudo a' sediziosi che disposti attendevano.

Come in quella villa, tumultuarono nelle vicine campagne, al dimani 10 luglio levaronsi in armi, taluni eccitando, altri corrono al Parco ad associar ribaldi a comun causa; guidava altri gli ammutinati armi a raccorre, ne ottengono da' pacifici possidenti, onde affrontare la regia truppa, che ivi recavasi a dar sacco e strage come spargevano.

Fino a 30 circa i sedotti, fur visti con armature diverse, anche inermi seguivali inebriata turba.

Mancangli da' Parchitani soccorsi seguaci, al sentir l'arrivo delle truppe alla Grazia, senza forza ad opporsi si dissiparono, e cercando scampo nella fuga per le dominanti campagne.

Nelle ore p. m. del giorno 10 accede colà il giudice e la forza pubblica, si ricerca, s'investiga, e si trovan sepolto le reliquie carbonizzate di quelle vittime, che da professori nello stato in cui erano ridotte, giudicarono a stenti essere umani corpi, e corpi di sesso maschile dalla forma delle ossa, mancando gli arti ed ogni membro, e per commendevole zelo di questo Magistrato furono raccolte le pronte indagini sugli autori del misfatto.

Considerando che dall'uffiziale della polizia giudiziaria fu ben assodata la pruova della esistenza del primo reato, colla invenzione delle reliquie de' cadaveri non del tutto dalle fiamme divorati, e sebbene ignoti erano alla giustizia, pure si è liquidato esser quelli di D. Giuseppe e D. Francesco, padre e figlio Minneci, quelli stessi che fino al giorno 8 furono veduti nella stanza attigua al convento della Grazia, e che più non esistono;

Considerando nella specie che sotto la santità del giuramento è ad evidenza provato col concorde detto ditre religiosi fra Camillo da Palermo, fra Francesco da Carini, fra Benedetto da Vicari che furono spettatori di quell'empia tragedia, e dell'altro Vito Giorlando serviente del convento, che gli autori del misfatto furono Giuseppe Bruschetti Benedetto e Giovanni fratelli Lo Bianco alias Scippavigne;

Considerando esser contestata la causa cui spinse que' forsennati a delinquere, di essere state quel'e vittime proclamate propinatrici di veleno;

Considerando che alcuno de' tre accusati Bruschetti, e Benedetto e Giovanni Lo Biundo fu liquidato e da alcuno indicato fra loro che nel dì successivo al reato si levarono in arme, promovendo, ed eccitando sommossa popolare, nè alcuno di questi ad essi consorti nella esecuzione del misfatto, talchè possa aversi certezza che tali reati abbian precisa connessione tra loro;

Considerando che dall'attentato del giorno 8 contro D. Giuseppe e D. Francesco Minneci, e l'esecuzione del misfatto al dì seguente è evidente pruova della decisa volontà a delinquere, e che il reo disegno fu a sangue freddo premeditato dagli accusati che lo consumarono;

Considerando che prestabilito che questo enorme misfatto abbia origine dalla simulata credenza, che i massacrati Minneci fosser di veleni propinatori e che sebbene non sia provato che gli autori degli eccidii e della sollevazione fosser tra essi in rapporto pure il reato commesso da Bruschetti e fratelli Lo Biundo è da ritenersi di assoluta eccezione, e quelli appunto contemplati nella ordinanza da questo Real Governo emanata gli 11 luglio ultimo, e quindi dell'assoluta cognizione di questa Commissione Militare;

Considerando che i tre misfattori furono assicurati alla giustizia lungi da' loro domicili due al Parco, ed un terzo sorpreso in aperta campagna, locchè anche prova, che cercavano sottrarsi alla vendetta della Legge;

Considerando che in ordine alla sviluppata sedizione armata nella campagna prossima al Villaggio della Grazia a' 10 luglio, che i fatti precedenti, e concomitanti al reato sono stati con documenti, e testimoni validamente contestati;

Considerando che non cade dubbiezza che quei tra' sollevati che vennero chiaramente indicati conosciuti, e liquidati tra gli accusati presenti in giudizio furono Francesco Mercadante—Giovanni Faraone—Giuseppe Vecchio alias il Coniglionese—Gioacchino Martorana,—Liborio Martorana—Benedetto Martorana ed Angelo Albano;

Considerando che ciascuno di essi per la sua parte furono eccitatori, inducendo altri ad armarsi, e distinti tra' sollevati, che con minacce di incendiare
le messi pretesero ed ottennero un fucile da D. Castrense Giambruno col mezzo
di D. Gaetano Giunta da essi stessi obbligato;

Considerando che costoro nello essersi armati e sollevati se non furono con-
tinuati i loro eccessi e verificati i minacciati incendi la strage e si sono da per
loro stessi dispersi, è stato il solo effetto delle circostanze fortuite ed indipendenti dalla di loro volontà per mancare di mezzi sufficienti per affrontar la forza
accorsa per reprimerli;

Considerando che in particolare Giuseppe Vecchio risultando imputato nelle
fedi di perquisizione di gravi reati, e che nel luogo ove domiciliava al momento
del suo arresto si rinvenne una pistola, un cangiarro e delle cartucce a palla, è
prova indubitata che inveterato nei delitti ne avea preparato i mezzi;

Considerando d'altra parte che sebbene si fosse denunziato che Francesco
Troia avesse pronunziato discorsi atti a spargere malcontento contro il Governo, e false voci che il flagello del cholera non era che l'effetto dei veleni, pure
ciò è rimasto assai vagamente contestato nella discussione pubblica, nè avvalorato da detto di verun testimonio, locchè valutato opportunamente dai Giudici non è stato sufficiente portar nell'animo loro la piena convinzione da renderli moralmente certi della sua colpa;

Considerando infine che per l'altro accusato Giovanni Tusa alias Nico anche
denunziato di avere gridato *alle armi* senza mischiarsi a sollevati, tale accusa
non è stata sostenuta dal denunziante sotto la santità del giuramento avendo
spiegato che dallo interno della sua stanza intese la voce *alle armi* ma non
vide da chi pronunziata, e che intese poi per voce popolare che fosse stata lo
indicato Giovanni Tusa, accusa rimasta limitata ne' semplici detti del denunziante, ciocchè non è stato bastevole al convincimento della sua reità;

PER SIFFATTE CONSIDERAZIONI

LA COMMISSIONE MILITARE

Alla unanimità dei voti ha dichiarato e dichiara:

1.° *Constare* d'essere i sopracitati Giovanni Braschetti, Benedetto e Giovanni
Lo Biundo fratelli colpevoli dei premeditati omicidi nelle persone di D. Giuseppe e D. Francesco Minneci, avendoli pria massacrati e poi dati semivivi alle
fiamme sotto pretesto di propinatori di veleno.

2.° Non constare che gli altri Francesco Mercadante, Giovanni Faraone, Giuseppe Vecchio alias il Coniglionese, Gioacchino Martorana, Benedetto Martorana ed Angelo Albano sieno colpevoli di eccitamento alla guerra civile, ma
bensì *constare* di essere colpevoli di averla tentata.

3.° Non *constare* abbastanza che Francesco Troia e Giovanni Tusa sien colpevoli dei rispettivi reati di cui vennero accusati.

Risoluti in tal modo le questioni di fatto, il signor Presidente ha proposta l'altra

QUESTIONE DI DRITTO

Qual'è la pena applicabile per legge ai misfatti di cui i nominati Giuseppe Bruschetti, Benedetto Lo Biundo, Giovanni Lo B:undo e Francesco Mercadante, Giovanni Faraone, Giuseppe Vecchio, Gioacchino Martorana, Benedetto Martorana, Liborio Martorana ed Angelo Albano sono stati dichiarati colpevoli?

RACCOLTI I VOTI

La Commissione Militare:

Considerando che la pena dovuta ai primi colpevoli Giuseppe Bruschetti, Benedetto e Giovanni Lo Biundo è quella fulminata dagli articoli 351 e 352 delle Leggi Penali così espresse:

351. La premeditazione consiste nel disegno formato prima dell'azione contro la persona di un individuo determinato o anche contro la persona di un individuo indeterminato, che sarà trovato o incontrato, quando anche se ne faccia dipendere la esecuzione dal concorso di qualche circostanza o condizione.

352. Sarà punito colla morte.

4.° L'omicidio premeditato.

5.° L'omicidio in persona di chi non è l'offensore dell'omicida, per vendicare un'offesa da altri ricevuta.

6.° L'omicidio che abbia per oggetto l'impunità o la soppressione della pruova di un reato o la facilitazione di un altro reato, benchè l'oggetto non se ne sia ottenuto.

7.° L'omicidio per altrui mandato sia mercenario, sia gratuito.

Considerando per gli altri colpevoli Francesco Mercadante, Giovanni Faraone, Giuseppe Vecchio, Gioacchino Martorana, Liborio Martorana, Benedetto Martorana ed Angelo Albano, la pena da infliggersi è quella contemplata negli articoli 129 e 132 delle stesse Leggi Penali così concepiti:

129. Chiunque ecciterà la guerra civile tra popolazione e popolazione del Regno e tra gli abitanti di una stessa popolazione, armandogli o inducendogli ad armarsi gli uni contro gli altri è punito colla morte.

132. Ne' casi preveduti nei tre precedenti articoli il misfatto mancato è punito come il consumato: il tentativo, la cospirazione o l'attentato sono puniti col secondo al terzo grado dei ferri.

Considerando che per gli ultimi due Benedetto Martorana ed Angelo Albano concorrendo in essi la età minore di anni 18 la pena lor dovuta diminuir deve di gradi ai sensi dell'art. 66 delle medesime leggi;

39

A VOTI UNIFORMI

Ha condannato e condanna

Alla pena di morte :

1. Giuseppe Bruschetti.
2. Benedetto Lo Biundo.
3. Giovanni Lo Biundo.

Al massimo del terzo grado de' ferri per anni ventiquattro :

4 Francesco Mercadante.
5. Giovanni Faraone.
6. Giuseppe Vecchio.
7. Gioacchino Martorana.

Al massimo del secondo grado dei ferri per anni diciotto :

8. Liborio Martorana.

Ad anni 10 di reclusione :

9. Benedetto Martorana.
10. Angelo Albano.

E dopo espiata la pena alla malleveria per anni tre con sicurtà di duc. 300 e tutti solidariamente alle spese del presente giudizio, liquidate nella somma di duc. . . . e da liquidarsi a favor della Reale Tesoreria, a' sensi dell' articolo 34 LL. PP. e 296 del Codice di rito.

ORDINA

1. Che la condanna di morte pronunziata contro Giuseppe Bruschetti, Benedetto e Giovanni fratelli Lo Biundo debba eseguirsi colla fucilazione fra il termine improrogabile di tre ore.

2. Che Francesco Troia sia ritenuto sotto lo stesso modo di custodia e Giovanni Tusa alias Nico sia messo in libertà provvisionale e si proceda ad una più ampia istruzione ai termini dell'articolo 273 dello Statuto Penale Militare, la quale dovrà versare per quanto è possibile

1. Ad ottenersi altra pruova in ispecie che convalidi i discorsi criminosi tenuti da Francesco Troia a D. Gaetano Giunta, cercando di ripeter da questi una più chiara definizione delle parole pronunziate.

2. Per Tusa a procurare di liquidare le persone che intesero gridare *alle armi* nelle ore vespertine del 10 dell'antiscorso mese di luglio e che poi il riferirono al denunziante.

3. Ed infine a cercare ogni mezzo che stimerà utile allo sviluppo della verità a norma delllarticolo 297 e seguenti dello statuto.

4. Ed in ultimo che della presente sentenza ne sieno impressi 200 esemplari per le stampe da pubblicarsi e diramarsi alle autorità competenti.

Il tutto a cura e diligenza del signor Capitano Relatore P. M.

Fatta, letta e pubblicata oggi in continuazione del dibattimento nel forte di Castellammare li 2 settembre 1837 allo ore tre pomeridiane.

Cav. Ludovico Matina Colonnello Presidente.

Cav. Giuseppe Ferrara Capitano Giudice.

Cav. Giobbe Romanzi Capitano Giudice.

Cav. Francesco Vallese Capitano Giudice.

Antonio Albertis 1° Tenente Giudice.

Giovanni Forte 1° Tenente Giudice.

Gaetano Bellini Capitano Relatore P. Ministero.

Barone Giovanni Ondes Procuratore Generale del Re Sostituto presso la Gran Corte Civile, uomo di legge.

2° Sergente Francesco D'Avella Cancelliere.

Per copia conforme
Il Cancelliere
Francesco D'Avella, sergente.

Visto
Il Capitano Relatore P. M.
Gaetano Bellini.

(Archivio citato).

DOCUMENTO N. LXVII.

Sentenza della Commissione Militare permanente della Valle di Palermo.

Ferdinando II per la grazia di Dio, Re del Regno delle due Sicilie, di Gerusalemme ec., Duca di Parma, Piacenza, Castro ec. ec., Gran Principe Ereditario di Toscana ec. ec. ec.

La Commissione Militare permanente della Valle di Palermo, creata con ispecial ordinanza dell'11 luglio da S. E. il Principe di Campofranco. Luogotenente Generale in questa parte de' Reali domini, composta dai signori:

Presidente: Colonnello Cav. D. Ludovico Matina di Artiglieria.

Giudici: Capitano Cav. D. Giobbe Romanzi del 1° di Linea Re. — Capitano Cav. D. Francesco Vallejo del 2° di Linea Regina. — Capitano D. Gennaro De Castro del 2° di Linea Regina. — 1° Tenente D. Antonio Albertis del 1° Granatiere della Guardia. — 2° Tenente D. Emmanuele Moleti del 2° di Linea Regina.

Relatore: Capitano D. Gaetano Bellini de' Veterani.

Coll'intervento del signor Consigliere Procuratore Generale del Re presso la Gran Corte Civile di Palermo D. Paolino Nicastro, qual uomo di legge.

Assistita dal 2º Sergente Francesco D'Avella del 1º di Linea Re, Cancelliere.

Riunita nell'Aula Criminale della Gran Corte per espressa disposizione del Governo per giudicare.

1. Giuseppe Cottone figlio del fu Andrea, di anni 48, nato e domiciliato a Villa Abate, beccaio.

2. Gaetano Scaduto di Giovanni, di anni 24, nato e domiciliato in Villa Abate, carrettiere.

3. Michele Alajmo alias *Tallarito* di Giacomo, di anni 25, nato e domiciliato a Villa Abate, tamburinaro.

4. Antonino Lazzaro del fu Pietro, di anni 25, da Villa Abate, domiciliato a' Ficarazzi, bocciere.

5. Stefano Miano alias *Chiurillo* del fu Giuseppe, di anni 25, nato e domiciliato in Abate, macellaio.

6. Isidoro Cavarretta del fu Giuseppe, di anni 32, nato e domiciliato in Abate, bracciale.

7. Vincenzo Lamio di Bartolomeo, di anni 28, nato e domiciliato in Abate, fornaro.

8. Salvatore Russo del fu Pietro, di anni 26, da Villa Abate, quivi domiciliato, borgese.

9. Girolamo Alajmo del fu Pietro, di anni 26, nato e domiciliato in Abate, bracciale.

10. Giuseppe Morici di Vincenzo, di anni 25, da Villa Abate, ivi domiciliato, borgese.

11. Benedetto d'Amico di Domenico, di anni 28, nato e domiciliato in Abate, villico.

12. Gaetano Spina di Francesco, di anni 21, nativo delle campagne di Palermo, domiciliato presso Abate, bracciale.

13. Emanuele Figlia di Giovanni, di anni 17, da Villa Abate, ivi domiciliato, carrettiere.

14. Antonio Scibona detto di *Calogero*, del fu Vincenzo, di anni 21, nato e domiciliato a' Ciaculli, contrada nelle campagne di Palermo, bracciale.

15. Giacomo Ferriolo del fu Filippo, di anni 21, da Palermo, domiciliato alla polveriera presso Villa Abate, villico.

16. Giuseppe Piaciotta del fu Francesco Paolo, di anni 40, nato e domiciliato in Abate, carrettiere.

ACCUSATI

Di reati contro la sicurezza interna dello Stato,
previsti dagli articoli 129, 130 e 131 Codice parte seconda.

17. Ignazio Visconti del fu Pietro, di anni 38, da Villa Abate, ivi domiciliato, barbiere.

18. Isidoro Pravatà del fu D. Simone, di anni 23, nato e domiciliato a Villa Abate, calzolaio.

19. Antonino Costa del fu Nicola, di anni 36, nato e domiciliato in Villa Abate, bracciale.

20. Carmelo Mansueto del fu Vincenzo, di anni 19, nato e domiciliato in Villa Abate, bracciale.

21. Nicolò Colajanni del fu Gaetano, di anni 29, nato e domiciliato in Villa Abate, bracciale.

22. Francesco Nicolino del fu Gaspare, di anni 49, da Villa Abate, ivi domiciliato, merciere.

23. Giovanni Costantino del fu Vincenzo, di anni 23, da Palermo, domiciliato in Abate, calzolaio.

24. Nicola Squillace detto *Cararello* del fu Francesco, di anni 37, nato in Villa Abate, domiciliato in Palermo, sensale di paglia.

25. Ignazio Scaduto del fu Gaetano, di anni 27, nato e domiciliato in Villa Abate, proprietario.

26. Domenico Fascella di Felice, di anni 23, da Misilmeri, ivi domiciliato, campagnuolo.

27. Gaetano Priolo di Stefano, di anni 20, nato in Misilmeri, quivi domiciliato, giardiniere.

28. Antonino La Licata del fu Nicolò, di anni 36, da Marineo, domiciliato in Villa Abate, di condizione bottaro.

29. Matteo Pandolfo del fu Nicolò, di anni 38, nato a' Colli, domiciliato a Villa Abate, calzolaio.

30. Gaetano Pitarreso del fu Salvatore, di anni 24, nato e domiciliato a Villa Abate, di condizione villico.

31. Giuseppe Mansueto del fu Vincenzo, di anni 25, nato e domiciliato nel Villaggio di Abate, bracciale.

32. Giovanni Terrana del fu Andrea, di anni 44, da Palermo, domiciliato a Villa Abate, tornaio.

33. Francesco Marennino del fu Giusto, di anni 23, nato in Misilmeri, domiciliato in Palermo, bettoliere.

34. Angelo Terranova del fu Giuseppe, di anni 23, da Villa Abate, ivi domiciliato, bracciale.

35. Pietro Falletta del fu Francesco, di anni 42, nato e domiciliato in Villa Abate, villico.

36. Paolo Alajmo del fu Pietro, di anni 34, nato nel Villaggio di Abate, ivi domiciliato, bracciale.

37. Francesco Caronia del fu Giuseppe, di anni 34, da Villa Abate, ivi domiciliato, di condizione villico.

38. Domenico Alajmo del fu Girolamo, di anni 34, nato e domiciliato in Villa Abate, bracciale.

39. Francesco Visconti del fu Pietro, di anni 50, nato nel villaggio di A-bate, domiciliato quivi, barbiere.

40. Giuseppe Lomonaco del fu Paolino, di anni 50 nato e domiciliato in Abate, venditore.

41. Giuseppe Tesauro del fu Paolo, di anni 22, da Villa Abate, pastaio.

42. Filippo Di Paco del fu Vincenzo, di anni 50, nato e domiciliato a Villa Abate, beccajo.

43. Rosario Dominici del fu Francesco, di anni 40, da Palermo, domiciliato in Villa Abate, bottajo.

44. Simone Figlia del fu Gabriele, di anni 46, nato e domiciliato in Villa Abate, bottegaro.

45. Salvatore Zuccardi del fu Natale, di anni 35, da Girgenti, domiciliato in Abate, bracciale.

46. Ignazio Castelli di Giuseppe, di anni 25, nato a Villa Abate, domiciliato a' Ficarazzi, villico.

47. Giovanni Enea del fu Gaetano, da Palermo, di anni 40, domiciliato in Villa Abate, bottaro.

48. Giuseppe Prestigiacomo del fu Calogero, di anni 22, nato iu Villa A-bate, ivi domiciliato, bracciale.

49. Giovanni Lanno del fu Giuseppe, da Palermo, domiciliato in Villa A-bate, carrettiere.

50. Filippo Alaimo alias *Tiringrazio* del fu Girolamo, di anni 53, nato e do-miciliato in Villa Abate, bracciale.

51. Andrea Cottone di Giuseppe, di anni 25, da Villa Abate, domiciliato a' Ficarazzi, beccaio.

52. Antonino Cottone di Giuseppe, di anni 9, nato e domiciliato in Villa A-bate, beccaio.

53. Francesco Cottone di Giuseppe, di anni 10, nato nel villaggio di Abate, ivi domiciliato, beccaio.

54. Onofrio Billesi del fu Simone, di anni 27, nato e domiciliato a Villa A-bate, carrettiere.

55. Giuseppe Russo alias *Pecorella* del fu Giovan Battista, di anni 34, nato e domiciliato in Villa Abate, bracciale.

56. Alberto Dominici del fu Francesco, di anni 59, da Palermo, domiciliato in Villa Abate, di condizione bottaro.

57. Francesco Cutrona del fu Bernardo, di anni 19, da Palermo, domiciliato a Roccella, calzolaio.

53. Antonino Scuderi del fu Filippo, di anni 45, nato in Palermo, domici-liato alla Roccella, calzolaio.

59. Francesco Mazzerbo di Alessandro, di anni 12, nato e domiciliato a Villa Abate, bracciale.

60. Nicolò Cilluffo alias *Paduano* di Antonino, di anni 26, da Villa Abate, ivi domiciliato, villico.

61. Carmelo Notaro del fu Giuseppe, di anni 30, nato nel villaggio di Abate, ivi domiciliato, bracciale.

62. Francesca Rilla, figlia di Domenico Pisciotta, di anni 25, da Villa Abate, ivi domiciliata.

63. Filippa Colajanni, moglie di Nicolò Colajanni, figlia del fu Agostino Cocchiara, di anni 25, da Villa Abate, ivi domiciliata.

64. Nicoletta Mansueto del fu Gaetano Colajanni, di anni 44, nata o domiciliata in Abate.

65. Lucrezia Savarino del fu Angelo, di anni 42, da Villa Abate, ivi domiciliata.

66. Maria Antonia Vitale, di Antonino Guttadauro, di anni 29, da Villa Abate, ivi domiciliata.

67. Maria Miano del fu Stefano Cottone, di anni 51, nata nel Villaggio di Abate, ivi domiciliata.

68. Agostino Perlongo di Mariano, di anni 46, nato e domiciliato in Abate, uomo d'arme e guardiano

PREVENUTI

Di complicità negli anzidetti reati contemplati dagli articoli 74, 75, 129, 130 e 131 Codice suddetto;

Inteso il Relatore nel suo rapporto;

Letti i documenti necessari;

Intesi in pubblica discussione i testimoni tanto a carico che a discarico;

Udito il Capitano Relatore nelle sue orali conclusioni, con le quali confermando l'accusa ha chiesto dichiararsi

I.

1. Giuseppe Cottone.
2. Gaetano Scaduto.
3. Michele Alajmo alias *Tallarita*.
4. Antonino Lazzaro.
5. Stefano Miano alias *Chiuvillo*.
6. Salvatore Russo.
7. Benedetto d'Amico.
8. Gaetano Spina.
9. Antonino Scibona detto *di Calogero*.
10. Giacomo Ferriolo.
11. Giuseppe Pisciotta.

colpevoli de' reati contro la sicurezza interna dello stato, previsti dagli art. 130, 131 Codice, parte 2ª, e condannati alla pena di morte da eseguirsi colla fucilazione in Villa Abate, ove commisero la strage.

II.

Modificando l'accusa per

1. Isidoro Cavarretta.
2. Girolamo Alaimo.
3. Giuseppe Morici.
4. Emanuele Figlia.

Sostenendola per

5. Ignazio Visconti.
6. Antonino Costa.
7. Giovanni Costantino.
8. Ignazio Scaduto.
9. Giuseppe Mansueto.
10. Giuseppe Tesauro.
11. Filippo Di Pace.
12. Filippo Alajmo alias *Tiringrazio*.
13 Agostino Perlongo.

Ha chiesto dichiararsi colpevoli di complicità negli anzidetti reati e condannarli ai sensi degli articoli 74, n. 3 o 4, 75, 31, 34, leggi penali, alla pena di venticinque anni di ferri, tranne *Emanuele Figlia*, che essendo minorenne, ha chiesto che fosse condannato alla pena del 3° grado dei ferri, applicata nel *minimo* del tempo, da espiarla nel presidio; o dopo espiata la pena alla malleveria di anni 3, con sicurtà di ducati 300, e tutti solidalmente alle spese del giudizio per l'art. 296 Codice di rito penale.

III.

Ritrattando quindi l'accusa per

1. Vincenzo Lamio.
2. Isidoro Pravatà.
3. Carmelo Mansueto.
4. Nicolò Colajanni.
5. Francesco Nicolino.
6. Nicola Squillace alias *Caravello*.
7. Domenico Fascella.
8. Gaetano Priolo.
9. Antonino La Licata.
10. Matteo Pandolfo.
11. Gaetano Pitarrese.
12. Giovanni Terrana.
13. Francesco Marennino.
14. Angelo Terranova.
15. Pietro Falletta.
16. Paolo Alajmo.
17. Domenico Alajmo
18. Francesco Caronia.
19. Francesco Visconti.
20. Giuseppe Lo Monaco.
21. Rosario Dominici.
22. Simone Figlia.
23. Salvatore Zuccardi.
24. Ignazio Castelli.
25. Giovanni Enea.
26. Giuseppe Prestigiacomo.
27. Giovanni Lanno.
28. Andrea Cottone.
29. Antonino Cottone.
30. Francesco Cottone.

31. Onofrio Billosi.
32. Giuseppe Russo alias *Pecorella.*
33. Alberto Dominici.
34. Francesco Cutrona.
35. Antonino Scuderi.
36. Francesco Mazzerbo.
37. Nicolò Cilluffo alias *Fadaano.*

38. Carmelo Notaro.
39. Francesca Riilla.
40. Filippa Colajanni.
41. Nicoletta Mansueto.
42. Lucrezia Savarino.
43. Maria Antonia Vitale.
44. Maria Miano.

Ha chiesto dichiararsi *constare* non esser colpevoli per il 24° *Ignazio Castelli* e 28° *Andrea Cottone,* e che sieno rilasciati in libertà per precetto dello art. 271 dello Statuto penale militare.

E per tutti gli altri non *constare* abbastanza la di loro colpabilità, o ordinarsi

1.° Che il 1° *Vincenzo Lamio,* 3° *Carmelo Mansueto,* 21° *Rosario Dominici,* 22° *Simone Figlia* e 23° *Salvatore Zuccardi* sieno ritenuti in carcere per una più ampia istruzione.

2.° Che il 27° *Giovanni Lanno,* 32° *Giuseppe Russo,* 34° *Francesco Cutrona,* 35° *Antonino Scuderi* e 36° *Francesco Mazzerbo* essendo, imputati di reati comuni, sieno passati sotto lo stesso modo di custodia a disposizione del potere ordinario.

3.° Che la 39° *Francesca Riilla* sia messa a disposizione della Polizia Generale per le vociferazioni di propinazione di veleni.

4.° In fine che gli altri sieno provvisoriamente abilitati o messi alla sorveglianza della Polizia.

Intesi i difensori degli accusati nelle loro allegazioni;

LA COMMISSIONE MILITARE

Ritirata in camera deliberativa

Inteso l'uomo di legge nel suo avviso, il quale ha opinato dichiararsi

L

1. Gaetano Scaduto,
2. Michele Alajmo,
3. Antonino Lazzaro,
4. Stefano Miano,

5. Salvatore Russo,
6. Benedetto D'Amico,
7. Gaetano Spina,
8. Giuseppe Pisciotta,

colpevoli di reati contro la sicurezza interna dello stato, contemplati dagli articoli 130 e 131 Codice, parte 2ª, e condannati alla pena di morte da eseguirsi con la fucilazione nel Borgo di Abate, ove commisero la strage.

II.

Dichiararsi *constare* essere colpevoli di complicità non necessaria negli anzidetti reati

1. Giuseppe Cottone,
2. Isidoro Cavarretta,
3. Filippo Alajmo alias *Tiringrazio*,
4. Antonio Costa,
5. Emanuele Figlia,

e condannarsi alla pena di ferri, 4° grado, per gli anzicitati articoli 130 e 131 e 74, n. 3 e 4 del Codice stesso;

Cioè:

Al *massimo* della pena per anni 30:
Giuseppe Cottone.

Al *minimo* del grado per 25 anni:
Isidoro Cavarretta,
Filippo Alajmo,
Antonino Costa.

Emanuele Figlia per la sua minore età, al 3° grado di ferri per anni 19, da espiarli nel presidio a' sensi dell'art. 66 del succitato Codice.

E alla malleveria per anni 3, con sicurtà di ducati 300, e tutti solidalmente alle *spese del giudicato* a favore del R. Tesoro.

III.

Non *constare* abbastanza d'essere colpevoli della complicità di cui vennero accusati

1. Vincenzo Lamio,
2. Girolamo Alajmo,
3. Giuseppe Morici,
4. Antonino Scibona,
5. Giacomo Firriolo,
6. Ignazio Visconti,
7. Carmelo Mansueto,
8. Giovanni Costantino,
9. Rosario Dominici,
10. Isidoro Pravatà,
11. Nicolò Colajanni,
12. Simone Figlia,
13. Salvatore Zuccardi,
14. Francesco Riilla,
15. Ignazio Scaduto,
16. Giuseppe Tesauro,
17. Filippo Di Pace,
18. Agostino Perlongo,
19. M. Antonio Vitale,
20. Antonino Scuderi,
21. Giuseppe Mansueto;

Con ordinarsi

1. Che il 1° *Lamio*, 2° *Alajmo*, 4° *Scibona*, 5° *Firriolò*, 8° *Costantino*, 15° *Scaduto*, 16° *Tesauro*, 17° *Di Pace*, 18° *Perlongo* e 21 *Mansueto* sieno ritenuti in carcere per una più ampia istruzione;

2. Che il 19° *Scuderi* rinviato sotto lo stesso modo di custodia ai tribunali competenti po' reati comuni,

3. E gli altri abilitati provvisoriamente e messi alla vigilanza della Polizia.

IV.

Constare non essere colpevoli de' reati loro accusati tutti i rimanenti, e ordinarsi la -di loro immediata libertà, eccetto *Giovanni Lanno, Giuseppe Russo, Francesco Cutrona* e *Francesco Mazzerbò* da ritenersi in carcere a disposizione dell'autorità competente pe' reati comuni di cui si trovano imputati.

Il Presidente ha messo alle voci le seguenti

QUISTIONI DI FATTO

I.

Consta che Giuseppe Cottone, Gaetano Scaduto, Michele Alajmo alias *Tallarita*, Antonino Lazzaro, Stefano Miano alias *Chiuvillo*, Salvatore Russo, Benedetto D'Amico, Gaetano Spina, Antonino Scibona detto di *Calogero*, Giacomo Ferriolo e Giuseppe Pisciotta, sieno colpevoli di reati contro la sicurezza interna dello Stato, contemplati dagli articoli 130 e 131 Codice parte 2ª?

II.

Consta che Isidoro Cavarretta, Girolamo Alajmo, Giuseppe Morici, Emanuele Figlia, Ignazio Visconti, Antonino Costa, Giovanni Costantino, Ignazio Scaduto, Giuseppe Mansueto, Giuseppe Tesauro, Filippo Di Pace, Filippo Alajmo alias *Tiringrazio*, Agostino Perlongo, Vincenzo Lamio, Isidoro Pravatà, Carmelo Mansueto, Nicolò Colajanni, Francesco Nicolino, Nicola Squillace alias *Caravello*, Domenico Fascella, Gaetano Priolo, Antonino La Licata, Matteo Pandolfo, Gaetano Pitarrese, Giovanni Terrana, Francesco Marennino, Angelo Terranova, Pietro Falletta, Paolo Alajmo, Domenico Alaimo, Francesco Caronia, Francesco Visconti, Giuseppe Lo Monaco, Rosario Dominici, Simone Figlia, Salvatore Zuccardi, Ignazio Castelli, Giovanni Enea, Giuseppe Prestigiacomo, Giovanni Lanno, Andrea Cottone, Antonino Cottone, Francesco Cottone, Onofrio Billesi, Giuseppe Russo alias *Pecorella*, Alberto Dominici, Francesco Cutrona, Antonino Scuderi, Francesco Mazzerbò, Nicolò Cilluffo alias *Paduano*, Carmelo Notaro, Francesca Riilla, Filippa Colajanni, Nicoletta Mansueto, Lucrezia Savarino, Maria Antonia Vitale, Maria Miano siano colpevoli di complicità ne' sudetti reati?

Considerando essere risultato dalla pubblica discussione i seguenti

FATTI

Allorchè sventura volle che il pestilenziale morbo dalle Indiane regioni venisse 'ad infrangere le nostre dighe, spezzate le barriere, accanito portò s[avento, desolazione, strage in questa amena Palermo. Memoranda sventura segnerà la storia sicula, degl'impenetrabili misteri del male e degli effetti sfrenati.

Non lasciò qui di allignare il germe fantastico, che in altre capitali più vaste e non men culte d'Europa, ha recato danni maggiori, dando corpo all'idea diffusa che il flagello fosse effetto della umana perfidia, propinando veleni.

Invase le menti degl'ignoranti; aizzato il delirio da male intenzionati, sempre pronti a trar profitto dalle pubbliche calamità, alimentavano la volgare credenza, ed in vari punti dell'Isola, ove il potere non giunse a contenerli, ed ove più l'ignoranza imperava le passioni, gli odî privati divamparono in sedizioni, ed al flagello, strage si aggiunse.

Le ree intenzioni ad isfogare fur dirette alle autorità ed alla classe de' gentiluomini e possidenti, e le serpeggianti voci ed il morbo non istetter guari a dilatarsi nel ridente borgo di Abate.

Colà il morbo scoppiò ne' primi dì dell'ultimo luglio, e fino al quinto giorno i popolani preci a Dio in olocausto offrivano.

Intanto i malvagi macchinavano, ed agl'idioti, alle femine insinuavano il sospetto che i commestibili, le frutta, le droghe fosser di venefiche sostanze asperse. Sulle vie aggruppavansi, nella casa di *Salvatore Russo* congregavansi, e quivi meditavano i loro criminosi progetti.

L'agitazione degli animi crescendo coi giorni, richiamò l'attenzione dell'Ispettore locale di Polizia, che non sperando soccorso dalla Capitale in tale frangente, si deliberò consultare il Parroco del Villaggio sui mezzi d'assicurare l'ordine pubblico.

Era nota la massima influenza sulla plebe di un tal Giovanni Pitarreso, chiamato volgarmente *Napoleone*, di condizione borgese e possidente, per mantenere la pubblica tranquillità si pensò metterlo al comando della forza, che a sua proposizione fu scelta ed armata.

Questo che si credeva prudente consiglio, ebbe un esito funesto, perchè egli ed i suoi compagni furono gli autori de' disordini o della strage.

La popolare agitazione si accresceva da un istante all'altro, il delirio era al suo colmo, talchè folla, donne, fanciulli ed uomini armati corsero in cerca di coloro che si credevano propagatori del veleno. Al sorger del dì 11 il furor popolare non ebbe più freno, ed al cader del giorno stesso si die' mano alla strage.

D. Giuseppe Rodanò, uomo d'integerrima giustizia, giudice del regio del Circondario Orto Botanico, tornandone a Palermo dal villaggio di Abate, ove erasi recato, fu per via assalito ed ucciso.

Fu questo il segnale della strage, che poi in quella sera si sparse orrendamente.

Pietro Arcabasso, speziale del villaggio, assalito da *Michele Alajmo, Antonino Lazzaro, Stefano Miano, Gaetano Spina* ed altri, pugnalato, inseguìto, cercò salvarsi nella speziaria, uno stuolo di popolo con voci e con armi circondarono la casa.

Vedendo sfuggire la vittima, presa da furore la folla del popolo, circondò la casa del passato eletto D. Antonino Montaperto, ed a colpi di sassi ne ruppero i vetri, ma alla notizia che il Montaperto non era in casa, si avviarono verso la casa comunale, ove crebbe la moltitudine.

Ritornati alla speziaria dello Arcabasso per gioja gridando: *viva S. Rosalia, viva la misericordia di Dio,* taluni pensarono scalare una bassa finestra per rintracciarlo. L'accusato *Giuseppe Pisciotta* procurò una scala, vi montò il primo, e fu da altri seguìto, che discassarono la imposta a colpi di legno.

L'infelice, ferito com'era, si fece alla finestra chiedendo pietà; ma n' ebbe in risposta fucilate, dalle quali colpito cadde al di dentro. Più svelti rimontan tosto *Stefano Miano, Antonino Lazzaro,* lo stesso *Pisciotta* ed altri, con molti colpi trafitto il precipitaro dalla finestra, e poichè tuttavia semivivo, *Stefano Miano,* inteso Chiavillo, macellajo, gli immerse un coltello nella gola, e fu l'ultimo colpo.

Furibondi ritornano alla casa di D. Antonino Montaperto, ove trovarono atterriti i di lui figli che chiedevano pietà, *Stefano Miano* consigliava di ucciderli, ma la pietà prevalse, e furono salvi.

Informati, chi sa come, che il Montaperto potesse trovarsi in casa del Principe di Baucina, s'incaminano a quella volta, alcuni pel portone, altri scavalcando le basse mura della Flora al dorso del palazzo, s'introducono, e nel cortile rinvengono lo sventurato, il circondano; *Gaetano Scaduto* il conduce fuori, *evviva, evviva, eccolo... eccolo,* gridan tutti festosi, vedendolo, lo conducono, gli domandan contezza de' veleni, l'infelice ripeto la sua innocenza, chiede a *Giovanni Pitarrese* pietà, protezione da *Agostino Alajmo,* fugli risposto collo moschettato, e spinto a morte.

Quella turba diretta dal *Pitarrese* e dall'altro *Filippo Alajmo,* detto l'addannato, che investitura avea preso di *Generale,* si divide in drappelli, alcuni si recano in casa di *Antonina Mazzerbo,* che credeano stipendiata dallo Eletto a propagare veleni. Era a rifocillarsi col cadente genitore di meschino alimento, quando dal buco della chiave si scaglia loro un colpo di schioppo, che senza ferirli, li fece tremare di paura. Abbattono la porta, Ella rannicchiata, *Benedetto D'Amico* 25 colpi di canciarro le vibra, e ne rimane esangue, e sullo spirante corpo al suolo disteso, altro ancor più malvagio scaricò il fucile.

Da più numerosa, non men feroce torma di volgo fu assalita la casa di D. Salvatore Filippone, furiosamente rompendo ogni cosa che trovavano. Quel misero giovane fu trovato in remota stanza genuflesso, chiedendo la vita, ma cadde vittima del loro cieco furore.

Altra banda di popolo tumultuava nella casa dell'Ispettore Diez, e barbaramente l'uccideva, e dopo lui, fatto strazio della uccisa Anna Giardina, sua congiunta, a cui taglian le poppe, di che fama corse in quella notte di orrore, come rilevasi da un discorso tenuto dal noto duce *Pitarrese* ad altro suo compagno, e rivelato da qualche testimonio.

Francesco D'Angelo Capo-Ronda fu l'ottavo vittima immolata da altra banda sott'altro duce; ed eccone il barbaro modo. Entrano nella di lui casa, fra' primi *Agostino Alajmo*, figlio del famigerato Filippo detto il Generale, *Salvatore Russo*, *Napoleone Pitarrese* ed altri dalla superstite consorte chiaramente riconosciuti, chiedendogli contezza de' veleni, a vicenda lo percuotono con ferri, e credendolo morto lo lasciano a terra tramortito. Allora la moglie lo soccorre, lo conforta, ma ritornati i manigoldi, *Stefano Miano*, ch'era tra essi, lo trascina pe' piedi, e sul carro cogli altri martiri lo gittano ed esalò così gli ultimi respiri più crudelmente degli altri.

Filippo Caravello ebbe la stessa infelice sorte, e fu trovato il suo cadavere presso le mura del giardino del detto *Filippone*, in preda de' cani, ignorandosi gli autori della sua morte.

Non satolli di sangue, ma stanchi, alle nove vittime accennate si arrestarono per quella notte tremenda, rimettendo alla vegnente la continuazione della strage, per estinguere la classe, così detta dei *Cappedduzzi*, nome dato alle civili persone credute propagatrici dei veleni, poichè le autorità erano state uccise.

Guidate sempre le turbe da' duci, *Giovanni Pitarrese* il *Napoleone* e *Filippo Alajmo* il *Generale*, essendo sfuggito alle ricerche loro D. Pietro Billittieri, a cui non men trista sorte era preparata, si rivolsero a rintracciare delle armi, ed a rifocillarsi.

Si diressero al Casino del possidente Filippo Lojacono sulla strada consolare che traversa il villaggio, e di ordine del *Generale* fu loro somministrato pane, formaggio e vino.

Poi ebri e festanti, il *Generale* fatto montare un carro, ritornarono ai luoghi dove giacevano i cadaveri degli estinti, e presili sul carro, li portarono in campagna, gettandoli in un diseccato pozzo.

Di poi ritornati al villaggio, riuniti nella piazza, raccontavansi le bravure, il dimostrato valore, ed in pompa maggiore la ferocia loro.

Al far del giorno 12 a rintracciar si accingono le sostanze velenose, e riunito dello zucchero, de' farmaci, pasta di mandorle, nitro e cose simili nelle abitazioni degli estinti, e farmacia Arcabasso, già posta a sacco ed infrante le *stoviglie* e i cristalli, per le strade proclamavano con gioja avere rintracciato i veleni, ed avverno tolto le radici, alludendo alla strage seguita, e che ognun potesse mangiar ogni cibo con sicurezza. Con fina malizia questi materiali rinchiusi in una cassetta deposero nella cappella nel centro della piazza.

Lo intraprendente *Generale Alaimo* pensò spedire nella notte cinque officj a' suoi amici dei vicini comuni di Bagheria , Misilmeri, Marineo, Parco o Mezzagno per pubblicare le vittorie di Abbate, loro dicendo di aver trovati i veleni, uccisi i propagatori, si tenessero in guardia, e spedissero gente in loro aiuto : ciò che l'indomani fu da lui detto a D. Filippo Lojacono e D. Giuseppe D'Alessandro, che lo hanno rivelato alla giustizia, senza potersi sapere i nomi di coloro cui fur dirette le lettere.

Quei condottieri *Pitarrese* ed *Alaimo*, disposero delle incursioni nelle campagne a cercare armi e munizioni.

Ne tolsero infatti a un Veterano, che era alla custodia della batteria della *Acqua de' Corsari*, il quale riconobbe fra gli assalitori *Giovanni Costantino*, e ne tolsero in altri luoghi.

Altre perquisizioni negli adjacenti casini praticarono in suddivise guerriglie, quindi faticati e lassi, in drappelli ripiegarono sul quartiere generale di Abbate.

Intanto la nuova si diffonde in Palermo di tanto avvenimento, ed il 12 i Capi del Governo Civile e Militare senza indugio spedirono forza militare, lo apparir della quale bastò a sparpagliare i ribaldi, e si diedero a precipitosa fuga pelle colline.

La forza osservò la notte le mosse de' sediziosi, e al dì seguente accampò in Abbate.

Il Comandante Militare rianimò la fiducia degli spaventati pacifici abitanti, e li animò a rientrare nei proprii focolari.

Per le notizie avute da qualcuno ch'ebbe parte ai disordini processe allo arresto di quattro accusati, che nelle forze spontaneamente denunziarono molti particolari, e varii attorci della strage.

Pervenute quindi dagli offesi altre denunzie, si dispose il procedimento, e successivamente mano mano vennero assicurati alla giustizia tutti gli accusati di cui forma oggetto il presente giudizio.

I capi della sedizione e della strage sono profunghi tuttora, pei quali a proposizione del Relatore P. M. e del Direttore di Polizia, il Governo ha promesso di premj per assicurarli alla giustizia.

Per lo esterminio avvenuto delle autorità locali, non fu possibile assicurare il corpo del delitto , e a stabilire la legale generica delle vittime immolate.

Vi fu però supplito al miglior modo possibile in momenti veramente tristi, in cui il morbo funesto desolava Palermo.

LA COMMISSIONE MILITARE

Ritenuti i fatti di sopra consacrati, ha dichiarato e dichiara:

1. *Constare* che i nominati *Gaetano Scaduto, Michele Alajmo, Antonino Lazzaro, Stefano Miano, Salvatore Russo, Benedetto D'Amico, Gaetano Spina* e *Giuseppe Pisciotta* sieno colpevoli di aver portata la strage contro una classe di persone e di aver preso parte attiva negli omicidi.

2. *Non constare abbastanza* che i nominati *Giuseppe Cottone* e *Giacomo Firriolo* sieno rei principali.

Consta bensì esser colpevoli di complicità non necessaria negli anzidetti reati.

3. *Non constare abbastanza* che *Antonino Scibona* sia colpevole nè nella qualità di reo principale, nè di correo.

Alla stessa unanimità

Ha dichiarato e dichiara *constare* essere colpevoli di complicità non necessaria i precitati *Isidoro Cararretta, Emanuele Fi.lia, Antonino Costa, Giovanni Costantino* e *Filippo Alajmo.*

In riguardo poi a

1. Francesco Nicolino,
2. Nicolò Squillace,
3. Domenico Fascella,
4. Gaetano Priolo,
5. Antonino La Licata,
6. Matteo Pandolfo,
7. Gaetano Pitarrese,
8. Giovanni Terrana,
9. Francesco Marennino,
10. Angelo Terranova,
11. Pietro Falletta,
12. Paolo Alajmo,
13. Domenico Alajmo,
14. Francesco Caronia,
15. Francesco Visconti,
16. Giuseppe Lo Monaco,
17. Ignazio Castelli,
18. Giovanni Enea,
19. Giuseppe Prestigiacomo,
20. Giovanni Lanno,
21. Andrea Cottone,
22. Antonino Cottone,
23. Francesco Cottone,
24. Onofrio Billesi,
25. Giuseppe Russo alias *Pecorella*,
26. Alberto Dominici,
27. Francesco Cutrona,
28. Francesco Mazzerbo,
29. Nicolò Cilluffo alias *Paduano*,
30. Carmelo Notaro,
31. Filippa Colajanni,
32. Nicoletta Mansueto,
33. Lucrezia Savarino,
34. Maria Miano,

Attesochè i pochi elementi di pruova che il processo scritto presentava contro taluni, sono stati pienamente dileguati dal dibattimento: che taluni altri vennero arrestati per vaghi indizî e per semplici sospetti, anche senza ordine o mandato; ed altri in fine per errore di connotati, è quindi chiara la di loro innocenza;

All' unanimità

Ha dichiarato e dichiara:

Constare non esser colpevoli, ed ha ordinato che il 20° Giovanni Lanno, il 25° Giuseppe Russo, il 27° Francesco Cutrona e il 28° Francesco Mazzerbo, essendo imputati di reati comuni, come emerge dalle tavole processuali, sieno ritenuti in carcere, e passati a disposizione della competente autorità.

E tutti gli altri essendo assoluti, sieno immantinenti liberati.

Per

1. Vincenzo Lamio,
2. Girolamo Alajmo,
3. Giuseppe Morici,
4. Ignazio Visconti,
5. Ignazio Scaduto,
6. Giuseppe Mansueto,
7. Giuseppe Tesauro,
8. Filippo Di Pace,
9. Agostino Perlongo,
10. Isidoro Pravatà,
11. Carmelo Mansueto,
12. Nicolò Colajanni,
13. Rosario Dominici,
14. Simone Figlia,
15. Salvatore Zuccardi,
16. Antonino Scuderi,
17. Francesca Riilla,
18. Maria Antonia Vitale,

Considerando che, sebbene esistano contro di loro delle presunzioni di reità nascenti dal complesso dell'istruttoria e dal dibattimento, tuttavia valutate e analizzate opportunamente da' Giudici, non sono state valevoli a portare nell'animo loro quella pienezza di convinzione da rendergli moralmente certi e sicuri della loro colpa;

Alla stessa unanimità

Ha dichiarato e dichiara:

Non consta abbastanza che i suddenotati sieno colpevoli della complicità di cui vennero accusati.

Ha ordinato ed ordina.

1. Che il 1° Lamio, 2° Alajmo, 5° Scaduto, 6° Mansueto Giuseppe, 7° Tesauro, 8° Di Pace, 9° Perlongo, come si è disposto per Antonino Scibona, rimangano in carcere per procedersi nel termine più breve alla più ampia istruzione.

2. Che il 16° Antonino Scuderi, risultando dagli atti imputato di altri reati, della cognizione di tutt'altro giudice, sotto lo stesso modo di custodia, sia messo a disposizione del potere ordinario.

3. Che gli altri poi Morici, Visconti, Pravatà, Mansueto Carmelo, Colajanni,

41

Dominici, Figlia, Zuccardi, Riilla e *Vitale* sieno rilasciati in libertà provvisionale, ma sotto la vigilanza della Polizia, tranne *Riilla* e *Vitale*.

QUESTIONI DI DRITTO

I.

Qual'è la pena applicabile per legge al misfatto di cui i nominati *Gaetano Scaduto, Michele Alajmo, Antonino Lazzaro, Stefano Miano, Salvatore Russo, Benedetto D'Amico, Gaetano Spina, Giuseppe Pisciotta* sono stati dichiarati colpevoli?

Raccolti i voti

LA COMMISSIONE MILITARE

Considerando che la pena dovuta ai suddetti colpevoli è quella fulminata dagli articoli 130 e 131 del Codice, parte 2ª, così concepiti:

Art. 130. Chiunque porti la devastazione, la strage o il saccheggio in uno o più Comuni, o contro una classe di persone, è punito colla morte e col secondo grado di pubblico esempio.

Art. 131. Chiunque nel caso de' due precedenti articoli prenda parte attiva negli omicidi, nelle devastazioni o nei saccheggi, è punito colla morte.

Alla unanimità

Ha condannato e condanna *Gaetano Scaduto, Michele Alajmo, Antonino Lazzaro, Stefano Miano, Salvatore Russo, Benedetto D'Amico, Gaetano Spina* e *Giuseppe Pisciotta* alla pena di morte.

II.

Qual'è poi la pena da infliggersi a *Giuseppe Cottone, Giacomo Firriolo, Isidoro Cavarretta, Emmanuele Figlia, Antonino Costa, Giovanni Costantino* e *Filippo Alajmo* pel misfatto di cui sono stati dichiarati colpevoli?

Raccolti i voti

Visti gli articoli sopracitati, e 74 n. 3 e 4, 75, 66, 34, 31 del Codice penale e 296 del rito penale;

LA COMMISSIONE MILITARE

Ha condannato e condanna:
Giuseppe Cottone alla pena di anni trenta di ferri.

Alla pena di anni venticinque di ferri:
Giacomo Firriolo,
Isidoro Cavarretta,

Antonino Costa,

Giovanni Costantino,

Filippo Alajmo,

Emmanuele Figlia *minore* ad anni 19 di ferri, da espiarli nel presidio.

Tutti i predetti condannati a pene temporanee, dopo espiata la pena, alla malleveria di anni tre con sicurtà di ducati 300.

E tutti solidalmente alle spese del giudizio da liquidarsi a favore della Real Tesoreria.

ORDINA FINALMENTE

Che la condanna di morte pronunziata contro *Gaetano Scaduto, Michele Alajmo, Antonino Lazzaro, Stefano Miano, Salvatore Russo, Benedetto D'Amico, Gaetano Spina e Giuseppe Pisciotta* si esegua tra il termine improrogabile di ore ventiquattro nel Villaggio di Abate, ove commisero li misfatti; e che della presente ne siano impresse 300 copie per le stampe per la dovuta pubblicazione.

Il tutto a cura e diligenza del signor Capitano Relatore P. M.

Fatto, giudicato e pubblicato oggi li 20 ottobre 1837, alle ore undici pomeridiane in continuazione della pubblica discussione.

Firmati:

Ludovico Matina Colonnello Presidente.

Giobbe Romanzi Capitano Giudice.

Francesco Vallejo Capitano Giudice.

Gennaro De Castro Capitano Giudice.

Antonio Albertis 1° Tenente Giudice.

Emmanuele Moleti 2° Tenente Giudice.

Paolino Nicastri Consigliere Procuratore Generale del Re della Gran Corte Civile, uomo di legge.

Gaetano Bellini Capitano Relatore P. Ministero.

Francesco D'Avella 2° Sergente, Cancelliere.

Per copia conforme
Il Cancelliere
Francesco D'Avella, 2° sergente.

Visto

Il Capitano Relatore P. M.
Gaetano Bellini.

Eseguita in Abate il 21 ottobre 1837 alle ore 11 a.m.

Francesco D'Avella, 2° Sergente — *Cancelliere.*

(Archivio citato).

DOCUMENTO N. LXVIII.

Sentenze della Commissione Militare di Bagheria

I.

Ferdinando II per la grazia di Dio, Re del Regno delle due Sicilie, di Gerusalemme ec., Duca di Parma, Piacenza, Castro ec. ec., Gran Principe Ereditario di Toscana ec. ec. ec.

Il Consiglio di Guerra di Corpo del 9° di Linea, Puglia, elevato in modo subitaneo in virtù di Ministeriale del 18 decorso mese, comunicata al signor Colonnello Cav. D. Andrea Maringli per mezzo del signor Generale Comandante la Colonna Mobile, Cav. D. Roberto De Sauget, che autorizza a giudicare i capi principali e gl'istigatori degli avvenimenti seguiti in questa Comune di Bagheria li 12 suddetto mese, composto dei signori:

Presidente: D. Gaetano Franchini Maggiore.

Giudici: D. Giovanni Battista Cardini Capitano.—D. Nicola Hayer Capitano.— Cav. D. Pietro Virgilio Capitano. — D. Giovan Battista Mori 1° Tenente. — D. Domenico Zecca 1° Tenente.— D. Luigi Tipaldi 2° Tenente. — D. Giovanni Cortada 2° Tenente,

D. Demetrio Andruzzi Alfiere, Commissario del R. Tesoro,

Cancelliere: Ladislao Luisi 2° Sergente,

Si è riunito nel locale di questo Regio Giudicato Circondariale per giudicare gl'imputati Giuseppe La Corte, Ciro Spanò, Antonino Palladino, Leonardo Maggiore, Pietro Tripoli, Gioacchino Morreale, Girolamo Cangelosi e Salvatore Scisi, accusati di aver portata la devastazione, la strage, il saccheggio in questa Comune e di aver presa parte attiva negli omicidi, devastazioni e saccheggi anzidetti.

Inteso il rapporto del Commissario del R. Tesoro dell'informazione presa a carico dei detti accusati,

Veduti gli estratti di morte sul conto di Giorgio e Luigi Caltagirone, Antonio Lo Gallo, Cosimo Incalsela, Bertolomeo La Corte, Carmelo Ficano d'Onofrio, Antonio Lo Medico, Leonardo Montano, inteso Fontana, rei liquidati in processo dei misfatti summentovati,

Attesochè i medesimi sono morti di cholera durante la rapida istruzione compilata dal Giudice Regio Supplente di questo Circondario a richiesta del Generale D. Roberto De Sauget, Comandante summentovato,

Il Consiglio dichiara preliminarmente di non trovar luogo a deliberare su di loro conto.

Inteso quindi il medesimo Commissario del R. Tesoro nelle orali conclusioni contro i rei presenti in giudizio, non che gli accusati ed i loro difensori;

Il Presidente, dietro il riassunto della causa, ha proposto distintamente la quistione di reità contro ciascuno degli accusati.

IL CONSIGLIO DI GUERRA

Considerando essere risultati dalla pubblica discussione i seguenti fatti:

1. Che sviluppatosi in Palermo il morbo asiatico, il quale da lungo tempo desolato avea gran parte della bella Italia, non tardò il male d'invadere la florida Comune di Bagheria con casi ancor crescenti. Si sparsero ivi quindi, come altrove, le false e ridicole dicerio di propinazione di veleno da parte dei gentiluomini, specialmente contro il popolo, e la tremenda verità di tanti morti di ogni classe ebbe forza a distruggere idee tanto basse, alimentate da pochissimi mali intenzionati. Corse in seguito voce che ordinavansi trame da persone di plebe per assassinare i detti galantuomini. Difatti nel dopopranzo del 12 del sudetto mese una banda di mali intenzionati si riunì nel vigneto di Furnari, avendo per mezzo di alcuni di loro compagni indotto artifiziosamente il popolo ad uscire·le immagini dei Santi in processione per la comune, e con suono di campane a stormo, acciocchè vi fosse gran concorso ed attirar facilmente gran numero di compagni, che secondati li avessero nel di loro abominevole disegno. Entrata poscia quella calca di gente, die' principio agli assassini con trucidare il chirurgo D. Carlo Scavotto e i di lui fratelli D. Francesco e D. Vincenzo ed Onofrio Ventimiglia che li accompagnava nell'atto che si allontanavano per giusto concepito timore. Indi con altri due omicidi commessi nelle persone di Cosmo Gattuso e Salvatore Madonia sparsero un generale allarme.

Il disordine, la confusione e lo spavento ben tosto subentrarono nel popolo, che abbandonato le sacre immagini andò a chiudersi nelle rispettive case. Fatto già notte assalirono i malfattori la caserma della Gendarmeria Reale, che disarmarono, sforzarono le prigioni e liberarono i detenuti, atterrarono porte, danneggiarono farmacie, ruppero lastre di molte case a colpi d'arma a fuoco, frugarono mercerie per trovarne polvere e palle, disarmarono fin nelle di loro case varie persone, ricercarono gentiluomini per ucciderli e dati finalmente alle fiamme gli atti degli archivi dei notari D. Andrea Castronovo e D. Giuseppe Mancuso, verso le ore sei se ne fuggirono insultando gli abitanti di codardi e vili per non averli voluto seguire.

2. Che tra tali individui che si armarono e commisero eccessi furono riconosciuti i suddetti Giuseppe Antonino La Corte, Ciro Spanò, Antonino Paladino, tra coloro che assistirono scien·emente i nominati Pietro Tripoli e Leonardo Maggiore.

3. Non restò chiarito se Gioacchino Morreale e Girolamo Cangelosi presero parte attiva in detti misfatti.

4. Che fatti preponderanti non poterono stabilire di avere Salvatore Scirè

istigato con segni il popolo alla strage, che all'incontro furono interpret ti come innocenti e naturali i segni anzidetti

A voti uniformi ha dichiarato

Constare che Giuseppe Antonino La Corte, Ciro Spanò e Antonino Paladino sieno colpevoli di aver portato la devastazione, la strage, il saccheggio contro una classe di persone in Bagheria loro patria, il dopopranzo sera e notte del 12 al 13 luglio 1837, prendendo parte attiva in detti misfatti.

Constare che Leonardo Maggiore e Pietro Tripoli sieno colpevoli di aver assistito scientemente le suddette ed altre persone nei suddetti reati e di avere istigati gli altri agli eccessi.

Non constare abbastaza che Gioachino Morreale e Girolamo Cangelosi abbiano preso parte attiva sui detti reati.

Constare che Salvatore Scirè non sia reo di avere istigato il popolo alla strage.

Fatte le dichiarazioni suddette, il presidente ha interpellato il Consiglio sulla sorte dei suddetti prevenuti.

IL CONSIGLIO DI GUERRA

Veduti gli articoli 130, 131, 74, 184 e 75 del Codice Penale, 296 e 297 della Procedura delle dette leggi, 296 dello S. P. M, adottando i medesimi con l'uniformità di sopra, condanna Giuseppe La Corte, Ciro Spanò ed Antonino Paladino alla pena di morte ai termini dei detti articoli 130 e 131 del Codice Penale del Regno da eseguirsi nel corso di cinque ore alla fucilazione.

Condanna inoltre Leonardo Maggiore e Pietro Tripoli al massimo del terzo grado dei ferri in anni ventiquattro per ciascheduno e tutti solidariamente alle spese del giudizio da liquidarsi.

Ordina una più ampla istruzione sommaria a carico di Gioachino Morreale e Girolamo Cangelosi per provare la di loro parte sui mentovati misfatti, rimanendo sotto custodia in carcere.

Finalmente ordina che Salvatore Scirè sia posto in istato di libertà assoluta.

Riserba i dritti alle parti lese per consecuzione dei danni ed interessi innanti chi e come di ragione, e l'azione al Commissario del Re di tradurre in giudizio gli altri autori ed istigatori dei misfatti summentovati.

Fatto e deciso in continuazione del dibattimento, oggi li 6 agosto 1837, alle ore sei italiane.

Il Commissario del Re	*Il Cancelliere*
Demetrio Andruzzi, Alfiere.	Ladislao Luise, 2° Sergente.
Visto	Visto
Il Brigadiere Comandante la Valle	*Il Presidente del Consiglio*
Vial.	Gaetano Franchini, Maggiore.

II.

Ferdinando II per la grazia di Dio Re del Regno delle due Sicilie, di Gerusalemme ec. Duca di Parma, Piacenza, Castro ec. ec. Gran Principe ereditario di Toscana ec. ec. ec.

Il Consiglio di Guerra di Corpo del 9° Reggimento di Linea, Puglia, elevato in modo subitaneo in virtù di Ministeriale del 16 luglio ultimo, comunicata dal signor Cav. Colonnello D. Andrea Maringli, per mezzo del signor Generale Comandante la Colonna Mobile Cav. D. Roberto De Sauget, che autorizza a giudicare i capi principali ed istigatori primi degli avvenimenti seguiti in questa Comune di Bagheria, composto dei signori:

Presidente: D. Gaetano Franchini Maggiore

Giudici: D. Giovanni Battista Cardini Capitano. — D. Nicola Hayer Capitano.—Cav. D. Pietro Virgilio Capitano.—D. Giovan Battista Mori 1° Tenente. — D. Domenico Zecca 1° Tenente.—D. Luigi Tipaldi 2° Tenente.—D. Giovanni Cortada 2° Tenente;

D. Demetrio Andruzzi Alfiere, Commissario del Re,

Cancelliere: Ladislao Luisi 2° Sergente,

Riunito nel locale di questo Regio Giudicato Circondariale per giudicare gli imputati Andrea Blando, Antonino Tripoli, Francesco Sciortino, Emmanuele Tripoli, Michelangelo Todaro, Giovanni Di Salvo, Carlo Tinirello, Ignazio Basile, Francesco Giammanchi, Aurelio D'Amico, Pasquale Albanese, Gaspare Passarello, Giovambattista Biancorosso, Antonino Giammaresi ed Antonino D'Amico arrestati quali colpevoli degli avvenimenti anzidetti.

Esaminata l'Istruzione giudiziaria raccolta dal supplente Giudice Circondariale di questa, non che l'informazione sommaria presa dal Consiglio nei giorni 9 e 10 corrente;

Inteso il rapporto del Commissario del Re, col quale ha accusato i nominati Giovan Battista Biancorosso, figlio del fu Giuseppe da Bagheria, di anni 28, calzolaio ivi domiciliato;

Antonino Giammaresi di Carlo, pure da Bagheria, di anni 23, campagnuolo ivi domiciliato;

Antonino D'Amico di Diego, anche da Bagheria, di anni 24, campagnuolo ivi domiciliato; cioè i primi due come autori ed istigatori primi, di sediziosi avvenimenti del detto giorno 12 decorso mese, previsti gli articoli 130 e 131 Codice Penale del Regno; ed esso di Giammarresi inoltre di aver pure presa parte attiva nei disordini riprodotti il dì 16 di esso mese, come misfatti mancati nel senso di mentovati articoli, e dell'articolo 132 Codice citato. Il 3° cioè Antonio D'Amico come istigatore primo di detti mancanti misfatti, giusta il citato articolo 132, ed articolo 74 N. 2° dello stesso codice, chiedendo che su di loro conto proceda come di dritto, a mente delle sue attribuzioni e che per

gli altri individui Andrea Blando, Antonino Tripoli, Emanuele Tripoli, Francesco Sciortino, Michelangelo Todaro, Giovanni Di Salvo, Carlo Tinnirello, Ignazio Basile, Francesco Giammarresi, Aurelio D'Amico, Pasquale Albanese, Gaspare Passarelli, apparendo dagli atti anzidetti di non poter risultare nè Capi,
nè istigatori primi della rivolta, dichiarare preliminarmente l'incompetenza del
Consiglio, ed inviarli ai termini della Ministeriale 10 agosto corrente innanzi
la Commissione militare di Palermo;

IL CONSIGLIO

Veduta la detta Ministeriale a lui prodotta per organo del Presidente, adot-
tando la requisitoria, ritiene la competenza riguardo a' summentovati Giovanni
Battista Biancorosso, Antonino Giammarresi ed Antonino D'Amico; rinvia gli
altri imputati Andrea Blando, Antonino Tripoli, Emanuele Tripoli, Francesco
Sciortino, Michelangelo Todaro, Giovanni Di Salvo, Carlo Tinnirello, Ignazio
Basile, Francesco Giammaresi, Aurelio D'Amico, Pasquale Albanesi e Gaspare
Passarello innanti la Commissione Militare di Palermo per esservi giudicati
come di regola.

Il Consiglio di Guerra, in seguito discussa la causa a carico de' mentovati
Biancorosso, Giammarresi e D'Amico, intesi i testimoni colle forme di rito e
letti i documenti necessari;

Inteso il mentovato Commissario del Re nelle sue orali conclusioni, colle
quali ha sostenuto di essere convinti i suddetti Biancorosso, Giammaresi, cioè
il primo di avere istigato il popolo alla rivolta, nella quale ebbero luogo omicidi, incendii e saccheggi, ed il 2° di essere tra i capi della medesima e di a-
verla parimente provocata e punirsi quindi con le pene segnate negli art. 130,
131; 132, 74 N. 2°, 75 delle Leggi Penali, ed alle spese di giudizio e di non
costare Agostino D'Amico essere colpevole de' mentovati reati e rimettersi alla
detta Commissione;

Inteso in ultimo luogo il difensore degli imputati ne' mezzi di difesa;

Il Presidente, dietro il riassunto della causa, ha proposta la quistione: Sono
eglino colpevoli gl'imputati anzidetti, Giovanni Battista Biancorosso ed Antonino
Giammaresi dei reati summentovati a danno dell' ordine pubblico e di diversi
cittadini?

Consta che il suddetto Antonino D'Amico non sia colpevole de' reati medesimi?

IL CONSIGLIO DI GUERRA

A maggioranza di voti dichiara costare che Giovan Battista Biancorosso abbia
assistito e facilitato recentemente gli autori degli incendi, saccheggi avvenuti
in Bagheria lì 12 luglio 1837.

Non constare abbastanza che Antonino Giammaresi sia colpevole di aver provocato i detti reati, e presavi parte attiva, constare che Antonino D'Amico non sia colpevole di avere provocato il popolo a commettere i suddetti misfatti mancati nella mattina del 16 suddetto mese di luglio.

Constare però di avere esso con voci e conclamazioni violato l'ordine di polizia del 25 giugno decorso.

Risoluta in tal modo la quistione di fatto sulla reità del suddetto Giovanni Battista Biancorosso, il presidente ha interpellato il Consiglio con qual pena debba esso punirsi e qual debba essere il destino di Antonino Giammarresi e di Antonino D'Amico?

Il Consiglio di Guerra veduti gli articoli 130, 131, 132, 74, 75, 55 della legge penale;

A voti uniformi condanna Giovanni Battista Biancorosso alla pena del *maximum* del 3° grado di ferri con anni ventiquattro ed alle spese di giudizio da liquidarsi.

A maggioranza di voti ordina che si prenda una più ampia informazione a carico di Antonino Giammarresi, rimandato in carcere ed incarica il Commissario del Re di mettere in opera i mezzi di investigazioni, onde provare l'insussistenza della coartata addotta da costui e tutt'altre prove per meglio chiarire la verità.

Ordina finalmente con l'uniformità di sopra che Antonino D'Amico pei misfatti anzidetti sia posto in libertà assoluta, rimettendosi però alla polizia per le contravvenzioni dell'adunanza del 25 giugno ultimo.

Fatto, deciso e pubblicato all'udienza in continuazione del dibattimento presente il Commissario del Re, il condannato e gli altri congiudicati, oggi li 12 agosto 1837, alle ore 22 italiane.

Visto

Il Cancelliere
LADISLAO LUISI, 2° Sergente

Il Commissario del Re
DEMETRIO ANDRUZZI Alfiere

Visto
Il Brigadiere Comandante la Valle e Piazza
VIAL.

III.

Ferdinando II per la grazia di Dio Re del Regno delle due Sicilie, di Gerusalemme, ec. Duca di Parma, Piacenza, Castro ec. ec. Gran Principe ereditario di Toscana ec. ec. ec.

Il Consiglio di Guerra del 9° di Linea, Puglia, elevato in modo subitaneo, composto dei signori:

Presidente: D. Gaetano Tranchina Maggiore.

Giudici; D. Giovanni Battista Cardini Capitano.—D. Nicola Hayer Capitano.

42

—D. Pietro Virgilio Capitano.—D. Giovanni Battista Mon 1° Sergente.—D. Domenico Lecca 1° Sergente.—D. Luigi Tipaldi 2° Tenente.—D. Giovanni Costada 2° Tenente.

D. Demetrio Andruzzi Alfiere, Commissario del Re.

Cancelliere: Ladislao Luisi 2° Sergente.

Riuniti nel Giudicato Regio circondariale del Comune di Bagheria per giudicare Pietro Campagna, Carmelo Tripoli, Stefano Provenzano, Ferdinando Scaduto, Francesco Paolo Gargano, Silvestre Caltagirone, Serafino Albanese, Orazio Foresta, Pietro Lo Dico, Francesco Lo Chiello, Giuseppe Lavore, Francesco Restivo, Gioacchino D'Amaro, Giuseppe Sciortino, Carmelo Gambino, Salvatore Belvedere, Michele Sciortino, Giuseppe Antonio Caltagirone e Domenico La Bianca, imputati, cioè i primi cinque, Pietro Campagna, Carmelo Tripoli, Stefano Provenzano, Ferdinando Scaduto e Francesco Paolo Gargano, di aver presa parte attiva negli avvenimenti dei giorni dodici e sedici dello scorso mese di luglio, Silvestre Caltagirone di aver fatta visita domiciliare per ricercare veleno, Serafino Albanese di aver invocata vendetta dall'Altissimo contro i creduti avvelenatori, Orazio Foresta, Francesco Chiello e Pietro Lo Dico d'aver insultato D. Paolo Scavotto, fratelli degli uccisi Scavotto Don Carlo, D. Francesco e D. Vincenzo; Giuseppe Lavore qual detentore di una nota di supposti avvelenatori, che dalla plebe dovevano uccidersi, Gioachino D'Amaro, Giuseppe Sciortino, Carmelo Gambino, Salvatore Belvedere, Michele Sciortino, Giuseppe Antonio Caltagirone e Domenico La Bianca sospetti di aver presa parte negli avvenimenti citati, non che gli altri trenta individui d'arrestarsi giusto il notamento. da noi al signor Generale ufficialmente trasmesso;

Inteso il Commissario del Re nella sua requisitoria e visti gli atti ammaniti dal Giudice Regio, supplente di questo circondario, non che l'informazione sommaria raccolta dal Consiglio, gl'interrogatori e costituti fatti agl'imputati giudicati e da giudicarsi, come ancora le prove consacrate nei due processi verbali di dibattimento dei giorni sei e dodici corrente mese;

Veduta la Ministeriale del dieci corrente, colla quale delucidando quella comunicata al signor Presidente in data dei quattro andante che il Real Governo dichiara giurisdizione dei Consigli di Guerra subitanei, essa è circoscritta a punire soltanto i capi ed istigatori primi delle rivolte, ai termini degli articoli 130, 131 e 132 delle leggi penali e tutti gli altri imputati rimettersi debbonsi alla Commissione Militare di Palermo;

Atteso che dagli atti risulta che i nominati Carmelo Tripoli, Stefano Provenzano, Ferdinando Scaduto, Francesco Paolo Gargano hanno presa parte attiva ai saccheggi, devastazioni avvenuti il dopo pranzo, sera e notte del dodici e l'ultimo in consimili avvenimenti del giorno sedici luglio ora scorso;

Riguardo a Pietro Campagna, risultando d'avere assistito alle uscite delle bare dei Santi, fatto che porterebbe alla complicità dei reati avvenuti nella giornata dei dodici, essendosi con tal mezzo eccitata la rivolta là dove venga a provarsi d'aver egli agito con dolo;

In quanto ai nominati Francesco Restivo, Orazio Foresta e Francesco Chiello risultando le loro imputazioni da una mera assertiva di D. Paolo Scavotto, parte offesa, espressa nella dichiarazione di lui, la quale nel corpo delle pubbliche discussioni è stata riconosciuta in parte non corrispondente al vero, che inoltre pei medesimi, non trattandosi di altro che di avere minacciato lo Scavotto, sempre da lui solo assistito qual uno dei supposti avvelenatori, fatto che non cade sotto la sanzione degli art. 130, 131, 132 codice citato;

Per Giuseppe Lavore, risultando parimenti la sua imputazione da una consimile questione di Notar Castronovo, parte querelante, per udito dire di maestro Antonino Di Carlo;

Che quindi riguardo a Serafino Albanese, risultando altresì da una assertiva di detto Notar Castronovo di aver esso solamente invocata vendetta dall'Altissimo contro i pretesi avvelenatori, assertiva spogliata da qualunque appoggio di testimonii;

Che riguardo a Silvestre Caltagirone, apparendo solamente di aver assistito ad una visita domiciliare per ricerca di veleno fatta sulla casa di Giuseppe Manfrè, fatto che non incontra le disposizioni degli art. anzidetti 130, 131, delle leggi penali;

In riguardo a Gioacchino D'Amaro, Carmelo Gambino, Giuseppe Sciortino, Giuseppe Antonio Caltagirone e Domenico La Bianca non risultano colpiti di niuna prova, argomento o indizio al di loro conto, non ostante essersi interpellato il giudice supplento del circondario;

Inteso il citato commissario del Re;

Il Consiglio di guerra, dietro le questioni proposte dal Presidente, ha dichiarato la propria incompetenza sul conto dei nominati Pietro Campagna, Carmelo Tripoli, Stefano Provenzano, Ferdinando Scaduto e Francesca Paolo Gargano, ed ha disposto che fossero inviati alla Commissione Militare di Palermo per procedere contro di essi a mente delle sue attribuzioni.

Rinvia parimenti il nominato Silvestre Caltagirone alla polizia di Palermo per aver violata l'ordinanza di polizia emanata nel 26 giugno corrente.

Rimette alla polizia locale Serafino Albanese per liquidare la violazione dell'ordinanza suddetta.

Essendo risultato a parità di voti che Giuseppe Lavore rimettersi dovea alla Commissione Militare di Palermo, o a libertà assoluta, gli si è applicata la più mite, giusta la prescrizione della legge penale e dello Statuto Militare.

Paremenzi ha deciso che Francesco Restivo, Orazio Foresta, Pietro Lo Dico e Francesco Chiello sieno posti in libertà assoluta per difetto di prove.

Inteso il ripetuto Commissario del Re, che non ha trovato luogo a procedimenti per conto dei nominati Gioacchino D'Amaro, Carmelo Gambino, Giuseppe Sciortino, Salvatore Belvedere, Michele Sciortino, Giuseppe Antonio Caltagirone e Domenico La Bianca.

IL CONSIGLIO di GUERRA

Ha deciso che fossero messi in libertà assoluta.

Fatto e chiuso il giorno 21 agosto 1837 alle ore 16 italiane.

Per copia conforme
Il Cancelliere
LADISLAO LUISI, 2° sergente.

Visto
Il Commissario del Re
DEMETRIO ANDRUZZI, Alfiere.

Visto
Il Brigadiere Comandante la Valle
VIAL (1).

(Archivio citato).

DOCUMENTO N. LXIX.

SENTENZE DELLA COMMISSIONE MILITARE DI CARINI.

Ferdinando II per la grazia di Dio Re del Regno delle due Sicilie, di Gerusalemme ec. Duca di Parma, Piacenza, Castro ec. ec. Gran Principe Ereditario di Toscana ec. ec. ec.

Il Consiglio di Guerra di Corpo dell'8° di Linea, Reggimento Calabria, composto, per ordine del signor Cav. D. Orazio Atramble, Colonnello Comandante il suddetto Reggimento e la colonna mobile di Carini, dei signori D. Gennaro Salemi Presidente, Capitani D. Salvatore Pucci, D. Sigismondo Spedicati e Don Raffaele Santorelli, Don Nicola Carini e Don Filippo Palomba giudici, primi Tenenti Don Leandro Curioni e D. Egidio Pucci, secondi Tenenti Don Luigi Ponza de Leon, Commissario del Re, assistiti dal caporale Giovanni Torrenteros, Cancelliere, convocato per procedere in modo subitaneo a carico degl'imputati assenti e presenti, secondo il notamento qui appresso, che commisero ribellioni, omicidi, saccheggi ed incendi, non che il criminoso impiego delle armi di S. M. (D. G.) ad alcuni di essi affidate, reati avvenuti il giorno dodici dell'ora scorso luglio nel Comune di Capace e sue dipendenze.

PRESENTI

1. Vincenzo Cardinale del fu Gioacchino da Capace.—2. Antonino Bruno di Bernardo, id.— 3. Benedetto Bruno del fu Antonino, id. — 4. Benedetto Bruno

---

(1) Seguono altre sentenze che portano rispettivamente la data del 2, 7 e 28 settembre, 7, 16 e 17 ottobre; sentenze che non pubblichiamo per amor di brevità.

di Benedetto, id. — 5. Pietro Romeo di Gaspare, Isola delle femine, id. — 6. Erasmo Cardinale del fu Vincenzo, id.—7. Francesco Bruno di Antonio, id. —8. Giuseppe di Mercurio del fu Bernardo, id.—9. Erasmo Bologna del fu Stefano da Capace. — 10. Francesco Cardinale, alias *Ciccio Bianco* di Salvatore, id.—11. Francesco Cardinale, alias *dell' Occhio*, del fu Erasmo, id. — 12. Giuseppe Rappa di Erasmo, id.—14. Erasmo Troia di Pietro, id. — 15. Bartolomeo Battaglia di Bernardo, id.—16. Francesco Rizzo di Francesco, id. — 17. Mario Bruno di Antonino, id. — 17. Pietro Armanni di Erasmo, Isola delle Femine.— 19. Antonino Vassallo di Benedetto, da Capace. — 20. Bartolomeo Cataldo di Erasmo, id.—21. Paolo Billeci di Giuseppe, id.—22. Bartolo Siino del fu Salvatore, id.—23. Giuseppe Siino del fu Pietro, id.—24. Pietro Siino di Giuseppe, id.—25. Rosa Enea, alias *Pecora*, del fu Rocco, id.—26. Francesco Enea del fu Pietro, id.—27. Francesco Siino di Erasmo, id. — 28. Erasmo Puccio di Giuseppe, id.—29. Pietro Rizzo del fu Salvatore, id.— 30. Girolamo Scalia del fu Antonino, id.—31. Girolamo Battaglia di Rosario, id. — 32. Vincenzo Intravaja di Giuseppe, id. — 33. Rosario Costanzo del fu Angelo, id. — 34. Erasmo Longo di Vincenzo, id.—35. Vincenzo Troia di Nereo, id. — 36. Andrea Troia di Erasmo, id.—37. Erasmo Riccobuono di Antonino, id — 38. Giuseppe Troia del fu Antonio, id. — 39. Bernardo Cataldo del fu Bernardo, id. — 40. Stefano Provenza del fu Antonio, id.—41. Francesco Troia di Andrea, id.—42. Antonino Troia di Pietro, id —43. Vincenzo Longo di Erasmo, id.—44. Francesco Croce di Giuseppe, id.—45. Michele Giannone di Giuseppe, id. — 46. Giuseppe Giannone di Michele, id.—47. Michele Intravaia di Giuseppe, id.—48. Pietro Troia di Giuseppe, id.—49. Erasmo Enea di Pietro, id.—50. Francesco Billeci di Antonino, id.—51. Sebastiano Siino del fu Giuseppe, id.—52. Gioachino Troia di M. Giuseppe, id.—53. Simone Cardinale di Giuseppe, id.— 54. Nunzio La Fata di Battista, da Carini.—55. Gaetano Anneto di Vincenzo, id.— 56. Pietro Ferranti di Croce, id.—57. Vito Passalacqua del fu Vincenzo, id. — 58. Girolamo Scalici di Pietro, da Capace.—59. Antonino Riccobuono di Antonino.—60. Francesco Anello del fu Antonino, da Carini. — 61. Erasmo Giannone Totaro di Rocco, da Capace.—62. Erasmo Troia di Angelo, id.—63. Pietro Cataldo di Benedetto, id.—64. Giuseppe Cataldo di Pietro, id. — 65. Vincenzo Battaglia del fu Giuseppe, id.—66. Pasquale Noto del fu Salvatore, da Palermo. — 67. Giacomo Guglia del fu Giovan Battista, id. — 68. Giovanni Mancuso del fu Giuseppe, id.— 69. Domenico Briganglia del fu Giuseppe, id. — 70. Agostino Sansone di Filippo, id.—71. Salvatore Milano del fu Gaetano, id.—72. Giovan Battista Di Marco del fu Filippo, id.—73. Sebastiano Siino di Erasmo, da Capace. —74. Erasmo Siino di Sebastiano, id. — 75. Erasmo Di Majo di Filippo, id.— 76. Filippo Di Majo di Erasmo, id.—77. Giuseppe Macaluso di Francesco, id. — 78. Giovanni Mancuso, alias *Mozzo del Cento*, di Giovanni, da Palermo. — 79. Erasmo Riccobuono, alias *Zaccagini*, del fu Antonino, da Capace.—80. Maestro Antonio Troja di M. Pietro, di Capace.—81. Erasmo Rizzo di Francesco, id.— 82. Salvatore Croce del fu Giuseppe, id.—83. Giuseppe Siino di Sebastiano, id. —84. Pietro Siino di Sebastiano, id.—85. Paolo Di Mercurio di Domenico, id.

ASSENTI

1. Eramo Ferranti *Podicchio.* — 2. Antonino Crivelli. — 3. Antonio Crivelli inteso *Marinarelli,* di Cesare. — 4. Erasmo Riccobuono *Nuddo.*— 5. Pasquale Strazzeri *Il Trapani.*—6. Pietro Cardinale.—7. Francesco De Maio *Manuzza.*— 8. Francesco Ferranti di Cesare.—9. Pietro De Majo del fu Salvatore.—10. E- rasmo Crivelli di Giuseppe.—11. Domenico De Mercurio di Erasmo.—12. Sal- vatore Cardinale *Albanella* di Vincenzo.—13. Antonino di Mercurio.—14. Gio- vanni Dominici. —15. Giuseppe Riccobuono *Nuddo.* — 16. Francesco Rizzo. — 17. Rizzo Giuseppe, inteso *Porcelluzzo,* di Erasmo. — 18. Franco Macaluso.— 19. Giovanni Riccobuono *Chiuchiariel* di Erasmo.—20. Antonino Intravaja *Bol- lottola.* — 21. Francesco Costanzo. — 22. Angelo Costanzo., inteso *Testazza.* — 23. Erasmo Rappa *Cartaso* del fu Giuseppe. — 24. Salvatore Giammona —25. Pietro Giammona.—26. Vincenzo Giammona *Totaro.*—27. Francesco Enea *Pecora* 28. Erasmo Fontana.—29. Giovanni Costa *Rarano.*—30. Ciro Giammona *Imbac- capalli* del fu Pietro.—31. Erasmo Longo di Giusto e di M. La Petra.—32. An- tonino Intravaia *Ballottola.* — 33. Francesco Rizzo *Chicchiaro* di Rosario.—34. Vincenzo Siino di Erasmo. — 35. Giuseppe Parterino *Chiunnò.*—36. Francesco De Mercurio *Verrina.*—37. Giuseppe Enea del fu Rocco.—38. Antonino Franco di Antonio. — 39. Domenico Taormina del fu Rosario. — 40. Erasmo Cataldo *Russo.* — 41. Antonino Riccobuono. — 42. Erasmo Giammona del fu Pietro.— 43. Angelo Russo. — 44. Francesco Russo di Angelo. — 45. Ciro Giammona *Piscitello.*—46. Giuseppe Rappa del fu Salvatore.—47. Pietro De Majo *Manuzza.* —48. Francesco Riccobuono del fu Erasmo.—49. Erasmo Riccobuono di Fran- cesco.—50. Rosario Giammona, da Termini. — 51. Francesco Giammona di Ro- sario. — 52. Francesco Rizzo *Penama* del fu Giuseppe. — 53. Giuseppe Giam- mossa *Il Macellu.*

Inteso il Commissario del Re nelle sue conclusioni, non che particolarmente gli accusati ed i loro difensori;

Il presidente, dietro il riassunto della causa, ha proposto le quistioni.

QUISTIONE di FATTO

Fra i nominati individui presenti sono colpevoli di reati di ribellioni, o- micidii, saccheggi, incendii, non che di criminoso impiego delle armi di S. M., (D. G.) ad alcuni di essi affidate, come ha proposto il Commissario del Re nelle sue conclusioni, cioè che nove di essi siano rei principali, e per venti- quattro non costa abbastanza la complicità, considerando essere risultato dalla pubblica discussione il seguente

FATTO

Il giorno dodici luglio 1800 trentasette un numero di facinorosi dell'Isola delle Femmine e di Capace, parte armati di fucili e sciabole, si portarono alla Tonnara ed uniti ai marinai del Leuto in crocera, N. 87, montarono a viva forza sul bordo, tolsero il cannone, fucili, sciabole, munizioni ed attrezzi necessarii al servizio del pezzo, e levati in massa si condussero a portare lo spavento, la strage, il saccheggio, l'incendio nel Comune di Capace suddetto: ivi fucilarono tre della famiglia Enea, blanda nel modo di vivere ed esatta nell'osservanza delle leggi; gl'impieghi Regi e Comunali erano in parte affidati ai componenti di essa. Uccisero, seviziandone i cadaveri, gl'infelici Cracolici, saccheggiarono, incendiarono e devastarono quanto nella casa di essi esisteva, ferendo anche un innocente fanciullo, e calpestando i principii e della religione e della umanità, portarono le sacrileghe mani sul ministro degli altari, beneficiale Don Vincenzo Cracolici. Due vittime della famiglia Puccio, Ufficiali sanitarii che davano le loro assidue cure per la salute del proprio paese, caddero sotto i colpi di quell'orda assassina; la stessa sorte ebbero D. Giovanni Macaluso e Giuseppe Rizzo, infine tutti i mezzi per suscitare completa una rivoluzione, furono praticati, e le armi del Re, (N. S) rivolte ad uso criminoso, si fecero servire da garanti in quella orrorosa tragica scena.

Sazii finalmente degli orrori commessi, gli ammutinati si dileguarono, e la mattina seguente, ma ben tardi, il cannone e i suoi attrezzi furono ricondotti al leuto, donde erano stati presi ed i marinai rivoltosi restituironsi al loro posto.

Considerando che i latitanti, più che i rimanenti, davano argomento di reità, che viene confessata dalle deposizioni dei testimonii e dagli interrogatorii degli imputati medesimi;

Considerando che omicidii, incendii, saccheggi e ribellioni hanno portato la desolazione in un Comune, e contro la classe delle persone Civili, quindi portata la guerra Civile tra gli abitanti di una stessa popolazione;

Considerando che i rivoltosi, dopo aver proditoriamente ed in complotto disarmato il leuto Numero 87, impiegando le armi Reali ad uso criminoso, sino a portare la rivolta in Capace, ove vollero cambiare le Autorità Comunali, e quindi sconvolgere nelle stesse sciagure i Comuni vicini;

Il Consiglio di Guerra, dietro la quistione proposta dal presidente, ad unanimità di voti ed uniformandosi alle conclusioni del P. M., dichiara che costa essere i nominati Erasmo Cardinale del fu Vincenzo, Francesco Rizzo di Francesco, Giovanni Battista Di Marco del fu Filippo, Salvatore Milano del fu Gaetano, Giacomo Guglia del fu Giuseppe, Antonino Riccobono di Antonino, Giuseppe Macaluso del fu Francesco, Erasmo Riccobono del fu Antonino, ed Erasmo Giammona di Rocco per agnomo Totaro, colpevoli del reato di devastazione, strage, saccheggi ed impiego criminoso dell'armi di S. M. il Re (N. S.)

Ha parimenti il consiglio deciso alla stessa unanimità che non costa abbastanza che siano colpevoli dei suddetti reati Francesco Bruno di Antonino, Giuseppe Di Mercurio del fu Bernardo, Erasmo Bologna del fu Alfano, Francesco Cardinale di Salvatore, alias *Bianco*, Francesco Cardinale del fu Erasmo, alias del *Cecchio*, Antonino Rappa di Erasmo, Marco Bruno di Antonino, Pietro Armanni di Erasmo, Rosa Enea Pecora di Rocco, Vincenzo Intravaja di Giuseppe, Pasquale Noto del fu Sebastiano, Giovanni Mancuso del fu Giuseppe, Domenico Brigaglia del fu Girolamo, Agostino Sansone di Filippo, Sebastiano Siino di Erasmo, Erasmo Siino di Sebastiano, Paolo Di Mercurio di Domenico, Antonino Bruno di Benedetto, Benedetto Bruno di Benedetto, M.stro Erasmo Troja di Pietro, Antonino Vassallo di Benedetto, Bartolomeo Siino di Sebastiano, Erasmo Rizzo di Francesco e Benedetto del fu Antonino. Colla stessa unanimità e conformemente alle conclusioni del Commissario del Re costa che ne siano colpevoli.

1. Vincenzo Cardinale del fu Giuseppe, da Capac'. — 2. Pietro Romeo di Giuseppe id. — 3. Giuseppe Rappa di Erasmo, id. — 4. Bartolo Battaglia di Rocco, id. — 5. Bartolomeo Cataldo di Erasmo, id. — 6. Paolo Billeci di Giuseppe, id. — 7. Giuseppe Siino del fu Paolo, id. — 8. Pietro Siino di Giuseppe, id. — 9. Francesco Enea del fu Pietro, id. — 10. Francesco Siino di Erasmo, id. — 11. Erasmo Puccio di Giuseppe, id. — 12. Pietro Rizzo del fu Salvatore, id. — 13. Girolamo Scalici del fu Antonino, id. — 14. Girolamo Battaglia di Rosario, id. — 15. Michele Intravaja di Giuseppe, id. — 16. Rosario Costanzo del fu Angelo, id. — 17. Erasmo Longo del fu Vincenzo, id. — 18. Vincenzo Troja di Nereo, id. — 19. Andrea Troja del fu Erasmo, id. — 20. Erasmo Riccobono di Antonino, id. — 21 Giuseppe Troja del fu Antonino, id. — 22. Bernardo Cataldo del fu Bernardo, id. — 23. Stefano Provenza di Antonino, id. — 24. Francesco Troja di Andrea, id. — 25. Antonino Troja di Pietro, id. — 27. Vincenzo Longo di Erasmo, id. — 27. Francesco Croce di Giuseppe, id. — 28. Michele Giammona di Giuseppe, id. — 29. Giuseppe Giammona di Matteo, id. — 30. Pietro Troja di Giuseppe, id. — 31. Erasmo Enea di Pietro, id. — 32. Francesco Billeci di Antonino, id. — 33. Sebastiano Siino del fu Ciro, id. — 34. Gioacchino Troja di M. Giuseppe, id. — 35. Simone Cardinale di Giovanni, id. — 36. Nunzio La Fata di Battista da Carini — 37. Gaetano Amato di Vincenzo, id. — 38. Pietro Ferranti di Croce, id. — 39. Vito Passalacqua del fu Vincenzo, id. — 40 Girolamo Scalici di Pietro, id. — 41. Francesco Anello del fu Antonino, da Capace. — 42. Erasmo Troja di Angelo, id. — 43. Pietro Cataldo di Bernardo, id. — 44. Giuseppe Cataldo di Pietro, id. — 45. Vincenzo Battaglia del fu Vincenzo, id. — 46. Erasmo De Majo di Filippo, id. — 47. Filippo Di Majo di Erasmo, id. — 48. Giovanni Macaluso, *Mozzo del Leuto*, id. — 49. Maestro Antonino Troja di Maestro Pietro, id. — 50. Salvatore Croce di Girolamo, id. — 51. Giuseppe Siino di Sebastiano, id. — 52. Pietro Siino di Sebastiano.

Il Consiglio medesimo, uniformandosi alle conclusioni del Commissario del Re, ed alla stessa unanimità, ha dichiarato che costa che siano colpevoli di reati di cui s'imputano tutti gli individui assenti appresi nel succitato notamento.

Fatta la dichiarazione di reità, il presidente ha interpellato il Consiglio colla seguente

QUISTIONE DI DRITTO

È applicabile per nove colpevoli presenti, e cinquantatre assenti la pena capitale proposta dal Commissario del Re nelle sue conclusioni?

Visti gli articoli 129, 130 e 131 LL. PP.;

Considerando che gl'indicati assenti hanno tutti preso parte attiva nella devastazione, omicidi, incendi e saccheggi avvenuti in Capaci il giorno dodici luglio 1837;

Considerando che sono risultati rei degli stessi misfatti i nove individui presenti al giudizio;

Considerando che al di più dei sudetti reati si sono macchiati anche di quello di rivoluzione ad uso criminoso, usando il cannone e le altre armi Regie del Leuto N. 87 in crociera;

Il Consiglio di Guerra alla unanimità di voti e conformemente alla requisitoria del Commissario del Re, ha dichiarato doversi applicare la pena dello stesso P. M., quindi ha condannato e condanna Erasmo Cardinale del fu Vincenzo dell'Isola delle Femmine, Francesco Rizzo di Francesco da Capaci, Giovan Battista Di Marco del fu Filippo da Palermo, Salvatore Milano del fu Gaetano da Palermo, Giacomo Guglia del fu Giovan Battista da Palermo, Antonino Riccobono di Antonino da Capaci, Giuseppe Macaluso di Francesco da Capaci, Erasmo Riccobono di Antonino, alias *Nasca*, da Capaci ed Erasmo Giammona di Rocco, alias *Toturo*, da Capaci, alla pena di morte da espiarsi colla fucilazione intra il termine di tre ore dopo letta ai condannati la presente sentenza.

Ha parimenti condannato alla pena capitale da verificarsi nello stesso modo i colpevoli

ASSENTI

1. Erasmo Ferrante *Forticchio* di Cesare. — 2. Antonino Crivelli. — 3. Antonio Crivelli, alias *Marinarelli.*—4. Erasmo Riccobuono *Nuddo.*— 5. Pasquale Strazzera *Trapanise.*—6. Pietro Cardinale.—7. Francesco Di Majo *Manuzza.*— 8. Francesco Ferranti di Cesaro —9. Pietro Di Majo del fu Salvatore.—10. Erasmo Crivelli di Giuseppe.—11. Domenico Di Mercurio di Erasmo.—12. Salvatore Cardinale *Abanella* di Vincenzo.—13. Antonino Di Mercurio. — 14. Giovanni Dominici. — 15. Giuseppe Riccobono *Nuddo.* — 16. Francesco Rizzo. — 17. Giuseppe Rizzo, alias *Porcelluzzo*, di Erasmo. — 18. Franco Macaluso.—

43

19. Giovanni Riccobono *Chianchiarelli* di Erasmo. — 20. Antonino Intravaja *Ballottola*.—21. Francesco Costanzo. — 22. Angelo Costanzo, alias *Testazza*. — 23. Erasmo Rappa *Cartaso* del fu Giuseppe.—24. Salvatore Giammona *Totaro*. —25. Pietro Giammona *Totaro*. — 26. Vincenzo Giammona. — 27. Francesco Enea *Pecora*.—28. Erasmo Fontana. — 29. Giovanni Costa *Ravano*. — 30. Ciro Giammona *Untacapala* del fu Pietro.—31. Erasmo Longo di Giuseppe e M. La Pietra. — 32. Antonino Intravaja *Ballottola*. — 33. Francesco Rizzo *Chiachiaro* di Rosario.—34. Vincenzo Siino di Erasmo.—35. Giuseppe Partonico *Climmo*.— 36. Francesco Di Mercurio *Verrina*.—37. Giuseppe Enea del fu Rocco.—38. Antonino Tramo di Antonino.—39. Domenico Taormina del fu Rosario.—40. Erasmo Cataldo *Russo*.—41. Antonino Riccobono. — 42. Erasmo Giammona del fu Pietro.—43. Angelo Russo.—44. Francesco Russo. — 45. Ciro Giammona *Piscitello*. — 46. Giuseppe Rappa di Salvatore. — 47. Pietro Di Majo *Manuzza*. — 48. Francesco Riccobono di Erasmo. — 49. Erasmo Riccobono di Francesco.— 50. Rosario Giammona.—51. Francesco Giammona di Rosario. — 52. Francesco Rizzo del fu Giuseppe *Penanch*.—53. Giuseppe Giammona *Il macul*.

Alla stessa unanimità di voti ed uniformemente alle conclusioni del Relatore, ha dichiarato che non costa abbastanza che i seguenti individui siano colpevoli di reati che gli s'imputano e quindi ha ordinato che

1. Francesco Bruno di Antonino, da Capaci.—2. Giuseppe di Mercurio del fu Benedetto, id.—3. Erasmo Bologna del fu Stefano, id.—4. Francesco Cardinale *Ciuco Bianco* di Salvatore, id.—5. Francesco Cardinale *dell' Occhio* del fu Erasmo, id.—6. Antonino Rappa di Erasmo, id.—7. Marco Bruno di Antonino, id. — 8. Pietro Murania di Erasmo, id. — 9. Rosa Enea *Pecora* di Rocco, id. — 10. Vincenzo Intravaja di Giuseppe, id.—11. Pasquale Noto del fu Stefano, da Palermo. — 12. Giovanni Mancuso del fu Giuseppe, id. — 13. Domenico Brigalisi del fu Girolamo, id.—14. Agostino Sansone di Filippo, id.—15. Sebastiano Siino di Erasmo, da Capaci.—16. Erasmo Siino di Sebastiano, id.—17. Paolo Di Mercurio di Domenico, id.—18. Antonino Bruno di Bernardo, id.—19. Benedetto Bruno di Benedetto, id.—20. Benedetto Bruno del fu Antonino, id.—21. Maestro Erasmo Troja di Pietro, id.—22. Antonino Vassallo di Benedetto, id.—23. Bartolo Siino di Sebastiano, id.—24. Erasmo Rizzo di Francesco, id.

Siano rimessi al tribunale ordinario per esservi regolarmente giudicati, e poichè per i rimanenti imputati è risultato non esservi luogo a procedimento penale, il Consiglio alla stessa unanimità di voti e conformemente alla requisitoria del Commissario del Re, ha ordinato che siano subito messi in libertà.

Le spese del giudizio da liquidarsi in favore del Regio Erario.

Fatta e pubblicata in continuazione del dibattimento dal suddetto Consiglio di Guerra oggi li due agosto 1837, alle ore 10 pomeridiane nel Comune di Carini.

Firmato: Gennaro Salemi Maggiore, Presidente— Salvatore Pucci Capitano,

Giudice—Sigismondo Spedicati Capitano, Giudice—Raffaele Santorelli Capitano, Giudice—Leandro Curione 1° Tenente, Giudice—Egidio Pucci 1° Tenente, Giudice—Nicola Carris 2° Tenente, Giudice—Filippo Palomba, 2° Tenente, Giudice—Luigi Ponz De Leon 1° Tenente, Commissario del Re—Giovanni Torronteros Caporale, Cancelliere.

Il Commissario del Re
Luigi Ponz De Leon, 1° Tenente

Il Cancelliere
Giovanni Torronteros, Caporale

Visto
Il Brigadiere Comandante la Valle
Vial.

II.

Ferdinando II per la grazia di Dio, Re del Regno delle due Sicilie, di Gerusalemme ec., Duca di Parma, Piacenza, Castro ec. ec., Gran Principe Ereditario di Toscana ec. ec. ec.

Il Consiglio di Guerra di corpo dell'8° di Linea, Reggimento di Calabria, composto, per ordine del signor Colonnello Cavaliere Don Orazio Atramblè, Comandante il suddetto Reggimento, e la colonna mobile di Carini, dei signori Cavaliere Don Gaetano Iovane, Maggiore Presidente, Capitani D. Pietro Milon, Don Salvatore Pucci e Don Raffaele Renna, 1° Tenente D. Arcangelo Di Martino, secondi Tenenti Don Raffaele De Majo e Don Giovanni D'Argemonti, Alfiere D. Vincenzo De Vico, Giudice Commissario del Re, 1° Tenente Don Luigi Ponz De Leon ff. da P. M., assistiti dal 2° Sergente Angelo Danneo Cancelliere, convocato per procedere in modo subitaneo a carico di Pietro Rizzo Penanca di Giuseppe, Rosalia Giammone in Bruno, Francesco Enea del fu Benedetto, Giuseppe Battaglia del fu Francesco', Erasmo Longo del fu Giusto, Simone Cardinale di Giacomo, Giulio Cardinale di Giacomo, Maria Puccio in Mutolo, Vito Guastella del fu Nicola, Francesco Croce di Mastro Giuseppe, Pietro De Majo del fu Salvatore, Bartolomeo Troja del fu Antonino alias *Biun*, ed Antonio Crivelli del fu Antonino, imputati di ribellioni, omicidi, incendi e saccheggi, reati avvenuti i giorni dodici e tredici luglio 1857 in Capaci.

Inteso il Commissario del Re nelle sue orali conclusioni, non che gli accusati ed i loro difensori in tutti i mezzi di difesa addotti per estendere la colpabilità;

Il Presidente, dietro il riassunto della causa, ha proposto la seguente

QUISTIONE DI FATTO

Costa i nominati Pietro De Majo fu Salvatore, Antonino Crivelli del fu Antonino, Giulio Cardinale di Giacomo, Francesco Enea fu Benedetto, Erasmo

Longo fu Giusto, Simone Cardinale di Giacomo, Vito Guastella del fu Nicola, Maria Puccio in Mutolo, Bartolomeo Troja del fu Antonino, Giuseppe Battaglia del fu Francesco, Francesco Croce di Maestro Giuseppe, Rosalia Giammone in Bruno e Pietro Rizzo Penanca di Giuseppe sieno colpevoli di misfatti, di ribellioni, omicidi, incendii e saccheggi avvenuti il giorno dodici luglio in Capaci?

1. Considerando che le ribellioni, omicidi, saccheggi ed incendi suddetti hanno portato la desolazione in un Comune contro la classe delle persone civili, e quindi eccitata la Guerra Civile contro gli abitanti di una stessa'popolazione;

2. Considerando che Pietro De Majo del fu Salvatore figurò da capo eccitatore la rivolta nel disarmo ed incendi suindicati, ov'egli particolarmente si distinse per la credultà e la rapina;

3. Considerando che Antonio Crivelli del fu Antonino, armato di fucile, fu uno dei primi ad unirsi coi capi rivoluzionari, figurò costantemente in tutti i criminosi avvenimenti di quel giorno, e che portossi alla testa di altri ammutinati in casa dell'Arciprete dello stesso Comune, obbligandolo colla forza a firmare la dichiarazione di essersi rinvenuto il veleno nelle famiglie civili, già saccheggiate, incendiate e distrutte;

4. Considerando che Giulio Cardinale di Giacomo, Francesco Enea fu Benedetto, Erasmo Longo fu Giusto, Simone Cardinale di Giacomo e Vito Guastella fu Nicola, imputati dei reati medesimi, per la brevità del tempo, e forma di giustizia non si sono potuti approfondire o fissare particolari gradi di colpabilità;

5. Considerando che per Maria Puccio in Mutolo, Bartolomeo Troja del fu Antonio, Giuseppe Battaglia del fu Francesco, Francesco Croce di Maestro Giuseppe, Rosalia Giammona in Bruno e Pietro Rizzo Penanca di Giuseppe, in tutto il corso del dibattimento non si è trovato a carico loro colpabilità veruna;

Il Consiglio di Guerra per le suddette considerazioni dichiara ad unanimità di voti colpevoli dei reati su espressi Pietro De Majo fu Salvatore ed Antonio Crivelli del fu Antonino alla maggioranza di voti di sei sopra due, colpevoli dei medesimi misfatti;

Dichiara per Giulio Cardinale di Giacomo, Francesco Enea fu Benedetto, Erasmo Longo fu Giusto, Simone Cardinale di Giacomo e Vito Guastella fu Nicola non costa abbastanza la di loro colpabilità;

E che per Maria Puccio in Mutolo, Bartolomeo Troja del fu Antonio, Giuseppe Battaglia del fu Francesco, Francesco Croce di Maestro Giuseppe, Rosalia Giammona in Bruno e Pietro Rizzo Penanca di Giuseppe costa che non siano colpevoli.

Fatta la dichiarazione di reità, il Presidente ha interpellato il Consiglio colla presente quistione di dritto:

È applicabile per Pietro De Majo fu Salvatore, Antonio Crivelli del fu Antonino la pena di morte proposta dal Commissario del Re nelle sue conclusioni?

Per Giulio Cardinale di Giacomo, Francesco Enea fu Benedetto, Erasmo Longo fu Giusto, Simone Cardinale di Giacomo e Vito Guastella fu Nicola, debbono, giusta la conclusione del Pubblico Ministero, essere rimessi al Tribunale competente per più ampla istruzione, e finalmente pei rimanenti Maria Puccio in Mutolo, Bartolomeo Troja del fu Antonio, Giuseppe Battaglia del fu Francesco, Francesco Croce di Mastro Giuseppe, Rosalia Giammona in Bruno e Pietro Rizzo Penanca del fu Giuseppe, per i quali consta che non siano colpevoli, debbono uniformemente alle conclusioni del Commissario del Re essere posti in libertà?

Visti gli articoli 129, 130 e 131 Leggi Penali:

Il Consiglio di Guerra ad unanimità di voti ha condannato e condanna Pietro De Majo del fu Salvatore e Antonio Crivelli del fu Antonino alias *Naso* alla pena di morte da espiarsi colla fucilazione nel Comune di Capaci, ove accaddero i misfatti suddetti;

Ha ordinato che Giulio Cardinale di Giacomo, Francesco Enea fu Benedetto, Erasmo Longo fu Giusto, Simone Cardinale di Giacomo e Vito Guastella fu Nicola sieno rimessi alla Commissione Militare di Palermo per essere più esattamente approfondite le imputazioni di cui sono gravati;

Ed alla stessa unanimità di voti e conformemente alle conclusioni del Pubblico Ministero ha ordinato che Maria Puccio in Mutolo, Bartolomeo Troja del fu Antonio, Giuseppe Battaglia del fu Francesco, Francesco Croce di Maestro Giuseppe, Rosalia Giammona in Bruno, Pietro Rizzo Penanca di Giuseppe siano subito messi in libertà.

Le spese del giudizio a carico dei condannati debbono liquidarsi in favore della Reale Tesoreria.

Fatto, chiuso e pubblicato in continuazione del dibattimento del suddetto Consiglio di Guerra subitaneo, oggi il 1° settembre 1837, alle ore nove pomeridiane nel Comune di Carini.—Seguono le firme.

Gaetano Iovane Maggiore Presidente —· Pietro Milon Capitano — Salvatore Pucci Capitano—Raffaele Renna Capitano—Arcangelo De Martine 1° Tenente —Raffaele De Majo 2° Tenente—Giovanni D'Argemonti 2° Tenente—·Vincenzo De Vico Alfiere — Luigi Ponz De Leon 1° Tenente, Commissario del Re, sotto ff. di P. M.—Angelo Danneo 2° Sergente, Cancelliere.

Per copia conforme all'originale
Il Cancelliere
ANGELO DANNEO, 2° Sergente.

Visto
Il Commissario del Re
LUIGI PONZ DE LEON, 1° Tenente.

Visto
Il Brigadiere Comandante la Valle
VIAL.

III

Ferdinando II per la grazia di Dio Re del Regno delle de Sicilie, di Gerusalemme ecc. Duca di Parma, Piacenza, Castro ecc. Gran Principe ereditario di Toscana ec. ec. ec.

Il Consiglio di Guerra di Corpo dell' 8° di linea, Reggimento Calabria, composto per ordine del signor Colonnello Cav. Don Orazio Atramblè, Comandante il sudetto corpo, e la colonna mobile di Carini, dei signori Cav. D. Gaetano Iovane Maggiore Presidente—capitani D. Pietro Milon, D. Segismondo Spedicati e D. Giuseppe Musso,—primi Tenenti D. Egidio Pucci e D. Francesco Preti, secondo Tenente D. Antonino Rinaldi; alfiere, D. Giuseppe Fusco giudici, commessario del Re capitano D. Luigi Ponz de Leon colle funzioni di P. M., assistiti dal 2° sergente Angelo Danneo cancelliere, convocato per procedere in modo subitaneo a carico degli imputati presenti Francesco Taormina Lupo di Vincenzo, Francesco Cataldo alias *Rucchidda* del fu Giuseppe, Giuseppe Gagliotta fu Gerolamo, Vincenzo Marcianò di Carlo, Salvatore Marcianò di Carlo, Leonardo Minni fu Antonino, Vincenzo Lo Cascio alias *Lesinella* del fu Pietro, Giuseppe Musso fu Ambrogio, Angelo Mannino alias *Rucchiddu* del fu Giovanni, Pietro Cataldo *Rucchiddu* di Vincenzo, Vincenzo Taormina Lupo fu Francesco, Pietro Bozzetta *fra diavolo* fu Pietro, Salvatore Arusa, Agostino Arusa figli di Gervaso, Giovan Battista Chianti di Antonio, Francesco Cucuzza di Domenico, Domenico Giambanco Turco fu Francesco, Croce Mazzamuto fu Gaspare, Antonio Marcianò di Carlo, Benedetto Leto fu Francesco, Vincenzo Randazzo alias *Budorone* di Rosario, Gaspare Merentino di Pietro, Antonino Aglio Ferrante alias *Passulidda* fu Vincenzo, Girolamo fu Giovanni e Giovanni Finazza fu Carlo, ed assenti Salvatore Cataldo *alias Rucchiddu* di Vincenzo, Stefano Fileccia Ceruglione, Pietro Iacono Morso e Giovanni Arusa di Gervaso, imputati come capi ed istigatori della rivolta avvenuta il giorno 16 luglio 1837 in Carini.

Inteso il commessario del Re nelle sue orali conclusioni, nonchè gli accusati ed i loro difensori in tutti i mezzi di difesa addotti per escludere la colpabilità;

Il presidente dietro il riassunto della causa, ha proposto le seguenti

QUISTIONI DI FATTO

Costa che i nominati Francesco Taormina Lupo di Vincenzo, Salvatore Cataldo *Rucchiddu* di Vincenzo, Vincenzo Cataldo *Rucchiddu* fu Giuseppe, Giuseppe Cagliotta fu Girolamo, Vincenzo Marcianò di Carlo, Salvatore Marcianò di Carlo, Leonardo Menni di fu Antonio, Vincenzo Lo Cascio *alias Rennella* del fu Pietro, Giuseppe Muso fu Ambrogio, Angelo Mannino *alias Ruc-*

chiddu fu Giovanni, Pietro Cataldo *Rucchiddu* di Vincenzo, Vincenzo Taormina Lupo fu Francesco, Pietro Bozzetta *Fra diavolo* fu Pietro, Salvatore Arusa, Agostino Arusa di Gervaso e Stefano Plescia Ciciglione, Giovanni Battista Giandi di Antonio, Francesco Cucuzza di Domenico, Domenico Giambanco Turco fu Francesco, Croce Mazzanento fu Gaspare, Salvatore Marcianò di Carlo, Pietro Iacone Morso, Benedetto Leto fu Francesco, Vincenzo Randazzo di Rosario, Gaspare Merendino di Pietro, Giovanni Arusa di Gervaso, Antonio Aglio Ferrandi *alias Passulidda* fu Vincenzo, Girolamo Finazza fu Giovanni, Giovanni Finazza fu Carlo siano colpevoli di capi ed istigatori alla rivolta 16 luglio avvenuta in Carini ?

1° Considerando che Salvatore Cataldo *alias Rucchiddu* fu uno dei capi che si armò e induceva gli altri ad armarsi per eccitare la guerra civile tra gli abitanti di una stessa popolazione;

2° Considerando che istigatore primo, unito a Giuseppe Giambanco *alias Comito*, cospirò contro l' ordine pubblico, vita e sostanza di una classe di persone;

3° Considerando che diede con effetto esecuzione ai suoi criminosi progetti che per la fermezza della forza pubblica rimase misfatto mancato;

Il Consiglio di Guerra uniformemente alla requisitoria del P. M. dichiara che sia Salvatore Cataldo *alias Rucchiddu*, assente, reo di capo ed istigatore alla rivolta.

Considerando che Francesco Taormina Lupo di Vincenzo, Salvatore Marcianò di Carlo, Vincenzo Marcianò di Carlo, Gaspare Merendino di Pietro, Francesco Cucuzza di Domenico, Pietro Cataldo *Rucchiddu* di Vincenzo, Leonardo Minni del fu Antonio, Angelo Mannino *Rucchiddu* fu Giovanni e Giovanni Battista Chianti di Antonio, imputati dei reati medesimi, per la brevità del tempo e forma di giudizio, non si sono potuti approfondire e fissare i particolari gradi di colpabilità.

Considerando che Vincenzo Cataldo *Rucchiddu* di fu Giuseppe, Gagliotta fu Girolamo, Vincenzo lo Cascio Resinella fu Pietro, Vincenzo Taormina Lupo fu Francesco, Pietro Bozzetta *Fra diavolo* fu Pietro, Salvatore Arusa, Agostino Arusa e Giovanni Arusa figli di Gervaso, Stefano Fileccia Ciciglione, Pietro Iacono Morso, Benedetto Leto fu Francesco, Vincenzo Randazzo Budorone di Rosario, Antonino Aglio Ferrante *alias passuliddu* fu Vincenzo, Girolamo Finazza fu Giovanni, Giovanni Finazza fu Carlo, Croce Mazzamuto fu Gaspare, Giuseppe Musso fu Ambrogio, Domenico Giambruno Turco fu Francesco e Antonino Marcianò di Carlo in tutto il corso del dibattimento non si è trovato a loro carico colpabilità veruna;

Il Consiglio di Guerra dichiara alla maggioranza di voti cinque sopra tre pei sunnominati Francesco Taormina Lupo di Vincenzo, Salvatore Marcianò di Carlo, Vincenzo di Marcianò Carlo, Gaspare Merendino di Pietro, Francesco Cucuzza di Domenico, Pietro Cataldo *Rucchiddu* di Vincenzo, Leonardo Minni del fu Antonio, Angelo Mannino *Rucchiddu* fu Giovanni e Giovan Battista Chianti di Antonio, non costa abbastanza che siano colpevoli;

Dichiara inoltre che per i rimanenti costa che non siano colpevoli.

Fatta la dichiarazione di reità, il Presidente ha interpellato il consiglio colla seguente

QUISTIONE DI DRITTO

È applicabile per Salvatore Cataldo *alias Rucchiddu* di Vincenzo la pena di morte proposta dal Commissario del Re nelle sue conclusioni?

Francesco Taormina Lupo di Vincenzo, Salvatore Marcianò di Carlo, Vincenzo Marcianò di Carlo, Gaspare Merendino di Pietro, Francesco Cucuzza di Domenico, Pietro Cataldo *Rucchiddu* di Vincenzo, Leonardo Minni del fu Antonio, Angelo Mannino *Rucchiddu* fu Giovanni e Giovan Battista Chianti fu Antonio debbono giusta le conclusioni del P. M essere rimessi alla commissione militare per più amplia istruzione?

E finalmente i rimanenti per i quali costa che non sieno colpevoli debbono uniformemente alle conclusioni del Commissario del Re essere posti in libertà?

Visti gli articoli 129, 130 e 131 LL. PP.

Il Consiglio di Guerra all'unanimità di voti ha condannato e condanna Salvatore Cataldo *alias Rucchiddu* di Vincenzo, assente, alla pena di morte da espiarsi colla fucilazione.

Ed alla maggioranza di cinque voti sopra tre ha ordinato che Francesco Taormina Lupo di Vincenzo, Salvatore Marcianò di Carlo, Vincenzo Marcianò di Carlo, Gaspare Merendino di Pietro, Francesco Cucuzza di Domenico, Pietro Cataldo *Rucchiddu* di Vincenzo, Leonardo Minni fu Antonio, Angelo Mannino *Rucchiddu* fu Giovanni e Giovan Battista Chianti di Antonio, sieno rimessi alla commissione militare in Palermo, perchè pronunzi sul grado di colpabilità ad essi imputabile.

All'unanimità di voti e conformemente alla conclusione del P. M. ha ordinato che Vincenzo Cataldo *Rucchiddu* fu Giuseppe, Giuseppe Gagliotta fu Girolamo, Vincenzo Lo Cascio *Resinella* del fu Pietro, Vincenzo Taormina Lupo fu Francesco, Pietro Bazzetta *Fra diavolo* fu Pietro, Salvatore Arusa, Agostino Arusa e Giovanni Arusa figli di Gervaso, Stefano Fileccia Ciciglione, Pietro Iacono Morso, Benedetto Leto fu Francesco. Vincenzo Randazzo Budorone di Rosario, Antonio Aglio Ferrante alias *Passuliddu* fu Vincenzo, Girolamo Finazza fu Giovanni, Giovanni Finazza fu Carlo, Croce Mazzamuto fu Gaspare, Giuseppe Musso fu Ambrogio, Domenico Giambanco Turco fu Francesco ed Antonio Marcianò di Carlo sieno subito messi in libertà.

Le spese del presente giudizio da liquidarsi in favore della Real Tesoreria.

Fatto, chiuso e pubblicato in continuazione del dibattimento del suddetto Consiglio di Guerra subitaneo, oggi li 15 settembre 1837 alle ore due pomeridiane—Seguono le firme: Gaetano Iovene Mag. Presidente—Pietro Milon Capitano Giudice—Sigismondo Spedicati Capitano Giudice—Giuseppe Musso Capitano Giudice—Egidio Pucci primo Tenente Giudice—Francesco Presti primo Tenente Giudice — Giuseppe Fusco Alfiere Giudice — Luigi Ponz de Leon Capitano Commissario del Re colle ff. di P. M.—Angelo Danneo 2° Sergente Cancelliere.

<table>
<tr><td>Per copia conforme all'originale
Il Cancelliere
ANGELO DANNEO, 2° Sergente</td><td>Visto
Il Commessario del Re
LUIGI PONZ DE LEON</td></tr>
</table>

Visto
Il Brigadiere di campo Comandante la Valle
VIAL

(Archivio citato).

DOCUMENTO N. LXX.

SENTENZA DELLA COMMISSIONE MILITARE DI MISILMERI

Ferdinando II per la grazia di Dio Re del Regno delle due Sicilie, di Gerusalemme ec. Duca di Parma, Piacenza, Castro ec. ec. Gran Principe ereditario di Toscana ec. ec. ec.

Il Consiglio di Guerra di Corpo del 7° Reggimento di Linea Napoli, elevato in modo subitaneo dietro superiore autorizzazione, convocato dal signor Cav. D. Raffaele Del Giudice, Colonnello Comandante il Reggimento e la Colonna Mobile, composto dei signori:

Presidente: Maggiore D. Domenico De Zelada.

Giudici: Capitano D. Agostino Del Carte.—Capitano D. Casimiro Drago.— 1° Tenente D. Francesco Nunziante. — 2° Tenente D. Francesco Plunghet. — 2° Sergente Vincenzo Lomellin.— Soldato Raffaele Rotondo. — Soldato Vittorio Amodeo.

Relatore: Cav. D. Cesare Schettini, Tenente Commissario del Re.

Cancelliere: Antonio Sciarrone, Sergente.

Si è riunito nel locale detto la Casina Cortegiani, sita nel largo della piazza per giudicare i nominati:

1. Paolo Badalamenti, figlio di Giovanni e di Rosa Normanno, di anni 25 da Palermo, domiciliato in Misilmeri, zagarellaro.

44

2. Giovan Battista Buonomo, figlio del fu Pietro e di Rachela Frondi di anni 45, di Misilmeri, possidente.

8. Gaetano Perrone figlio del fu Mariano e di Anna Schimmenti di anni 20 di Misilmeri, campagnuolo.

4. Natale Bocchiaro figlio del fu Filippo e di Maria Daì di anni 25 di Misilmeri, facchino.

5. Francesco Benante figlio del fu Onofrio e di Maria Laponaia di anni 25 di Marineo, domiciliato in Misilmeri, trafficante.

6. Giuseppe Giusto Giordano figlio del fu Domenico e di Lucia Merentino di anni 38 di Misilmeri, campagnuolo.

7. Francesco Corrente figlio del fu Gaspare e della fu Rosalia Misciratti di anni 40 di Misilmeri, carrettiere.

8. Pietro Sciarabba figlio di Gaspare e di Anna di Palermo, di anni 34 di Misilmeri, piccolo possidente.

9. Isidoro Amodeo Maggiore, figlio del fu Angelo e di Anna Pirrella di anni 32 di Misilmeri, bracciale.

10. Giuseppe De Dado figlio del fu Giovanni e fu Leonarda Orlando di anni 20 di Misilmeri, bracciale.

11. Francesco Lo Bove figlio di Gaetano e di Vincenza Mejola di anni 17 di Misilmeri, macellaio.

12. Giuseppe Terranova figlio di Giuseppe e della fu Rosalia Sciarrino di anni 20 di Misilmeri, carrettiere.

13. Paolino Sindana figlio del fu Vincenzo e di Giuseppa Lara di anni 20 di Misilmeri, spadalaro.

14. Antonio Lepanto figlio di Placido e della fu Rosa Fiduci di anni 19 di Misilmeri, maniscalco.

15. Francesco Raffa figlio del fu Alvaro e fu Agata Romeo di anni 25 di Misilmeri, possidente.

16. Filippa La Rosa di Vincenzo di Pisa di anni 29 di Misilmeri, mendica.

IMPUTATI

Di aperta ribellione, di omicidi, saccheggi, devastazioni, incendi e sevizie ed altri reati commessi in Misilmeri a danno delle autorità comunali e molti pacifici cittadini, avvenuti nei dì 13, 14 e 15 luglio corrente.

Letti gli atti creduti necessari in dibattimento; discusse le pruove tanto a carico che a discarico;

Inteso il Commissario del Re, relatore, che ha chiesto dichiararsi colpevoli i nominati Paolo Badalamenti e Pietro Sciarabba per avere preso parte attiva con i capi rivoltosi nei misfatti e delitti sopra espressi, e che in forza degli articoli di già rubricati 129, 130 e 131 LL. PP. sieno condannati alla pena di morte da eseguirsi colla fucilazione;

Che si dichiarino colpevoli di complicità non necessaria i nominati Natale Bocchiaro, Isidoro Amodeo Maggiore e Battista Bonomo, e che sieno condannati al quarto grado dei ferri in forza dell'art. 75, nel terzo e quarto caso dell'art. 74 delle stesse leggi;

Che si dichiarino colpevoli di complicità di minor grado i nominati Giuseppe Di Dado, Francesco Lo Bove e Francesco Raffa, e che sieno puniti in forza dell'art. 132 al 2° grado dei ferri;

Che si considerino colpevoli di modici furti commessi in simili circostanze i nominati Giuseppe Giusto Giordano e Antonio Lepanto da rimettersi al giudice ordinario per essere giudicati;

Infine da considerarsi non colpevoli i nominati Gaetano Perrone, Francesco Corrente, Giuseppe Terranova, Paolino Sindona e Filippa La Rosa, moglie di Vincenzo Di Pisa, non essendovi pruove a di loro carico;

Rimanendo aperto il giudizio pel nominato Francesco Benante per essere stato colpito, pendente il presente giudizio, dal colera morbus, o i condannati alle spese del giudizio a favore del Regio Erario;

Intesi i difensori, e gl'imputati che in ultimo hanno avuto la parola;

Il Presidente, dopo riassunta la causa e ridottala a stretti punti, ha proposto ed elevate le seguenti quistioni:

PRIMA QUISTIONE DI FATTO

Consta che i nominati Paolo Badalamenti e Pietro Sciarabba siano essi colpevoli di aver presa parte attiva, con i capi rivoltosi di Misilmeri, negli omicidi, saccheggi, devastazioni ed incendi commessi a danno di molte autorità comunali e pacifici cittadini; come ha chiesto il Commissario del Re pubblico ministero nelle sue orali conclusioni?

SECONDA QUISTIONE

Consta che i nominati Natale Bocchiaro, Isidoro Amodeo Maggiore, Battista Bonanno, Giuseppe De Dado, Francesco Lo Bove e Francesco Raffa sieno colpevoli di complicità nei misfatti in questione, e i nominati Giuseppe Giusto Giordano ed Antonio Lepanto, colpevoli di modici furti, come li ha classificati il Commissario del Re Relatore?

TERZA QUISTIONE

Debbansi considerare non colpevoli i nominati Gaetano Perrone, Francesco Corrente, Giuseppe Terranuova, Paolino Sindona e Filippa La Rosa di Pisa; giusto quanto ha chiesto il pubblico ministero?

Il Consiglio di Guerra, considerando che dagli atti raccolti e discussi in dibattimento sono derivati i seguenti

FATTI

Non fu che la sera del 13 luglio corrente che scoppiò la terribile o meditata congiura che erasi ordita dalla feccia del popolo di Misilmeri contro le autorità comunali, gentiluomini e proprietari del comune.

L'indagarne l'origine non è difficile. Le opinioni erano due, l'una della gente credula e dabbene, era quella del supposto veleno e disarmo che davasi a credere: l'altra dei bricconi e malintenzionati di uccidere tutte le autorità che li tenevano a freno o di appropriarsi delle costoro sostanze, come infatti successe.

La calca sediziosa entrata sull'imbrunire della sera di quel dì, diveniva ad ogni istante più numerosa.

L'allarme fu generale: la piccola forza urbana, tre gendarmi e pochi buoni cittadini furono sopraffatti nei primi scontri.

Un messo spedito dal Regio Giudice in Villabate, onde chiedere soccorso, venne ucciso dai sediziosi, divenuti vieppiù audaci per aver superato il primo affronto, assalgono la casa del barone Furitano: ivi erano riparati il Regio Giudice e famiglia, pochi urbani, tre gendarmi e, col Baroncino Furitano, capo urbano, opposero valida resistenza ed i sediziosi furono respinti.

Inaspriti di non esser riusciti in questa pugna, attaccano da ogni parte il paese, uccidono la moglie di D. Antonino Torchiani e la casa messa a sacco ed incendio: lo stesso avvenne a quella di Bellittieri, Mosca e di Mariano Leone.

Aggiornò il funesto dì 14, replicano l'assalto alla casa del barone Furitano, uccidono il regio Giudice e moglie, D. Vincenza Liura, D. Domenico Moralda, Francesco Dell'Orto e moglie, ed un gendarme: infine saccheggiano ed incendiano interamente quel vasto e ricco edificio.

Fu in questo crudele macello che il baronello Furitano si troncò la vita con un colpo di pistola per non cadere nelle mani dei rivoltosi: il barone Padre, per miracolo, scampò da quell'eccidio.

Non sazii ancora di tanto innocente sangue sparso si diè morte all'usciere Lo Carufo e la casa messa a ruba, fu ucciso il percettore Caracciolo e suo figlio, la casa bensì saccheggiata, le teste recise di questi disgraziati furono portate in trionfo e i corpi bruciati in pubblica piazza.

Si die' morte a D. Stefano Caraffa ed il cadavere fu bruciato e la casa messa a sacco; del pari quella di Rositani, Cagliura, Vasselli, Santoro e del Comune.

Abbenchè un certo buon ordine si fosse ristabilito nel 14, pur tuttavia si disumò il cadavere di un certo Scozzari, morto di colera da 4 giorni, che infettò il Comune e per questo si die' morte al medico Carlotti, incolpandolo autore di avvelenamento nella sua professione.

Il giorno 15 alla fine si compì la crudele carneficina, dando la morte all'usciere Bellittieri.

A sì enormi misfatti, delitti e sevizie, in sì barbaro modo consumati, prese parte tutto il popolaccio, secondato d'altri consimili dei vicini paesi.

Tali disordini incominciarono a cessare al primo annunzio di vicina forza, al di cui arrivo tutti i principali autori e complici si diedero alla fuga, rimanendo latitanti sulle vicine campagne, donde mercè le vigili cura del capo della colonna mobile, vengono di tratto in tratto assicurati alla giustizia.

Fra i molti arrestati sullo prime dal Consiglio di Guerra del 6° Cacciatori, due furono condannati a morte, e due altri all'amplia istruzione: i presenti arrestati di poi sono stati sottoposti al presente giudizio.

SULLA PRIMA

Considerando che dalle deposizioni dei testimoni esaminati in pubblico dibattimento, affrancati dal detto dei danneggiati, si è venuto in chiaro che Paolo Badalamenti e Pietro Sciarabba presero parte attivissima nei misfatti e delitti di sopra trascritti, ed in particolare, concorse ognuno per la sua parte nell'eccidio commesso in casa del barone Furitano, ed alla morte di D. Stefano Caracciolo e figlio, assicurazioni, che non hanno dato dubbio alcuno, al convincimento dei giudicati;

PER TALE RIFLESSO

Il Consiglio di Guerra a pluralità di voti, di due meno (dichiarando di non constare abbastanza) ha deciso di dichiararsi colpevoli i sunnominati Paolo Badalamenti e Pietro Sciarabba, analogamente alle conclusioni del Commissario Re, Relatore.

SULLA SECONDA

Considerando che solo Natale Bocchiaro, Isidoro Amodeo in simili misfatti concorsero da complici non necessari, come del pari Giuseppe De Dato ed Antonio Lepanto, con circostanze meno aggravanti;

PER TALE RIFLESSO

Il Consiglio di Guerra all'istessa pluralità di voti, di due meno, decise dichiararsi colpevoli i su nominati prevenuti, facendo in parte dritto alle conclusioni del Relatore.

Fatta la dichiarazione di reità per Paolo Badalamenti e Pietro Sciarabba ed altri;

Il Presidente ha interpellato il Consiglio se crede doversi applicare la pena proposta dal Commissario del Re nelle sue conclusioni ai dichiarati colpevoli Paolo Badalamenti e Pietro Sciarabba, ai termini degli articoli 129, 130 e 131 Leggi Penali.

Visti gli articoli 129, 130, 131 delle Leggi Penali in vigore;

Attesochè Paolo Badalamenti e Pietro Sciarabba vengono colpiti dal previsto dei succitati articoli;

Il Consiglio di Guerra, a maggioranza di voti, ha deciso doversi applicare la pena proposta dal Commissario del Re, e quindi ha condannato Paolo Badalamenti e Pietro Sciarabba alla pena di morte colla fucilazione.

Attesochè Natale Bocchiaro e Isidoro Amodeo, risultati complici non necessari, vengono colpiti dal p. 4° di sopra trascritto;

Il Consiglio di Guerra ha deciso ad unanimità di voti doversi applicare la pena, proposta dal Commissario del Re Relatore, e perciò ha condannato Natale Bocchiaro e Isidoro Amodeo alla pena del *minimum* del quarto grado di ferri nel Presidio, giusta il prescritto dell'articolo 9 LL. PP.

Attesochè i nominati Giuseppe De Dado ed Antonio Lepanto, dichiarati colpevoli di complicità, ma con circostanze meno aggravanti dei due primi;

Il Consiglio è divenuto alla discussiva dei gradi di pena, e ad unanimità di voti li ha condannati al *minimum* della pena del secondo grado dei ferri nel presidio, cioè di anni tredici.

Il Consiglio di Guerra ha quindi deciso ad uniformità di voti che Giuseppe Giusto Giordano, Battista Bonanno, Francesco Lo Bovo e Francesco Raffa, non essendovi concorse pruove sufficienti, per ora, onde considerarli realmente colpevoli: all'istessa uniformità di voti ha deciso che gl'imputati suddetti rimangano sotto custodia. Ha quindi disposto che nel termine di pochi giorni il Consiglio medesimo adempia al prescritto del capo 5°, articoli 1° e 2° del S. P. M.

SULL' ULTIMA

Considerando infine che la pubblica discussione ha presentate pruove chiare per l'innocenza degl'imputati Gaetano Perrone, Francesco Corrente, Giuseppe Terranova, Paolino Sindona e Filippa La Rosa di Pisa;

Visto l'art. 271 detto S. P. M.;

In forza quindi del succitato articolo;

Il Consiglio di Guerra mette in libertà assoluta i sunnominati Gaetano Perrone, Francesco Correnti, Giuseppe Terranova, Paolino Sindona e Filippa La Rosa di Pisa, riserbandosi qualunque azione che potesse competergli contro chiunque ai termini del dritto da sperimentarsi presso il giudice competente.

Rimanendo aperto il giudizio pel nominato Francesco Benante, colpito dal colera, pendente il presente giudizio;

In forza del prescritto dell'art. 292 della Procedura penale, li condanna parimenti alle spese del presente giudizio a favore del Regio Erario.

Rimanendo il tutto a cura e diligenza del Commissario del Re, Relatore, da eseguirsi la pena della fucilazione infra il termine di tre ore e della presente sentenza se ne diramino 500 copie in estratto.

Fatta, giudicata e pubblicata in continuazione del dibattimento, oggi in Misilmeri, li 26 luglio 1837, alle ore due dopo la mezzanotte.

I MEMBRI DEL CONSIGLIO

Domenico De Zelada Maggiore Presidente—Agostino Del Carte Capitano Giudice—Casimiro Drago Capitano Giudice—Francesco Nunziante 1° Tenente Giudice—Francesco Plunghet 2° Tenente Giudice—Vincenzo La Mattina 2° Sergente Giudice—Raffaele Rotondo soldato, Giudice—Vittorio Amodeo soldato, Giudice. —Commissario del Re, Relatore, D. Cesare Schettini Tenente—Antonio Sciarrone 2° Sergente, Cancelliere.

ATTO 1°.

Certifico io qui sottoscritto Cancelliere di aver dato lettura della presente Sentenza ai condannati in presenza del Commissario del Re e della Guardia riunita sotto le armi, e si è resa esecutiva per la fucilazione dopo tre ore fissato dal Consiglio di Guerra per Paolo Badalamenti e Pietro Sciarrabba. — Il Cancelliere Antonio Sciarrone, 2° Sergente.

ATTO 2°.

Certifico che Francesco Bonanto colpito dal colera morbus, è morto il dì 28 luglio 1837.—Antonio Sciarrone 2° Sergente, Cancelliere.

Visto

Il Brigadiere Comandante la Valle

VIAL (1).

(Archivio citato).

DOCUMENTO N. LXXI.

SENTENZA DELLA COMMISSIONE MILITARE DI MARINEO.

Ferdinando II per la grazia di Dio Re del Regno delle due Sicilie, di Gerusalemme ec. Duca di Parma, Piacenza, Castro ec. ec. Gran Principe Ereditario di Toscana ec. ec. ec.

Il Consiglio di Guerra di Corpo del 7° di Linea Napoli, convocato in modo subitaneo dal signor Colonnello Cav. Don Raffaele Del Giudice, Comandante la Colonna mobile

Composto dei Signori :

Presidente: Maggiore Cav. D. Domenico De Zelada.

Giudici: Capitano D. Giuseppe Bianchi. — Capitano D. Gennaro Barilla. —

(1) Seguono altre sentenze, che portano rispettivamente la data del 7, 8 e 11 agosto, 6, 7 e 30 settembre, 13 e 24 ottobre.

1° Tenente D. Francesco Alfano.—2° Tenente D. Placido Scardamaglia.—2° Sergente Vincenzo Lomellin. — Soldato Raffaele Rotondo. — Soldato Vittorio Amodeo.

Relatore: Commissario del Re Cav. D. Cesare Schettini, Tenente.

Cancelliere: Pasquale Rizzo, 2° Sergente.

Si è riunito nel locale delle sue ordinarie sedute, dopo ascoltata la messa dello Spirito Santo, per giudicare i nominati:

1. Ciro di Fina di Giovanni e di Giuseppa Lauricella di anni 18 di Marineo, negoziante di panni.

2. Ciro Cutrone del fu Michelangelo e di Giovanna Spadaro di Marineo, zappatore.

3. Ignazio Calderone di Ciro Maria e di Maria Perrone di anni 21 di Marineo, di condizione massaro.

4. Mastro Mario Maccarone del fu Santo e di Cira Cutrone di anni 35 di Marineo, calzolaio.

5. Giacomo Spinella del fu Giuseppe e di Maria Taormina di anni 31 di Marineo, campagnuolo.

6. Giuseppe Daidone del fu Ciro e di Rosaria Rocco di anni 27 di Marineo, zappatore.

7. Salvatore D'Amato di Antonino e di Maria Catarinella, di anni 16 circa, di Marineo, zappatore.

8. Antonino di Peri del fu Simone e della fu Gaetana Chirca, di anni 51 di Marineo, zappatore.

9. Carmelo Benante del fu Francesco e d'Anna Maria Cutrone, di anni 42, di Marineo, campagnuolo.

10. Giovanna Lo Piccolo del fu Francesco e di Carmela La Fischia, di anni 48 di Marineo, contadina.

11. Cira Marsala di Giuseppe, moglie di Giuseppe D'Aversa, d'anni 30, di Marineo, contadina.

PREVENUTI

Di sommossa popolare, cagionando uccisioni, saccheggi, incendi a danno delle autorità ecclesiastiche comunali e pacifici cittadini di Marineo, avvenuti nei giorni 14, 15 e 16 luglio ultimo.

Discusse le pruove tanto a carico che a discarico dei prevenuti;

Inteso il Commissario del Re, che ha conchiuso, sostenendo il suo atto di accusa o rubrica del processo;

Intesi i difensori e gl'imputati tutti, che in ultimo hanno avuto la parola;

Il Presidente, avendo riassunta la causa, ha proposto ed elevato le seguenti quistioni:

PRIMA QUISTIONE DI FATTO

Consta che Mario Maccarone, Giuseppe Daidone, Ignazio Calderone, Giacomo Spinella e Antonino di Peri sieno essi colpevoli di misfatti ed incendi avvenuti in Marineo, concorrendovi in qualità di autori principali nei suddetti misfatti e delitti, come li ha dichiarati il Commissario del Re nelle sue orali conclusioni?

SECONDA QUISTIONE DI FATTO

Consta che le due donne Cira Marsala e Giovanna Lo Piccolo sieno state istigatrici nell'avvenuta sommossa?

TERZA QUISTIONE DI FATTO

Consta che i nominati Salvatore D'Amato, Carmelo Benante, Ciro Cutrone e Ciro Di Fina non abbiano in alcun modo concorso negli avvenimenti suddetti, come li ha rubricati il Commissario del Re?

Considerando che dagli Atti raccolti e discussi in dibattimento sono risultati i seguenti

FATTI

Non fu che nei dì 14, 15 e 16 luglio che avvenne in Marineo una sommossa popolare, derivata da segrete istigazioni, colorandosi sotto l'aspetto di somministrazione di veleno al popolo.

Questo indispettito e in tal modo acceso di fantasia commise mille eccessi, saccheggi, incendi ed altro.

La generica raccolta dagli uccisi monta fino a 33, fra i quali i più degni l'arciprete, il Regio Giudice e Sindaco, e circa una ventina di abitazioni devastate, saccheggiate e parte incendiate, fra cui gli Archivi Comunali.

I presenti giudicabili, ognuno per la sua parte, chi più, chi meno, concorsero alla consumazione degli stessi: dopo tanti misfatti consumati, molti si diedero alla fuga e di tratto in tratto furono assicurati alla Giustizia, e molti di questi fecero resistenza alla forza pubblica armata mano, ed uniti ad altri detenuti sono stati sottoposti al presente Consiglio di Guerra subitaneo.

SULLA PRIMA

Considerando che Mario Maccarrone, Giuseppe Daidone, Ignazio Calderone, Giacomo Spinella ed Antonino Di Peri in tali avvenimenti presero parte come autori principali nelle uccisioni del Reverendo Arciprete Don Ignazio Valente, D. Giuseppe Valente, D. Vincenzo Granatelli, D. Domenico Caramanna Sindaco e D. Onofrio di Marco, Giudice supplente, non che ai diversi incendi e saccheggi dati alle di costoro abitazioni, consumando tali misfatti alla testa del popolo rivoltoso in Marineo;

45

Considerando che Mario Maccarrone, Giuseppe Daidone ed altri di loro compagni, dopo di aver preso parte attivissima nei misfatti di sopra citati, latitanti percorrevane la campagna, a mata mano, e sorpresi dalla forza pubblica, in conflitto restò ucciso un altro di loro compagno di nome Cutrone;

PER TALI RIFLESSI

Il Consiglio di Guerra ad unanimità di voti ha dichiarato colpevoli Ignazio Calderone, Mario Maccarone, Giuseppe Daidone, Giacomo Spinella ed Antonino Di Peri.

SULLA SECONDA

Considerando che le nominate Cira Marsala e Giovanna La Piccola, lungi da considerarsi in qualità di prime istigatrici nell'avvenuta sommossa, i loro garruli modi non cagionarono alcun serio avvenimento nei fatti avvenuti, anzi i di loro sediziosi discorsi ebbero luogo molti giorni prima dell'avvenuta sommossa, e che i loro detti erano figli di una credenza certa di veleno che si somministrasse dalle autorità alla plebe, e che in niun modo influirono agli avvenuti successi;

PER TALE RIFLESSO

Il Consiglio di Guerra ad uniformità di voti ha dichiarato non essere colpevoli le sunnominate Cira Marsala e Giovanna La Piccola di prime istigatrici nei fatti in quistione.

SULLA TERZA

Considerando che i nominati Salvatore D'Amato, Carmelo Benante, Ciro Cutrone e Ciro Di Fina in niun modo concorsero negli avvenimenti suddetti, anzi l'arresto per Di Fina fu eseguito dai rivoltosi stessi pria di scoppiare la rivolta, e Ciro Cutrone per equivoco di nome, Carmelo Benante arrestò l'uccisione di Ciro Di Fina, che voleva farsi dai rivoltosi, il giovinetto Salvatore D'Amato per semplice combinazione fu rinvenuto in mezzo all'arresto di Ignazio Calderone, Mario Maccarone ed altri colpevoli, senza che niuna parte ebbero agli avvenimenti suddetti;

PER TALE RIFLESSO

Il Consiglio di Guerra a pieni voti ha dichiarato essere non colpevoli i soprannominati quattro individui.

Fatta la dichiarazione di reità pei nominati Calderone, Maccarone, Daidone, Spinelli e Di Peri;

Il Presidente ha interpellato il Consiglio se creda doversi applicare ai sudichiarati colpevoli la pena chiesta dal Commissario del Re nelle sue conclusioni.

Tenuto presenti le Ministeriali dei 16 luglio e 2 agosto corrente, riguardanti le attribuzioni dei Consigli di Guerra subitanei in questi Reali Dominii;

Visti gli articoli 129, 130 e 131 delle Leggi penali in vigore;

Il Consiglio di Guerra alla stessa uniformità e pluralità di voti ha deciso di applicarsi la pena di morte ai suddetti individui.

Perciò ha condannato e condanna Ignazio Calderone, Mario Maccarrone, Giuseppe Daidone, Giacomo Spinelli e Antonino Di Peri alla pena di morte da eseguirsi colla fucilazione fra lo spazio di poche ore in Marineo, luogo dei consumati misfatti.

Ha deciso che Cira Marsala e Giovanna La Piccola sieno rimesse alla Commissione Militare in Palermo per subire un novello giudizio.

Ha deciso in ultimo

Che Salvatore D'Amato, Carmelo Bonante, Ciro Cutrono e Ciro Di Fina sieno rimessi in Palermo in forza della Ministeriale del 12 agosto corrente.

Il tutto a cura e diligenza del Commissario del Re e la presente sentenza da pubblicarsene le corrispondenti copie estratte.

Fatto, giudicato e pubblicato in continuazione del dibattimento.

Oggi in Misilmeri, 16 agosto 1837.

I Membri del Consiglio:

Domenico De Zelada Maggiore Presidente.
Giuseppe Bianchi Capitano Giudice.
Gennaro Barillà Capitano Giudice.
Francesco Alfano 1° Tenente Giudice.
Placido Scardamaglia 2° Tenente Giudice.
Vincenzo Lomellin 2° Sergente Giudice.
Vittorio Amodeo Soldato Giudice.
Cesare Schettini Tenente Commissario del Re.
Pasquale Rizzo 2° Sergente, Cancelliere.

Certifico io qui sottoscritto Cancelliere di aver data lettura della presente sentenza ai dietroscritti individui in presenza del Commissario del Re, ed i cinque condannati sono stati avvertiti che fra poche ore dovrà eseguirsi la loro condanna della fucilazione in Marineo ed i rimanenti dovranno essere rimessi in Palermo.

Il Cancelliere
PASQUALE RIZZO, 2° Sergente (1).

(Archivio citato).

_____

(1) Seguono altre sentenze, aventi la data del 31 agosto, 12, 14 e 29 settembre ed 8 ottobre,

DOCUMENTO N. LXXII.

SENTENZA DELLA COMMISSIONE MILITARE DI CORLEONE.

*Ferdinando II per la grazia di Dio Re del Regno delle due Sicilie, di
Gerusalemme, ec. Duca di Parma, Piacenza, Castro ec. ec. Gran Principe ereditario di Toscana ec. ec. ec.*

Il Consiglio di Guerra subitaneo, convocato in forza della Ministeriale della
R. Segreteria di Stato in questi reali domini, sotto la data del 16 luglio ora
scorso, carico di Polizia, e comunicata dal Comandante delle Armi li 18 del
detto mese, 3ª Sezione, N. 1441, riunito nel Palazzo Comunale in Corleone,
composto dei signori Cav. D. Gioacchino Ninì, Tenente Colonnello, Comandante
il 3° Battaglione Cacciatori di Linea e della colonna Mobile, Presidente — Capitani D. Giuosuè Guida — D. Gaetano Criscuoli — primi Tenenti, D. Luigi Piccinicci — D. Giacinto Ritucci — 1° Tenente D. Luigi Minervini — 2° Tenente
D. Gaetano Guccione — Alfiere D. Raffaele De Boffe — Giudici — 1° Tenente
D. Pietro Dalmasi, commissario del Re — 1° Sergente Raffaele Salinas, cancelliere.

Per giudicare:

Giuseppe Catinotto Moscaglione, figlio di Salvatore, d'anni 35 di Corleone,
bordonaro, Liborio Perricone, figlio del fu Nicola, di anni 27, di Corleone, bracciale, Leoluca Milone, figlio di Nicolangelo, di anni 23, di Corleone,
bracciale, Simone Maione, figlio di Battista, di anni 24, di Corleone, bracciale,
Benedetto Glorietti, *(alias Dimitri)*, figlio di Biagio, di anni 35, di Monreale,
domiciliato in Corleone, bracciale, Antonio Ceraulo, figlio Giuseppe, di anni 31,
di Corleone, garzone, Biagio Listì Frattaglione, figlio di Antonio, di anni 19,
di Corleone, bracciale, Antonino Milone, figlio di Michelangelo, di anni 25, di
Corleone, bracciale, Giuseppe Ferrara, figlio di Antonino, di anni 28, di Castronuovo, domiciliato in Corleone, custode del Regio Macino, Bernardo D'Antoni,
figlio di Girolamo, di anni 31, di Corleone bracciale, Vincenzo Gennusa, figlio
del fu Martino, di anni 33, di Corleone, giardiniere, imputati d'istigatori primi,
di commessi misfatti e di capi di sommossa nelle ultime emergenze avvenute in
questo capo distretto il 21 e 23 dell'ora scorso luglio.

Inteso il commissario del Re nelle sue conclusioni, nonchè gli accusati ed
i loro difensori.

Il presidente, dietro il riassunto della causa, ha proposto le quistioni: Costa
che Giuseppe Catinotto Moscaglione — Liborio Perricone — Leoluca Milone —
Simone Maione — Benedetto Glorietti *(alias Dimitri)* — Antonio Ceraulo — Biagio Listì Frattaglione di Antonio — Antonio Milone — Giuseppe Ferrara — Bernardo D'Antoni e Vincenzo Gennusa sieno colpevoli dei reati d'istigatori pri-

mi dei commessi misfatti, e d'essere capi delle sommosse nei giorni sopra indicati?

Considerando essere risultati dalla pubblica discussione i seguenti

FATTI

Il giorno 21 del passato luglio, esistendo in questo Comune il morbo dominante, sotto il falso pretesto di veleno, furono presi da un attruppamento popolare Leone Lo Bue, Gaetano Governali ed il figlio Giuseppe, e Ciro Bonarelli, trascinati al luogo detto ponte del Gatto, furono in prima barbaramente percossi, e di poi uccisi a colpi di fucile, e siccome tra questi furiosi primeggiavano Catinotto Moscaglione — Perricone — Milone Leoluca — Majone e Glorietti (*alias Dimitri*), furono costoro ch'eccitarono gli attruppati a dare negli eccessi sopraddetti. Gli stessi nei giorni seguenti, facendosi capi di bande tumultuose, assalirono a mano armata le case di campagna di molti notabili del Paese, ricattando delle Armi, ed anche danaro. Ceraulo fu quello che alla testa di altri il dì 21 stesso assalì il proprio padrone, nominato Antonio di Puma Lasagna, e dopo averlo replicatamente ferito, l'uccise con un colpo di fucile, e fecesi in seguito anche veder capo delle bande che scorrevano i sopraddetti casini; Listi Frattaglione di Antonio fu quello che seviziò in maniera atroce le tre donne uccise, anche sotto la falsa accusa di veleno, cioè, Maria Pomilla in Lo Bue, Carmela Billera, Angela Colletta Insinzittella, e fu pure esecutore dell'omicidio mancato in persona di Pietra Mancuso che rattrovasi tutt'ora all'ospedale gravemente ferita, ed alla testa della ciurmaglia giunse all'eccesso, prima di ucciderle di propria mano a colpi di fucile, le martirizzò col fuoco, nel luogo detto Croce, ed ebbe per energico compagno Majone, uno dei capi delle atrocità del 21 al Ponte del Gatto. Tal successo ebbe luogo il 23 detto mese.

Milone Antonio fu anche nell'attruppamento del 21 al ponte del Gatto, commise degli eccessi, ma non fu nè istigatore, nè capo.

Riguardo poi agl'imputati Ferrara e D'Antoni non essere per ora pronta la loro reità, ed essere chiarita l'innocenza di Gennusa.

1.° Considerando che i primi cinque, cioè Giuseppe Catinotto Moscaglione — Liborio Perricone — Leoluca Milone — Simone Majone e Benedetto Glorietti (*alias Dimitri*), essere istigatori primi, e capi delle sommosse successe il 21 luglio ultimo;

2.° Considerando essere Biagio Listì Frattaglione uno degl'istigatori primi, e capo della sommossa del giorno 23 ed autore degli omicidi delle tre donne e dell'omicidio mancato dell'altra Mancuso;

3.° Considerando che Antonino Ceraulo fu anche istigatore primo, ed uno dei capi di sommosse del giorno stesso, ed omicida di Antonino di Puma Lasagna, e capo di altri ammutinamenti nei giorni seguenti:

4.° Considerando che Antonino Milone, benchè avesse fatto parte dei sollevati, non fu nè istigatore, nè capo;

5.° Considerando che Giuseppe Ferrara e Bernardo D'Antoni non sono restati pienamente convinti di reità ;

6.° Considerando che Vincenzo Gennusa è risultato nella pubblica discussione del tutto innocente;

Il Consiglio di Guerra subitaneo, dietro le quistioni proposte dal Presidente, dichiara costare essere colpevoli dei suddetti reati:

Giuseppe Catinotto Moscaglione — Liborio Perricone — Leoluca Milone — Simone Majone — Benedetto Glorietti (*alias Dimitri*) — Antonino Ceraulo — Biagio Listì Frattaglione. Dichiara in pari tempo che Antonino Milone è colpevole, ma non di sommosse o istigatore primo. Dichiara di non constare abbastanza che Giuseppe Ferrara e Bernardo D'Antoni siano rei dei misfatti imputatigli. Dichiara constare non essere colpevole Vincenzo Gennusa.

Fatta la dichiarazione di reità, il Presidente ha interpollato il Consiglio se crede condannare i colpevoli Giuseppe Catinotto Moscaglione, Liborio Perricone, Leoluca Milone, Simone Majone, Benedetto Glorietti (*alias Dimitri*), Antonino Ceraulo, Biagio Listì Frattaglione alla pena di morte prevista nell'articolo 2° della Ministeriale della Real Segreteria di Stato in questi reali domini, carico di Polizia;

Che nei Comuni stessi un Consiglio di Guerra subitaneo convocato, giusta lo statuto Penale Militare, ed a somiglianza di consigli di Guerra di Corpo, giudichi immediatamente gl'istigatori primi di commessi misfatti, ed i Capi delle sommosse, e senza mettere tempo in mezzo mandi ad esecuzione la sentenza.

Ad Antonio Milone il massimo del 2° grado di ferri.

A Giuseppe Ferrara e Bernardo D'Antoni rimetterli a più ampla istruzione.

A Vincenzo Gennusa la libertà assoluta.

Il Consiglio suddetto ad unanimità ha deciso applicarsi la pena di morte a Giuseppe Catinotto Moscaglione, Liborio Perricone, Simone Majone, Antonio Ceraulo, Bagio Listì Frattaglione di Antonio.

A maggioranza di voti ha condannato alla stessa pena Leoluca Milone, Benedetto Glorietti (*Alias Dimitri*).

Con la stessa maggioranza ha condannato al massimo del secondo grado di ferri Antonio Milone.

Ad unanimità a più ampla istruzione Giuseppe Ferrara, Bernardo D'Antoni.

Colla stessa unanimità ha posto in piena libertà Vincenzo Gennusa.

Ha quindi ordinato che siano accordate ai condannati alla pena capitale ore quattro, onde ricevere i soccorsi della Religione ed indi che sia posta in piena esecuzione la presente decisione.

In pari tempo il Consiglio ordina che se ne formino le corrispondenti copie, onde rimetterlo alle autorità dei diversi circondari di questo distretto per renderei pubbliche.

Fatto, giudicato e pubblicato in continuazione del dibattimento del Consiglio di Guerra subitaneo, oggi il primo del mese di Agosto, anno 1837.

Gioacchino Ninì, Tenente Colonnollo presidente — Giosuè Guida Capitano Giudice—Gaetano Criscuolo Capitano Giudice—Luigi Piccinicci 1° Tenente da capitano Giudice—Giacinto Ritucci 1° Tenente da Capitano Giudice—Luigi Minervini 1° Tenente Giudice—Gaetano Guccione 2° Tenente Giudice—Raffaele Le Boffe Giudice—Pietro Dalmasi 1° Tenente Commissario del Re—Raffaele Salinas 1° Sergente Cancelliere.

Certifico io qui sottoscritto Commissario del Re del Consiglo di Guerra subitaneo aver dato lettura della presente sentenza ai condannati ad ore sei della notte, ed essendo quelli destinati alla morte, passati all'istante in cappella, si è data esecuzione alla medesima sentenza alle ore undici d'Italia nella Piazza del Borgo il due di Agosto anno 1837.

Il Comandante delle Colonne Mobili   *Il Commissario del Re*
GIOACCHINO NINI'   PIETRO DALMASI 1° Tenente

Visto
Il generale Comandante la Valle
VIAL. (1).

(Archivio citato).

DOCUMENTO N. LXXIII.

SENTENZA DELLA COMMISSIONE MILITARE DI PRIZZI

Ferdinando II per la grazia di Dio Re del Regno delle due Sicilie, di Gerusalemme ecc. Duca di Parma, Piacenza, Castro ecc. Gran Principe ereditario di Toscana ec. ec. ec.

Il Consiglio di guerra subitaneo, convocato in forza della Ministeriale della Real Segreteria di Stato in questi Reali dominii, della data dei 16 luglio, ultimo, carico di polizia e comunicata da questo Comandante Generale delle Armi li 18 detto mese, 3ª Sezione N; 1141, riunito nel palazzo della Real Commenda in Prizzi, composto dei signori Cavaliere D. Gioacchino Ninì Tenente Colonnello Comandante del 3° Battaglione Cacciatori, e della Colonna Mobile, Presidente—Capitano Aiutante Maggiore Cavaliere D. Francesco Finck—Capitani Cavaliere D. Nicola Andruzzi—D. Pietro Paolo Mauro—D. Gaetano Criscuolo—1° Tenente D. Ciro Faglia—2° Tenente D. Pietro Martinelli—Alfiere D. Raffaele Le Boffe Giudici—1° Tenente D. Pietro Dalmasi Commissario del Re—1° Sergente Raffaele Salinas, Cancelliere per giudicare

1° Giorgio Raimondo La Cira, del fu Matteo, di anni 52, di Prizzi, campagnuolo.

---

(1) Seguono altre quattro sentenze, portanti la data del 4 e 18 agosto, 7 e 9 settembre.

2° Giuseppe Marretta del fu Agostino, di anni 32, di Prizzi, bracciale.

3° Silvestro Accomando del fu Luciano, di anni 80. di Prizzi, bracciale.

4° Giorgio Accomando del fu Luciano, di anni 34, di Prizzi, bracciale

5° Giuseppe Sparacio Pignatelli del fu Filippo, di anni 29, di Prizzi, bracciale.

6° Giuseppe Santo Raimondo La Cira di Giorgio, di anni 22, di Prizzi, calzolaio.

7° Giorgio Macaluso di Mario, di anni 34, di Prizzi, calzolaio.

8° Michele Nicoletta del fu Nunzio di anni 28, di Prizzi, bracciale.

9° Michele Pecoraro del fu Santo di anni 30, di Prizzi, bracciale.

10° Vincenzo Accomando del fu Luciano di anni 40, di Prizzi, bracciale.

11° Calogero Accomando del fu Antonino di anni 24, di Prizzi, bracciale.

12° Antonino Ferrara del fu fu Vincenzo di anni 35, di Prizzi, bracciale.

13° Giorgio Vicari del fu Francesco di anni 33, di Prizzi, bracciale.

14° Giorgio Sparacio di Paolo di anni 21, di Prizzi, bracciale.

15° Matteo Petralia di Nicolò di anni 21, di Prizzi, bracciale.

Imputati d' istigatori primi dei commessi misfatti e di capi di sommosse nelle ultime emergenze avvenute in questo Capo Circondario in luglio ultimo.

Inteso il Commissario del Re nelle sue conclusioni, non che gli accusati ed i loro difensori;

Il Presidente, dietro il riassunto della causa, ha proposto le quistioni.

Consta che Giorgio Raimondo La Cira e gli altri imputati sopra descritti siano colpevoli dei reati d'istigatori primi nei misfatti commessi e di capi di sommosse successe nei giorni 23 e 24 ultimo luglio ?

Considerando essere risultati dalla pubblica discussione i seguenti

FATTI

È rizultato nella pubblica discussione medesima che Giorgio Raimondo La Cira fu uno dei capi principali di sommosse, animando la moltitudine all'eccidio, tagliando di propria mano con una falce la testa alla donna Perniciaro, avendo anche tentato di far lo stesso a D Vincenzo Falsone, il quale ferì con replicati colpi della falce medesima. Dippiù brutalmente si è lanciato a commettere delle sevizie su dei cadaveri delle vittime del furore popolare.

Vincenzo Marretta fu anche uno dei Capi ed istigatore primo di sommosse. È stato veduto con un'asta di ferro in mano invitando il popolo agli eccidi ed alla rivolta con gridi sediziosi ed allarmanti. Giuseppe Sparacio Pignatelli è stato pure uno dei principali istigatori del tumulto e dei massacri, avendo unito, all'istigazione delle parole, l'opera dei fatti, poichè armato di carabina tirò vari colpi sulle vittime. Costui dopo l'avvenuta rivolta è stato profugo, ed il giorno 11 del p. p. mese di agosto venne arrestato dai sorvegliatori (dietro zelanti ed operose cure del Regio Giudice, il quale ha influito alla cattura tanto di costui che di altri latitanti giudicati da questo Consiglio) i quali, nel luogo donde lo stesso si diede a fuggire, rinvennero sopra uno scapolare, una carabina che nella pubblica discussione è stata riconosciuta per quella stessa, della quale il Pignatelli era armato fra i tumultuosi.

Ha constatato che Silvestro Accomando e Santo Raimondo La Cira abbiano solo fatto parte in modo entusiasto nello sommosse popolari avvenute nel paese nel passato luglio, non essendosi mostrati nè capi, nò istigatori primi.

Non è sufficientemente chiarita nella ridetta pubblica discussione la colpabilità di Giorgio Accomando, Giorgio Macaluso, Calogero Accomando e Giorgio Sparacio.

Infine sono risultati innocenti gl'incolpati Michele Nicoletta, Michele Pecoraro, Vincenzo Accomando, Antonino Ferrara, Giorgio Vicari e Matteo Petralia.

Considerando emergere tanto nel processo scritto, quanto nella pubblica discussione che Giorgio Raimondo La Cira, Giuseppe Marretta e Giuseppe Sparacio Pignatelli sono colpevoli di reati d'istigatori e capi di sommosse e di aver avuta parte attiva negli omicidii avvenuti in conseguenza delle sommosse stesse;

2° Considerando che la colpabilità di Silvestro Accomando e Santo Raimondo La Cira consiste solo nell'aver partecipato da entusiasti nello sommosse, ma non come capi ed istigatori primi;

3° Considerando che le pruove della reità di Giorgio Macaluso, Calogero Accomando e Giorgio Sparacio non sono abbastanza chiarite;

4° Considerando essersi provata l'innocenza di Michele Nicoletta, Michele Pecoraro, Vincenzo Accomando, Antonino Ferrara, Giorgio Vicari e Matteo Petralia;

Il Consiglio di Guerra, dietro le quistioni proposte dal presidente, dichiara colpevoli ad unanimità Giorgio Raimondo La Cira, Giuseppe Marretta, Giuseppe Sparacio Pignatelli.

E li condanna alla pena di morte prescritta nella Ministeriale della R. Segreteria di Stato in questi Reali dominj, carico di Polizia, art.° 2 « Che nei Comuni stessi un Consiglio di Guerra subitaneo convocato giusta lo Statuto penale Militare, ed a somiglianza dei Consigli di Guerra di Corpo immediatamente giudichi gl' istigatori primi dei commessi misfatti, ed i capi delle sommosse e senza mettere tempo in mezzo mandi ad esecuzione la Sentenza ».

Il Consiglio suddetto colla stessa unanimità condanna—Silvestro Accomando e Santo Raimondo La Cira alla pena del massimo del 2° grado dei ferri prevista negli art. 129, 130, 131 e 132 del Codice penale del Regno.

Il Consiglio medesimo anche ad unanimità dichiara non constare abbastanza

46

l'imputazione addossata ai nominati Giorgio Accomando , Giorgio Macaluso, Calogero Accomando e Giorgio Sparacio

E perciò ha deciso inviarli a più ampla istruzione.

Il Consiglio ripetuto parimenti ad unanimità dichiara non constare la reità dei Michele Nicoletta, Michele Pecoraro, Antonino Ferrara, Giorgio Vicari e e Matteo Petralia

E li pone a libertà assoluta.

Ha ordinato il Consiglio che nel termine di sei ore accordate a quei condannati alla pena di morte, per ricevere i soccorsi della nostra Santa Religione, sia posta in piena esecuzione la presente Sentenza.

Vuole il Consiglio del pari che se ne formino le corrispondenti copie, per inviarle alle Autorità Distrettuali, onde rendersi pubblica.

Fatto, giudicato e pubblicato in continuazione del Dibattimento del predetto Consiglio di Guerra subitaneo. Oggi in Prizzi il primo del mese di settembre, anno 1837.

Firmato Gioacchino Ninì Tenente Colonnello Presidente—Francesco Finck Capitano Aiutante Maggiore Giudice—Nicola Andruzzi Capitano Giudice—Pietro Paolo Mauro Capitano Giudice—Ciro Foglia primo Tenente Giudice—Pietro Martinelli secondo Giudice — Raffaele Le Boffe Alfiere Giudice — Pietro Dalmasi primo Tenente Commissario del Re—Raffaele Salinas primo Sergente Cancelliere—Certifico io qui sottoscritto Commissario del Re del Consiglio di Guerra subitaneo aver dato lettura della presente Sentenza ai condannati alle ore quattro di notte, ed essendo quelli destinati alla morte, passati all'instante in Cappella, si è data esecuzione alla medesima alle ore 11 d'Italia del 2 del mese di settembre, anno 1837, nel luogo detto Santo Calogero—Il Commissario del Re firmato—Pietro Dalmasi 1° Tenente.

Per copia conforme all'originale   Visto

Il Tenente Colonnello Presidente   *Il Commissario del Re*
    GIOACCHINO NINÌ   PIETRO DALMASI 1° TENENTE

Visto
Il Brigadiere di campo Comandante la Valle
VIAL (1)

(Archivio citato).

---

(1) Segue un'altra sentenza, avente la data del 4 settembre 1837.

DOCUMENTO N. LXXIV.

Sentenza della Commissione Militare di Termini

Ferdinando II per la grazia di Dio Re del Regno delle due Sicilie, di Gerusalemme ec. Duca di Parma, Piacenza, Castro ec. ec. Gran Principe ereditario di Toscana ec. ec. ec.

Il Consiglio di Guerra del 6° battaglione Cacciatori, elevato in modo subitaneo per disposizione del signor Generale De Sauget, comandante le truppe in colonna mobile, composto dei signori Maggiori D. Antonino Danesi, presidente, D. Giovanni Marinelli, D. Gennaro Idastia, capitani; D. Giuseppe Petrilli, 1° Tenente, D. Domenico Ciampa e D. Ercole Bochè 2° tenenti, D. Francesco Coscarella alfiere, giudici, D. Dionisio Rocchi 1° tenente commissario del Re, Ferdinando De Filippis 1° sergente foriere, cancelliere, per giudicare Antonino Marfisi di Giuseppe, d'anni 20, di Termini, ivi domiciliato, di condizione campagnuolo, Gaetano Marcellino di Mariano, d'anni 23 circa, di Termini, ivi domiciliato, di professione pastaro, Saverio Biscsi di Giuseppe, d'anni 23 circa, di Termini, ivi domiciliato, di professione pastaro, Vincenzo Raffo del fu Diego, d'anni 26 circa, di Termini, ivi domiciliato, di condizione campagnuolo, Agatino Marcellino del fu Gaetano, d'anni 54, di Termini, ivi domiciliato, di condizione rondiere, Gaetano Marcellino di Agostino, di anni 30 circa di Termini, ivi domiciliato, di condizione conciapelle, Mariano Marcellino del fu Gaetano, d'anni 35, di Termini, ivi domiciliato, di condizione conciapelle, Giuseppe Pirrone del fu Filippo, d'anni 26 circa, di Termini, ivi domiciliato, di condizione campagnuolo, Pietro Provenzale del fu Antonino, d'anni 41, di Termini, ivi domiciato, di condizione bottaio, Carmelo Basile del fu Ignazio, d'anni 21, da Termini, ivi domiciliato, di condizione ferraro, Francesco Terosi del fu Carlo, di anni 25, di Termini, ivi domiciliato, di condizione ferraro, Rosario Vittorio del fu Antonio, di anni 37, di Termini, ivi domiciliato, di professione fabbricatore, Giuseppe Gucciardo del fu Antonio, di anni 35, di Termini, ivi domiciliato, di condizione pescatore, Giuseppe Gullo di Paolo, di anni 31, di Termini, ivi domiciliato, di condizione carrottiere, Saveria di Paola, di Antonino Salamone, di anni 40 circa, di Termini, ivi domiciliata, Pietro Arrigo del fu Salvatore, d'anni 26 circa, di condizione campagnuolo, di Termini, ivi domiciliato, imputati di ribellione, incendi, devastazioni, saccheggi e ferite. Inteso il Commissario del Re nelle sue conclusioni, e le parti querelanti, non che gli accusati ed i loro difensori;

Il presidente, dietro il riassunto della causa, ha proposto la quistione:

Sono colpevoli gl'imputati qui sopra descritti del reato di rivolta, devastazione, saccheggi, incendi, omicidi o ferite a danno dell'ordine pubblico e di diversi cittadini di questo comune nei giorni 23, 24 e 25 luglio corrente?

Considerando essere risultati dalla pubblica discussione i seguenti fatti:

1° Il giorno del 23 detto fu assalito ed inseguito da diversi faziosi D. Antonino Gargotta, il quale trovò scampo nella casa di D. Giuseppe Ruffino, ove i sediziosi ingrossando, accorrevano, e col pretesto che il Gargotta avesse sparso dei veleni, volevano massacrarlo,, e pretendevano dal detto signor Ruffino la consegna di esso Gargotta; fu pure minacciato di morte, perquisita nell'istessa sera la di lui casa per trovarvi Gargotta; preso le di lui armi, e molte robe, e dopo di essere stato in ostaggio coll'intiera famiglia, ebbe modo di fuggirsene.

Nell'istesso giorno vennero uccisi due individui per nome Giuseppe De Luca ed Ignazio Lo Coco, sull'idea d'aver essi sparso veleni. Il dì 24 i torbidi popolari crescerono e la farmacia e casa del detto Ruffino vennero devastate, saccheggiate e gran parte de' mobili incendiata. Furono parimenti messi a morte D. Filippo De Luca, Giuseppe d'Angelo alias Cartuccio e Gioacchino Catalano. Furono parimenti scassinate, devastate e rubate le farmacie e le case di D. Ignazio De Luca e di D. Giuseppe Caracciolo; tolto per forza le armi a diversi onesti cittadini, colle quali si armarono i principali facinorosi. Il 29 fu assalita Vincenza Speciale, e sotto il preteso consueto di avere ella sparso veleni, venne bastonata, ferita e messa quasi a morte, se la gendarmeria reale non fosse accorsa a liberarla.

2° Considerando che la pubblica discussione ha offerto chiarissime pruove che gli accusati Carmelo Basile, Gaetano Marcellino di Agatino, Mariano Marcellino di Gaetano, Carmelo Teresi, Pietro Provenzale, Pietro d'Arrigo abbiano fatto parte della rivolta all'ordine pubblico nei giorni 23, 24 e 25 luglio stante; che ebbero principale influenza in tutti gli eccessi di sopra narrati, dietro di essersi armati con dei fucili tolti per forza dagli onesti cittadini;

3° Considerando che tutti hanno avuto una parte attiva negli omicidii, ferite, devastazioni ed incendi sudetti;

4° Considerando che per Agatino Marcellino del fu Gaetano, Gaetano Marcellino di Mariano, Francesco Teresi, Saverio Bisesi, Giuseppe Pirrone ed Antonino Marfisi, non è nitidamente provato aver avuto parte attiva in tutti i fatti criminosi, e particolarmente nella sommossa che turbò l'ordine pubblico di questo paese, e però, giustizia esige che una più ampla istruzione abbia luogo a loro carico, onde svilupparsi meglio i fatti addebitati;

5° Considerando che per Vincenzo Raffo, Giuseppe Gullo, Saveria De Paola, Giuseppe Gucciardo e Rosario Vittorio non vi è stata ragion fondata per essere sottoposti all'attuale giudizio, mentre non vi ha alcun atto di flaganza che li indizi come rei, nè tampoco vi ha alcun principio benchè menomo di prova, su cui avesse potuto basarsi il procedimento a di loro carico, e però ragion vuole che vengano sciolti dall'imputazione a cui sono stati assoggettati. Non essendo però il Consiglio in istato di poter conoscere se graviti a di loro carico qualche altro delitto ordinario, perciò ragion prudenziale consiglia di rimetterli alla disposizione dei magistrati ordinarii, lasciandoli sotto lo stesso modo, di custodia, a cui trovansi assoggettati.

Il Consiglio di Guerra, dietro le quistioni proposte dal presidente, dichiara constare per Carmelo Basile, Gaetano Marcellino di Agatino, Mariano Marcellino di Gaetano, Carmelo Teresi, Pietro Provenzale, Pietro Arrigo.

Non costare abbastanza per Agatino Marcellino del fu Gaetano, Gaetano Marcellino di Mariano, Francesco Teresi, Saverio Bisesi, Giuseppe Pirrone, Antonino Marfisi. E constare che non sono colpevoli Vincenzo Raffo, Giuseppe, Gullo, Saveria De Paola, Giuseppe Gucciardo e Rosario Vittorio.

Fatta la dichiarazione di reità, il presidente ha interpellato il Consiglio se crede applicare ai colpevoli la pena di morte prevista dagli articoli 129, 130, 131 del codice penale del regno, proposta dal Commissario del Re nelle sue conclusioni.

Il Consiglio ha deciso ad unanimità di doversi applicare la pena proposta dal Commissario del Re, e quindi ha condannato Carmelo Basile, Gaetano Marcellino di Agatino, Mariano Marcellino di Gaetano, Carmelo Teresi, Pietro Provenzale, Pietro Arrigo alla pena di morte col secondo grado di pubblico esempio da espiarsi colla fucilazione nel termine di sei ore, come altresì li condanna alle spese del presente giudizio. Parimenti ha ordinato all'istessa unanimità che si istruisca più ampiamente il processo a carico di Agatino Marcellino del fu Gaetano, Gaetano Marcellino di Mariano, Francesco Teresi, Saverio Bisesi, Giuseppe Pirrone, Antonino Marfisi, procedendo a nuova informazione.

In quanto a Vincenzo Raffa, Giuseppe Gullo, Saveria Di Paola, Giuseppe Gucciardi, Rosario Vittorio il Consiglio ha ordinato che restino assoluti per l'imputazione sudetta, e che restino a disposizione dei magistrati ordinari, sotto l'istesso modo di custodia a cui sono assoggettati. Fatto e chiuso oggi in Termini, in continuazione del dibattimento del predetto Consiglio di Guerra subitaneo, li 29 luglio 1837, ad ore 11 antemeridiane.

Firmato Antonio Danese, maggiore presidente, D. Giovanni Marinelli, capitano Giudice, D. Gennaro Idastia, capitano, D. Giuseppe Petrilli, 1° tenente giudice, Domenico Ciampa, 2° tenente giudice, Ercole Bouchè, 2° tenente giudice, Francesco Cescarella, alfiere giudice, Dionisio Rocchi, 1° tenente commissario del Re, Ferdinando De Filippis, 1° sergente furiere, cancelliere

Per copia conforme all'originale

Commissario del Re sostituto
Dionisio Rocchi 1° Tenente

Ferdinando De Filippis
1° Sergente Cancelliere (1)

(Archivio citato).

(1) Seguono altre due sentenze, aventi la data del 5 e 14 agosto.

DOCUMENTO N. LXXV.

Avviso della Direzione Generale di Polizia.

Essendo importantissimo l'arresto dei colpevoli delle sommosse popolari avvenute in vari Comuni di questa Valle nel passato luglio, il Direttore Generale di Polizia, in occasione di sovrani ordini, ha stabilito, di accordo coi Comandanti la Colonne mobili, i premj da promettersi a coloro che utilmente si adoperassero per la esecuzione di siffatti arresti; e previa superiore autorizzazione viene ora a pubblicare i premj medesimi, secondo il notamento che segue qui appresso.

Previene pertanto il pubblico che la somma del premio non sarà pagata se non dopo di essere eseguito l'arresto dell'individuo pel quale si domanda.

Imputati per la sommossa di Villabate.

1. Giovanni Miano . . . Duc. 60
2. Ignazio Calderone. . . , 30
3. Giuseppe Pisciotta . . , 30
4. Giuseppe Messina. . . Duc. 30
5. Biagio D'Agati. . . . . „ 30

Imputati per la sommossa di Capaci.

6. Erasmo Ferrante . . . Duc. 80
7. Pasquale Strazzera . . , 80
8. Francesco Costanzo . . , 80
9. Angelo Costanzo . . . „ 80
10. Erasmo Crivelli . . . , 80
11. Erasmo Giammona . . , 60
12. Francesco Rizzo . . . „ 60
13. Giuseppe Rizzo. . . . , 60
14. Francesco Ferrante . . Duc. 30
15. Antonino Intravaja . . , 30
16. Erasmo Rappa. . . . „ 30
17. Salvatore Giammona. . „ 30
18. Pietro Giammona. . . , 30
19. Francesco Enea *Pecora*. . 30
20. Erasmo Riccobono . . , 30

Imputati per la sommossa di Termini.

21. Francesco Pusateri . . Duc. 9)
22. Antonino Russo . . . , 60
23. Giuseppe Polito . . . , 60
24. Filippo Polito . . . . , 60
25. Saverio Mantia. . . , 60
26. Giuseppe Di Maria . . , 60
27. Antonino Salorno . . . , 60
28. Giuseppe Pusateri. . . , 30
29. Agostino Lo Bello. . . , 30
30. Salvatore Gr. ziano . . Duc. 30
31. Giuseppe Coniglio. . . , 30
32. Andrea Coniglio . . . , 30
33. Tommaso Rocca . . . , 30
34. Vincenzo Salvatore . . „ 30
35. Matteo D'Angelo . . . „ 30
36. Salvatore Palumbo . . , 30
37. Antonino Aragona. . . , 30
38. Ignazio Raimondo. . . , 30

39. Mariano Fiore	. . . Duc. 30		44. Francesco Basile	. . . Duc. 30
40. Antonino Ruffino	. . . „ 30		45. Giovanni Palumbo	. . „ 30
41. Vincenzo Federico.	. . „ 30		46. Biagio Dispensa	 30
42. Antonino Milone	. . . „ 30		47. Agostino Graziano.	. . „ 30
43. Giuseppe Milone	. . . „ 30			

Imputati per la sommossa di Bagheria.

48. Franc. Paolo Scardina	. Duc. 60		56. Nicolò Tripoli	. . . . Duc. 30
49. Salvatore Pecoraro	. . „ 60		57. Mariano Giammaresi	. . „ 30
50. Giuseppe Galioto	. . . „ 60		58. Calogero Scardina.	. . „ 30
51. Giovanni Roberti	. . . „ 6.)		59. Pietro Scaduto.	. . . „ 30
52. Giacomo Longo.	. . . „ 30		60. Michele Ducato.	. . . „ 30
53. Giuseppe Di Piazza	. . „ 30		61. Domenico Lo Galbo	. . „ 30
54. G. Battista Scardina.	. „ 30		62. Girolamo Leto	. . . . „ 30
55. Carmelo Mineo.	. . . „ 30			

Imputati per la sommossa di Misilmeri.

63. Giuseppe Amato	. . . Duc. 30		86. Pietro Agnello.	. . . . Duc. 30
64. Pietro Affronti.	. . . „ 30		87. Filippo Agnello.	. . . . „ 30
65. Filippo Affronti.	. . . „ 30		88. Pasquale Cimò.	. . . . „ 30
66. Natale Ardizzone	. . . „ 30		89. Rosario Cimò.	. . . . „ 30
67. Antoni detto Sponzone	. „ 30		90. Giuseppe Conte.	. . . . „ 30
68. Santo di Palermo.	. . „ 30		91. Girolamo Conte.	. . . „ 30
69. Giuseppe di Palermo.	. „ 30		92. Leonardo Bocchiaro	. . „ 30
70. Francesco Ferraro.	. . „ 30		93. Domenico Finocchio	. . „ 30
71. Angelo Ferraro.	. . . „ 30		94. Antonino Finocchio	. . „ 30
72. M.° Giuseppe Guccione.	. „ 30		95. Giuseppe Finocchio	. . „ 30
73. Cosmo Lo Dico	. . . „ 30		96. Giovanni Ferraro *Pioppo*	„ 30
74. Domenico Provenzano	. „ 30		97. Giusto Gerso	. . . . „ 30
75. Gaetano Pagliardo.	. . „ 30		98. Francesco Lombardo.	. „ 30
76. Pietro Scoparo di Vito.	. „ 30		99. Pasquale Mangoja.	. . „ 30
77. Antonino Sirena	. . . „ 30		100. Pietro Oliveri *Tripone*	. „ 30
78. Calcedonio Scafidi.	. . „ 30		101. Giovanni Oliveri	. . . „ 30
79. Franc. Salemi Scarmaglia	„ 30		102. Giuseppe Pirajno.	. . „ 30
80. Stefano Salemi.	. . . „ 30		103. Giusto Pavone.	. . . „ 30
81. Pietro Raffa.	. . . . „ 30		104. Giuseppe Patti.	. . . „ 30
82. Calcedonio Raffa	. . . „ 30		105. G. Battista Pantanella	. „ 30
83. Salvatore Raffa.	. . . „ 30		106. Giuseppe Pellegrino	. . „ 30
84. Crispino Vicari.	. . . „ 30		107. Giovanni Rio *Cricchiaro*	„ 30
85. Giovanni Salerno	. . . „ 30		108. Carmelo Scardillo.	. . „ 30

109. Filippo Sagnibene . . . Duc. 30	123. Francesco Cangialosi . . Duc. 30
110. Salvatore Sagnibene . . . „ 30	124. Salvatore Calderone . . . „ 30
111. Angelo Sagnibene . . . „ 30	125. Giuseppe D'Aversa . . . „ 30
112. Francesco Salerno . . . „ 30	126. Angelo Lommino *Pantano* „ 30
113. Domenico Salerno . . . „ 30	127. Lo Piccolo figlio di Pietro „ 30
114. Giuseppe Scoparo . . . „ 30	128. Giuseppe D'Aversa . . . „ 30
115. Giovanni Sucato . . . . „ 30	129. Mariano Milazzo . . . . „ 30
116. Stefano Salemi . . . . „ 30	130. Santo Mastropaolo di Ant. „ 30
117. Antonino Ribaudo . . . „ 30	131. Nunzio Martorana . . . „ 30
118. Giuseppe Romano . . . „ 30	132. Nunzio Mastopello . . . „ 30
119. Ciro Amore . . . . . „ 30	133. Giuseppe Pirajno . . . . „ 30
120. Gioacchino Cannata . . „ 30	134. Leonardo Romeo . . . . „ 30
121. Collari Giuseppe . . . „ 30	135. Salvatore Spataro . . . „ 30
122. Collari padre del detto . „ 30	136. Ciro Scarpello . . . . . „ 30

Imputati per la sommossa di Corleone e Prizzi.

137. Salvatore Benigno. . . Duc. 50	144. Antonino Campagna . . Duc. 60
138. Pietro Marsala . . . . „ 60	145. Salvatore Canale . . . . „ 60
139. Salvatore Siracusa. . . „ 90	146. Vincenzo Canale . . . . „ 60
140. Giovanni Siracusa. . . „ 90	147. Vincenzo Pecoraro. . . . „ 60
141. Pietro Blanda . . . . „ 60	148. Girolamo Blanda . . . . „ 30
142. Francesco Milazzo. . . „ 60	149. Giorgio Lupo . . . . . „ 30
143. Giuseppe Vallone . . . „ 60	

Il Direttore Generale
DUCA CUMIA.

Il Segretario Generale
STEFANO MARIA TAMAIO.

(Archivio citato).

DOCUMENTO N. LXXVI.

*Paesi della Valle minore di Palermo la cui mortalità
superò il cinque per cento.*

COMUNI	POPOLAZIONE	MORTI	RAPPORTO	
Palermo	176,752	24,014	13	5
Corleone	13,573	1,839	13	5
Ficarazzi	1,425	174	12	2
Carini	8,830	1,055	11	9
Cerda	2,047	228	11	1
Castronovo	4,160	415	9	9
Termini	19,431	1,823	9	8
Borgetto	5,052	465	9	2
Marineo	6,338	568	8	9
Bagheria	6,833	600	8	7
Montelepre	2,754	240	8	7
Solanto	3,981	342	8	5
Palazzo Adriaro	5,255	428	8	0
Giuliano	3,205	257	8	0
Partinico	13,778	1,064	7	7
Cefalù	9,258	705	7	5
Alia.	3,976	281	7	
Bisacquino	8,338	570	6	8
Prizzi	8,749	556	6	3
Chiusa.	6,386	400	6	2
Contessa	3,088	204	6	6
Campofiorito.	994	61	6	1
Vallodolmo	4,151	250	6	0
Vicari	3,908	242	6	1
San Carlo	256	15	5	8
Monreale	12,988	752	5	7
Lercara	5,967	335	5	6
Villafrati.	1,907	103	5	4
Torretta	2,268	123	5	4
Terrasini	2,909	158	5	4
Piana	6,129	332	5	4

(Archivio citato).

DOCUMENTO N. LXXVII.

Rapporto del Procuratore Generale del Re presso la Gran Corte Civile di Messina al Principe di Campofranco, Luogotenente Generale in Sicilia.

Messina, 13 luglio 1837.

Eccellenza,

Ieri mattina approdò in questo porto il Real Pachetto *S. Antonio*, proveniente da Napoli.

La notizia già percorsa che quel legno recava il vestiario della truppa qui stanziata avea mosso il timore di una facile infezione negli animi di questi abitanti, che trovavansi agitati dalla presenza di una Speronara Messinese, che proceduta da Palermo, dopo lo sviluppo della malattia dominante, era stata messa in contumacia per le disposizioni sanitarie di cotesto Magistrato Supremo. In un tratto si udì che il popolo sboccava da tutte le strade nella Marina e presentavasi alla Deputazione di salute, dimandando minacciosamente che il Pachetto ripartisse tostamente.

Il movimento si comunicò in tutti i punti della Città, e si rese in breve ora generale. A malgrado che i Deputati promettessero di ordinare la partenza e che uno Scooner che stava all'ancora nell'Arsenale facesse segni con colpi di cannone e con bandiera che il Pachetto si fosse rimesso alla vela, la officina della Deputazione e quella contigua della Polizia Marittima furono occupate da taluni del popolo, infranti i mobili, devastate le porte, lacerati i registri e le carte.

In questo trambusto alcuni posti di guardie doganali alla marina furono disarmate.

Intanto il Pachetto ripartì.

Nondimeno la moltitudine non si dileguava e si faceva a dimandare che la speronara Messinese ammessa da più giorni in contumacia fosse sfrattata.

Si diedero le disposizioni per farla partire. Nel movimento della mattina i posti di guardia militare rimasero nella inazione e furono rispettati: nessuna Autorità offesa, tranne un Ispettore di Polizia che fu malmenato da alcuni insolenti: il popolo levava gridi di devozione alla Madonna, padrona della Città ed al Re; ed una bandiera che era stata tolta dall'Officina Sanitaria, fu appesa alla porta della Chiesa Maggiore della Città, con dimostrazioni di religioso rispetto: quando nel maggior fermento fu rotta da alcuni la lapide, che ricordava lo ingrandimento della casina sanitaria; costoro fattisi accorti che a quella lapide sormontava la sacra corona del Re impressero a quella corona dei baci riverenti; e ripetute voci di viva il Re fecero plauso a quell'atto di riverenza. Verso tardi il maggior numero della popolazione era ritornata alle sue case: ma correvano per le strade drappelli di ragazzi, seguiti da plebei armati delle sciabole e dei fucili tolti ai doganieri; abbandonati a loro stessi, perchè i pochi buoni che la mattina eransi frammischiati al popolo per impedirne gli eccessi, si erano ritirati, dovea temersi che fosse trascorso in maggiori violenze. Io e l'Intendente ci siamo riuniti nella Casa del Comandante della Valle per deliberare quelle misure necessarie a comprimerli. Avendoci dichiarato quel Comandante che la quantità numerica della truppa era appena sufficiente a custodire la Cittadella, i bagni e le prigioni, si presentì la necessità di attivare una forza pubblica, composta di possidenti e di civili.

Con la prontezza che poteasi maggiore abbiamo divisa la Città ed i sobborghi in quartieri: abbiamo nominati i Capi e le guardie di ciascun quartiere; ed abbiamo invitato il Principe della Mola ad assumere la direzione del servizio.

Un manifesto pubblicossi per le stampe, onde far nota l'attivazione di questa forza pubblica, e comandare lo scioglimento delle unioni e la restituzione delle armi. Nello stesso tempo furono aumentate le guardie militari alle prigioni, alla Tavola ed alla Gran Guardia. Prima di sera, quando si temeano novelle riunioni di malintenzionati, le pattuglie armate di possidenti giravano per tutti i punti della Città, e la di loro presenza restituì la sicurezza e la tranquillità pubblica. Questa mattina ebbe luogo un falso allarme, ma la prontezza con cui convennero tutte le pattuglie nel luogo di unione, valse a dimostrare la utilità della formazione di questa forza pubblica. Per una notizia pervenutami dalle carceri, che alcuni dei detenuti pensavano questa notte di evadere; io ne feci avvertito l'Intendente e scrissi al Comandante della Valle, sollecitandolo ad ordinare alla Gendarmeria il pronto trasporto, e la ricezione nella Cittadella di quei tra i detenuti, il di cui carattere ispira maggior allarme. Ier sera ne furono difatti trasportati sessantanove nei forti del Salvadore e della Cittadella. Il mio primo dovere sarebbe stato di ordinare la istruzione di processi e lo arresto degl'imputati: ma avendo conferito coll'Intendente, questi mi mostrò il pericolo, cui andrebbe nuovamente esposta la tranquillità pubblica, se tutti coloro, ch'ebbero parte ai disordini, concepissero il timore di essere arrestati. Nella presente condizione della città, la sicurezza pubblica dipende interamente da questa forza pubblica or ora attivata, poichè i rondieri e la Gendarmeria sono in piccolissimo numero, e sappiamo non potere attendere dalla Truppa alcuna assistenza efficace a prevenire ed a comprimere alcun altro moto popolare.

Tostochè mi sarà permesso di spiegare le funzioni del mio ministero, sarà mia premura di adempierne i doveri.

Il Consigliere Procuratore Generale
GIOVANNI CASSISI.

Archivio citato).

DOCUMENTO N. LXXVIII.

Sentenza della Commissione Militare di Val di Noto.

Ferdinando II per la grazia di Dio, Re del Regno delle due Sicilie, di Gerusalemme ec., Duca di Parma, Piacenza, Castro ec. ec. Gran Principe Ereditario di Toscana ec. ec. ec.

La Commissione militare del Vallo di Noto, nominata il dì 15 dello stante mese da S. E. l'Alto Commissario di S. M. (d. g.) coi poteri dell' Alter-Ego, signor Maresciallo di Campo Marchese Delcarretto, composta del Maggiore Garzia Presidente, del Capitano Sartiani, del Tenente Rodriquez, del Tenente Lastrucci, Alfiere Briglia, Alfiere Veneti, Giudici; del Capitano Ricceri Commissario Relatore, e del secondo Sergente Nicastro del Reggimento Principessa, Cancelliere. L'uomo della legge il Giudice Istrut. sig. Mistretta.

Si è riunita in seduta permanente per giudicare Mario Adorno, Carmelo Adorno, Concetto Lanza, Padre Vincenzo Zacco ed Andrea Corpaci, accusati di atti rivoltosi, di voci di sedizione, e tentativi rovescianti l'ordine preesistente, e che portarono la devastazione e la strage in questa Comune, nonchè omicidii, od altro, avvenuti in Siracusa dal 18 luglio in poi, giusta le conclusioni del Capitano Relatore.

Inteso il suddetto Capitano Relatore, nonchè gli accusati ed i loro difensori;

Inteso nel suo avviso il Giudice Istruttore signor Mistretta, qual Uomo di Legge;

Il Presidente, dopo il riassunto della causa, ha proposto le seguenti questioni di fatto:

I.

Consta che Mario Adorno e figlio Carmelo siano colpevoli di atti rivoltosi, voci sediziose, tentativi rovescianti l'ordine preesistente, e che portarono la devastazione e la strage in questa Comune, inducendo ad armarsi gli abitanti gli uni contro gli altri?

Considerando essere risultati dalla pubblica discussione i seguenti

FATTI

La mattina dei 16 luglio 1837 per concepiti timori di pubblici disordini, riunivansi le Autorità in sala comunale, e de' buoni cittadini per lo mantenimento dell'ordine pubblico minacciato. Mario Adorno in tal circostanza in istrada pubblica proferì voci sediziose, tendenti a manomettere la persona dell' Intendente, di altre Autorità amministrative, degli impiegati dell'Intendenza, e fino anche dei rondieri. La sera del giorno istesso recavasi in campagna. La mattina poi del 18 insorgendo il popolo fu messo a morte l'Ispettore Commissario Vico, altri quattro cittadini innocenti, e la sera a furia di popolo l'Intendente funzionante D. Andrea Vaccaro, e la dimani mattina l'Ispettore Greci, e suo figlio il Percettore comunale. La sera istessa i giudicabili Adorno tornavano in paese chiamativi dal popolo. Il dì 21, Adorno padre, dava fuori per le stampe un proclama a nome de' Siracusani ai confratelli siciliani, ove si dava conto del sognato spargimento dei veleni, delle uccisioni di quelle autorità, e li spingeva a determinarsi alla difesa della pubblica salute. Il signor Adorno figlio, che affiancava sempre il padre in queste ed altre susseguenti operazioni, sollecitava la impressione del manifesto, e ne traeva le prime copie come tiravansi; e furon tutte diffuse. Indi lo Adorno padre prese il comando illegittimo di squadriglie dette di sicurezza, le quali commettendo atti arbitrarj, non impedirono, ma protessero la strage di molti rinchiusi nelle prigioni la sera del 5 agosto, e di altri nel sei e sette detto mese.

La Commissione militare ad unanimità ha dichiarato: Consta che Mario Adorno e figlio Carmelo siano colpevoli di atti rivoltosi, voci sediziose, tentativi rovescianti l'ordine preesistente, e che portarono la devastazione e la strage in questa Comune, inducendo ad armarsi gli abitanti gli uni contro gli altri.

II.

Consta che Concetto Lanza sia colpevole di atti rivoltosi, voci sediziose, tentativi rovescianti l'ordine preesistente, e di omicidio il giorno 18 luglio scorso?

Considerando risultare dal dibattimento che il Lanza la mattina del 18 fu uno dei primi che aggredì la casa del Cosmorama Giuseppe Schwentzer, francese: che vi rubò un fucile, colla quale arma poi tirò un colpo contro l'Ispettore Commissario Vico, legato ad una delle colonne del piano della Cattedrale Chiesa, colpo che lo tolse immantinente di vita: che tutto ciò risulta, e per deposizione di più testimonj e per propria confessione;

La Commissione militare ad unanimità ha dichiarato constare che Concetto Lanza sia colpevole di atti rivoltosi, voci sediziose, tentativi rovescianti l'ordine preesistente, e di omicidio il giorno 18 luglio scorso.

III.

Consta che il Padre Vincenzo Zacco sia colpevole di atti rivoltosi, voci sediziose, e tentativi rovescianti l'ordine preesistente?

Considerando che i discorsi da lui tenuti agli arrestati dal popolo tendevano a voler sapere i complici degli avvelenatori nella falsa credenza in cui era dei veleni;

Che nulla mostra di aver egli eccitato direttamente il popolo a far strage contro coloro, o che in altro modo ne sia state complice;

Che al più si ravvisa la mira di spargere un mal contento, credendo ai veleni, contro le ordinanze emesse dal Governo, e dalla polizia;

La Commissione militare ad unanimità ha dichiarato non constare che il Padre Vincenzo Zacco sia colpevole di atti rivoltosi, voci sediziose e tentativi rovescianti l'ordine preesistente, ma alla stessa unanimità dichiara constare bensì che sia colpevole di discorsi pubblici, coi quali ebbe soltanto in mira di spargere il malcontento contro il Governo.

IV.

Consta che Don Andrea Corpaci sia colpevole di atti rivoltosi, voci sediziose, e tentativi rovescianti l'ordine preesistente?

Considerando che se il concorso di talune circostanze dà al Corpaci l'apparenza del reato di aver cooperato alla formazione del manifesto suindicato, pure non son sufficienti abbastanza a stabilire la di lui colpabilità, e contrarie presunzioni par che la escludano;

Che interessa conoscere quali si fossero stati i di lui rapporti coll'Adorno, quali i di lui principj e la passata condotta, e s'è vero che sino al 20 luglio ultimo si teneva in campagna, e se dopo il ventuno immediatamente ne partì, ricoverandosi su di una barca nel sito detto la Maddalena per timore della plebe, che credeva un suo fratello aromatario spargitor di veleni;

La Commissione militare ad unanimità dichiara di non constare abbastanza che sia colpevole; quindi, secondo l'art. 273 dello Statuto penale militare, sarà ristretto in Castello pello spazio di un mese, in cui il Capitano Relatore dovrà procedere a nuova informazione a norma del capitolo 5° del detto Statuto.

Fatta la dichiarazione di reità, il Presidente ha interpellato la Commissione con qual pena debbano punirsi i reati suddetti.

La Commissione, veduti gli art. 129, 130, 131 e 142 delle leggi penali del Regno, così concepiti:

129. Chiunque ecciterà la guerra civile tra popolazione e popolazione del Regno, o fra gli abitanti di una stessa popolazione, armandogli o inducendogli ad armarsi gli uni contro gli altri, é punito colla morte.

130. Chinque porti la devastazione, la strage o il saccheggio in uno o più Comuni, o contro una classe di persone, è punito colla morte e col secondo grado di pubblico esempio.

131. Chiunque nel caso de' due precedenti articoli prende parte attiva negli omicidj, nelle devastazioni o ne' saccheggi, è punito colla morte.

142. Ogni altro discorso, o scritto, o fatto pubblico non compreso negli articoli precedenti, e non accompagnato dal reo fine in questi espresso, quando

con essi si abbia soltanto avuto in mira di spargere il malcontento contro il Governo, sarà punito col secondo al terzo grado di prigionia.

La stessa pena sarà applicata agli ecclesiastici, i quali per occasione dell'esercizio delle funzioni del loro ministero faranno la critica di una legge, di un decreto, o di un atto qualunque della pubblica autorità.

Ha condannati ad unanimità Mario Adorno, Carmelo Adorno e Concetto Lanza alla pena di morte da eseguirsi infra il termine di ore dieci con la fucilazione.

Ha condannato del pari all'istessa unanimità il Padre Vincenzo Zacco alla prigionia per anni cinque.

Ha del pari deciso all'istessa unanimità di estrarsene della presente sentenza num. 400 copie in istampa per diramarsi alle autorità competenti

Le spese del giudizio a carico de' suddetti condannati.

L'esecuzione a cura del Capitano Relatore.

Fatto, deciso e pubblicato in seduta permanente oggi 13 agosto 1837 in Siracusa.

La Commissione Militare:

Maggiore Michele Garzia, Presidente.
Pietro Sartiani, Capitano Giudice.
Giovanni Rodriguez, 1° Tenente Giudice.
Francesco Lastrucci, 2° Tenente Giudice.
Aurelio Briglia Alfiere Giudice.
Francesco Antonio Veneti Alfiere Giudice.
Francesco Mistretta, Giudice Istruttore, uomo di legge.
Cancelliere Giovanni Nicastro, 2° Sergente.

Visto
Il Capitano Commess. Relatore
ROSARIO RICCERI (1).

(Archivio citato).

DOCUMENTO N. LXXIX.

SENTENZA DELLA COMMISSIONE MILITARE DEL VALLO DI NOTO

Ferdinando II per la grazia di Dio Re del Regno delle due Sicilie, di Gerusalemme, ec. Duca di Parma, Piacenza, Castro ec. ec. Gran Principe ereditario di Toscana ec. ec. ec.

La Commissione militare del Vallo di Noto, nominata il dì 15 del passato mese di agosto da S. E. l' alto Commissario di S. M. (D. G.) coi poteri del-

(1) Seguono altre sentenze, aventi ciascuna la data del 19, 24 e 28 agosto e 1° settembre 1837

l'Alter Ego signor Maresciallo di Campo Marchese Delcaretto, composta dal Maggiore Garzia Presidente, dal Capitano Sartiani, dal Tenente Rodriquez, dal Tenente Lastrucci, Alfiere Briglia, Alfiere Veneti, Giudici; dal Capitano Ricceri Commissario Relatore, e dal primo Sergente Trani del Reggimento Principessa Cancelliere. L'uomo della legge il Giudice Istruttore signor Mistretta.

Proseguendo in seduta permanente per giudicare Salvatore Bonajuto, Luciano Pantano, Giuseppe Covato, Santo Pantano, Andrea Ricupero, Paolo Formica, Salvatore Ricupero, Santo La Rocca, Santo Ricupero, Santo Perrotta, Paolo Randazzo, Francesca Ricupero, ed Antonino Amenta, accusati di atti rivoltosi, voci di sedizione, di tentativi rovescianti l'ordine pubblico, e di aver eccitata la guerra civile tra gli abitanti della Comune di Canicattini del 5 agosto or caduto, in poi.

Inteso il sudetto Capitano Relatore nelle sue conclusioni:

Intesi gli accusati, ed i loro difensori ne' mezzi di difesa;

Inteso lo avviso dell'uomo di Legge Giudice Istruttore Signor Mistretta;

Ritiratasi nella camera di consiglio il signor Presidente ha elevato le seguenti

1° QUISTIONE DI FATTO

Consta, che Salvatore Bonaiuto, Giusepe Covato, Andrea Ricupero, Luciano Pantano, Salvatore Ricupero, Santo Pantano, e Santo Ricupero sian colpevoli di atti rivoltosi tendenti a rovesciare l'ordine preesistente, e di aver eccitata la guerra civile tra gli abitanti della stessa popolazione, armandosi, o inducendo i cittadini ad armarsi gli uni contro gli altri?

Considerando essere risultati nella pubblica discussione i seguenti

FATTI

Dopo la fiera insorgenza, e le crudeli stragi commesse in Floridia, perfide dicerie di avvelenamento nella contermine Canicattini susurravano; e contro i pubblici impiegati, e la classe dei civile udivansi parole acerbe, e maligne. Il dopo pranzo del 6 agosto Salvadore Bonajuto, che mali umori covava contro il Cancelliere Comunale, trovandosi al posto fuori la Comune gliene impediva lo ingresso, voci sediziose profferendo tendenti a manomettere la di lui persona. Al che riunitasi una turba lo minacciavan di percosse, e di offese; quindi lo traducevano in carcere poi lo allontanavano; e fuvvi chi gridò, o die' consiglio, perchè si trucidasse. Fu questo il segno a più aperta insurrezione: poichè la sera del 7 il Bonaiuto medesimo, Antonino, e Santo Gioffrido ivan per le strade gridando, che ad una volta sette eran periti di veleno, molti vicini a morire, tutti in pericolo: e Giuseppe Covato, Luciano, e Santo Pantano seguiti da altri correvan dal Sindaco, perchè le persone sospette per propagazione di veleno arrestassersi. Quindi, non valendo le insinuazioni di quel funzionante, nè lo intervento della pubblica forza ad arrestare il disordine; poichè accrescevasi sempreppiù la turba degl'insorti, armati chi di bastoni, chi di fucili, chi di scuri, o di altre armi, licenziosamente per le strade correndo, ventiquattro cittadini, o impiegati, o civili con offese sulle persone, con aspri modi, e con minacce di morte arbitrariamente arrestarono. L'indimani voleansi mettere a morte, o perchè i parenti degli arrestati minacciavano, ed opponevansi, molti, alla cui testa Covato, ed i fratelli Pantano, movevano per Floridia per venire affiancati dai facinorosi di quella Comune. Ne furono però richiamati, e distolti, ; e la sera fatto correr voce, che tutti erano innocenti, per opera di alcuno, essendo gl'insorti o stanchi, o incerti di ciò che far si dovesse, furon tutti escarcerati. La domani mattina alzossi un partito di reazione; e la forza pubblica, ripreso vigore, arrestè parte dei rivoltosi, parte furono messi in fuga; l'ordine pubblico turbato restituissi.

Considerando che tanti eccessi ivi avvenuti rovesciarono, sebbene per soli due giorni, l'ordine preesistente; trassero lo scioglimento delle Autorità e del Governo in quel luogo, turbarono la sicurezza, che il potere politico garentisce ai cittadini; e nella generalità di essi, precisamente nella classe degl'impiegati, e dei civili, sparsero lo spavento, e lo allarme;

Che comunque non sieno seguiti nè saccheggio, nè strage; nè devastazione, non è tuttavia men vero, che guerra civile, sedizione, ribellione fu eccitata fra individui della stessa popolazione, armandosi molti, o inducendo altri ad armarsi gli uni contro gli altri: nè mancò certo per gli insorgenti, che in gravi sciagure quel paese spinto si fosse: il che è tanto più criminoso, quanto l'atto Sovrano del 31 luglio avea avuto ivi pubblicazione;

Dacchè la mancata strage, o il non seguito saccheggio non rendono meno grave la imputabilità dei giudicabili 'in casi sì gravi. nei quali la legge, di giusto rigore armandosi, agguaglia al consumato il mancato misfatto, e con eguale sanzione il punisce;

Considerando risultaro evidentemente che Salvatore Bonajuto, Giuseppe Covato, Luciano e Santo Pantano ne furono gli eccitatori;

Che Salvatore ed Andrea Ricupero, comunque fra la turba si distinguessero, o figurasser sempre nei due giorni del disordine, pure non possono a giusta ragione riguardarsi come capi, o provocatori della rivolta; ma più presto colpevoli di arresti arbitrarii, con offese sulle persone, e minacce di morte, accompagnate pure da pubblica violenza;

Che per quanto riguarda Santo Ricupero, gl'indizii di sua colpabilità anzi che accrescersi, o confermarsi alla discussione delle pruove, sonosi di molto attenuati; sicchè fa d'uopo che sian meglio chiariti con più ampia informazione;

La Commissione ha dichiarato

Consta che Salvatore Bonajuto, Giuseppe Covato, Luciano Pantano e Santo Pantano sian colpevoli di atti rivoltosi, voci di sedizione, di opere rovescianti l'ordine preesistente, e di avere eccitata la guerra civile fra abitanti di una stessa popolazione, inducendoli armarsi gli uni contro gli altri.

Consta che Salvatore ed Andrea Ricupero sian colpevoli di arresti arbitrarj di più cittadini, con offese sulle persone, e minacce di morte, accompagnate pure da pubblica violenza.

Non consta abbastanza che Santo Ricupero ne sia egualmente colpevole.

E visti gli articoli 273 e 261 dello Statuto penale militare

ORDINA

Che rimanga in carcere, e che si prendano sul di lui conto più ampie informazioni nel termine di mesi sei, a cura del Capitano Relatore.

2.° QUISTIONE DI FATTO

Consta che Santo La Rocca, Paolo Randazzo, Paolo Formica e Santo Perrotta sian colpevoli di tentativi di misfatti, e che Francesca Ricupero sia complice non necessaria, secondo le conclusioni del Capitano Relatore?

Ovvero secondo l'avviso dell'Uomo di legge

Consta che i primi quattro sien colpevoli di arresti arbitrarj, con offese sulle persone, e minacce di morte accompagnate pure da pubblica violenza: e per Francesca Ricupero di solo tentativo?

Considerando che costoro comunque meno agitati, e violenti dei fratelli Ricupero, tuttavia sono pur essi convinti degli stessi reati, avendo anche eglino arrestato più cittadini, e con animo ostile preso parte nella civile dissenzione;

Considerando che la Ricupero, favorendo i disegni dei fratelli, e chiamando il popolo a suon di campane, allorchè chiamavasi il rinforzo degli anarchici floridiani, tentò anche essa di eccitare nuovi disordini, o almeno di accrescere i primi tumulti

La Commissione ha dichiarato

Consta che Santo La Rocca, Paolo Formica, Paolo Randazzo e Santo Perrotta sien colpevoli di arresti arbitrarj con offese sulle persone, minacce di morte ed accompagnate pure da pubblica violenza.

Consta che Francesca Ricupero sia colpevole di tentativo nei sensi dell'articolo 132 delle leggi penali.

3.° QUISTIONE DI FATTO

Consta che Antonino Amenta sia colpevole. oppure nò dei misfatti imputatigli?

Dacchè nessun indizio offriva a di lui carico il processo scritto; nè la pubblica discussione ha presentato il benchè meno sospetto di sua reità

La Commissione ha dichiarato

Consta che Antonino Amenta non è colpevole.

E visto l'articolo 271 dello Statuto suddetto

ORDINA

Che sia messo in libertà assoluta.

Fatta la dichiarazione di reità, il Presidente ha interpellato la Commissione con qual pena debbano punirsi i reati, di che sono stati rispettivamente dichiarati colpevoli?

La Commissione

Visti gli articoli 5 e 129 delle leggi penali;

Veduti gli articoli 70, 132, 149, e 170 delle leggi suddette;

Ha Condannato

Santo Pantano, Luciano Pantano, Salvatore Bonajuto, e Giuseppe Cavato alla pena di morte da eseguirsi con la fucilazione, domattina alle ore 12 italiane.

Andrea Ricupero e Salvatore Ricupero al 4 grado di ferri al presidio per anni 30.

Paolo Formica, Santo la Rocca, Santo Perrotta e Paolo Randazzo ull'egual grado nel presidio per anni 26.

Francesca Ricupero al 3 grado di ferri anche nel presidio per anni 24.

Ha del pari deciso di estrarsene della presente sentenza num. 450 copie in istampa per diramarsi alle autorità competenti.

Le spese del giudizio a carico de' suddetti condannati.

L'esecuzione a cura del Capitano Relatore.

Fatto, deciso e pubblicato in seduta permanente, oggi 1 settembre 1837 in Siracusa.

La Commissione Militare

Maggiore Michele Garzia, Presidente.

Capitano Pietro Sartiani, Giudice.

1° Tenente Giovanni Rodriguez, Giudice.

2° Tenente Francesco Lastrucci, Giudice.

Alfiere Aurelio Briglia, Giudice.

Alfiere Francesco Antonio Veneti, Giudice.

Francesco Mistretta, Giudice Istruttore, uomo di legge.

1° Sergente Cancelliere Vincenzo Trani.

Visto

Il Capitano Commissario Relatore

ROSARIO RICCERI. (1)

(Archivio citato).

DOCUMENTO N. LXXX.

SENTENZA DELLA COMMISSIONE MILITARE DEL VALLO DI CATANIA

Ferdinando II per la grazia di Dio Re del Regno delle due Sicilie, di Gerusalemme ec. Duca di Parma, Piacenza, Castro ec. ec. Gran Principe Ereditario di Toscana ec. ec. ec.

La Commissione Militare del Valle di Catania, nominata il dì 20 agosto da S. E. l'Alto Commissario di S. M. (D. G.) coi poteri dell'*Alter Ego*, signor Maresciallo di Campo Marchese Del Carretto, composta dei signori:

D. Giorgio Foti Maggiore del 3° di linea Principe, Presidente;

Cav. D. Giovan Battista Quandel Capitano di Gendarmeria, Giudice;

Cav. D. Massimiliano Licastro Capitano dei Pionieri, Giudice;

Cav. D. Carlo Espin Capitano del 1° Cacciatori, Giudice;

D. Luigi Rossi 1° Tenente del 1° Cacciatori, Giudice;

D. Beato Schuoller 1° Tenente dei Pionieri, Giudice;

D. Giuseppe D'Attellis Capitano del 4° di linea Principessa, Relatore;

Biagio Amirante 2° Sergente dei Pionieri, Cancelliere.

L'uomo della legge Barone D. Francesco Buonaccorsi Giudice della G. Corte si è riunita in seduta permanente nel locale del Collegio Cutelli in Catania li 6 settembre corrente anno per giudicare i nominati:

1. D. Giovan Battista Pensabene del fu D. Salvatore di anni 32, nato e domiciliato in questa, civile.

2. D. Giacinto Gulli Pennetti del fu D. Giuseppe di anni 28, nato e domiciliato in questa, civile.

3. D. Giuseppe Caudullo Fetusa del fu Nunzio di anni 45, nato e domiciliato in questa, civile.

4. D. Angelo Sgroi del fu Santo di anni 44, nato e domiciliato in questa, cappelliere.

---

(1) Seguono altre due sentenze del 21 e 28 settembre.

5. Sebastiano Sciuto del fu Benedetto di anni 50, nato e domiciliato in questa, sonsale.

6. D. Antonino Faro di D. Alfio di anni 29, nato e domiciliato in questa, civile.

7. D. Litterio Ardizzone del fu D. Tommaso di anni 43, nato e domiciliato in questa, possidente.

8. Sebastiano Finocchiaro del fu Nicolò di anni 24, nato e domiciliato in questa, ogliolajo.

9. Salvatore Finocchiaro del fu Nicolò di anni 37, nato e domiciliato in questa, ogliolajo.

10. Giacomo Filetti di Francesco di anni 30, nato e domiciliato in questa, tagliapietre.

11. Giuseppe Indelicato del fu Fiancesco di anni 21 di Aci Catena, domiciliato in questa, tagliapietre.

12. Paolo Indaco Tarallo del fu Mario di anni 27, nato e domiciliato in questa, tagliapietre.

13. Salvatore Indaco Tarallo del fu Mario di anni 22 nato e domiciliato in questa, tagliapietre.

14. D. Antonino Provenzale di Luigi di anni 40, nato in Nizza di Provenza del Piemonte, al presente in questa domiciliato, negoziante di seta.

Prevenuti i primi quattro, cioè Pensabene, Gulli Pennetti, Caudullo Fetusa e Sgroi

1° Di avere cospirato contro il Governo all'oggetto di cambiarlo;

2° Di avere eccitato i sudditi ad armarsi contro l'autorità reale, dando ad essi ad intendere che con venefiche propinazioni si attentasse dai mandatarj di questa autorità alla loro vita sotto l'apparenza del colera indiano;

3° Di avere preso parte attiva nella rivolta a mano armata con che fu distrutto l'ordine legittimo preesistente, facendola da capi di bande ed accettando ed eseguendo speciali incarichi, che li caratterizzano promotori della sedizione;

4° Inoltre di avere non solo per disprezzo, ma per viemaggiormente suscitare coll'esempio l'odio contro il Governo infranto e distrutto il marmoreo simulacro di S. M. Francesco I di gloriosa memoria ed incendiato i Reali ritratti esistenti nel Palazzo di Giustizia, e gli stemmi reali di cui erano fregiate le pubbliche officine.

Il Gulli, Caudullo e Sgroi di avere aggredito il Monistero dei P. Benedettini, traendovi colà la plebe con la calunniosa voce che vi si fosse asilato il Maggiore Simoneschi, che si segnalava come propagatore di veleni, ma con l'intendimento di determinarla per quel verso alla ribellione.

Il Pensabene, il Gulli ed il Caudullo di avere con minacce e con altri artificj obbligata la guarnigione a consegnare le sue armi, quali poi si fecero passare presso i rivoltosi che furono organizzati in bande armate, ed il Gulli e Caudullo di avere anche con minacce e violenze ed a mano armata tratte allo stesso oggetto dalle Cancellerie e dal Commissariato di Polizia le altre armi che quivi esistevano in deposito;

Il Gulli, Caudullo e Sgroi di avere arbitrariamente con altri faziosi arrestato il Regio Visitatore signor D. Filippo Benintende, e Sgroi e Caudullo di avere sequestrato le persone del Consigliere Procurator Generale della G. C., dell'Intendente e del Comandante la Gendarmeria. Il Pensabene ed il Gulli di avere con violenze e minacce imposto la stampa del rivoluzionario manifesto pubblicato in Catania li 30 luglio corrente anno, del quale ne procurarono la pubblicazione e la diffusione, onde muovere il popolo alla rivolta.

Il quinto, cioè Sciuto. 1. Di avere assistito gli autori della rivolta, essendosi mostrato in loro compagnia, armato. — 2. Di avere preso parte attiva ne' fatti che prepararono ed accompagnarono il cambiamento del Governo.—3. Di aver dato opera per fornire di armi i faziosi.—4. Di aver preso parte attiva nel disarmamento del posto di Polizia. Ed in fine il Pensabene, il Gulli, il Caudullo, lo Sgroi e Sciuto di reiterazione di più di due misfatti, reati contemplati dagli articoli 123, 133, 178, 179, 181, 182, 74 e 64 leggi penali.

Il sesto cioè Faro. 1. Di avere con minacce, violenze ed artificj obbligata la Guarnigione a consegnare le sue armi, quali si fecero poi passare ai rivoltosi per organizzarli in bande.—2. Di avere scientemente assistito gli organizzatori di queste bande.—3. Di essere andato in Messina con altri all'oggetto di diffondervi il sedizioso manifesto di Siracusa del 21 luglio ultimo, onde eccitare quegli abitanti all'odio del Governo e quindi alla rivolta. — 4. Di avere accettato l'impiego nella così detta Giunta di Guerra, scopo della quale si era di armare le bande, e di fornire ad esse le munizioni per sostenere la rivolta.— 5. Di reiterazione di più di due misfatti: reati contemplati dagli articoli 123, 140, 133 e 74 delle medesime leggi.

Il settimo cioè Ardizzone. 1. Di aver preso parte attiva nella forza armata dei rivoltosi per distruggere e cambiare il Governo. — 2. Di avere assistito il Caudullo onde eccitare la plebe alla rivolta. — 3. Di avere assistito il Pennetti per la stampa del manifesto che si pubblicò in Catania li 30 luglio ultimo. — 4. Di avere scientemente assistito alla così detta Giunta di guerra.—5. Di avere arbitrariamente con altri faziosi arrestato il Regio Visitatore Benintende. —6. Di reiterazione di più di due misfatti reati contemplati dagli articoli 123, 133, 140 e seguenti, e 74 delle stesse leggi.

L'ottavo e nono, cioè i fratelli Sebastiano e Salvatore Finocchiaro. 1. Di avere preso servizio nelle bande armate, onde sostenere con la violenza la rivolta.—2. Di avere concorso a spogliare alcune chiese dalle loro campane, onde formarne dal bronzo di esse dei cannoni.—3. Di reiterazione di misfatto: reati contemplati dagli articoli 133, 135 e 74 delle suindicate leggi.

Il decimo, l'undecimo, dodicesimo e tredicesimo, cioè Giacomo Filetti, Giuseppe Indelicato e fratelli Paolo e Salvatore Indaco Tarallo di avere concorso con la loro opera alla distruzione del Simulacro marmoreo di S. M. Francesco I reato preveduto dall'art. 141 delle Leggi penali.

Il quattordicesimo, cioè il Provenzale. 1. Di avere con minacce, violenze, artificj obbligata la Guarnigione a consegnare le armi, quali si fecero poi passare ai rivoltosi per organizzarli in bande.—2. Di avere scientemente assistito gli organizzatori di queste bande.—3. Di reiterazione di misfatto, reati contemplati dallo articolo 133 delle predette leggi.

Inteso il suddetto Capitano Relatore, non che gli accusati e loro difensori.

Inteso nel suo avviso il Giudice della G. Corte Barone D. Francesco Buonaccorsi, qual uomo di legge.

Il Presidente, dietro il riassunto della causa, ha proposto le seguenti quistioni:

Consta che i nominati Giovan Battista Pensabene, Giacinto Gulli Pennetti, Giuseppe Caudullo Fetusa, Angelo Sgroi, Sebastiano Sciuto, Antonino Faro, Letterio Ardizzone, Sebastiano e Salvatore Finocchiaro, Giacomo Filetti, Giuseppe Indelicato, i fratelli Paolo e Salvatore Indaco Tarallo ed Antonino Proverzale siano colpevoli dei misfatti di cui sono stati rispettivamente accusati ai termini della rispettiva rubrica?

Considerando che dalla pubblica discussione e dai documenti esistenti in processo risulta il seguente

FATTO

Nel giorno 18 luglio ultimo si fece correre artifiziosamente voce per Catania, che il signor Maggiore Simoneschi di Gendarmeria, qui venuto, avea preso asilo nel monistero dei RR. PP. Benedettini, e che lo stesso era uno dei propinatori delle sostanze venefiche che avevano desolato Napoli e Palermo: a questo D. Giacinto Gulli Pennetti, D. Giuseppe Caudullo Fitusa, D. Angelo Sgroi ed altri, mentre conoscevano essere ciò una falsità, come cospiratore però (a qual classe apparteneva pure D. Giov. Battista Pensabene ed altri), per muovere il popolo alla rivolta ed armarsi contro il legittimo Governo, vociferando spargimento di veleni, e seguiti da una moltitudine di gente, aggredirono detto Monistero per ricercarlo, ma tutto fu vano. Nel giorno 24 luglio suddetto Don Giacinto Gulli Pennetti, D. Giuseppe Caudu'lo Fetusa, Sebastiano Sciuto e altri rivoltosi assalirono la Polizia ed altre pubbliche officine, onde impossessarsi delle armi quivi riposte, per aumentare la forza rivoluzionaria. Nello stesso giorno essendo qui pervenuto da Siracusa un sedizioso manifesto con la data del 21 del ripetuto luglio, fu qui ristampato, affisso in diversi cantoni, e mandato a Messina per eccitarvi la rivolta. La notte del 24 furono arrestati i signori Procuratore Generale del Re, Intendente e Comandante la Gendarmeria, come sospetti della propinazione delle sostanze venefiche suindicate e tradotti nella casina del signor Duca di Carcaci, come in luogo di deposito, ove furono custoditi da Caudullo, Sgroi ed altri.

Nel giorno 30 poi i rivoltosi inalberarono il vessillo giallo dell'indipendenza siciliana, che D. Giuseppe Caudullo Fetusa presentò alla Giunta detta di sicurezza, quale venne al momento obbligata ad elevarsi in Giunta provvisoria di Governo, e nel tempo stesso D. Giacinto Gulli Pennetti inalberò pari bandiera sul Bastione del forte S. Agata, dietro i preparamenti fatti con D. Giovan Battista Pensabene, Sebastiana Sciuto ed altri, i quali al ritorno in città si trasportarono due cannoni, situandoli nella piazza del Duomo.

Inoltre si diede alle stampe per cura di D. Giovan Battista Pensabene, Don Giacinto Gulli Pennetti ed altri un rivoluzionario manifesto in detto giorno, pubblicato e disseminato in questa città. Dopo il mezzo giorno del 30, ridetto mese il Pensabene, il Gulli, il Caudullo, il Faro ed altri con violenza ed artifizi obbligarono la guarnigione a consegnare le armi, essendovi pure comparso il Provenzale, come mediatore.

Nella notte poi del 31 D. Giovan Battista Pensabene, D. Giacinto Gulli Pennetti, D. Angelo Sgroi, D. Giuseppe Caudullo Fetusa ed altri, con l'aiuto dei maestri tagliapietre Giacomo Filetti, Giuseppe Indelicato e Salvatore e Paolo Indaco Tarallo, abbatterono nella piazza degli Studj la statua in marmo di Sua Maestà Francesco I, di felice ricordanza, e distrussero i ritratti della Reale Famiglia, che trovarono nel palazzo di giustizia, non che gli stemmi reali delle varie officine; e nel ciò fare proferivano voci ingiuriose e di rivoluzione; Don Giacinto Gulli Pennetti intanto piantò sul piedistallo della battuta Statua la bandiera rivoluzionaria. In prosieguo i rivoltosi, dopo essersi armati, avendo alla testa D. Giuseppe Caudullo Fetusa, si organizzarono in bande armate, eligendo per capitani tra gli altri D. Giovan Battista Pensabene e Don Giacinto Gulli Pennetti.

Una giunta di guerra fu stabilita, alla quale D. Antonino Faro apparteneva e D. Antonino Provenzale, Sebastiano Sciuto e Letterio Ardizzone assistevano, la quale Giunta avea per oggetto di organizzare, provvedere di armi, munizioni e tutt'altro le dette bande, delle quali fecero parte i fratelli Sebastiano e Salvatore Finocchiaro. Angelo Sgroi, Sebastiano Sciuto, D. Litterio Ardizzone ed altri, D. Giacinto Gulli Pennetti e D. Giovan Battista Pensabene erano tra gli altri coloro che proponevano alla Giunta di guerra i diversi piani.

Nel giorno 2 di agosto ultimo mercè la cooperazione di D. Giuseppe Caudullo Fetusa, di Sebastiano e Salvatore Finocchiaro si abbassarono le campane di varie chiese, che servir dovevano per fondersi dei cannoni onde usarli in loro difesa. Nella notte del giorno medesimo finalmente il Caudullo, il Gulli, lo Sgroi, l'Ardizzone con altri arrestarono arbitrariamente il Regio Visitatore Benintendente.

Considerando che dai fatti di sopra esposti risulta pienamente convinto l'a-

nimo della Commissione, che i nominati Pensabene, Gulli, Caudullo, Sgroi e
Sciuto siansi renduti colpevoli dei misfatti di cui sono stati rispettivamente accusati. Che questa convinzione è elementata dagli stessi loro interrogatorj, dalle
confessioni di alcuni di essi, dal contesto asserto di più testimonj e dai fatti
permanenti assicurati dalle generiche.

Considerando però che la stessa pubblica discussione, e gli elementi testè
segnalati hanno dimostrato che la parte presa da Faro, Ardizzone e fratelli Finocchiaro nei reati rispettivamente ad essi addebitati, non fu tale che senza di
essa i reati non sarebbero stati commessi, talchè conviene a costoro più la
caratteristica di complici che di correi;

Considerando che il misfatto che si addebita a Filetti, Indelicato e fratelli
Indaco Tarallo, quantunque sia costante, pure in riguardo alla loro imputabilità emerge il grave dubbio se eglino volontariamente o pure obbligati da forza
maggiore abbiano prestato la loro opera alla demolizione della Statua; dubbio
sostenuto dalle confessioni degli autori principali di questo attentato, ed ele-
mentato dalla ultronea presentazione in carcere dei sudetti imputati;

Considerando per ultimo che per quanto risguarda l'accusato Provenzale, il
dibattimento non ha offerto pruove bastevoli per convincere l'animo della Commissione ch'egli abbia coagito nei fatti delittuosi che ad essi s'imputano, piuttosto nel senso di facilitare e di assistere i rivoltosi, che d'interporsi e prevenire maggiori eccessi; che esistendo questo dubbio giustizia non consente che
allo stato si ritenga l'opinione che mena alla sua non colpabilità;

PER QUESTI MOTIVI

La Commissione ad unanimità di voti dichiara constare: primo che Giovan
Battista Pensabene, Giacinto Gulli Pennetti, Giuseppe Caudullo Fetusa ed Angelo Sgroi abbiano commessi i seguenti misfatti:

1. Di avere cospirato contro il Governo all'oggetto di cambiarlo.
2. Di avere eccitato i sudditi ad armarsi contro l'Autorità Reale, dando ad
essi ad intendere che con venefiche propinazioni si attentasse dai mandatarj di
quest'Autorità alla loro vita sotto l'apparenza del colera indiano.
3. Di avere preso parte attiva nella rivolta a mano armata, con che fu distrutto l'ordine legittimo preesistente, facendone da capi di banda, ed accettando
ed eseguendo speciali incarichi che li caratterizzano promotori della sedizione.
4. Di avere non solo per disprezzo, ma per viemaggiormente suscitare col-
l'esempio l'odio contro il Governo, infranto e distrutto il marmoreo Simulacro
di S. M. Francesco I, di gloriosa memoria, ed incendiato i Reali Ritratti esistenti nel palazzo di giustizia e gli Stemmi Reali di cui erano fregiate le pubbliche fucine.
5. Il Gulli, il Caudullo e Sgroi di avere aggredito il Monistero dei PP. Be-
nedittini, traendovi colà la plebe con la calunniosa voce che vi si fosse asilato
il maggiore Simoneschi, che si segnalava come propagatore di veleni, ma con
l'intendimento di determinarla per quel verso alla ribellione.   49

6. Il Pensabene, il Gulli, il Caudullo, di avere con minacce e con altri artifici obbligata la guarnigione a consegnare le sue armi, quali poi si fecero passare presso i rivoltosi, che furono organizzati in bande armate, ed il Gulli e Caudullo di avere anche con minacce e violenze ed a mano armata tratte allo stesso oggetto dalle Cancellerie e dal Commissariato di Polizia le altre armi che quivi esistevano in deposito.

7. Il Gulli, il Caudullo, lo Sgroi di avere arbitrariamente arrestato il Regio Visitatore signor Don Filippo Benintende, Sgroi e Caudullo di avere sequestrato le persone del Consigliere Procurator Generale della G. C., dell' Intendente e del Comandante la Gendarmeria.

8. Il Pensabene ed il Gulli di avere con violenze e minacce imposto la stampa del rivoluzionario manifesto pubblicato in Catania li 30 luglio corrente anno, del quale ne procurarono la pubblicazione e la diffusione, onde muovere il popolo alla rivolta.

Secondo constare che Sebastiano Sciuto abbia commessi i seguenti misfatti.

1. Di avere assistito gli autori della rivolta, essendosi mostrato in loro compagnia armato.

2. Di avere preso parte attiva nei fatti che prepararono ed accompagnarono il cambiamento del governo.

3. Di avere dato opera per fornire di armi i faziosi.

4. Di avere preso parte attiva nel disarmamento della Polizia.

Terzo constare che tutti cinque gli accusati suddetti siano colpevoli di reiterazione di più di due misfatti.

Quarto non constare che Antonino Faro abbia commesso i misfatti a lui di sopra addebitati: constare però che il medesimo Faro sia complice nei reati seguenti, secondo i numeri 3 e 4 dell'art. 74 leggi penali in guisa che la sua operazione non fu tale che senza di essa i reati suddetti non sarebbero stati commessi, cioè di avere:

1. Con minacce ed artifizj obbligata la guarnigione a consegnare le sue armi quali si fecero poi passare ai rivoltosi per organizzarli in bande.

2. Di avere scientemente assistito gli organizzatori di queste bande.

3. Di avere accettato un impiego nella così detta Giunta di guerra, scopo della quale si era l'armare delle bande ed il fornire ad esse le muniz.oni per sostenere la rivolta.

Quinto non constare che Letterio Ardizzone abbia commesso i misfatti a lui di sopra addebitati, constare però che lo stesso Ardizzone sia complice nei seguenti misfatti, secondo i num. 3 e 4 dell'articolo summentovato, cioe:

1. Di avere preso parte attiva nella forza armata dei rivoltosi per distruggere e cambiare il Governo.

2. Di avere assistito il Caudullo onde eccitare la plebe alla rivolta.

3. Di avere assistito Gulli Pennetti per la stampa del manifesto che si pubblicò in Catania li 30 luglio ultimo.

4. Di avere scientemente assistito alla Giunta di guerra.

5. Di avere arbitrariamente con altri faziosi arrestato il Regio Visitatore Benintende.

Sesto non constare che i fratelli Salvatore e Sebastiano Finocchiaro abbiano commessi i seguenti misfatti:

1. Di avere preso servizio nelle bande armate onde sostenere con violenza la rivolta.

2. Di avere concorso a spogliare alcune chiese delle loro campane onde formarne del bronzo di esse dei cannoni.

Constare bensì che essi fratelli Finocchiaro siano complici nei misfatti sopracennati secondo i numeri 3 e 4 dell'art. 74 di sopra espresso.

Settimo non constare abbastanza della colpabilità degli altri accusati Giacomo Filetti, Giuseppe Indelicato, Paolo e Salvatore Indaco Tarallo ed Antonino Provenzale.

Risoluta in questo modo la quistione di fatto, il Presidente ha elevate le seguenti quistioni di dritto:

I.

Quale è la pena d'applicarsi agli accusati pei reati di cui sono stati dichiarati colpevoli?

II.

Che debba ordinarsi sul conto degli altri pei quali si è dichiarato non constare abbastanza della loro reità?

SULLA PRIMA

Considerando quanto ai prevenuti Pensabene, Gulli, Caudullo, Sgroi e Sciuto ch'essendo stati dichiarati colpevoli dei misfatti contemplati dagli articoli 123 e 133 delle leggi penali la pena che a tal misfatto corrisponde è quella della morte col 3° grado di pubblico esempio;

Considerando che per legge la pena del reato più grave assorbisce quella di tutti gli altri reati, di cui possa essere dichiarato colpevole lo stesso individuo;

Considerando che per lo articolo 369 dello Statuto penale militare la pena di morte si esegue con la fucilazione;

Considerando quanto ai prevenuti Faro, Ardizzone e fratelli Finocchiaro che essendo stati dichiarati colpevoli di complicità di secondo grado del sudetto misfatto contemplato dagli articoli 123 e 133 delle leggi penali, la pena che dee ad essi applicarsi è quella propria del misfatto diminuita di uno a due gradi;

Considerando che messa a calcolo la maggiore perversità dimostrata dal Faro ed Ardizzone in confronto dei fratelli Finocchiaro, giustizia esige che la discussione proceder debba pei due primi di un grado e per gli altri due di due gradi.

SULLA SECONDA

Considerando che gl'imputati fratelli Indaco Tarallo, Filetti ed Indelicato non essendo risultati allo stato convinti del reato di cui furono accusati, debbono essere rilasciati sotto lo stesso modo di custodia, finchè tra due mesi non sopraggiungano nuove prove a loro carico, e ciò a' termini dell'articolo 273 dello Statuto penale militare;

Considerando quanto all'altro imputato Provenzale che non essendo risultato allo stato, convinto dei reati, di cui fu accusato, debba egualmente procedersi a suo carico ad una più ampia istruzione della durata non maggiore di due mesi, e che avuto riguardo alla poca solidità delle pruove che lo colpiscono, equità consiglia ad abilitarlo alla libertà provvisoria sotto la stretta sorveglianza della polizia.

Considerando che i condannati per uno stesso reato esser denno per lo articolo 51 leggi penali condannati solidalmente alle spese;

PER QUESTI MOTIVI

Visti gli articoli 123 e 133 leggi penali;

Visti gli articoli 74 e 75 delle medesime leggi;

Visto l'articolo 369 dello Statuto penale militare;

Visto l'articolo 51 delle leggi penali;

Veduto l'articolo 273 Statuto penale militare;

La Commissione militare ad unanimità di voti uniformemente in parte alle conclusioni del Relatore e conforme all'avviso dell'Uomo di legge;

Condanna i nominati Giovan Battista Pensabene, Giacinto Gulli Pennetti, Giuseppe Caudullo Fetusa, Angelo Sgroj e Sebastiano Sciuto alla pena di morte da eseguirsi con la fucilazione e col terzo grado di pubblico esempio.

Condanna Antonino Faro e Litterio Ardizzone alla pena dell'ergastolo.

Condanna i fratelli Salvatore e Sebastiano Finocchiaro alla pena dei ferri per anni 25 ed alla malleveria per tre anni con pena di ducati 300 per ciascheduno.

Condanna i suddetti Pensabene, Pennetti. Caudullo, Sgroi. Sciuto, Faro, Ardizzone e fratelli Finocchiaro solidalmente alle spese del giudizio in beneficio del Real Tesoro.

Ordina che i fratelli Indaco Tarallo. Giuseppe Indelicato e Giacomo Filetti restino sotto lo stesso modo di custodia finchè il Capitano Relatore, entro due mesi, non acquisti nuove pruove a loro carico, e che l'imputato Provenzale sia messo in libertà provvisoria sotto sorveglianza però della Polizia, finchè entro il termine di due mesi non sopraggiungano a suo carico delle altre prove.

Ed ordina in fine che della presente sentenza se ne estraggano 400 copie in istampa per la solita pubblicazione.

La esecuzione a cura del Relatore fra le ore 24.

Fatto, deciso e pubblicato in seduta permanente, oggi li 8 settembre 1837, alle ore 4 a.m. in Catania.

Firmati:

Maggiore Giorgio Foti, Presidente.

Capitano Giovan Battista Quandel, Giudice.

Capitano Massimiliano Licastro, Giudice.

Capitano Carlo Espin, Giudice.

1° Tenente Luigi Rossi, Giudice.

1° Tenente Beato Schuoller, Giudice.

Barone Francesco Buonaccorsi Giudice della G. C., Uomo di legge.

Capitano Giuseppe d'Attellis, Relatore.

2° Sergente Biagio Amirante, Cancelliere.

Per copia conforme
Il Cancelliere
BIAGIO AMIRANTE, 2° Sergento

Visto
Il Capitano Relatore
GIUSEPPE D'ATTELLIS (1).

(Archivio citato).

DOCUMENTO N. LXXXI.

Persone arrestate in Catania dal 3 al 16 agosto 1837.

3 Agosto 1837 — Giovan Battista Tornabene, Letterio Ardizzone, Tommaso Ardizzone, Angelo Sgroi, Gaetano Ponzio Balsamo, Gaetano Lanza, morto il 19 detto, Giuseppe D'Avola, Bernardino Teletti, Luciano Mazzaglia, Luigi Arena.

4 detto — Michele Raffagnino, Vito Consoli, Giuseppe Landino, Francesco Maugeri, Antonino Castorina, Luca Strano, Domenico Bucalo.

5 detto — Antonino Caliò, Giuseppe Calanzone, Gaetano Bonaccorso, Francesco Caponnetto, Pasquale Ferone, Pasquale Santoro, Sebastiano Sciuto.

6 detto — Nicolò Ardizzone, Guglielmo Gagliano, Pietro Marano, Francesco Pappalardo, Giuseppe Mancino.

7 detto — Ignazio Testaj, Giuseppe Caudullo Guerrera, Luigi Distefano, Paolo Manara, Giuseppe Toscano Pulvirenti.

8 detto — Girolamo Distefano Platania, Francesco Distefano Platania, Carlo Riccioli, Nicolò Consoli.

(1) Segue altra sentenza del 16 settembre.

9 Agosto — Santo Sgroj Giacomo Condorelli Perini, Paolo Indaco Tarallo, Giacomo Filetti, Giuseppe Indelicato.

10 detto — Giuseppe Caudullo Fetusa.

11 detto — Antonino Faro, Antonio Provensale, Filadelfo Atanasio.

12 detto — Sacerdote Santo Rapisarda, Giuseppe Distefano Mammana, Carmelo Montesano, Ignazio Clarenza.

13 detto — Salvatore Finocchiaro, Sebastiano Finocchiaro.

15 detto — Salvatore Amato da Palermo, Salvatore Amato da Catania, Luigi Condorelli Perina, Enrico Condorelli Perina Rossi, Giovanni Rallo, Raffaele Minnitti.

16 detto — Antonio Paladino, Giuseppe Belfiore, Girolamo Distefano Barbagallo, Giuseppe Clarenza Tempio, Giacomo Scardino, Vincenzo Catanzaro, Antonino Bragonia.

17 detto — Gasparo Sciuto.

18 detto — Lorenzo Scafile, Vincenzo Cordaro, Michele Pastura.

19 detto — Gioachino Oliveri, Carmelo Laudani, Giacinto Gulli Pennetti.

20 detto — Gaetano Mazzaglia, Mario Nicotra.

(Archivio citato).

DOCUMENTO N. LXXXII.

Supplica delle vedove e degli orfani Adorno a Ruggiero Settimo Presidente del Potere esecutivo nell'anno 1848.

Eccellenza,

Non v'ha persona a cui nuovo giunga il nome del Siracusano Eroe del 1837 di cui tutti i fogli nazionali ed esteri ne han reso immortale la memoria, di Mario Adorno che per la siciliana rigenerazione fu vittima del dispotico e vandalico governo già gloriosamente distrutto dall'inclito ed invitto popolo di Palermo; di quell'infame governo dell'iniquo bombardatore, che per mantenersi saldo su l'abborrito trono intriso del sangue di tanti sventurati, permetteva agli empi satelliti dell'efferata tirannide le più atroci barbarie, come quella crudissima d'aversi destinato il detto Mario Adorno ad essere spettatore della fucilazione dell'infelice proprio figlio Carmelo; dopo di cui si fece subire al padre lo stesso supplizio nel piano della Cattedrale, affinchè le moschettate di morte si sentissero dagli altri due figli Gaetano e Giuseppe i quali nel fondo d'un duro carcere del vicino Castello in aspri ceppi languivano e vi si tennero undici mesi dopo che furono, ahi trista scena! nel centro della notte barbaramente divisi dall'adorato genitore e dall'amato fratello al termine della lettura dell'iniqua sentenza, che segnava l'ora tremenda dell'ultimo respiro di quegl'infelici martiri della libertà.

Per tali avvenute disgrazie due vedove afflitte e quattordici orfani sventurati, undici dei quali allora minori, rimasero in balìa della desolazione, ed avviliti, vilipesi e maltrattati dagl'infami sostenitori del rovesciato tirannico governo han durato finora amarissima e trista vita per mancanza di tutti i mezzi di sussistenza che gli vennero meno per la morte dei capi delle famiglie d'onorata e distinta condizione, e per gl'immensi dispendi fatti per liberare i sunnominati due figli Gaetano e Giuseppe languenti in prigione, dalla stessa pena di morte, dagli ergastoli, dalle trentine d'anni di ferri, e d'altre gravi condanne che a franca mano e senza nessun rimorso s'infliggevano agli infelici da tante affamate jene che componevano la militare Commissione istituita dal turpe carnefice Del Carretto.

Intanto la Sicilia ha infranto il duro giogo del dispotismo del più malvagio Re; già si è liberata dalla schiavitù che l'opprimea, ed i magnanimi suoi figli respirano da per tutto l'aria della tanto desiata libertà col sangue redenta.

Le sconsolate vedove però, per lo stato della più disperata indigenza in cui si trovano, sentono tuttavia le triste conseguenze del distrutto infame governo il quale con fiero orrore il nome d'Adorno udiva, perchè Adorno fu quello che scoprì la macchina infernale di cui gli empi tiranni servivansi per flagello dei popoli, il Cholera.

Quindi umilmente supplicano la giustizia e filantropia di V. E. per benignarsi assegnare una pensione ad esso vedove di distinta condizione pel loro mantenimento, un'altra pensione alle due figlie di Mario Adorno, cioè Francesca prima vedova, e Francesca seconda nubile di anni 28. — Far mantenere in un monastero qualunque della Sicilia o in un decente stabilimento di educazione le *tre orfanelle* di Carmelo, cioè *Francesca* di anni 15, *Antonina* di 13 e *Cristina* di 11, assegnando a ciascuna una pensione da goderne qualora usciranno per prender marito, o per mantenersi in casa materna, e far entrare a piazza franca in un collegio di questa Capitale il figlio postumo di Carmelo, che ne porta lo stesso nome, per prendere educazione conveniente ai suoi natali.

Finalmente implorano le vedove darsi loro prontamente una somma per vestirsi, e coprirsi coi sopranominati figli le carni, mentre dopo undici anni circa di lagrime, d'amarezze e di pene trovansi sprovveduti di tutto, di unita agli altri otto figli maschi di cui qui non si è parlato, e si raccomandano all'E. V. per tenersi presenti nella distribuzione degl'impieghi civili e militari perchè ne offrono i requisiti.

Queste sono le grazie che s'augurano, e sperano che le saranno largite dalla magnanimità di V. E. in compenso del sangue dei martiri Adorno sparso per la siciliana redenzione.

Palermo a . . . . Aprile 1848.

(Segreteria di Stato, Interno, carico 2°, anno 1848, filza 2417).

(Archivio citato).

DOCUMENTO N. LXXXIII.

PER LA MORTE DI DOMENICO SCINÀ

ODE

Prodi giovani, il campo de' morti
 Vi ridesti a novella virtude:
 Quante sacre reliquie racchiude!
 Qui l'amor sta sepolto, l'onor.
Qui Scinà! venerate la polve
 Di costui che col forte pensiero
 Fe' palese al superbo straniero
 Che siam figli degli Elleni ancor.
Lui fe' plauso l'Ausonio paese,
 Lui sorrisero i regi dal soglio,
 Pur del vil non l'illuse l'orgoglio
 Sol del vero la luce il beò.
Nè dagli anni fu domo il vegliardo,
 Lui d'oltr' Alpe ancor plauso venia
 Quando ahi cadde!... Non pianto il seguia,
 Non preghiera il gran spirto evocò.
Una lue dall'estremo oriente
 Venne a orbar queste afflitte contrade,
 Chi dirà del morir la pietade
 Chi le morti infinite dirà?
Cadder mille e poi mille in un giorno,
 Agli estinti mancaron gli avelli,
 I parenti perdemmo, i fratelli
 Ed i forti, ed i Sofi e Scinà.
Del sovrano intelletto la polve
 Fu commista ad infami, ad oscuri;
 Cercheranno una pietra i futuri
 Solo un campo, una croce vedran.
Fatal campo con nero colore
 Ti disegna a' nepoti l'istoria...
 Pur dà qui sorse un giorno una gloria
 Chè sei secoli estinta non han!
Oh da qui nuova gloria risorga
 Dalla polve de' Sofi, de' forti,
 Sorga un Genio che i danni conforti,
 Che ridesti la mente, il valor.

Su la polve degli Elleni antichi
S'ispirarono i figli de' figli,
Indi sorsero svevi consigli,
Indi sorse di Procida il cor.

FRANCO MACCAGNONE Principe di Granatelli.

DOCUMENTO N. LXXXIV.

IN MORTE DI DOMENICO SCINÀ

ODE

Qual labbro profferse l' iniqua menzogna?
  Chi fu che coprirne tentò di vergogna
  E vili ci disse d' affanno ne' dì?
    In faccia alle genti con volto sicuro,
    Al Ciel che ne ascolta, lo grido, lo giuro:
    Noi vili non fummo, chi il disse, mentì!
Sull'onda che indarno partì questa terra,
  Dal lido che opposto ver Norte la serra
  Il morbo fatale qui giunse, scoppiò.
    Oppressa, distrutta da nuova ruina,
    Cadeva a migliaia la gente tapina;
    Mancate le tombe, sui roghi bruciò.
Ahi doglia! Vedemmo cader fulminati
  Le madri, i fratelli, le spose co' nati,
  Le vite più care d'un soffio cessar.
    E sotto l'incarco de' corpi giacenti
    Di funebri carri le ruote stridenti
    Sentimmo di notte l'orrore addoppiar.
E in tanto di morte crescente periglio
  Tremar per la vita del padre, del figlio,
  Di chi quasi un Cielo la vita ci fa;
    E attender sommessi l'estrema chiamata,
    O al danno sottrarsi di tabe imprecata,
    Il segno fu questo di nostra viltà?
E quando col fiato venefico impuro
  L'arcano contagio fe' strazio sì duro
  In qual più di questa dannata tribù?

50

Ahi! quanta di morte nel campo feralo
Confusa non ebbe nè pietra nè valo
Celeste beltade, superna virtù!
E tu pur cadesti, sovrano intelletto,
Tu sommo fra' primi del numero eletto,
Del siculo senno decoro immortal:
Nè valser le cure di amata famiglia
A torcer del morbo, cui nullo somiglia,
Dal capo diletto la possa viral.
Cadesti! quel raggio di vivida luce
Che a' studi soveri tua mente ebbe duce,
Quel raggio superno si spense con te.
Chi i fasti dischiuse de' tempi lontani,
Che a' Greci maestri rivali a' Romani
Sicilia fèr donna, colui più non è.
Te chiaro faranno tue pagine ognora:
Di lui che Archimede, ch' Empedocle onora
Tra i posteri sacra la gloria vivrà.
Ahi! quando gli avanzi del lustro primiero
Tra noi rintracciando verrà lo straniero,
Indarno l'avello di te cercherà!
De' teneri alunni te piange il drappello
Che sorger tu festi per ordin novello,
Che il padre, l'amico, la guida perdò.
Audace chi usurpa quel merto, quel lume,
Che l' orme sublimi calcarne or presume:
Quel pianto innocente mentita gli diè.
Ben nostra ventura lassù fu decisa,
Se a questa contrada dolente, divisa
I pochi che sanno son tolti così.
Eterni consigli, chi mai vi comprende?
Perchè de' ribaldi lo stuol non offendo
La piaga del Gange che i buoni rapì?
Ahi! quando l'immago di strage sì rea,
Di lor che perdemmo la lugubre idea
Ritorna alla mente che palpita ancor;
Gran Dio, tu perdona se implorano i vinti
Su' tristi vendetta pe' miseri estinti
Ne' giorni immortali del divo furor!
Rammentan crucciosi le notti vegliate,
Gli spesi tesori dell'egra cittate,
E l'ansia che indarno salvarli tentò.
Per duro retaggio di pianto e d' affanno
De' padri la tema lor diede l'inganno,
Nè un giorno ancor lieto per essi spuntò.

Almeno di speme la nostra sventura
Ai nostri figliuoli sia fonte sicura,
Se a noi non fia data speranza dal Ciel.
E quando verranno sul campo ferale
Implorino pace piangendo sul frale
Di tanti mietuti dal morbo crudel.
E pensin dolenti che umana grandezza
Con vece perenne si adora, si sprezza,
E un popolo or cade che già trionfò!
Che il campo ove han tomba que' miseri amati
Un giorno allo squillo de' bronzi sacrati
Di sangue Francese sul vespro fumò !!!

GAETANO DAITA (1).

⁂

(1) Questa poesia, finora inedita, mi è stata favorita dal dott. Lodi.

INDICE DELLE MATERIE

DELLO STESSO AUTORE

Stesicoro da Imera (Studio storico-critico) Palermo.
Tipografia Giannone e Lamantia, 1886 . . . L. 1 —

Vita politica di Gregorio Ugdulena, Palermo. Tipografia
Giannone e Lamantia, 1886 . . . . » 1, 70

La Rivoluzione del 1820 in Sicilia (con documenti e
carteggi inediti), Palermo, Tip. fratelli Vena, 1888 » 4 —

Nicolò Garzilli e la Congiura del 27 gennaio 1850,
Palermo, Tipografia fratelli Vena, 1890 . . » 1 —

*Domenico Di Marco e la sommossa del 1° settembre
1831 in Palermo*, Tipografia dello Statuto, 1890 » 1 —

IN PREPARAZIONE

Dieci anni di reazione borbonica (1837-1847).